西北政法大学自编系列教材

监察法学

JIAN CHA FA XUE

主　编○褚宸舸
撰稿人○(以撰写章节先后排序)
刘　峰　徐　翔　张　泽　褚宸舸
马思洁　井凯笛　桂梦美　郑宁波
李　芳　马　宁

中国政法大学出版社

2020·北京

图书在版编目（ＣＩＰ）数据

监察法学/褚宸舸主编. —北京：中国政法大学出版社，2020.7
ISBN 978-7-5620-9582-8

Ⅰ.①监…　Ⅱ.①褚…　Ⅲ.①行政监察法－法的理论－中国－高等学校－教材
Ⅳ.①D922.114.1

中国版本图书馆CIP数据核字(2020)第138206号

出 版 者	中国政法大学出版社
地　　址	北京市海淀区西土城路 25 号
邮寄地址	北京 100088 信箱 8034 分箱　邮编 100088
网　　址	http://www.cuplpress.com (网络实名：中国政法大学出版社)
电　　话	010-58908435(第一编辑部) 58908334(邮购部)
承　　印	保定市中画美凯印刷有限公司
开　　本	720mm×960mm　1/16
印　　张	24.5
字　　数	426 千字
版　　次	2020 年 8 月第 1 版
印　　次	2020 年 8 月第 1 次印刷
印　　数	1～5000 册
定　　价	68.00 元

总　序

西北政法大学是一所法学特色鲜明，哲学、经济学、管理学、文学等学科相互支撑、协调发展的多科性大学。学校是西北地区法学教育研究中心和人文社会科学研究的重要基地，被誉为政法人才培养国家队的"五院四系"之一，是陕西省重点建设的高水平大学、一流学科建设高校，是全国政法大学"立格联盟"和西安高校"长安联盟"的成员单位。建校82年来，学校扎根祖国西部，形成了"政治坚定、实事求是、勇于创新、艰苦奋斗"的"老延大"优良传统，铸就了"严谨、求实、文明、公正"的校训，凝练了"法治信仰、中国立场、国际视野、平民情怀"的育人理念，培养了15万余名德才兼备、德法兼修的高素质专门人才。这些人才以"专业扎实、工作踏实、作风朴实、为人诚实"的特点深受用人单位和社会各界好评。

教材体系建设是育人育才的关键，高水平教材是培养德才兼备、德法兼修高素质专门人才的重要依托。习近平总书记提出："要抓好教材体系建设，形成适应中国特色社会主义发展要求、立足国际学术前沿、门类齐全的哲学社会科学教材体系。"西北政法大学历来高度重视教材建设，在积极推进"马工程"重点教材统一使用的基础上，鼓励和支持专业学术造诣高、教学经验丰富的教师参与教材编写，加强教材研究，创新教材呈现方式和话语体系，大力推进习近平新时代中国特色社会主义思想进教材、进课堂、进头脑。学校自2017年启动新一轮自编系列教材建设，重点编写系列特色教材、实践（实验、技能）类教材、双语教材，力求做到重点难点突出、理论实践结合、深度广度兼容、原理前沿兼顾，确保教材的科学性、前沿性，增强教材的针对性和实效性。

系列教材凝结着全体编写人员和出版社编辑的辛勤付出，欢迎选用，同时期望广大师生和实务界同行提出宝贵建议和意见。我们将及时根据使用和评价情况，丰富内容，优化结构，持续打造西北政法大学高水平特色系列教材，为哲学社会科学教材体系建设做出贡献。

西北政法大学
2019 年 8 月

编写说明

　　为了推进国家治理体系和治理能力现代化，深化国家监察体制改革，加强对所有行使公权力的公职人员的监督，深入开展反腐败工作，实现监察"全覆盖"，我国于 2018 年 3 月 20 日制定了《中华人民共和国监察法》，这是纪检监察领域的基本法。

　　2018 年 4 月，西北政法大学行政法学院（纪检监察学院）在全国率先成立监察法教研室；同年 9 月，开设《监察法学》选修课。2019 年 10 月，经过学院申请，学校批准《监察法学》为法学专业的必修课，作为学校重点课程进行立项建设。基于教学和课程建设的需要，我们组织编写了本教材。编写过程中，参考了国内兄弟院校已经出版的监察法教材和一些专家的论著，并根据《监察法》的内容，结合了教学实际。

　　本教材分为十四章和课后阅读文献、附录。褚宸舸担任主编，负责设计编写大纲，并进行统稿，同时收集、整理附录。课后阅读文献由刘峰、褚宸舸共同整理。各章由任课教师分工撰写，编写人员如下（按撰写章节先后顺序）：

　　刘峰讲师（博士）：第一、八章；

　　徐翔讲师（博士）：第二、十二章；

　　张泽讲师（博士）：第三、四章；

　　褚宸舸教授（博士）：第五章；

　　马思洁讲师（博士）：第六章；

　　井凯笛副教授（博士）：第七章；

　　桂梦美副教授（博士）：第九章；

　　郑宁波副教授：第十、十一章；

李芳副研究员：第十三章；

马宁讲师（博士）：第十四章。

因为监察法课程属于新生事物，并没有成熟的经验可以遵循，而且纪检监察实践和法治建设正处于高速发展期，故本书不完善之处在所难免，需要根据教学的开展不断修订。欢迎使用本书的教师、同学和实务工作者对于书中的错漏之处不吝指正（可联系褚宸舸的电子邮箱：chuchenge@163.com），以便我们逐渐完善。

编者谨识

2020 年 2 月

目 录

第一章

监察法学概述

【内容提要】监察法学作为法律科学的一个组成部分，其产生和发展具有显著的特点。本章首先介绍监察法学产生的背景，进而从理论上介绍监察法学的概念和性质，从监察法学的视角介绍其研究对象和研究方法，最后从监察法学自身特点出发，探讨其与其他相关学科之间的关系。

监察法学是一门法律科学，是以纪检监察法律规范、党内法规及监察法律现象为研究对象，按照一定的原则或规则组织起来的知识体系。监察法学的产生伴随着纪检监察法律规范、党内法规和监察法律现象的出现。历史上，我国古代及近现代各个时期均有名称或实质为监察的制度，以及与之伴生的监察现象，亦有对其进行研究讨论的著作。但上述监察制度与我们所研究的内容并不相同。我们所研究的规范特指以《中华人民共和国监察法》（以下简称《监察法》）为核心的规范体系。监察法学就是以法教义学的方式，研究这个规范体系的解释和适用问题。

第一节　监察法学产生的背景

党的十八大之后，全面从严治党成为党的工作重心。在这样的政治形势下，全国的反腐败工作取得了巨大的成就：依据最高检工作报告以及媒体公开报道，十八大之前，1993 年至 2012 年的近 20 年里，全国检察机关立案侦查的职务犯罪案件中，县处级干部共计约 50 660 人，厅局级干部约 3001 人，省部级干部约 145 人。从 1949 年中华人民共和国成立到党的十八大之前的 63 年内，因涉嫌腐败犯罪或严重违纪违法落马的省部级以上高管共 145 名，平均每年有 2.3 名省部级以上高管被查、落马。而在党的十八大之后，依据最高检工作报告以及媒体公开报道，截至 2017 年 6 月底，因涉嫌犯罪或严重违纪违法落马的省部级以上高管达 280 名，如果再加上 100 多名军级以上被查的"军老虎"，以及近 400 名地方和军队"老虎"落马，平均每年有近 80 名省军级以上高管被查，平均落马数量是十八大之前的近 30 倍。

在反腐败工作取得巨大成就的同时，我国反腐败的体制在实践中也暴露出一系列的问题：国家现有的反腐体制下，监督对象交叉、监督力量分散，党的纪律检查委员会对党员干部违反党纪行为进行调查处理；行政监察机关对国家公务人员违反政纪、法纪行为进行调查处理；人民检察院对贪污、贿赂、挪用公款等职务犯罪行使侦查起诉责任。在我国，80% 的公务员和 95% 的领导干部是共产党员，这就产生监督对象重合的问题。如果违反党纪、政纪和法纪的行为发生在同一个人身上，这个人既是国家工作人员，也是党员干部，那么同样是贪污、贿赂等职务犯罪行为，应由检察院首先立案查处，还是由纪委、行政监察机关立案查处，在实际工作中常常发生冲突。

上述问题在《监察法》出台之前，由于法律没有明确的规定，因此在现实当中屡屡出现。如 2006 年 9 月，内蒙古自治区人民检察院对巴彦淖尔市委书记和乌兰察布市委书记立案侦查，但市委书记一级的领导干部其身份既是党员，又是国家公务人员，是由党的纪检检察部门首先立案调查，还是直接由检察院立案侦查？根据《刑事诉讼法》第 19 条第 2 款规定，贪污贿赂犯罪，国家工作人员的渎职犯罪由人民检察院立案侦查。同样，在 2016 年 9 月，辽宁省第十二届人大一次会议选举产生的 45 名全国人大代表选举因存在拉票贿选的情况，被第十二届全国人民代表大会常务委员会确认无效。贿选拉票产生的代表有的是民营企业家，不是党员干部，对这些非党员干部，也应该进行有效的监督。然而在这种情况下反腐败制度对于腐败行为的监督比较分散，不能做到统一高效，这就需要对监督腐败的各方力量进行整合。

2016 年 12 月，习近平同志在党的十八届纪律检查委员会第六次全体会议中指出，"要坚持党对党风廉政建设和反腐败工作的统一领导，扩大监察范围，整合监察力量，健全国家监察组织架构，形成全面覆盖国家机关及其公务员的国家监察体系"。随后，《中国共产党第十八届中央委员会第六次全体会议公报》强调"各级党委应当支持和保证同级人大、政府、监察机关、司法机关等对国家机关及公职人员依法进行监督"。该公报首次将"监察机关"与人大、政府、司法机关一并提出，凸显出党中央建设一支独立的纪检监察机关的决心。

2016 年 12 月，全国人民代表大会常务委员会发布《关于在北京市、山西省、浙江省开展国家监察体制改革试点工作的决定》，部署在全国三个省市开展监察体制改革的试点工作。在实践当中，各省市把属于行政机关的行政监察局、预防腐败局、行政机关的监督系统与人民检察院的查处贪污贿赂、失职渎职、预防职务犯罪等部门整合起来，成立监察委员会。同时，各级监察委员会与同级党的纪律检查委员会合署办公，以此实现对公职人员的全面监督。

经过一年的试点，各省市在监察制度改革中积累了经验，以北京市为例，改革后的监察对象达到 99.7 万人，比改革以前增加 78.7 万人，2017 年北京市共 212 名"新"监察对象受到政务处分，以往的行政监察范围过窄、反腐败力量分散的问题得到了解决，并且取得了很大成效。

2017 年 10 月，党的十九大上，习近平同志指出，"国家监察体制改革试点取得实效"。他要求"深化国家监察体制改革，将试点工作在全国推开，组建国家、省、市、县监察委员会，同党的纪律检查机关合署办公，实现对所有行使公权力的公职人员监察全覆盖"。他提出"制定国家监察法，依法赋予监察委员会职责权限和调查手段，用留置取代'两规'措施"。他强调"推进反腐败国家立法""通过不懈努力换来海晏河清、朗朗乾坤"。

2017 年 11 月，第十二届全国人民代表大会常务委员会第三十次会议通过《全国人民代表大会常务委员会关于在全国各地推开国家监察体制改革试点工作的决定》，同时也抓紧起草《监察法（草案）》。

三个省市在改革试点的时候，采取的做法是暂时调整或者停止适用有关法律条款的规定，如《地方各级人民代表大会和地方各级人民政府组织法》《刑事诉讼法》《检察官法》《人民检察院组织法》等，这是因为监察委员会的设立，将原有的作为行政权之一种的监察权，提级为与行政权、审判权、检察权并列的一项国家权力，而且各级监察委员会将同级监察机关的贪污犯罪与渎职侵权犯罪的侦查权整合，涉及关于行政权的组织以及贪污犯罪与渎职侵权犯罪的法律内容，所以需要在上述法律修改之前暂时调整或者停止适用。但是，在全国进行国家监察体制改革，就要把监察委员会行使监察权的责任固化下来，监察权不再作为行政权的一部分，而是作为与行政权、检察权、审判权一样的国家权力出现，涉及责任的调整和国家机构的变革。《监察法》的制定应该以修改《宪法》为前提。所以，在第十三届全国人大一次会议公布《监察法》之前，先表决通过了《宪法修正案》。该修正案对现行《宪法》作出 21 条修改，其中 11 条同设立监察委员会有关，增加有关监察委员会的各项规定，为成立监察委员会提供宪法依据。

《宪法》作上述修改，反映了党的十八大以来我国深化国家监察体制改革的成果，贯彻了党的十九大关于健全党和国家监督体系的部署，也反映了设立国家监察委员会和地方各级监察委员会后，全国人民代表大会及其常务委员会和地方各级人民代表大会及其常务委员会、国务院和地方各级人民政府职权的新变化以及工作的新要求。在第十三届全国人大一次会议通过宪法修正案之后，《监察法》表决通过。

《监察法》，以及以《监察法》为依据产生的一系列派生的法律、法规等法律形式，形成了以《监察法》为核心内容的监察法律部门。由此，以监察法律部门为依据在社会生活中产生了一系列的监察法律现象，对此种监察法律现象进行研究的法律学科即为监察法学。

第二节　监察法学的概念、性质

一、监察法学的概念

监察法学是以监察法律现象为研究对象的科学，具体而言，监察法学以监察法学理论、监察法律制度和监察法律实践为研究对象，研究的问题涉及宪法与行政法学、诉讼法学、法律史等多个法学学科，同时涉及党的建设、纪检监察学、中外政治制度等其他学科，是横跨多个法学二级学科而形成的一门复合型学科；是研究监察法、监察法的现象以及监察法相关问题的专门学问；是关于监察法的知识和理论体系；是法律科学的一门重要学科，需要系统性的思维和跨学科的研究。

监察法学的研究对象首先是监察法。这里的"法"通常包括不同内涵。从法的形式角度说，包括宪法、监察法律、监察法规、党内法规以及其他各种形式的、具有监察制度内容的成文法和不成文法；从法的体系角度说，包括监察制度和实践所处的宪法、监察法、刑法、诉讼法、经济法、国际法等法律部门；从时间角度说，包括监察制度和实践纵向演进发展的古代法、近代法、现代法和当代法；从空间角度说，包括监察制度和实践横向演进发展的本国监察法、外国监察法、国际监察法；从一般分类角度说，包括一般法和特别法、实体法和程序法、国内法和国际法；从运行角度说，包括动态法和静态法、具体法和抽象法、书面上的法和生活中的法、理想法（如自然法）和现实法（如实际生效的法）；等等。

监察法学还要研究各种"法的现象"，即基于监察法产生的各种现象，如立法、执法、司法、守法、法律监督；法的起源、发展、移植、继承、现代化；法律秩序、利益、正义；法律观念、思想、制度、事实、规律；等等。

监察法学还要研究与监察法相关的问题。监察法和监察法的现象不是孤立的，它的存在和发展同经济、政治、文化等社会现象有着内在的联系。

二、监察法学的性质

（一）法学属性

监察法学属于法学的一个分支。法学属于社会科学。监察法的设立、执行离不开人和社会的因素，与自然科学尊崇客观的理性与因果关系不同，法律科学存在价值判断。法学的价值判断为社会的事务所蕴含的理性，即正义，而对于正义的判断标准离不开对于人的行为与目的判断。此外，法律追求社会秩序，将不可避免地涉及人的问题，由此，法学中不可避免地涉及人的主观因素，这与纯粹客观性的自然科学有着显著的区别。

（二）意识形态性

监察法学作为一个认识社会现象的整体知识体系，具有一定的意识形态倾向性和为一定意识形态服务的目的性。监察法学建立在一定的社会存在基础之上，法学以监察法律所涵摄的社会现象为研究对象，反映和维护一定社会存在的价值，并代表其利益，具有一定的意识形态性。同时，研究者自身生活在一定的社会存在之中，决定了监察法学研究亦具有一定的意识形态性。

（三）理论性和应用性

监察法的实践离不开监察法学对于监察法律活动的解释、论证和评价，也离不开监察法学对监察法律实践的具体指导。监察法学具有一套自身关于监察法的最基本的概念范畴和理论原则，对于这些基本理论的研究带动着监察法学自身不断的深入发展。同时，监察法学与客观实践具有紧密的联系，监察法学是监察法实践的反映，监察法学的发展又指导着监察法实践。监察法学不仅表征监察法律现象，还揭示监察法律规律；不仅反映监察法律事实，还预示监察法的将来。

第三节　监察法学的研究对象与研究方法

一、监察法学的研究对象

监察法的研究对象是作为一个部门法的监察法，且不限于监察法本身，还包括监察宪法、监察法、监察组织法等内容；由于各级监察委员会与党的纪律检查委员会合署办公，党的纪律检查方面的党内法规制度在一定程度上也约束着各级国家监察委员会，所以党的纪律检查方面的党内法规在广义上也列入了监察法学研究的范围。

对于监察法学学科的研究方向应从理论到实践分为 5 个子项，分别是理论监察法学、监察法史学、部门监察法学、国际监察法学以及监察法学其他学科。

（一）理论监察法学

该方向主要分析监察法的概念、本质特征、内涵外延，以及监察法的体系构建、监察法的功能作用、基本原则和基本范畴等，该方向研究适用于各部门监察法的理论框架、一般原理和原则、基本概念等基础性学科，为监察制度的运行及实践进行理论上的探索和总结。包括：法理学、法哲学、比较法学、法社会学、立法学、法律逻辑学、法律教育学、法律心理学及理论法学其他学科等。

（二）监察法史学

该方向是研究与介绍人类历史上存在的监察法律制度和监察法律文化，从而总结历史经验，传承法律文明的学科，为现代社会的发展提供历史借鉴。包括：中国监察法律史、外国监察法律史、监察法律制度史及法律史学其他学科等。

（三）监察部门法学

该方向是以监察法及其现象、发展规律为主要研究对象的学科，可以为国家监察权力的有序运行、公民权利的有效保障提供理论指导。包括：监察实体法学、监察程序法学、纪检监察学等监察法其他部门学科。

（四）国际监察法学

该方向是相对于国内法学的学科，主要以国外监察制度及实践作为研究对象，以比较法学研究方法借鉴外国监察制度经验教训以取长补短，从而促进我国监察制度的建设和发展。包括：大陆法系国家监察法学和英美法系国家监察法学，东方监察法学与西方监察法学。

（五）监察法学其他学科

该方向是监察法学与自然科学、技术科学和其他社会科学之间的一些边沿科学，主要以监察法学与其他科学相互交叉而产生的自然现象和社会现象为研究对象。包括：监察技术法学、监察法律统计学、监察证据学等。

二、监察法学的研究方法

监察法学属于法学的一个分支学科，其研究方法必然遵循着法学的研究方法，监察法学与其他部门法学在研究对象、研究范围、知识体系方面存在一定的差异性，在研究方法上具有自身的特征。

（一）法教义学的方法

法教义学的功能在于：其一，系统地整理分析现行法律的概念体系，了解法律内部的价值体系，并在整体上把握具体规范的关系，便于讲授、学习及传播。其二，为司法实践及特定裁判提出适用的法律见解，以期长时间影响同一类判决，形成普遍实践原则，以强化法院裁判的可预见性及法律安定性。其三，为特定法律问题提供可供检验且具说服力的解决方案，以减轻法学研究及法院裁判论证上的负担，不必凡事都要重新讨论。因此要变更教义学上具有共识的法律见解，应提出更好的理由，承担论证责任。其四，法教义学所提出关于法律解释及法律续造的原则，具有调节各个制度发展的作用，但不应拘泥于向来的见解。为适应社会变迁，应为深刻的批评创造条件，发现矛盾，解决冲突，探寻符合体系的新的合理解决方法途径，而能有所革新进步。

以法教义学的方法研究监察法，应先对作为客观实在的监察法律现象进行解释，系统地整理分析现行法律的概念体系，并在这种体系之下对于监察法律现象、监察法律问题作进一步解释、研究。

（二）政治学方法

监察法和监察法律制度作为政治制度的一部分，可以用政治学的视角和方法来研究。政治学是一门以研究政治行为、政治体制以及政治相关领域为主的社会科学。现代政治学注重研究政治主体和现实政治问题，如政治制度、国家法律、政治行为等。政治学界对政治学研究对象的归纳，可分为两类：一类主张政治学的研究对象是政治现象或政治关系，认为政治学是研究社会中各种政治关系的科学，是研究关于社会政治及其发展规律的科学，或者是研究社会各种政治势力关系发展规律的科学；另一类主张政治学的研究对象是国家，或以国家为中心的各种政治现象和政治关系。

（三）法经济学方法

法经济学是运用有关经济学的理论、方法研究法学理论和分析各种法律现象的学说。法经济学的核心在于：所有法律活动，包括一切立法、司法以及整个法律制度，事实上是在发挥分配稀缺资源的作用。因此，所有法律活动都要以资源的有效配置和合理利用，即效率的最大化为目的，所有的法律活动基于此都可以用经济学的方法来分析和指导。在西方国家，很多人曾片面地认为法和法学所要解决的是公平或正义这样的问题，而经济学所要解决的则是效益问题，即如何有效利用资源、增加社会财富的总量。经济学本质上是实证科学，注重数据分析。而法律是调整人们相互关系的行为规范，人们的行为难以进行定量分析，因此人们极少运用经济学理论和方法去分析法律制度。但20世纪以来，尤其是第二次世界大战以来，法律在经济生活中的作用越来越大，人们开始认识到法律与经济有不可分割的联系。对法律的经济分析在可能的条件下不仅是定性的，而且是定量的，从而使人们可以精确地了解各种行为之间经济效益的差异，进而有助于改革法律制度，最终有效地实现最大程度的经济效益。国家监察改革是一场前所未有的重大政治体制改革，它导致了国家机关组织体系和国家权力配置架构的重大变化，也导致了各种政治利益和政治关系的重大调整。面对这样一项全新的改革，我们并没有现成的经验可以参照和依循，因此监察制度的总体改革和每一项具体改革举措成败利弊到底如何，政治效果、社会效果怎样，都可以借助经济学的分析方法和研究手段进行精准的定量分析，为改革决策、制度完善提供有益的支撑。

（四）党规学方法

我国已颁行的《监察法》采取综合立法、简明立法的思路，并未按照传统的国家机关立法路径分步骤制定组织法、官员法、程序法，而是将上述立法内容合作一体。为了规避立法难点，《监察法》采用了"立法宜粗不宜细"的思路，这导致实践中大量监察行为处于无法可依的规则空缺状态，国家监察委员会并未被赋予制定"监察法规"或"监察法实施细则"的权力，人大常委会的法律解释权由于种种原因也依然处于"沉睡"状态，因此，国家监察机关不得不求助于纪检部门，以颁行党内法规的方式为监察权的顺利运行输送规则。对于党内法规的效力范围，党内法规对公民、社会组织的权利义务产生外部效力，监察党内法规与监察法律法规各自发挥作用，监察党内法规如何与监察法律法规有效衔接等问题都有待展开深入并有实效性的研究。

第四节　监察法学与相关学科的关系

监察法学作为法学的一个重要的分支，与其他同属于法学的部门学科有着密切的联系和明显的区别：

一、监察法学与宪法学

监察法学与宪法学研究的对象分别为监察法和宪法，以及其所产生的社会关系。宪法作为一个国家的根本大法，其核心内容是对国家权力的实现方式及运作进行规范，监察法所关心的则是监察权的存在及行使的合法性。因此，宪法与监察法在调整对象、范围及方法方面都存在着一定的差异。然而，宪法与监察法关注的问题具有相似性，二者之间除了从属关系与部分重合关系之外，还存在补充、发展关系。具体而言，监察法在遵循宪法原则和精神的前提下，对宪法的发展起着实际的推动作用。

二、监察法学与行政法学

监察法学与行政法学分别以监察法和行政法以及其所产生的社会关系为研究对象，二者研究的社会现象集合相交。监察法与行政法属公法领域下的不同法律部门。行政法是指行政主体在行使行政职权和接受行政法制监督过程中而与行政相对人、行政法制监督主体之间发生的各种关系，以及行政主体内部发生的各种关系的法律规范的总称。行政法由规范行政主体和行政权设定的行政组织法、规范行政权行使的行政行为法、规范行政权运行程序的行政程序法、规范行政权监督的行政监督法和行政救济法等部分组成，其重心是控制和规范行政权，保护行政相对人的合法权益。而监察法是监察主体在行使监察职权过程中与监察相对人，以及监察机关内部发生的各种关系的法律规范的总称。监察法与行政法的区别在于监察法规定的内容是国家权力机关的反腐败职能，强调法律监督；而行政法规定的内容是国家权力机关的行政管理职能，强调管理与秩序。

三、监察法学与刑法学

监察法学与刑法学研究的对象分别为监察法和刑法，以及其所产生的社会关系。监察法与刑法指向的行为具有同一性，即腐败行为。但监察法学覆盖的范围较刑法学更为广泛，二者的区别为：监察法学研究的对象为国家公权力对腐败行为的事前预防、事中监督过程中产生的法律关系及其法律规范；刑法学研究的对象则为国家公权力对腐败行为事后评价过程中产生的法律关系及其法律规范。依据规定的内容，监察法可以分为监察实体法、监察程序法；而刑法则专指刑事实体法。监察法的立法目的在于打击腐败，推进国家治理体系和治理能力现代化；刑法的立法目的在于打击犯罪，保护人民。

四、监察法学与刑事诉讼法学

监察法学与刑事诉讼法学研究的对象有所重合，但监察法学的研究范围较刑事诉讼法学研究范围更大。监察法学以监察法、监察法律关系、监察法律规范为研究对象。依据规定的内容，监察法可以分为监察实体法、监察程序法，而刑事诉讼法学研究对象为刑事程序关系及其法律规范，其内容为公权力机关对于犯罪行为评价的程序性规定。监察法所规定的内容注重于对腐败行为的预防、调查、监督，对于腐败行为的评价的程序性保障属于刑事诉讼法的规定，监察法与刑事诉讼法具有相互承接性。由此，监察法律规范中有一些监察手段、监察证据标准出自刑事诉讼法的规定。

有观点认为，监察法是特别的刑事诉讼法。在我国监察体制改革前，都是由人民检察院依法对职务类犯罪行使侦查权，而改革以后，《监察法》明确规定，职务犯罪的调查权由监察机关行使，称为职务犯罪调查。但是，监察委员会对职务犯罪的调查与普通刑事案件的侦查在性质上是一样的，都具有追溯犯罪的法律效果。[1] 首先，《监察法》和《刑事诉讼法》在关于职务犯罪的调查原则上具有内在的一致性，主要体现在都重视对被调查人的权利保障、严格遵守立案标准和法定程序，同时都坚持非法证据排除原则。早期非法证据排除原则是我国刑事诉法中的基本原则，而随着监察机关改革应运而生的《监察法》中，也对监察机关办案强调了必须遵循非法证据排除原则，以避免冤假错案的发生。其次，《监察法》规定的职务犯罪调查程序与《刑事诉讼法》的规定具有相似性。监察机关调查职务犯罪案件时，从犯罪事实的初步核实开始到调查终结的全部过程中，与《刑事诉讼法》关于犯罪侦查的程序是大致相同的。相对比而言，监察案件中的初步核实与公安机关在普通刑事案件的初查程序是类似的，初步核实和初查的目的都在于初步查明的事实与证据。除此之外，《监察

---

[1] 陈光中："关于我国监察体制改革的几点看法"，载《环球法律评论》2017 年第 2 期。

法》中关于职务犯罪调查终结后移送人民检察院依法审查起诉的程序亦和《刑事诉讼法》中的规定类似。《监察法》第45条第1款第4项规定，"对涉嫌职务犯罪的，监察机关经调查认为犯罪事实清楚，证据确实、充分的，制作起诉意见书，连同案卷材料、证据一并移送人民检察院依法审查、提起公诉"。这与《刑事诉讼法》的第160条和第171条的规定相类似，在此基础上，人民检察院经审查，认为犯罪事实已经查清，证据确实、充分，依法应当追究刑事责任的，应当作出起诉决定。由此可知，虽然《监察法》与《刑事诉讼法》存在差异，但在很多方面亦具有共性，二者关系密切。

五、监察法与党内法规学

监察法学与党内法规学是两个不同的学科。监察法学与党内法规学具有不同的研究对象，实践中，监察委员会与党的纪律检查委员会合署办公，针对腐败行为追究党纪或者法律责任。针对腐败行为党纪责任和法律责任的追究，虽然有形式上的相似性，但其主体、依据并不相同。由于监察法执法主体身份上的特殊性，监察法学与党内法规学研究范围具有交集，但对交集内行为的评价的依据有所不同。

⊙ 思考题

1. 为什么说监察法学是一门法律科学？
2. 监察法学与宪法学、行政法学、刑法学、党内法规学有什么区别？
3. 我国《监察法》制定出台后的国家权力结构与出台之前有什么区别？
4. 监察法学研究方法有哪些？
5. 如何以法教义学的方法研究监察法学？

第二章

监察法原理论

【内容提要】监察法的基础理论对深刻认识监察法文本以及监察法的实际运用具有极其重要的意义。监察法原理论中对监察法的概念和特点、监察法律关系、监察法的法律渊源、监察法的基本原则以及监察制约机制展开了初步介绍，便于大家对监察法及其基础理论有初步了解，继而为监察法的适用提供坚实的法理基础。

第一节　监察法的概念和特点

《监察法》于 2018 年 3 月 20 日由第十三届全国人大第一次会议正式通过。该法的通过对于深化国家监察体制改革，加强对所有行使公权力的公职人员的监督，实现国家监察全面覆盖，构建集中统一、权威高效的中国特色国家监察体制，以及规范国家监察机关和监察人员的监察行为，保证其正确行使职权和履行职责，保障监察对象的人权和其他合法权益均有重要意义。《监察法》可谓是我国反腐败国家立法的重要组成部分。

一、监察法的概念

世界上不同的国家，监察法的内容各异，人们对监察法的理解不尽一致。"监察法"顾名思义，由"监察"和"法"组成。"法"较为耳熟能详，而"监察"一词在我国亦古已有之，但与近代"监察"一词的含义尚有差异。

现今，监察法作为一个部门法，并不限于监察法本身，主要包括监察宪法、监察法、监察组织法、监察官法、监察程序法、监察赔偿法等。而基于自身国情，我国的国家监察机关在构造上具有高度政治性，即作为国家机关的监察机关与执政党的纪检机关合署办公，约束党的纪检机关的党内法规同时也约束监察机关，甚至在很多情况下以党内法规补强或者替代监察行为规则的供给不足，因此广义的监察法其实包括了有关监察的党内法规。而关于监察法的具体概念，主要表现为以下几点：监察法不仅是监察法法律规范的总称，同时也是授予监察机关职权的法律规范，还是规范监察权运行的法律规范，更是监督公权力的法律规范。秦前红教授将监察法定义为"设立监察机关并授予其反腐败职权，规范监察权的运行，制约和监督公权力的监察法律规范的总称"[1]。

本书结合监察法的内容和相关制度，在借鉴秦前红教授的观点的基础上，将监察法定义为：依法设立监察机关并授权开展反腐败工作，全方位监督公权力的监察法律规范总称。而我国的监察法具有更特殊的含义，即在坚持中国共产党的领导下，以马克思列宁主义、毛泽东思想、邓小平理论、"三个代表"重要思想、科学发展观、习近平新时代中国特色社会主义思想为指导的基础上，设立监察机关并依法、依授权开展反腐败工作，全方位监督公权力的监察法律规范总称。

二、监察法的特点

中国特色社会主义法律体系由宪法和各部门法有机组成，各项法律都有其独特的一面。监察法作为中国特色社会主义法律体系中的新兴成员和重要组成部分，具有以下特点：

（一）监察法是综合性的法律

一般部门法在特点上会呈现出其是程序法还是组织法，而监察法则是集程序法和组织法于一身的法律，彰显出其鲜明的综合性。监察法规定了监察委员会的性质、组成和职权，也规定了监察工作的具体程序。可以说监察法既是指引、规范监察工作的组织法，又是指引、规范监察工作的程序法。作为组织法，监察法规定了监察机关的性质、定位、产生、与其他国家机关的关系、对谁负责受谁监督等问题，例如《监察法》第 8、9 条规定，各级监察委员会由本级人民代表大会产生。同时，《监察法》还设专章（第五章）规定了监察程序。例如，《监察法》第 36 条规定，"监察机关应当严格按照程序开展工作"；第 42 条规定："调查人员应当严格执行调查方案，不得随意扩大调查范围、变更调查对象和事项。对调查过程中的重要事项，应当集体研究后按程序请示报告。"这些

---

〔1〕 参见秦前红主编：《监察法学教程》，法律出版社 2019 年版，第 32 页。

内容又都属于程序法的范畴。作为一部适应监察体制改革和反腐败工作迫切需要、"千呼万唤始出来"的国家基本法律，《监察法》涉及组织法的内容但并不称"监察委员会组织法"（一直以来，法学理论界有多位学者主张应优先制定"监察委员会组织法"，如童之伟、秦前红等），而是采取了组织法与程序法合一的立法模式，并且设专章规定了反腐败国际合作相关内容（这一内容显然不宜规定在"监察委员会组织法"中）。这些规定让监察法不仅具有程序法的特点，同时还具有组织法的些许特点，继而突出了监察法兼具组织法和程序法的综合性特点。

（二）监察法是独立的法律部门

监察法作为一项新的部门法，具有鲜明的独立性，其既不属于传统的宪法、行政法、刑法、民法等，也不属于刑事诉讼法，而是独立的法律部门；其内容涉及监察机关的性质、地位、组织、职权和工作程序等，是监察机关设置的规范和依据，充分发挥了监察基本法的功能。

监察法的独立性主要体现在以下方面：其一，监察机关的性质、地位、组织和任期属于宪法所规范的内容，但监察法不仅规定了监察机关的设置，还规定了监察机关对公职人员依法履职和廉洁从政等职务行为进行监督检查，对职务违法尚不构成犯罪的公职人员，经过立案调查，查明违法事实后，对其作出政务处分决定，对不履行职责的国家机关负责人进行问责，这些规定属于行政法的范畴。其二，监察法规定监察机关对职务犯罪有权进行立案调查，对职务犯罪嫌疑人采取强制措施，依法收集犯罪证据，调查终结后，将案件移送人民检察院依法审查，由人民检察院提起公诉。这些调查和强制措施是监察法规定的针对职务犯罪的特殊手段，不适用刑事诉讼法，充其量算是刑事诉讼法的特别法。

综上可知，监察法是与宪法、行政法和刑事诉讼法相关联的，但又不属于任何一个法律部门。因此，《监察法》作为一个法律文本仅仅是这个法律部门的基础性和主干性法律，是全国人大制定的基本法律，监察法的核心是反腐败国家立法，作为一个独立的法律部门，反腐败法律体系以《监察法》为主干，包括以后制定的完善监察制度的法律，如有关监察委员会组织、监察官制度、监察调查程序机制等法律。

第二节　监察法律关系

一、监察法律关系的内涵

法律关系是法律在调整人们行为的过程中形成的特殊的权利和义务关系。或者说，法律关系是指被法律规范所调整的权利和义务关系。法律关系是以法律为前提而产生的社会关系，没有法律的规定，就不可能形成相应的法律关系。法律关系是以国家强制力作为保障的社会关系，当法律关系受到破坏时，国家会动用强制力进行矫正或恢复。

我们所谈的监察法律关系主要是指监察法所调整的监察机关和其他国家机关、监察对象、人民代表机关、党的纪律检查机关以及其他监察工作参与人之间的权利义务关系。该法律关系是监察机关行使职权从而使监察法律规范发生实际作用而产生的社会关系。首先，监察法律关系算是一种权力监督关系。监察机关是行使监察职能的专责机关，对一切公职人员有权行使监督权，从而在监察机关和被监察对象所在单位、监察机关与公职人员之间形成了一种监督与被监督的关系；其次，监察法律关系还是受监察法规范和调整的关系。监察机关与其他国家机关之间的关系如果属于宪法调整，则为宪法法律关系，不属于监察法律关系，只有监察法规定监察机关行使监察权而发生的法律关系才属于监察法律关系。

二、监察法律关系的构成要素

主体、内容与客体是一项法律关系中必不可少的要素，法律关系的种类不同，其主体、内容和客体的构成要素就有所区别。本书所研究的监察法律关系亦是如此。

（一）主体

首先，法律关系主体是法律关系的参加者，是指参加法律关系，依法享有权利和承担义务的当事人。即在法律关系中，一定权利的享有者和一定义务的承担者。在每一具体的法律关系中，主体的多少各不相同，在大体上都属于相对应的双方：一方是权利的享有者，成为权利人；另一方是义务的承担者，成为义务人。而我们监察法律关系中的参与者包括监察委员会、人民法院、人民检察院和其他执法机关、其他公职人员以及公民和其他当事人。这些主体中，主要表现为监督与被监督的关系。监察机关依法行使监督、调查和处理职权时，人民法院有配合监察机关查封、扣押和冻结财产的义务；检察院有依法及时审查起诉的义务。而公职人员均须受到监察委员会的监督，他们是典型的被监督者。公民和其他当事人有配合监察机关的义务，同时，公民还有权向监察机关举报公职人员的违纪和违法行为，向监察机关提供公职人员违纪和违法的线索。简而言之，监察法律关系中的主体主要是指监察机关依法行使监察权而导致其他国家机关、监察对象以及其他当事人的参与而促成的参与人员。

具体而言，监察委员会是监察法律关系中的重要主体。在所有监察法律关系中，监察委员会都是法律关系的主体，没有监察机关参加的法律关系是难以称之为监察法律关系的。故各级监察法机关及其派驻机构专员都享有独立的监察权力，皆是监察法律关系的主体。而之所以说人民法院、检察院和其他执法机关亦是主体之一，主要是因为他们在侦查、办案过程中倘若发现公职人员有职务违法或者犯罪的，需要依法将该类案件或者线索及时移送监察机关处理，这些机关有义务协助和配合监察机关处理相关案件，因此他们亦是监察法律关系主体之一。另外，公职人员、公民和其他当事人也是监察法律关系的主体。所有公职人员作为监察法委员会监督的对象，必须配合和依法接受监督、检查，是该法律关系中的监察对象；公民和其他当事人也有可能基于监察机关行使监察权而参与到监察法律关系中来，例如，监察机关依法有权向有关单位和个人了解案件情况，收集、调取证据，这就将普通公民和其他当事人纳入到了该法律关系中，成为主体之一。

（二）内容

权利和义务是法律调整的特有机制，是法律行为区别于道德行为最明显的标志，更是法律和法律关系的核心内容。监察法律关系的内容则主要是监察法律关系主体之间的权利与义务。基于监察法律关系是监察机关依法行使监察权而发生的社会关系，监察机关的权利主要是监察权，而其对应的义务是宪法和法律规定的行使监察职能的职责，体现出和行政机关相类似的一点，即监察机关的权利义务关系亦是权责一体的。监察法律关系的内容基于监察法律关系的特殊性，呈现出动态变化，监察机关在不同的监察程序中所具有的权利义务是存在差异的，例如监察委员会在调查阶段，人民检察院有义务协助和配合，而在审查起诉阶段，二者的权利义务则互换颠倒，监察机关在该阶段有配合人民检察院的义务，人民检察院有制约监察机关的权力。这是监察法律关系内容的一个特殊之处。

（三）客体

法律关系客体是指法律关系主体之间的权利和义务所指向的对象，这些对象包括具体的物、行为、精神等。它是构成法律关系的要素之一。法律关系客体是一定利益的法律形式。任何外在的客体，一旦它承载某种利益价值，就可能成为法律关系客体。监察法律关系的客体与一般法律关系的客体存在差异，其关系内的权利与义务所指向的对象主要是公职人员的违纪、违法事实和监察机关行使监察权的行为。

三、几种典型的监察法律关系

（一）监察机关与监察对象的关系

依据最新修订的《中华人民共和国宪法》（以下简称《宪法》）第三章"国家机构"中增加的"监察委员会"一节可知，中华人民共和国国家监察委员会是最高监察机关，领导地方各级监察委员会的工作。监察机关和监察对象的关系可谓是监察法律关系中的重要内容。

监察委员会作为我国的专门监察机关，依法行使监察权，对 6 种监察对象依法进行监督，这 6 种监察对象在《监察法》中明确划定为："①中国共产党机关、人民代表大会及其常务委员会机关、人民政府、监察委员会、人民法院、人民检察院、中国人民政治协商会议各级委员会机关、民主党派机关和工商业联合会机关的公务员，以及参照《中华人民共和国公务员法》管理的人员；②法律、法规授权或者受国家机关依法委托管理公共事务的组织中从事公务的人员；③国有企业管理人员；④公办的教育、科研、文化、医疗卫生、体育等单位中从事管理的人员；⑤基层群众性自治组织中从事管理的人员；⑥其他依法履行公职的人员。"监察委员会倘若发觉这些公职人员存在职务违法和犯罪的事实，经过初步核实，认为需要立案调查的，经过批准可以立案调查。这时监察机关和被调查人（即监察对象）之间则形成了监督与被监督、调查与被调查的关系。

他们二者间的权利义务关系主要表现为监察委员会依法对监察对象展开调查，同时有权依据《监察法》的规定适用强制措施，有权要求被调查人如实供述自己的违法和犯罪事实，有权要求其他国家机关依法予以协助与配合。而相对应的被调查人有权要求保护其合法权益，享有不受虐待和非法取证的权利。监察委员会有义务保护被调查人的基本权利，如监察机关应当保障被留置人员的饮食、休息和安全，提供医疗服务，不得疲劳讯问和侮辱、打骂、虐待、体罚或者变相体罚被调查人。

（二）监察机关与人民代表机关的关系

监察法律关系中调整的另一重要关系是监察机关与人民代表机关的关系。根据我国现行《宪法》第62、63条的规定，监察委员会由本级人民代表大会产生。监察委员会主任由本级人民代表大会选举产生；监察委员会副主任、委员，由监察委员会主任提请本级人民代表大会常务委员会任免。监察委员会对本级人民代表大会及其常务委员会和上一级监察委员会负责，并接受监督。该内容明确了监察机关是从人民代表大会中产生的，但同时，我国《监察法》第15条关于监察对象的规定中，明确将"人民代表大会及其常务委员会机关"也纳入了监察法机关的监察范围内，《监察法》和《宪法》这些规定，明确了监察机关虽然是从人民代表大会中产生的，但在监察法律关系中，同样要严格依法对人民代表大会及其常务委员会机关进行监督监察，避免这些公职人员的违法乱纪行为发生。由此可见，监察机关和人民代表机关之间的关系也极为密切，是我们需要重点把握的监察法律关系之一。

（三）监察机关与其他国家机关之间的关系

监察机关与其他国家机关之间的关系主要体现在其与法院、检察院、执法机关以及司法机关之间产生的协助、配合、制约等关系。例如，就协助和配合而言，监察机关有权要求其他国家机关协助和配合调查，有权要求其他国家机关移送职务违法和犯罪的线索等。同时，监察机关也必须受到司法机关的制约，监察机关对职务犯罪调查终结后，应当将案件和证据移送人民检察院依法审查起诉，人民检察院可以将案件退回监察委员会补充侦查，经上级人民检察院批准后，可以作出不起诉的决定。归根结底，监察机关和其他国家机关主要是相互协助、配合并且相互监督、制约的关系。

（四）监察机关与监察人员之间的关系

监察机关的内部关系也是国家监察法应予调整和规范的一项重要关系。内部关系包括纵向关系与横向关系，主要指纵向关系。关于国家监察机关内部的纵向关系，依据《宪法》和《监察法》的规定，监察委员会对上一级监察委员会负责，并接受监督。同时，《监察法》第七章专章规定了"对监察机关和监察人员的监督"，监察机关通过设立内部专门的监督机构等方式，加强对监察人员执行职务和遵守法律情况的监督，建设忠诚、干净、有担当的监察队伍。同时，监察人员必须模范遵守宪法和法律，忠于职守、秉公执法，清正廉洁、保守秘密；必须具有良好的政治素质，熟悉监察业务，具备运用法律、法规、政策和调查取证等能力，自觉接受监督。《监察法》还对监察人员的回避、脱密等作了详实的规定，继而体现出监察机关与监察人员之间的关系也是监察法律关系中不容忽视的一环。

第三节　监察法的法律渊源

法理学上，将法的渊源定义为法的内容的表现形式，即法的形式渊源。监察法的法律渊源则主要是指监察法的表现形式。基于我国的历史文化传统、法律传统、政治力量对比关系以及政治需要等因素，监察法的法律渊源主要有以下几种：

一、宪法

宪法作为一个国家的根本法，具有最高的法律效力，是监察法的重要法律渊源。宪法具有极强的政治性和综合性，其所规定的内容涉及国家机关的组织与职责，确立了国家机关行使权力的原则和条件，同时也对公民基本权利和义务有所确定。监察法的制定是基于宪法的内容和地位而产生的，基于宪法中创设的监察权、监察机关等内容，才制定出专门的《监察法》。因此，宪法中创设的监察权等相关内容，为监察立法提供了宪法依据并且确定了监察委员会的性质和地位，《监察法》可谓是《宪法》创设监察权的结果。我国《宪法》第123条至127条对监察权、监察机关等内容作出了明晰的规定，其中第127条强调："监察委员会依照法律规定独立行使监察权，不受行政机关、社会团体和个人的干涉。监察机关办理职务违法和职务犯罪案件，应当与审判机关、检察机关、执法部门互相配合，互相制约。"

二、法律

法律是监察法的另一重要渊源，此处的法律主要是指全国人大及其常委会制定的法律以及立法性决定，也包括全国人大常委会发布的法律解释。

这一法律渊源中，首先便是《监察法》这一专门法律，其对监察法的基本原则、监察机关的职权以及监察程序和法律责任作出了详实规定；其次，刑事法律中的一些内容亦是监察法的表现形式，刑事法律主要包括刑法和刑事诉讼法。前文阐述过，《监察法》本身就是刑事诉讼法的特别法，监察机关在调查职务犯罪案件时，本质上属于犯罪调查，具有刑事追诉的法律效果。而我国《刑法》第八章和第九章也专门规定了贪污贿赂罪和渎职罪的内容，这些罪名都为监察机关调查职务犯罪所适用，是监察法的重要渊源；再次，国家机关组织法也是监察法的渊源之一。这些国家机关组织法对监察机关的产生、权利、义务和职责都作出了相应的规定，为监察法律关系的进一步展开提供了重要依据；最后，法律解释。我国《立法法》规定，当法律规定需要进一步明确具体含义或者法律制定后出现新的情况，需要明确适用的法律依据时，由全国人大常委会进行法律解释，这里法律解释属于立法解释，与法律具有同等效力，故亦是监察法的重要渊源。

以上所述的《监察法》、刑事法律、国家机关组织法和法律解释都是法律的一部分，都是监察法的重要渊源。

三、法规和规章

法规和规章是行政法规、地方性法规以及规章的统称。在我国社会主义法律体系下，行政法规的地位是仅次于宪法和法律的，具有较高的法律地位。行政法规与监察工作相关法规或条款，均属于监察法体系的组成部分。如国务院和中央军委共同制定的《中国人民解放军文职人员条例》，其中明确规定了文职人员违纪或者职务违法，应当接受监察调查与处置；而地方性法规由具有地方立法权的人大及其常委会制定，效力低于法律和行政法规，但其中诸多规定同样可以为监察机关，尤其是地方监察机关监督公职人员权力的行使产生重要的规范作用。这些规定一般都对相关行政管理事项明确管理责任主体，划分管理权限，并设定法律责任，是监察机关行使监察权的重要依据；另外，规章分为部门规章和地方政府规章，他们的效力在行政法规之下，虽然法院在办理案件时不能直接适用规章，但可以参照适用，规章数量众多、内容丰富，也同样为监察机关行使监察权和处置权提供了必要依据。

四、司法解释

司法解释是指国家最高司法机关在适用法律过程中对具体应用法律问题所作的解释，包括审判解释和检察解释两种。审判解释，是指最高人民法院对审判工作中具体应用法律问题所作的解释。审判解释对各级人民法院的审判具有约束力，是办案的依据。检察解释，是指最高人民检察院对检察工作中具体应用法律问题所作的解释。检察解释对各级人民检察院具有普遍约束力。除了这两种区别方式以外，还有抽象解释和具体解释两类。例如，最高人民法院《关于适用〈中华人民共和国刑事诉讼法〉的解释》就是抽象解释的一种，其中有对监察机关如何依法调查职务犯罪案件的规定，为监察机关行使监察权提供了法律依据；具体解释往往是最高人民法院和最高人民检察院采取答复的形式对法律适用进行解释，这些解释中有些是对贪污受贿罪以及各种类型的渎职犯罪予以解释，为监察工作的展开明确对象范畴，例如，最高人民法院《关于国家工作人员利用职务上的便利为他人谋取利益离退休后收受财物行为如何处理问题的批复》中明确了该类行为构成犯罪的，以受贿罪定罪处罚。因此，司法解释也属于监察法的一项法律渊源。

五、其他规范性文件

除了上述法律渊源以外，国际条约和中央军事委员会制定的监察规定也属于监察法的正式渊源。国际条约是国际法主体之间就某一事项中各自权利义务所缔结的书面协议。一国与他国签订国际条约之后，就需要承担相应的国际义务并应在本国内诚实履行。我国《监察法》中专门规定了反腐败国际合作的内容，因此我国签署的反腐败国际条约也构成了监察法的渊源。《联合国反腐败公约》是唯一一份具有法律约束力的国际性反腐败法律文件。除此之外，中央军事委员会也有权制定监察规定，这些规定适用于中国人民解放军和武装警察部队的监察工作，因此也是监察法的渊源。

第四节 监察法的基本原则

一、坚持中国共产党的领导原则

中国共产党是中国工人阶级的先锋队，同时是中国人民和中华民族的先锋队，是中国特色社会主义事业的领导核心，代表中国先进生产力的发展要求，代表中国先进文化的前进方向，代表中国最广大人民群众的根本利益。中国共产党作为我国执政党，其领导地位和执政地位是历史的选择、人民的选择。

坚持中国共产党的领导作为监察法的基本原则，主要依据便是我国《监察法》第2条规定："坚持中国共产党对国家监察工作的领导……"该规定确立党在监察工作中的领导地位。坚持中国共产党的领导原则主要体现在两方面，一是新时代中国特色社会主义思想是监察立法的指导思想，中国共产党以马克思列宁主义、毛泽东思想、邓小平理论、"三个代表"重要思想、科学发展观、习近平新时代中国特色社会主义思想作为自己的行动指南。党的十九大报告中明确强调，必须坚持党对一切工作的统一领导，坚持以人民为中心，夺取反腐败斗争压倒性胜利。监察法作为一部反腐败大法，必然需要坚持中国共产党的领导原则；另外，党的领导还是监察体制改革和《监察法》制定的重要保障。党的十八届六中全会通过的《中国共产党党内监督条例》为《监察法》的制定奠定了重要基础，该条例确立了党内监督体系，而《监察法》对应地确立了国家监察体系。《监察法》的制定使党内监督与国家监察融会贯通，纪律审查与监察调查衔接，形成系统的国家权力监督体系。

二、集中统一与权威高效原则

我国《监察法》的制定在于构建集中统一、权威高效的中国特色国家监察体制。这其中所谓的集中统一，主要是指各项反腐败的职权集中并由监察机关统一行使；而权威高效则是指监察机关行使监察职能具有权威性，并且能够在监督、调查和处置过程中提高效率，提升反腐败的效果。监察体制改革首先就是要改变反腐败资源分散的状况，将党的纪检部门、行政监察机关和人民检察院的反贪、反渎和职务犯罪预防部门整合，组成与"一府两院"平行的监察委员会，监察委员会的建立标注着集中统一的监察体制形成，这不仅是反腐败职能的集中，还是反腐败机构的统一。同时，不断推进国家治理体系和治理能力现代化，依法充分运用监察法赋予监察机关的各项权限以加大反腐败力度，提高反腐败效力，使执法结果具有权威性和高效性。

三、依法独立行使监察权原则

为了保障执法的公正性和权威性、防止其他国家机关和公民干涉执法机关的活动，我国宪法和法律规定执法机关独立原则。而我国《监察法》中明确规定，监察机关有权对涉嫌职务违法和职务犯罪的公职人员采取强制措施。监察机关的性质和职权表明，其是具有执法性质的机构，因此，应当遵循依法独立行使监察权的原则。

该原则主要具有三层含义：一是不受行政机关、社会团体和个人的干涉。此处的"个人"，包括监察系统内部的人员，凡是非相应案件的办案人员或者负责人，即使是监察机关内部的领导干部或其他国家机关领导干部打听案情、说情干预的，均应当记录在案并追究责任（《监察法》第 57 条）；二是"依法"，监察机关独立行使监察权必须是依法行使，不能肆意妄为地滥用职权；三是不错位、不越位和不缺位，具体而言，就是应当独立行使监察权而不代替其他国家机关行使其他国家权力，不超越法定权限采取非法定手段、措施，同时还需要依法积极主动地、独立地行使监察权，而不能不作为。

四、监察法治原则

法治是相对人治而言的，主要是指由宪法和法律规定的治国理政的价值、原则和方式。法治以公平正义为价值取向，以民主政治为基础，以宪法法律至上为前提，以严格依法办事为核心，以确保权力正当运行为重点，以执法为民为本质要求，以服务大局为重要使命，是人类政治文明进步的重要标志。依法治国是我国社会主义法治的核心内容，指广大人民群众在党的领导下，依照宪法和法律规定，通过各种途径行使管理国家和社会事务、管理经济文化事业的权利，保证国家各项工作和社会政治生活都依法进行，逐步实现社会主义民主的制度化和法律化。

党的十九大报告明确指出，全面依法治国是国家治理的一场深刻革命，必须坚持厉行法治。《监察法》第5条规定："国家监察工作严格遵照宪法和法律，以事实为根据，以法律为准绳；在适用法律上一律平等，保障当事人的合法权益；权责对等，严格监督；惩戒与教育相结合，宽严相济。"监察法治原则具体表现在监察机关的组织和职权法定，监察机关依法监察。首先，监察机关的组织和职权由法律规定，其必须严格遵守法律的规定；其次，监察机关的工作程序法定，即监察机关在依职权办案时必须遵守法定程序；最后，监察机关适用强制措施和处置手段的条件法定，在适用强制措施和处置手段时，必须严格依据《监察法》规定之情况予以适用，不得越权、越界行使该类职权。

五、尊重和保障人权原则

人权通常是指人作为一个人所应该享有的权利。尊重和保障人权已成为当今国际社会的普遍追求。我国于2004年颁布的《宪法修正案》第24条明确增加了"国家尊重和保障人权"。这是我国第一次将尊重和保障人权的原则载入宪法，集中体现了中国特色社会主义人权观。国家各项立法、行政、监察、审判和检察机关都必须切实履行尊重和保障人权的义务，并以此作为其履行职能的准则。我国《监察法》第5条明确规定，国家监察工作中必须保障当事人的合法权益，其意旨在强调监察机关在依法行使监察权对公民的人身、财产等权益予以限制或剥夺时，必须重视相对人的权利保障，以达到惩治腐败和保障人权的平衡。监察过程中具体对尊重和保障人权原则的践行主要体现在保障被调查人的人身自由权、人格尊严和财产权，以及保障被调查人的刑事诉讼基本权利和复审、申诉权，如此才能保证涉案人在更加合情、合法、合理的环境下接受调查与处置，以实现程序正义和实体正义的统一。

六、监察机关受制约和监督的原则

任何权力都应当受到监督和约束，这是民主法治社会的必然要求。古典自然法学认为，正是由于人类对权力具有天然的追逐欲望，才能推动人类从自然状态迈向政治社会，政治权力伴随着国家的出现而得以发展；但权力是根植于人性的欲望需求，天然具有巨大的潜在危险性和破坏性。"一切有权力的人都容易滥用权力，这是亘古不变的一条经验。"[1] 作为一种新型国家权力的监察权，亦具有权力本身的弊端。因此，必须对监察权进行有效的监督和制约，行使国家监察权、扮演监督角色的监察委员会亦应受到监督。我国现有制度中，对监察机关的制约机制主要表现为人大及其常委会对监察机关的监督，审判机关、检察机关对监察机关的制约，人民、社会和舆论对监察机关的监督和监察机关的内部监督四种方式。这也是《监察法》第七章中明确规定的内容。总之，权力越大，风险越大，越需要接受严格的监督和制约。对监察机关的监督与制约，不仅需要外部制约机制提升监察活动的廉洁性，同时也需要内部制约机制防止"灯下黑"，"双剑合璧"之下建设出一支让党放心、让人民信赖的纪检监察干部队伍。

➡ 思考题

1. 监察法的特点是什么？
2. 监察法律关系的构成要素有哪些？
3. 监察法的法律渊源有哪些？
4. 监察法的基本原则是什么？
5. 简论监察法治原则。
6. 监察制约机制包括哪些方式？

---

〔1〕 ［法］孟德斯鸠：《论法的精神》，张雁深译，商务印书馆1963年版，第154页。

中国监察制度发展的历史

第三章

【内容提要】以史为鉴，盛衰之理尽收其中。监察制度的演变可以从一个侧面窥见古代法律制度发展的规律，考察我国古代监察制度的源流和演变，分析其特征和利弊得失，科学地总结前人的经验教训，可以为我国当今监察制度和廉政制度的建设提供有益的借鉴。

中国古代监察制度是法律制度的重要构成部分，经过长期的演变，中国古代监察制度形成了监察机构独立化、监察官员选拔制度化、监察方式多样化、监察制度法律化等特点。它不仅在监督法律法令的实施、维护其统一，纠举不法官员、保持官员的廉洁性，维护统治秩序、保证国家机器的正常运转等方面发挥了重要的积极作用，而且为后世积累了丰富的文化遗产和可以借鉴的宝贵经验。

第一节　中国古代的监察制度[1]

中国古代监察制度的历史发展，基本可以分为处于形成阶段的战国、秦、汉时期，发展阶段的魏晋南北朝、隋唐时期，以及完备阶段的宋、元、明、清时期。

一、上古至秦汉时期的监察制度

我国古代监察制度起源于原始社会晚期，历经夏商周三代、春秋、战国时期，形成于秦汉时期，这些时期的监督实践对古代监察制度的发展和完备具有

---

〔1〕 本部分主要参考张晋藩主编：《中国古代监察法制史》，江苏人民出版社 2017 年版。

深远影响。

（一）战国时期以前

早在原始社会晚期就出现了对氏族权力机构的民主性监督，如部落首领在"明台"和"衢室"采纳民意，氏族成员通过"告善之旌"和"谏鼓"向部落首领提出批评意见；部落首领通过巡守对下级进行纠察性监督。夏商周时期，虽然没有专门的监察机构和监察法，但随着国家权力分化程度加强，权力监督形式也朝着制度化方向发展。夏朝已设有监察之官"啬夫"，"吏啬夫，谓检束群吏之官也""人啬夫，亦谓检束百姓之官"（《管子》，卷三十，君臣上；尹知章注）。殷墟发现的甲骨卜辞中已有"北御史""朕御史"的记载，西周时期则正式出现了"御史"官称。御史既有记录史实的职能，也有监察百官的职能。

春秋战国时期，百家争鸣中监察思想也随之发展，尤其是法家的监察思想。法家一方面认识到君主统治依赖于官吏的辅助，另一方面又认为君主应当依靠"术""法"监察官吏，认为"明主治吏不治民"[1]。随着君主专制制度的初步形成，政治法律制度发生了重大改革。官僚制度取代了世卿制度，作为治官之官的御史已主要执掌监察职能，以适应对官僚系统的监督。监察法的渊源也由以各国君主发布的诰、命、训、誓为主向着成文法过渡。例如齐威王任用邹忌为相制定了《七法》以督奸吏。魏国李悝在《法经》《杂律》中列举的假借不廉、逾制等职官犯罪的规定，为监督官吏行为、惩治职官犯罪提供了法律依据。

（二）秦代

秦灭六国，建立起了统一的中央集权王朝。秦王朝设置御史府作为专门的中央监督机构。御史大夫为最高长官，负责统率全部监察官员的纠举和弹劾。御史大夫以下，设御史中丞和御史丞，直接辅助御史大夫行监察之责。秦灭六国，统一天下以后，六国的残余势力仍是不安定的因素，因此监察制度建设的重点在郡。郡设监察官郡御史，以实施对地方的监察，这些监郡御史被称为监御史、监察史或"监"。由此可见，秦王朝已经建立了一个从御史大夫到御史，从中央到地方的较为独立、严密的监察体系。

秦代也设置了谏议官员，包括谏大夫和给事中，专掌规谏，但此时还没有专门的谏议机构。《云梦秦简》的出土证明了秦监察法的发展状况。《法律答问》记载："啬夫不以官为事，以奸为事，论可（何）□（也）？当□（迁）。□（迁）者妻当包不当？不当包。"《为吏之道》强调了"吏有五善"和"吏有

─────────

[1]《韩非子》，卷三十五，外储说右下。

五失"，这些标准为御史等官员实施检查提供了法律准绳。秦代虽未制订专门的监察法典，但有关察吏的规定已成为秦律的重要部分，显示了秦代监察法制的精神。

（三）汉代

汉承秦制，两汉时期在中央由御史台行使监察权，并且形成了地方监察官的刺史制度。汉代学者相继论证监察思想的重要性，如董仲舒、班固、仲长统、王符等。他们监察思想的要点是：官吏是治国之要，察吏是治国之本。王符认为"是故民之所以不乱者，上有吏；吏之所以无奸者，官有法；法之所以顺行者，国有君也；君之所以位尊者，身有义也。义者君之政也，法者君之命也。"[1] 这不仅论证了官吏对于国家施政的重要性，更强调以法治吏的价值。

在中央，监察机关名为御史府，又称为"宪台"。御史大夫是最高长官，其下有御史中丞和御史丞。御史大夫在两汉是时废时置的职位，西汉末期，御史大夫更名为大司空，与丞相、大司马并为三公。东汉将大司空改为司空，东汉末年复置御史大夫，但此时御史大夫已经不再行使监察职能，转由御史中丞承担。御史中丞本为宫掖近臣，后因作为实际最高监察长官而搬出宫外置署办公，称为"御史台"，古代相对独立的专门监察机关正式出现。

在地方，汉武帝时期建立了刺史制度，由固定的十三部刺史监察地方，刺史隶属于御史台，专司监察。除了专门的监察官员以外，行政机关中还有谏大夫、丞相司直、司隶校尉等作为御史台以外的监察官员。

汉惠帝三年（公元前192年）制定了第一个专门性的地方监察法规《监御史九条》，内容涉及行政、司法、吏治等方面。随后汉武帝在此基础上制定了《刺史六条》，也称六条问事，具体为："一条，强宗豪右田宅逾制，以强凌弱、以众暴寡；二条，二千石不奉诏书遵承典制，倍公向私、旁招守利、侵渔百姓、聚敛为奸；三条，二千石不恤疑狱，风厉杀人，怒则任刑，喜则淫赏，烦扰苛暴，剥截黎元，为百姓所疾，山崩石裂，妖祥讹言；四条，二千石选署不平，苟阿所爱，蔽贤宠顽；五条，二千石子弟怙恃荣势，请托所监；六条，二千石违公比下，阿附豪强，通行货赂，割损政令也。"[2] "六条问事"是地方监察制度法律化的重要成果，是全国性的地方监察法规。虽然部刺史不过是六百石的低级官员，但却可以监察、奏弹二千石的地方长吏与王侯，这种以下察上，以卑

---

〔1〕（汉）王符：《潜夫论》，卷五，衰制篇。
〔2〕（元）马端临：《文献通考》，卷三十九，选举考。

督尊的规定，也是我国古代监察法的特点之一。

二、魏晋至隋唐时期的监察制度

魏晋南北朝时期，伴随着社会动荡和王朝频繁更替，监察制度也随之发生较大变化。隋文帝将御史台自宫禁移于外廷，进一步明确了御史台作为国家监察机构的性质。唐代，中国古代社会进入繁荣时期，监察制度亦臻于完备。

（一）魏晋南北朝时期

魏晋南北朝时期，各政权分裂割据、连年征战，监察制度的作用有限。不过，由于门阀氏族操纵朝政，皇权与门阀的权力平衡与制约的需要成了监察体制发展的动因。朝代更迭，战乱纷繁，魏晋南北朝时期监察机构不完善，监察机关名称和职能变动不定。这个时期的监察法制呈现两个特点：御史监察机构的独立化和言谏组织的系统化。

曹魏时期，御史台脱离少府直接受命于皇帝。御史中丞的权力和地位不断提高。御史被允许"风闻奏事"，即可以根据道听途说的传闻来参奏。至东晋，废除司隶校尉，监察机构初步统一。至南朝，谏官系统不断规范化系统化，谏官独立行使职权，建立了负责规谏的集书省。南北朝时期在地方监察的刺史制度之下又发展了"典签"制度，典签本是一官职名，是刺史的属官，由朝廷派典签到地方去监督刺史和宗室成员。在南北朝后期，典签的权力再度被削弱。这个时期的监察立法的成就有晋朝的《察长吏八条》、西魏的《六条诏书》，以及北周的《诏制九条》，其中《六条诏书》的内容是：一先治心，二敦教化，三尽地利，四擢贤良，五恤狱讼，六均赋役，这也是考核被监察官员的标准。

（二）隋唐时期

隋朝实行三省六部制，重新将御史台设置为中央监察机关，可以弹劾百官甚至皇子。御史大夫为御史台首长。司隶台是专事地方监察的机构，负责监察地方官员并考核政绩。隋朝将三省中的门下省设为谏议机关，掌管政令和封驳。

在监察制度和监察法的沿革历史中，唐代是具有重要意义的一个时期。唐代沿用隋制，御史台是唐代中央最高监察机关，长官是御史大夫，掌管法制、礼仪和风纪。御史台下设三院：台院、殿院和察院。台院是御史台的代表，除了监察职能还负责部分案件的审理；殿院执掌朝廷供奉礼仪，巡察京城不法之事；察院主要负责监察地方官吏、监决囚徒。三院各有分工、互相交叉、互相配合，组成了一个严密的脱离了国家行政机构的独立监察系统。

唐代中央监察机构除了御史台系统，还包括谏官系统。谏官系统在唐代亦趋于完备，形成了台谏并立的格局。唐朝谏官包括分属门下、中书两省的左右散骑常侍、左右谏议大夫、左右补缺、左右拾遗，负责对皇帝的进谏与监察。唐代谏官拥有封驳和言谏两大权力。封驳是指门下省将复审中书省草拟的诏书，可以将原诏书退回中书省重拟。言谏则是规谏讽喻，直言朝廷过失，唐代统治者大多重视言谏、鼓励言谏，甚至出现了以皇帝诏敕确认谏官职责与言谏制度的言谏法，保证谏官独立，定期言谏并入阁议事。

唐代的地方监察体制由御史和使臣两大系统组成。御史系统由皇帝控制，负责巡按州县、监察地方。使臣系统采用道察形式，唐代全国划为十个监察区，为"十道"，唐中宗时期"凡十道巡按，以判官二人为佐，务繁则有支使"[1]，标志着唐代十道巡察体制的成立。安史之乱后为解决财政危机，增设度支转运使、出使郎官、巡院等作为地方监察的补充。

唐代的监察专门立法有《监察六法》，在汉代《刺史六条》的基础上扩大了监察对象的范围，主要目的是规范按察使的职责，内容是："其一，察官人善恶；其二，察户口流散，籍帐隐没，赋役不均；其三，察农桑不勤，仓库减耗；其四，察妖猾盗贼，不事生业，为私蠹害；其五，察德行孝悌，茂才异等，藏器晦迹，应时用者；其六，察黠吏豪宗兼并纵暴，贫弱冤苦不能自申者。"[2]唐代将稳定的《监察六法》与临时性的皇帝制诏结合，形成了较为严密的地方监察体系。对于维持地方吏治以及推动地方政务，起了积极作用。此外，《唐律疏议》《唐六典》对监察机构的设置、职掌以及监察官的活动等作了明确具体的法律规定，使古代监察制度进一步规范化、法制化，对后世产生了深远影响。

三、宋代至清代的监察制度

宋元明清时期是我国古代社会发展到后期的重要历史阶段。伴随着皇权的强化，监察机构的职能随之加强，部署亦越来越严密，古代社会的监察体制发展到完备的程度。

（一）两宋时期

宋代的御史和谏官制度逐渐有合二为一的趋势，宋代统治者重视对监察机构的监督，各路监司不仅接受台谏监察，还要受到监司之间的互相监察。同时统治者出台了一系列监察法规，保障监察程序，重视司法监察，严申监司的法

〔1〕（宋）欧阳修：《新唐书》，卷四十八，百官篇。
〔2〕（宋）欧阳修：《新唐书》，卷四十八，百官篇。

定责任。

就中央监察机构而言，御史台是最高中央监察机关，御史大夫为长官，但没有实任。御史中丞是实际长官。御史台下分设台院、殿院、察院，台院设置侍御史，殿院设置殿中侍御史，察院设置监察御史。御史台的职能是监察和弹劾百官，规谏皇帝和参与朝政，审理重大案件等。

宋代的言谏系统分为言谏和封驳两大独立部门。谏官机构开始从中书省和门下省独立出来，设谏院，谏院下设登闻鼓院和登闻检院。封驳制度由宋太宗设立，在北宋后期由门下后省和中书后省掌领。主要职责在于监督朝廷司法、财政、人事决策，也负有规劝谏言，参议朝政、奏劾百官的职能，总体而言，宋代扩大了言谏系统的职责和权力，甚至宰相和各个职能部门也受到言谏系统的制约。由此可见，宋代的监察体制一大改变是有"台谏合一"的趋势，御史和谏官系统互相渗透，既允许御史谏言，也允许谏官弹劾。

就地方监察机构而言，宋代建立了监司组成的地方监察体制，监司包括转运司、提点刑狱司、提举常平司。监司负责地方的专门政务，并具有监察地方官的职责，例如提点刑狱司负责察访地方刑狱、审问囚徒，以及纠举监察违法官吏。此外，宋代还设置了走马承受公事和通判分别负责地方的军民监察。走马承受公事负责监察军队和封疆大臣的行动，收集边境军事情报。通判有"监州"之称，监察州县官吏，参与州郡的财政管理和官吏选任，参与审理州郡的刑狱案件。

宋代的监察立法在吸收和借鉴前代立法的基础上，进行了较为广泛的立法活动。《诸路监司互监法》是为了地方监察官的相互制约而制定的，弥补了对地方监察官本身监督的不足，是中国古代监察法制的创举。除此之外，还有北宋时期将御史台有关的敕令格式编制成专门法规的《御史台仪制》。南宋时期的《庆元条法事类》也有地方监司必须如期巡察，不得贪污受贿的专门规定。

（二）元代

元代统治者重视监察机关的职能，提高其地位，扩大其组织，形成了涵盖中央与地方的监察网络，丰富了监察立法。

就中央监察机构而言，元代的御史台与中书省、枢密院三足鼎立，彼此独立。元世祖将御史台视为治疗"左手"中书省与"右手"枢密院的医生，将中书省与枢密院纳入御史台的监督范围。元代统治者提高了御史台长官的品级，使御史台摆脱了宰相的控制，并且整合御史台内部组织机构。元代不再设谏院，御史兼有谏官职责，至此"台谏合一"的体制已经完全形成。

就地方监察机构而言，元代在地方仿行省制设置了行御史台，主要有江南诸道行御史台和陕西诸道行御史台，设置行御史台也是为了镇压反元斗争，巩固中央集权。行御史台在设官、职责、地位方面几乎与中央御史台相同，具有较独立的地位和权力。行御史台以下，设置肃政廉访司作为地方常设监察机构，以纠察百官为职，负责纠弹地方官吏，同时兼理录囚等司法监察和科举考试监察。由此，元朝建立了从中央到地方严密的监察体系。

元朝的监察立法与宋代散见的诏、敕、令形式有所不同，多以宪纲条例的形式出现，有集中化、专门化的特点。主要监察法规有《设立宪台格例》和《行台体察等例》。《设立宪台格例》规定了御史台行使监察权的依据，包括宪纲和条例两部分，宪纲规定了御史台的职权范围和地位，条例包括以纠察、体究、纠劾和罚则等方式，监察范围包括行政、财政、司法、军事等方面。《行台体察等例》规范了行御史台的职权、责任与活动方式。

（三）明代

明代监察制度进一步深化，加之明太祖对吏治的重视，在总结前代监察制度构建经验的基础上，明代构建了一套从中央到地方严密的监察法网。

在中央，明代撤销御史台，改立都察院为最高检察机关，最高长官称为都御史。都察院专劾百官，辨明冤枉及不公。都察院下设十三道监察御史，分别负责巡察各道，所巡察的事项十分广泛。明代在留都南京也保留着一整套中央机构，包括南京监察院，不过其职权范围、地位都低于北京的中央都察院。明代中央监察体制中，六科给事中与都察院共同承担监察职能。所谓六科，是指吏科、户科、礼科、兵科、刑科、工科。给事中对减少政治决策失误，正确执法、司法起到重要作用。六科总司职掌封驳权和言谏权，可以封还皇帝敕令、驳正臣下奏章，在朝会上纳言直谏，与御史职能相当。

在地方，明代监察制度包括总督巡抚、提刑按察使司、巡按御史三套体系。总督巡抚是从前代都御史出巡发展而来的，是皇帝派出的特使。明代督抚职权起初以监察为主，后来演变为地方长官。总督与巡抚的区别在于巡抚限于一省或省内地方，不涉军务，而总督兼管军事，所辖通常超过一省之地。明代在每省设提刑按察使司兼掌司法与监察。隶属于都察院的监察御史可以巡按地方，分为专差和按差两类。前者职权包括到地方上清军、巡盐、巡茶马、巡漕、监军等，后者即为巡按御史，负责纠劾地方官员、审理讼狱、督查仓库户口。

明代的监察立法的法典化趋势加强，主要的监察立法有《宪纲条例》、六科监察法规、南京都察院事例和《抚按通例》。《宪纲条例》制定于明太祖洪武年间，是明代最早的监察立法。具体内容包括：明确都察院、监察御史和按察分司的职责重要性，对监察官犯罪从重处理。《宪纲条例》规定了监察机关内部的监察纠察体制，确定监察案件的受理机关，还规定了对按察司官处理认为有冤枉者，可以向巡按御史申诉。都察院不予审理可击登闻鼓陈诉。六科监察法规包括六科通掌和各科法规，相当于总则与分则。六科通章共 34 条，吏、户、礼、兵、刑、工各科法规分别有 20 条、25 条、16 条、35 条、13 条、18 条，对六科给事中的职责、权力作出详细规定。南京都察院事例是适用于南京各衙门的地方监察法规，内容比中央都察院的法规简单，只有 28 条。嘉靖年间颁行的《抚按通例》以协调巡抚与巡按御史的关系为目的，规范督抚行使监察职权，强调监察官员自身廉洁清正的重要性。

（四）清代

清代传承和发展了古代传统监察思想和监察立法成果，形成了科道合一、网络密集的监察制度。

在中央，清代以都察院为中央监察机构，以左都御史为最高长官。都察院下设六科、各道、五城察院、宗室御史处、稽查内务府御史处等。其中六科是都察院为六部实行监察所设的。六科的职责原本包括封驳，但由于清代密折制度或由军机处"廷寄"，或有内阁抄，六科不能参与，所以封驳权已经消失。

在地方，清代按行省划分设立了十五道监察地方，各道监察御史人数不一。除此之外，还采用多种方式加强地方监察。地方监察机构有四类：一是各省总督，掌管一地区的文武、军民，监察地方文武官吏和学政；二是各省巡抚，监察本地方政务，多兼兵部侍郎衔；三是各省按察使司，在掌刑名案件以外还负责按劾官吏；四是各省道员，包括布政使左右参政、参议，以及按察使副使，兼有地方监察的职权。

清代的监察立法十分完备，形成了以《钦定台规》为主，配套部院和其他立法，加之省例及其他规章为地方法规的完整体系。《钦定台规》是我国监察法制史上第一部以皇帝名义颁布的、最完整、最系统的监察法典，由训典、宪纲、六科、各道、五城、稽查、巡察、通则八部分组成，包含监察机关性质、地位、职能、任务、程序、监察官选任、考核等规定。《都察院则例》内容涉及行政、立法、人事、司法、治安监察等多方面，乾隆三十九年（1774 年），《都察院则例》因为与《钦定台规》并存而不再续修，丧失了实际效力。

除此之外，《钦定大清律例》《大清会典》《六部现行则例》《钦定六部处分则例》中都散见监察制度的具体规定。除了综合性监察法规以外，清代还制定了不少针对特定事项或对象的专门性监察法规，如针对满洲官员的《满官京察则例》，针对巡按监察制度的《巡方事宜》，对科举考试考官职责做出规定的《科场条例》，以及针对职官犯罪的《侵贪犯员罪名》《职官犯罪脱逃治罪例》等。

第二节　北洋政府和国民政府时期的监察制度

民国时期的监察制度的沿革大致可以分为北洋政府和南京国民政府时期，前者包括北洋政府、广州国民政府的监察法制，后者是指 1927 年南京国民政府至中华人民共和国成立前的监察制度。整体而言，民国时期的监察制度受到孙中山"五权宪法"思想影响，按照孙中山的设想，立法、行政、司法、考试、监察五权为国家根本权力，监察机关应当独立设置并独立行使职权。

一、北洋政府时期的监察制度

辛亥革命后，袁世凯就任民国大总统。北洋军阀执政时期，采用大陆法系的传统，将立法与司法分离，行政诉讼与民刑诉讼分开。北洋政府时期的监察机构为袁世凯当政时所设的平政院，负责审理行政官员的违法不正行为，处理行政诉讼以及纠弹事件。平政院的建立深受大革命后法国行政诉讼体制的影响，平政院具有审理纠弹事件的权力，与传统的都察院在职能方面有相似之处。平政院下设肃政厅，肃政厅可以处理直呈大总统的纠弹案，也可以处理提交平政院的诉讼案件。除此之外，审计院、大理寺也发挥了监察职能，如审计院通过稽查核实、审查决算监督全国财政，大理寺承担了司法监察的职能。

北洋政府时期的监察立法有 1914 年的《平政院编制令》《纠弹法》，以及《文官惩戒委员会编制令》等，这些监察立法尽管形式上规定了监察机关的权力、职能、程序等内容，但并没有起到很好的法律效果。究其原因，北洋政府陷入长期权力纷争，政局动荡使得转型时期法律制度难以有效实施，当权者对"权力应当受到制约和监督"理念的接受程度低下也是监察制度失败的关键。北洋政府创设行使监察权的专门机构，继承并发展了古代御史制度的固有传统，而行政诉讼独立的原则又源自大陆法系的制度。因此，北洋政府时期的监察制度是中西监察制度结合的产物。[1]

---

〔1〕　赵贵龙：《中国历代监察制度》，法律出版社 2010 年版，第 123~127 页。

二、广州国民政府时期的监察制度

1925 年，广州国民政府成立。根据国民党第一届中央全会第十四次会议通过的《国民政府组织大纲》中设置监察院的规定，监察院将作为独立的监察机关监督国民政府行政、司法机关的官吏。同年 9 月，《修正国民政府监察院组织法》规定监察院的职权包括：调查质疑权、纠弹官吏权、逮捕权、行政诉讼受理权、侦查权、审计权等。监察院有主席一人，监察委员五人，院务会议决定全院事务。监察院下设五局一科，五局分别主管总务及吏治、训练和审计、邮件及运输、税务及货币、稽查及检查，一科为宣传科。

1926 年，广州国民政府设立了惩吏院，隶属于国民党中央执行委员会，在国民党的监督、指导及国民政府的命令下，对失职违法的官吏进行惩治。同年 5 月，撤销惩吏院，改设审政院，至 1926 年底，撤销审政院，将惩治官吏的职权合并于监察院。

广州国民政府颁布了一系列监察法规，如《国民政府监察院组织法》《惩治官吏法》《审计法及审计法实施细则》。《惩治官吏法》的颁布标志着广州国民政府在形式上建立了较为完整的管理惩治制度。首先，凡是违背誓词或失职的官吏必须付诸惩戒，具体方式有六种：褫职、降等、减俸、停职、记过和申诫。其次规定了对官吏的惩戒程序。一种是监察院声明其事由，连同证据交送惩吏院；另一种是应受记过、申诫的官吏不经惩吏院，直接由国民政府或该主管官员执行。

概言之，广州国民政府时期的监察制度和监察法在不到两年的时间里难以发挥应有效用。但孙中山的独立监察理论在这一时期成为现实，也为南京国民政府的监察制度和监察法打下基础。

三、南京国民政府时期的监察制度

南京国民政府监察制度可以分为"训政"和"宪政"两个时期，从 1927 年南京国民政府成立至 1947 年 12 月为训政时期，从 1947 年 12 月 15 日伪宪法实施到国民党当局逃离大陆为宪政时期。监察制度和监察法主要的发展集中于训政时期。

1928 年南京国民政府通过了《训政纲领》和《国民政府组织法》，试行五权宪法的政体，设立了监察院。原拟由蔡元培担任监察院院长，但蔡元培拒绝就任，直到 1931 年 2 月于右任为院长，监察院才算正式成立。监察院的组织机构有：①院部。院部由院长、监察委员和监察院各委员会组成。根据监察院各委员会组织法，共设 10 个委员会：内政委员会、外交委员会、国防委员会、财政委员会、经济委员会、教育委员会、交通委员会、司法委员会、边政委员会、侨政委员会，委员由监察委员分任。②监察行署。监察院将全国分区设监察院监察委员行署，作为地方监察机关。监察行署职权与中央监察委员相同，各行署的监察委员应当随时向监察院报告该地区的情况。③审计部。审计部负责全国审计业务。设审计长一人，由总统提名，立法院通过并任命。审计部在各省及直辖市设审计处，负责该省市内中央及地方各机关的审计事务。④惩戒机关。训政时期在监察院下设的机构中，有国民党中央党部监察委员会、政务官惩戒委员会、中央和地方公务员惩戒委员会、军事长官惩戒委员会，均为官员惩戒机关。在"行宪"后，公务员惩戒改由司法院管辖。

监察院的职权非常广泛，包括弹劾权、纠举权、纠正权、同意权、审计权、调查权、监试权七项。其中弹劾权在监察职权中居于首要位置，是由古代御史的监察权与欧美国会的弹劾权结合而来的。监察院弹劾的对象包括：总统、副总统，中央及地方公务人员，司法院及考试院人员。不能弹劾的对象有国民大会代表、立法委员、监察委员等。提出弹劾有违法和失职两项事由。《中华民国宪法》对弹劾权的行使规定了一套严格细致的程序。

1947 年国民党的伪宪法宣布结束训政时期，但此时国民党政府已经风雨飘摇，"行宪"对训政时期监察体制和监察法作了较小调整，仅增设监察院委员会，将全国监察区增加到 17 个等。1949 年中华人民共和国成立后，这套监察制度和法律也随之成为历史。

南京国民政府时期的监察制度是"五权宪法"理论的体现，监察院独立于其他权力机关，并且职权范围十分广泛。监察法规也较为完备，监察制度朝着法制化、规范化的方向发展，以弹劾权为主的监察权体系也比较完善。然而由于国民党的专制，监察院有名无实，监察权与惩戒权难以有效衔接；监察院缺乏外部监督，一旦监察权的行使有损最高统治者的利益，则以党权和行政权横加干预，使得监察制度设计的初衷落空。

第三节　中华人民共和国的监察制度

1949 年中华人民共和国成立，我国监察制度进入了新的时期，其发展也分为创建、调整、停滞、恢复、重组阶段，不同阶段的监察制度特点也不尽相同。

一、创建阶段（1949年~1954年）

中华人民共和国成立以《中国人民政治协商会议共同纲领》（以下简称《共同纲领》）为临时宪法，根据《共同纲领》第19条，"在县市以上的各级人民政府内，设人民监察机关……"因而1949年10月19日的中央人民政府委员会第三次会议决定，成立中央人民政府政务院人民监察委员会，负责监督政府机关和公务人员。1951年7月，人民监察委员会根据《中央人民政府组织法》制定了《各级人民监察委员会通则》，下设地方各级人民监察委员会。

这一时期的监察对象覆盖县级以上各级国家机关和公务人员，包括行政机关、审判机关、检察机关及其工作人员。除中央与地方各级人民政府设置人民监察委员会以外，政务院还要求省级以上财经部门及国营企事业单位普遍建立监察机关。此外，当时监察机关建立了监察通讯员制度，密切联系群众，各级人民监察委员会可于政府机关及其所属企事业部门、人民团体、城市街道及农村中设置人民监察通讯员。人民监察通讯员可以调查监察对象的违法失职行为，并且征集群众对政府政策法令的意见，向群众宣传监察工作的重要意义，管理人民意见箱。

需要指出的是，这一时期的监察制度建设是在中国共产党的领导下进行的，党的监察制度建设也是关键一环。中国共产党早在1927年4月召开的党的"五大"中就选举产生了中央监察委员会。1945年召开的"七大"，党章中对党的监察机关领导体制、产生办法、任务、职权都作了具体规定。1949年中华人民共和国成立后，党中央成立了中央纪律检查委员会，并决定成立各级党的纪律检查委员会。党政监察制度构成了新中国监察体制的两大支柱。

这一阶段不仅组建了各级人民监察机关，制定了监察工作法规，而且对政府机关及工作人员进行了全面的监督监察，积累了一定的监察工作经验，有力地配合了新中国成立后的各项工作任务。

二、调整阶段（1954年~1959年）

1954年，第一届全国人民代表大会通过了中华人民共和国第一部《宪法》，随后颁布的《国务院组织法》将政务院改为国务院，人民监察委员会改为监察部。监察部成为国务院的行政部门，接受国务院领导。地方也相应设置了监察厅、监察局和监察处，县和不设区的市及市辖区的人民委员会不设监察机关，在工作特别需要的县和不设区的市由专员公署或省的监察机关重点派遣监察组，并受派出机关的垂直领导。各级监察机关有检察权、调查权和建议权，没有行政处分权。

在此期间，各级监察机关围绕社会主义改造运动，监察处理了一些国家机关工作人员违法乱纪的案件，监察制度向着法制化、正规化发展。与此同时，党内监察制度也进一步完善。《关于成立中央和地方监察委员会的决议》的通过加强了对各级党组织和党员干部在执行党的路线政策中的监督工作，尤其是对中央各部门和省市高级干部的监督工作，赋予监察委员会相对独立的地位。1956 年 9 月通过的党的八大《党章》中，有关党的监察机关规定比七大党章更加完善，有利于党内监督的发展。1956 年邓小平同志指出：在执政党的条件下，党除了应该加强对党员的思想教育之外，更重要的还在于从国家制度和党的制度上作出适当的规定，以便对于党组织和党员实行严格的监督。

三、停滞阶段（1959 年~1982 年）

社会主义改造完成之后，在法律层面受到"左倾"思想的影响，社会主义法治原则受到了错误的批判，监察制度的发展也陷入停滞。1959 年 4 月 28 日，第二届全国人大通过了《关于撤销监察部的决议》，我国监察制度的建设从此停滞。此前，党的监察（纪检）委员会和行政监察机关并存，党政分工明确。撤销监察部导致以党代政，党的一元化领导代替了行政机关的监察，但这从客观上也促进了党内监察制度建设。"文革"时期，党的监察委员会也被撤销，九大和十大的《党章》中取消了党的监察机关和党的纪律的相关条款，党的纪律和党内民主遭到了破坏。直到党的十一届三中全会后，党和政府吸取教训，开始重视监察制度的建设，先行恢复党的纪律检查委员会，为以后行政监察体制的恢复打下基础。

四、恢复阶段（1982 年~1993 年）

"文革"结束后，全党和广大群众对监察工作的重要性有了深刻认识。1982 年 12 月 4 日，我国第四部《宪法》得到通过和实施。1982 年《宪法》是中国法制建设重新回到正轨的开始，我国的监察制度也逐步恢复。该法规定国务院"领导和管理民政、公安、司法行政和监察等工作"，行政监察有了宪法保障。1986 年，第六届全国人民代表大会常务委员会第十八次会议根据国务院的提请，决定为了恢复并确立国家行政监察体制，加强国家监察工作，设立中华人民共和国监察部。同年，国务院发布了《关于监察部机构设置和人员编制的通知》

《关于在县以上地方各级人民政府设立行政监察机关的通知》，由此全国各级行政监察机关逐步重建。1990 年，国务院通过了《行政监察条例》，共七章 51 条，促进了我国行政监察工作的法制化进程。

这一时期，党内监察制度也得到发展，中共中央纪律检查委员会制定的《关于对党员干部加强党内纪律监督的若干规定》《关于坚决查处共产党员索贿问题的决定》《关于处理检举、控告和申诉的若干规定》等规范性文件促进了党内监察制度的规范化。1988 年，中央纪委和监察部联合下发《关于党的纪律检查机关和国家行政监察机关在案件查处工作中分工协作的暂行规定》力求理顺党政关系，以及在监察工作中的权限和分工，但由于党政监察工作交叉难分，重复监察或者遗漏监察的现象时有发生，为此后监察体制的重组埋下了伏笔。

五、重组阶段（1993 年～2012 年）

我国行政监察体制恢复后，党的纪律检查机关和行政监察机关两套体制并行，职能存在交叉和重复。1992 年年底，中共中央、国务院决定重建监察制度，遵循"三个有利于"原则，即利于在中央和各级党委的统一领导下，进一步强化党的纪检和政府行政监察职能；有利于国务院和各级政府继续加强对行政监察工作的指导，便于监察机关领导班子继续向政府负责；有利于避免纪检、监察工作的重复交叉以及精简机构和人员，纪检、监察机关合署办公，实行一套班子、两块牌子、两种职能。1993 年 1 月 7 日，中央纪委和监察部合署，此后各省、自治区、直辖市和地、市、县的各级纪委和监察机关也相继合署。合署后的监察部仍然隶属于国务院，地方各级监察机关则接受所在政府和上级监察机关的双重领导。

1997 年第八届全国人大常委会第二十五次会议通过了《行政监察法》，并于 2010 年修正，修正后的《行政监察法》扩大了监察对象的范围，对派出监察机构的体制也做出了调整，完善了监察程序。《公务员法》《法官法》《检察官法》的颁布也对我国监察法律体系的构建起到了重要作用。然而，这一时期的监察制度仍存在着权力分散、效率低下、权威不高的缺点。党的十八大以来，在中国特色社会主义进入新时代和全面依法治国、实现国家治理体系和治理能力现代化的要求下，国家监察体制改革势在必行。全面从严治党的反腐败工作取得了重大成就，为了加强党对反腐败工作的统一领导，推动反腐败斗争向纵深发展，在此基础上整合行政监察、预防腐败以及检察机关查处贪污贿赂、失职渎职和预防职务犯罪等工作力量，组建国家、省、市、县监察委员会，同党的纪律检查机关合署办公是改革的方向。

第四节　中国港澳特别行政区的监察制度

一、香港特别行政区的监察制度

20世纪60年代，香港腐败现象严重，为了打击腐败，香港成立了廉政公署，经过数十年的发展，香港的腐败现象得到有效遏制，为其他国家和地区的反腐败工作提供了经验，香港的监察制度具有重要借鉴意义。

（一）香港廉政公署

1. 制度起源。在腐败严重影响香港社会发展的背景下，1974年，香港立法局通过《廉政公署条例》，成立总督特派廉政专员公署，简称为廉政公署。廉政公署不从属于政府，独立于警务系统与行政机关，只向当时的总督负责，其总监由总督委任并直接向总督报告。成员待遇比照政府官员，不受政府部门牵制和干预，能够独立办案。

1997年香港回归后，《基本法》保持了之前廉政公署的设计，将总督替换为行政长官，《基本法》第57条规定，"香港特别行政区设立廉政公署，独立工作，对行政长官负责"。修改后的《廉政公署条例》规定，除行政长官外，廉政专员不受任何其他人指示和管辖。廉政专员向上直接对行政长官负责，向下直接领导廉政人员行使调查权。此外，廉政公署在财政方面有非常大的自治权，廉政专员每一年向行政长官提交一份财政预算和财务收支报告。财政独立有效防止了其他机构对其执法权的影响。特别行政区政府打击腐败的力度未减反增，廉政公署内部进行了改组，增加了电脑资料鉴证、财务调查、证人保护组等新部门，设立了专门负责重点打击热门贪污问题的专案组。廉政公署的运行使香港社会重拾对法治的信心，提升民众对政府整体的认可度，进而提高社会的稳定性。

2. 组织架构和职能。廉政公署是一个权力多样化的组织机构，包括执法调查、预防腐败、宣传教育三项职能。廉政公署相应地建立了执行处、防止贪污处和社区关系处三个部门，组织构架和基本职能由《廉政公署条例》规定。执行处的主要功能是负责反贪腐的具体执行，是最重要的执法部门，因而编制最多、权力最大。执行处职权主要包括贪腐案件的调查权、逮捕权。不过，廉政公署的刑事案件调查权限于《廉政公署条例》《防止贿赂条例》以及《选举

（舞弊及非法行为）条例》中规定的行为，以及调查指定人员涉嫌滥用职权而犯
的勒索罪。对于上述条例所列明的罪行，廉政公署的职权是专属的，其他部门
只能将相关案件的举报转至廉政公署处理，不能干涉或代其处理刑事案件。执
行处调查员接受市民投诉，并负责对贪污贿赂性质的举报进行初步调查，将调
查结果写成报告交执行处长。调查权的具体内容主要包括逮捕权、扣留羁押调
查权、要求提交担保并在一定条件下申请没收担保款项的权力、向法院申请搜
查令并搜查获取物证的权力、获取指模或照片的权力、收取非体内样本的权力
等。[1] 廉政公署的调查权比警察的侦查权更大，包括利用"线人"和使用隐蔽
器材等技术手段进行侦查。

防止贪污处是防范工作部门，主要负责审查政府部门和公共机构在组织和
程序上的漏洞，从制度上防止贪污问题。防止贪污处可以审查各政府部门及公
共机构的工作常规及程序，向各政府部门或公共机构首长提建议。审查一般有
五个阶段，通过选定审查课题、起草审查提纲、开展审查、形成审查报告，并
将报告提交防止贪污咨询委员会审阅，形成建议，由其批签之后正式交送委托
机构执行。在审查中，办案人员主要针对容易产生贪腐问题的地方进行审查，
通过一系列的调查、分析，与委托机构商讨并深入了解，找出容易出现贪污问
题的环节，提出堵漏措施，使贪污机会减至最低程度。

社会关系处是廉政公署的教育和联络部门，主要职责是宣传教育，其下分
设两个科，分别是联络科和传播及教育科。惩治贪腐和防范贪腐是肃贪倡廉必
不可少的措施，但想形成长期有效的廉政，需要从思想上入手，培养高度的道
德标准和公民责任感，使肃贪倡廉的意识深入人心，才能营造良好的社会氛围。
廉政公署中承担宣传教育工作的部门是其社会关系处，它主要通过大众传播媒
介来宣传反贪信息。社会关系处还大力推行全面的联络计划，直接联络市民。
全港性的社团联络工作由总部联络统筹组负责，地区性的联络工作由各人口密
集地区的分处负责。廉政公署尤其重视对青年的廉政教育，采用直接和间接的
方法来教导青少年，如直接在各个学校举行讲座，讲解贪污的危害和后果，通
过办各种活动引导广大师生进行廉政教育，定期为教师、学员举办讨论会，并
为学生筹办各类社会服务计划，以提高公民责任感。

3. 香港廉政公署的监督。一切权力应当受到制约，监察权也不例外，因此
谁来监督监察权的行使就成了一个重要的问题。香港廉政公署的监督机制分为

---

[1] 赵心："香港反腐制度设计对内地国家监察体制改革的借鉴研究"，载《理论月刊》2017年第8期。

廉政公署内部监督以及外部监督。廉政公署内部设立了专门的内部调查及监察组，负责廉政公署工作人员自身的违纪和贪腐行为，并接受其他关于廉政公署具体工作的投诉。如果内部调查组收到的投诉涉嫌刑事行为，廉政公署就会寻求律政司意见，具体调查工作结束后，内部调查组应向审查贪污举报咨询委员会递交内部调查报告。如果调查或投诉的案件不涉及刑事行为，内部调查组则直接向执行处首长或与投诉相关的私营机构汇报调查情况。

对廉政公署进行监督的机构还有专门委员会，行政长官委任各界知名人士组成四个独立的咨询委员会，专门审查廉政公署的各方面工作，但不干预其正常的执法，各咨询委员会的主席均由非廉政公署人员担任，以确保运作的独立和公正。其中，贪污问题咨询委员会是关于廉政公署基本政策的最高咨询委员会，负责检讨廉政公署的整体政策，审查廉政公署的工作报告等，并向廉政专员或行政长官提供意见，如果廉政公署存在组织或运行上的问题，该委员会可以直接向行政长官反映。而廉政公署的三个职能部门各对应一个咨询委员会：审查贪污举报咨询委员会监督执行处的工作，主要负责听取并审议所有贪污举报、调查和检控结果以及建议采取的行动。如果委员会与廉政公署对于案件意见不一致，审委会可以直接向行政长官陈述其意见；防止贪污咨询委员会负责向廉政公署防止贪污处建议防贪研究的优先次序及审阅所有完成的防贪研究报告，对防贪处的审查情况提出意见和指导并监督其落实；社会关系市民咨询委员会负责向廉政公署建议推行倡廉教育及争取社会各界支持廉政工作的策略，观察民众对廉政公署工作的反应，听取廉政公署社会关系处的工作报告并为其提供建议。上述四个委员会每年均向行政长官提交工作报告，有关报告书也向社会公开，使市民可以监督各委员会的运作。

外部监督还包括其他行政机构，以及立法会、司法机关和社会舆论的监督。香港特区政府的行政监察机构除了廉政公署外，还包括审计署、申诉专员公署、个人资料私隐专员公署、截取通讯及监察事务专员等部门，都有权对廉政公署工作进行一般性监督。除此之外，立法会有权监督廉政公署。立法会和行政长官相互制约，廉政专员又对行政长官负责，因此立法会对廉政公署形成了制约。司法机关也可以对廉政公署进行监督和制约，如廉政公署行使搜查权要事先经裁判官授权发出手令，也就是廉政公署的调查权受到司法机关的审查。廉政公署逮捕犯罪嫌疑人后在审判阶段还会受到法院的制约。媒体和社会公众也可以对廉政公署进行监督。民众可以通过媒体了解廉政公署的工作，香港良好的信息公开制度有助于形成广泛的社会监督。

　　(二) 香港申诉专员公署

　　香港申诉专员公署是一个监督公共行政的机构，负责客观、独立地调查处理和解决因行政部门失当而引起的问题，目的是改善公共行政服务的水平，促进行政公平。申诉专员担当着防止行政权力滥用、监察政府的角色。

　　香港申诉专员公署于1989年3月正式成立，已成为香港现存体制中不可缺少的一部分。它具有不同于世界上其他国家申诉专员制度的独特之处。申诉专员公署实行首长负责制，申诉专员直接对行政长官负责，由行政长官委任。申诉专员公署并非行政部门，而是根据《申诉专员条例》成立的独立机构。申诉专员公署有申诉专员、副申诉专员、一个评审组、两个调查科、一个行政和发展科、一个编译组，以及专业顾问。申诉专员积极寻求多渠道、多途径解决投诉的方式，倡导一种投诉文化的建立。香港申诉专员公署是处理有关行政失当的投诉的独立渠道，已得到了香港广大市民的认同，其影响力和功效也日趋不断地扩大和提高。

　　申诉专员有调查权、建议权和报告权。申诉专员可以根据市民投诉或者依据法定职权主动开展调查。申诉专员在调查时，可以向被调查者索取相关资料并听取意见，被调查的一方不能委托律师。申诉专员将调查结果以适当的方式公开，但公开调查结果应当受到一定的限制，如符合公共利益，不得披露所涉人员的身份。申诉专员还可以在调查完成后向被投诉机关提出意见和改进方法，要求被投诉机关做出回应。申诉专员应当每年向行政长官报告工作。此外，如果申诉专员的建议没有在限期内被采纳，或者申诉专员认为被调查机构有严重的行政失当，也可以向行政长官提交调查报告。

　　香港申诉专员制度能够切中有关公共行政机构存在的弊端，并通过规劝的方式发挥监察功能，改善行政程序、提高行政服务水平和工作效率。香港申诉专员制度对于监察体制改革有着多方面的启发意义。

二、澳门特别行政区的监察制度

　　澳门特别行政区的监察机构是澳门廉政公署，负责反贪污和处理行政申诉。澳门廉政公署不是行政机关，也不属于司法机关，是独立工作的监察机关，直接受澳门特别行政区行政长官领导，对行政长官负责。根据澳门特别行政区《基本法》《廉政公署组织法》，澳门特别行政区的廉政公署具有多重职能，廉政公署是刑事和行政执法机构，也是预防公职人员职务犯罪和廉政教育的公共机构，还是一个行政监督机构。这种复合的职能为澳门廉政公署能够集中高效惩治腐败提供了法律保障。

澳门廉政公署是一个独立行使职权的公共机关，廉政公署的人员编制包括廉政专员、助理专员和辅助人员。廉政专员由行政长官提名，报请中央人民政府任命。助理专员有两名，由廉政专员在被认为有功绩、廉洁的人士中提名，并报请行政长官任免。辅助人员包括顾问、技术顾问、调查员等，由廉政专员任免。廉政专员可以借助行政长官的支持和影响力，排除政府部门内部的阻力，推行反腐败工作。澳门特别行政区《基本法》第 59 条规定，澳门特别行政区设立廉政公署，独立工作。澳门廉政公署按照法律赋予的职能，负责反贪污和反行政违法工作，主要对象是政府部门和公共机构，也受理私有企业调查内部贪污问题的请求。

澳门廉政公署采取调查、预防、立法和教育措施，多头并进推动反贪倡廉工作。其职能包括预防和建议、调查和处理、宣传和教育、受理行政投诉四项。澳门特别行政区《廉政公署组织法》规定廉政公署应当开展预防和遏制在公共部门及私营部门发生贪污犯罪及与贪污相关联的欺诈犯罪的行动。廉政公署下设行政申诉局，负责审查政府部门和公共机构的工作惯例和办事程序，如果发现可能导致贪污腐败的潜在漏洞，应当提出预防和遏制行政违法行为、贪污和公务员欺诈行为的建议，减少腐败现象。通过审查各项法规发现潜在漏洞或法规缺陷，廉政公署可以建议解释、修改或废止法规，或提出制定新法规的劝谕和建议。

澳门廉政公署下设的反贪局负责对廉政公署职权范围内的犯罪行为进行调查和侦查。对于公共行政部门以及私营部门的贪腐行为，廉政公署都有管辖权。在调查的过程中，反贪局有搜查权和扣押权。廉政专员和助理专员在持特别工作证的条件下，可以进入所有公共行政当局的任何工作场所，甚至包括保安部队的办公地点。经过廉政专员的批准，助理专员和担负具体侦查任务的廉政公署的主管、顾问和调查员都可以携带和使用武器。廉政公署将调查的证据移交检察机关，由检察机关负责起诉。澳门廉政公署设置了社区关系厅，负责与社会各界联系，宣传反贪意识，向公众传播遏制、预防贪污和行政违法行为的活动，开展反贪倡廉教育，展示廉政公署工作机制和方式，反贪斗争的成果，推广廉洁文化和反贪策略。澳门廉政公署还负责受理行政申诉，受理居民的申诉，以促使人的权利、自由及正当利益得到保护，并通过法律所指途径及其他非正式途径，确保行使公权力的合法性及公共行政的公正与效率。

思考题

1. 我国古代监察制度的经验和教训分别是什么？

2. 我国古代的监察思想有哪些？

3. 什么是台谏合一的监察制度？它是如何形成的？

4. 北洋政府以及南京国民政府的监察制度有什么特点？

5. 中华人民共和国成立后监察制度经历了哪些阶段？

6. 香港廉政公署的职能是什么？

第四章

外国的监察制度

【内容提要】预防、控制腐败，健全完善监察制度是各个国家和地区共同关注的问题。建立合理有效的监察制度是廉政建设成功的基础。外国监察制度对我国监察体制改革有很大的借鉴价值，我们应从立法、机构和措施等方面吸取精华，吸收先进经验，以构建我国高效、统一、权威的监察制度。

外国监察制度发源于北欧的瑞典。1809 年，瑞典宪法确立了"议会监察专员"，监察专员（Ombudsman）为一国立法部门的专员，代表公民对官员滥权的申诉展开调查，1919 年，芬兰效仿瑞典模式建立监察制度；1954 年，丹麦对瑞典模式加以改造，创立监察制度。北欧的监察制度影响了其他国家及地区。英国、瑞士、法国、葡萄牙、奥地利纷纷借鉴北欧监察制度设立议会监察专员。加拿大、美国也陆续设立地方监察机构。21 世纪以后，监察制度在澳洲、亚洲、南美洲、非洲都有了新的发展。

第一节　瑞典的监察专员制度

瑞典是世界上首个设立议会监察专员的国家，现代监察专员的起源是瑞典于 1809 年设立的司法专员。瑞典 1809 年《宪法》授予议会监督行政权的职能，创设了议会任命监察机构的新制度。

一、产生与发展

瑞典议会监察专员制度是迎合当时社会政治环境需求的产物。16 世纪到 17 世纪，君主制的瑞典政府中官员地位优越，没有严格的罢免制度，对不当行政行为也没有合法救济途径。1709 年，瑞典在与俄国的战争中落败，国内政局动荡不安，贪污横生。为制止这种混乱局面，恢复正常的社会秩序，瑞典国王于1713 年任命一位类似于监察专员的官员，可以看作是监察专员的前身。这位官员负责监督皇室百官，处理人民对官员的申诉。经过了近一个世纪，瑞典议会仿效之前国王的做法，在 1809 年协商制定一部民主宪法时，设立了一名负责监察各级官员的监察专员。监察专员由议会选举，并代表议会监督法律法规的遵守和执行。设立监察专员的目的是建立一项独立于政府、监督政府官员履行职责的制度。但这种独立与权力分立的严格主义不同，监察专员不仅要监察行政权力，还要经由民众陈诉启动调查保障人权。至此，瑞典创立了世界上最早的议会专职监察专员制度。此后，这种模式开始被其他国家和地区效仿，首先是北欧各国，而后西欧英联邦各国、美国若干州以及亚洲国家也相继效仿。

议会监察专员公署设立之初仅由一个人来担任议会监察专员，至多在特殊情况下再任命一名候补人员。1915 年，受一战影响，瑞典当局专设军事监察专员来监督军事机构，与议会监察专员相互独立。随着二战的结束，军事监察专员的事务逐渐减少而议会监察专员的事务日益增多。为更好地利用人力资源，瑞典于 1969 年将两个机构合二为一，并在 1976 年重组，将监察专员人数扩充至四人，其中一名首席监察专员负责公署日常行政事务、任命公署工作人员等，但四位监察专员之间并非上下级关系，而是在各自的监察责任范围内彼此独立。首席监察专员负责监察公署的行政工作，还负责监督法院、检察、警察系统，第一位监察专员负责监督狱政、武装部队、税务、海关、裁判执行、社会保险等；第二位监察专员负责监督社会福利、公共健康、医疗、教育等领域；第三位监察专员负责监督行政法院、房屋与建筑、移民、外交事务、环境保护、农业与动物保护、劳动市场以及其他业务。监察专员的任期是 4 年，可以连选连任。每一位监察专员对自己的行为向议会负责，首席监察专员不得干涉其他三名监察专员职权范围内对个案的调查和决定。

根据瑞典的《议会法》，首席监察专员的选举应单独进行，其他监察专员的选举也应分别举行。因此每一位监察专员任期的起始与终止各不相同。如果监察专员失去了议会的信任，议会宪法委员会可以要求提前解除其职务。如果议会监察专员在任期结束前退休，议会应当尽早选出另一位继任者。如果监察专员长期生病或有其他不能履行职务的原因，则在此原因存续期间，议会应选举其他人代替监察专员的工作。因此，监察专员彼此之间职权、任期各不相同，可以各自独立行使监察权。

议会监察专员的工作由监察专员秘书处进行管理，秘书处由行政总管、各部门主管以及其他行政人员构成，行政总管领导秘书处的工作。秘书处的许多工作人员都是有过政府工作或法律工作经验的专业人士，具有良好的职业素养，能够公正对待各种纠纷。首席议会监察专员任命行政总管与各部门主管，其他工作人员的任命则由首席专员委托行政总管负责。瑞典其他的任何机构和个人不得干涉监察机关的人事任免。

除了四名议会监察专员，瑞典还设置了由政府任命的专业监察专员，分别是：消费者监察专员、公平机会监察专员、反族群歧视监察专员、反性倾向歧视监察专员、儿童监察专员、身心障碍办公室监察专员以及媒体监察专员。专业监察专员所监督的对象是当代国家人权保障的新兴领域，以国际通行的人权公约为监察权行使的标准。专业监察专员由政府而非议会任命，与议会监察专员低调、谨慎的形象不同，他们为公共事务发声，积极引领舆论，对违反人权的行为进行监督，并且对瑞典的人权事业起到了宣传作用。

二、运行原则和职权

瑞典监察制度的运行原则包括独立监督、全面监督和尊重自治原则。独立性是监察专员制度权威的特点。议会是唯一有权决定监察专员任免的机构，任何其他机构和个人都无权干涉。监察专员公署是议会的直属机构，是议会监督权的一种延伸方式，监察专员只对议会负责。政府不能对监察专员作出任何指令，也不可以阻扰监察专员的调查，如果监察专员提出要求，任何法院、检察院、行政机关以及国家和地方政府官员都应向其提供必要的情报和报告；在司法上也赋予监察专员以独立性，保证监察专员的监察行为只会因为议会宪法委员会的决议而成为诉讼对象。议会监察专员可以出席法院或行政机关的审议会，并有权查阅法院及行政机关的正式记录及其他文件。监察专员公署的财政也是独立的，每年首席监察专员向议会提交财政预算，审议通过后，由议会直接划拨，经费归公署自由支配。

瑞典监察专员制度的第二个原则是全面监督，监察专员可以出席任何法院或行政机关的审议会议，并有权查阅任何法院或行政机构的会议记录和其他文件。任何法院、行政机构以及国家或市政当局的公务员应向监察专员提供其所需要的情况或报告。《议会监察专员指令法》规定了监察对象包括：①中央和市政机关；②这些机关内的公职人员和其他职员；③其工作内容涉及公权力的运用；④公职人员及任职于国营企业，以此企业之名，执行中央委托该企业具决定性影响之工作。此外，监察专员的监察权力还扩充到了公立学校的教职员工、医院的医师和护士、公立养老院的职员等社会领域。[1]

监察专员无权监督的对象包括：①议会、议员和议会委员会；②国家银行管理委员会成员、国家银行的董事长及副董事长，但上述人员在行使国家银行的行政权力进行行政决策时除外；③内阁或者内阁所属各部的大臣，议会主要通过宪法委员会监督内阁大臣履行职责的情况；④司法总监；⑤地方议会的议员；⑥任何一个监察专员都不受其他监察专员的监督。

瑞典的国家机关自治原则对监察专员制度产生影响。各级行政机关及其官员被赋予了很强的自主权，因此瑞典对其政府和官员管理倾向于原则性控制而非具体事务性控制。通过传统的行政体制内的同体监督或通过法院繁琐的法律程序，公民的权利救济成本会较为高昂，监察专员制度有效解决了这一问题。然而，监察专员不能直接改变行政机关和法院的决定和判决，不具备执行权和直接的惩罚权，只具有批评建议权和惩戒程序发动权，他们只能通过被监督机关以及议会、上级法院、上级行政机关一定的正式程序变更决定和判决。从本质上讲，监察专员的权力是一种监督权，监督权不能也不可能取代被监督机关的权力，监督权是在充分尊重被监督机关依法行使权力的前提下发挥作用的。

就职权而言，瑞典法律赋予议会监察专员受理控诉权、调查权、巡视权、披露权和建议权。监察专员有权直接受理并处理公民的控诉案件。任何公民只要遭受政府违法或不公正行为的侵害，均可以向监察专员提出控诉；监察专员还可以行使调查权，自行决定应当对哪些案件开展调查，还可以委托其他机构调查。被调查的部门和人员应当配合，不得随意拒绝。监察专员有权查阅有关资料文件，要求被调查机关和人员作出口头或书面答复；巡视权是议会监察专员履行职责的重要方式，监察专员通过巡视作出报告，向政府提出改进意见；监察专员可以向公众披露监察结果，包括向大众传媒公布调查结果以及将监察工作以年报的形式向社会公开发布；监察专员可以向监察对象提出批评建议，对应当撤职的官员向有权机关提交意见。对于议会各委员会移交的案件，监察专员有义务作为特别检察官的角色向法院提起公诉。

三、运行程序

为了保证监察专员充分而有效地行使法律赋予他们的权力，瑞典监察专员制度建立了有效的工作程序。

---

[1] 龚祥瑞：《比较宪法与行政法》，法律出版社 2012 年版，第 483 页。

（一）受理公民的申诉和控告

受理申诉和控告是监察专员的一项主要日常工作，也是案件来源的主要渠道之一。瑞典的公务员和国家机关可以向监察专员提出申诉，符合条件的非瑞典公民也可以提起。当公民认为自己的合法权益受到行政机关及其工作人员的不法侵害时，可以向议会监察专员提出申诉或控告。申诉的方式以书面材料为主，也可以采取电话或口头的方式。监察专员在接到公民的申诉后先要做出合理判断，判断公民申诉是否属于自己的管辖范围。如果不属于自己管辖范围内的事，则可以拒绝受理。监察专员不能无故拒绝受理公民的申诉或控告，一旦发现监察专员无故拒绝受理公民的申诉，公民可以向议会宪法委员会提出申诉，宪法委员会可以撤销监察专员的职务。

（二）依据案情需要进行调查

在确定受理案件后，监察专员可以自由选择其认为必要的调查方式。监察专员有权要求公共权力机关提供与其所处理案件相关的所有记录和文件信息，相关公共权力机关不得以任何理由拒绝和推脱——保密条款在这里是不适用的，即使是保密信息，监察专员也有权查阅，只不过监察专员在知悉这些保密信息以后负有保密的义务。监察专员调查案件时，不仅可以获得当事人的配合，还可以获得案外人对监察专员推进案件调查所必需的配合。并且瑞典《宪法》规定，公诉人对监察专员在调查阶段负有协助义务。监察专员对于在调查程序阶段不予配合的公共权力机关及其工作人员，具有处罚权、公开权、批评建议权、向议会报告权。

（三）处理案件

调查之后，监察专员要采取一定的方式对公民的申诉、控告作出处理，主要是采取调解、建议、批评和起诉等方式处理案件。调解就是通过协商方式促使双方相互谅解和让步，从而化解彼此之间的矛盾。建议就是监察专员在对案件调查后向有关行政机关提出诸如放弃、修改某些行政决定，或要求行政机关对受到非法侵害的公民给予适当赔偿，或向上级主管机关建议对某些行政人员加以行政处分。批评针对犯有轻微过失的行政机关或行政人员，目的在于促使他们纠正错误。起诉是处理申诉案件的最严厉手段，专门针对犯有重大过失或违法行为的行政机关及其工作人员。

第二节　英国的议会监察专员制度

一、制度的产生

英国的行政监察专员在 1967 年设立，其产生的直接原因是引起社会各界广泛关注的克里切尔高地事件。第二次世界大战前夕，英国航空部根据《紧急权力法》强制征购塞特郡的克里切尔高地供空军训练使用，约定一旦空军不需要时由该土地所有人赎回。战后，航空部把土地移交农业部，原土地所有人的继承人请求赎回该土地却遭到拒绝，引起纠纷。农业部长任命皇家大律师克拉克调查该案件，克拉克于 1954 年发表调查报告，对农业部官员提出严厉批评。这件事引起议会和政府的重视，政府又成立了一个专门机构对案件进行调查。专门机构的调查报告认为，作出不归还土地决定的官员本人没有过错，而是他所依据的政策存在缺陷。但这引起了克里切尔高地事件有关人员的不满，他们发表文章、举行集会、谴责政府这一决定，并向议会提出报告表示反对。

为此，牛津大学比较法学教授劳森等人研究了北欧国家的议会监察专员制度，并探讨了这一制度可以被英国借鉴之处。国际律师协会英国分会向保守党麦克米伦政府提出设立议会行政专员的建议，遭到拒绝。工党上台后，于 1967 年通过了《议会行政监察专员法》。英国监察专员制度受到瑞典、丹麦等北欧国家监察专员制度影响，可以概括为：一名完全独立于行政机关的官员专门调查相关人员对行政机关不良行政提出的申诉的制度。议会监察专员成为立法部门控制行政机关及官僚体系的工具，是立法部门直接从受侵害民众身上发掘行政违法行为，进而提供特定国家救济补偿的手段。《议会行政监察专员法》的立法目的是促进"良好行政"，对申诉进行非司法救济，并且加强对行政自由裁量权的审查。

二、职责和权力范围

英国监察专员由英国国王任命，终身任职，直到退休年龄为止，只有在监察专员有严重不法行为时，由议会两院弹劾才能罢免。监察专员的任期与法官相似，都是为了保障其工作的独立性。监察专员的薪资由法律规定，在统一基金内开支；任命自己的工作人员时，人数和条件由财政部规定。监察专员同时也是行政裁判所委员会的委员。行政裁判所是在法院以外由法律规定设立的特别裁判机构，负责解决行政纠纷以及一些与社会政策有密切联系的公民之间的纠纷。行政监察专员兼任行政裁判所委员可以有效衔接议会和行政机构，保障政府依法行政。

英国监察专员的监察对象聚焦于"不良行政"，其目的在于强化对行政自由裁量权的审查。行政监察专员的职责，是监督政府机构及其工作人员，保证他们依法、合理地办事，防止其不当活动侵害公民正当权益，保证对受到政府活动侵害的公民提供必要的补偿。因此，监察专员的核心任务是调查申诉与保障良好行政。在实践中，议会监察专员对不良行政的采纳有相当宽泛的解释，可认定为不良行政的申诉类型包括对误导性的陈述或建议、作出决定时不合理的迟延的申诉。英国《议会行政监察专员法》规定，对那些可以向法院或行政裁判所申请救济的案件，监察专员不能进行调查。可见，议会监察专员不是替代法院或行政裁判所，而是作为其有益的补充。如果发现申诉人在法院或者行政裁判所有救济的办法，监察专员通常会驳回这种案件，或者中止处理。然而，行政监察专员和法院管辖权的界限并非泾渭分明。如果行政监察专员认为在某种情况下期待受害人向法院或行政裁判所起诉为不合理，即不具有期待可能性时，行政监察专员可以不顾法院管辖权的存在，对向他申诉的案件进行调查。

《议会行政监察专员法》法律附表三中所列举的不受调查的事项，不在行政监察专员的管辖范围之内。这些事项包括：①外交行为；②政府在国外所采取的行为（但英国领事对于在英国有住所的人所采取的行为除外）；③对海外领地所采取的行为；④引渡和对逃犯所采取的行为；⑤刑事侦查活动、保护国家安全的行为，包括与护照有关的行动；⑥在联合王国内部或在国际间任何法院中的诉讼程序以及部队内部的纪律处分程序；⑦特赦权的行使；⑧卫生行政事务（另设卫生行政监察专员）；⑨商业交易和合同事项（但土地的强制征购和买卖以及多余的征购土地处理除外）；⑩文职人员及军职人员的人事管理事项（包括待遇、纪律、解雇），或者政府有权采取、决定或批准的人事行政行为，例如内政部长拒绝批准某个警察长官的任命；⑪英王授予荣誉、恩赐、特赦、豁免、特许证。行政监察专员对自己管辖权的范围保有自由裁量余地。例如，行政监察专员认为法律的意义不明或案件需要迅速处理时，可以不顾法院管辖权的存在而对案件进行调查。

三、申诉、调查和报告

英国监察专员制度下，自然人或团体（不限于法人）由于行政机关自己实施的或别人代它实施的行政管理不良而利益受到侵害时，都可以提出申诉。议会行政监察专员是议会的代理机构，一切申诉案件必须先向下议院议员提出，受害人不能直接向行政监察专员提出申诉。议员征得申诉人同意后转送行政监察专员处理，如果议员认为申诉无理由时，可以不转送。受害人向议员提出申诉的日期不得迟于知道或应当知道不良行政发生侵害后 12 个月以内，监察专员认为情况特殊的，可以延长。监察专员对管辖内的案件是否调查有自由决定权，没有任何法律上的限制可以强制监察专员进行调查。[1]

监察专员决定进行调查后，必须通知有关部门的负责人和有关的行政官员对受害人的申诉陈述意见。调查必须私下进行，监察专员自由决定调查的方式，如应当取得哪些证据，询问哪些证人，是否允许当事人由律师代理等。在取得证据方面，监察专员具有高等法院所有的强制权，能够要求任何人提供证据。对于妨碍调查工作的人，可以要求高等法院科以藐视法庭罪。由于监察专员负有保密义务，除内阁会议文件外，任何证据不能对他保密。但如果内阁部长证明某些文件不能公开发表时，他不能在报告中透露文件的内容。监察专员在调查程序的各个阶段必须写出调查报告，他必须向转送案件的议员报告调查的结果或者拒绝调查的理由，调查报告也必须送交有关的部门和有关的行政官员。监察专员认为必要时，可以就不良行政的情况和补救的建议向议会两院提出一个特别报告。此外，他每年必须向议会两院提出一个报告，总结全年的工作，还可以提出其他应当提出的报告，这些报告由议会中的行政监察专员特别委员会审查。

不过，就处理结果而言，监察专员没有强制性的权力向申诉人提供救济，只能提出建议，通常是建议行政机关在法律规定以外补偿受害人的损失，或者修改原来的行政决定。在大多数情况下，行政机关能够接受行政监察专员的建议，原因在于：其一，监察专员与行政机关通常是合作关系，能够说服行政机关接受他的建议；其二，议会中的专门委员会和有关的议员能够利用监察专员的报告对行政机关施加压力，促使其接受建议；其三，行政机关如果拒绝接受建议，监察专员还可以继续提出一个特别报告施压。

四、制度的发展

议会行政监察专员制度具有灵活性、适应性、有效且救济成本较低等优势，

---

[1] 监察部法规政策司编著：《外国及港台监察制度》，中国政法大学出版社 1989 年版，第 46～47 页。

但也存在一些缺点。首先，受害人难以直接向行政监察专员申诉，而必须通过议员转递，不利于监察专员及时处理受害人申诉；其次，监察专员可以监督的机构有限，排除了医疗卫生以及地方机构等公共机构，不利于监督专员全面行使监督权；再次，监察专员可以监督的事项有限，不能调查关于文职人员及军职人员的人事管理事项，政府的商业交易等。因此，在《议会行政监察专员法》颁行后，英国又发展出了卫生行政监察专员制度和地方行政监察专员制度。

英国于 1972 年设立苏格兰卫生行政监察专员，1973 年设立苏格兰和威尔士行政监察专员。卫生行政监察专员受理当事人由于卫生行政机构不良行政致使其利益受到侵害而提出的申诉。但卫生行政监察专员不是议会的代理机构，其调查报告不向议会提出，当事人也不需要通过议员转送申诉，而是直接向卫生行政监察专员提出申诉。卫生行政监察专员负责调查卫生行政机构工作的缺陷，或者调查这些机构应当提供而没有提供的服务，同时提出建议。

英国于 1974 年设立地方行政监察专员，负责监督地方政府、地方议会以及地方政府联合委员会、警察机构。因地方机构的不良行政而使利益受到侵害的当事人可以书面方式向地方政府成员提出，指明构成不良行政的行为，地方行政监察专员对申诉有权决定是否调查，并将调查报告送交申诉人、有关的地方机构和转送申诉案件的地方政府成员。对于因不良行政而受到侵害的当事人，地方行政监察专员可以建议采取适当的补救方法，地方政府机构必须把补救措施通知行政监察专员。行政监察专员对此不满意时还可以进行第二次调查并提出报告。

第三节　新加坡的监察制度

新加坡高度重视反腐制度，健全廉政机制，严惩公务员腐败贪污行为。尽管新加坡的监察机关并非独立于行政机关，但健全的法制和强大的廉政文化使得新加坡成为世界上最廉洁的国家之一。

一、调查机构特权

新加坡的监察机构包括贪污调查局、公共服务委员会、审计署等。贪污调查局是全国防范贪污贿赂的最高机关，负责调查被检举的贪污嫌疑人和侦查符合逮捕条件的贪污罪犯。贪污调查局成立于 1952 年，被赋予广泛的调查权，新加坡总统直接任命贪污调查局局长，有权根据需要任命贪污调查局的副局长以及一定数量的助理局长和特别调查官。贪污调查局局长由总理直接领导，对总理负责，在行使职权方面不受其他任何机关的限制。

为了高效反腐，新加坡贪污调查局享有广泛的监察权力，包括：①局长和特别调查员可以在没有逮捕证的情况下，拘捕涉嫌贪污受贿的嫌疑犯，以及任何遭到指控、掌握可靠情报和被怀疑与违反反贪污法令有关的人；②局长和特别调查员无须公诉人员的命令也可以行使新加坡《刑事诉讼法》所赋予的一切或任何有关警方调查的特别权力，调查贪污受贿行为；③有权入屋搜查，没收被认为是赃物或其他罪证的任何银行存款、股票或银行保险箱等；④有权进入各部门、机构，要求其官员、雇员及其他任何人提供所需的任何内部资料；⑤有权要求涉嫌贪污受贿者对其合法收入以外的财产说明来源；⑥有权要求任何人根据授权官员的要求披露或提供有关情报或账户文件；被调查者不限于涉嫌违法者本人，还包括涉嫌违法者的配偶和子女；⑦行为跟踪权，贪污调查局的探员有权对所有政府工作人员的行为进行跟踪，暗地调查其活动，发现可疑之处可以用秘密拍摄的方式收集证据。除了扩大调查权以外，贪污调查局还可以限制公务员的隐私权，要求公务员申报财产，并且在日志上记录自己的行为。在办公时间有人来访，必须详细记录来访者身份姓名和来访事由。日志必须随身携带，不得遗失，每周一上班应当将日志送交主管官员检查，查完后签名送还。

公共服务委员会负责公务员的人事调动，包括编制、任职、晋升、调迁、录用及惩罚等。公共服务署主要负责具体工作的管理，包括发布有关公务员的指示，制定人事发展政策，管理行政官员和法定机构中的高级官员，制定公务员培训政策，安排公务员的工资福利待遇，研究私营企业和法定机构工资福利情况和发展方向。公共服务委员会对于涉嫌渎职但又不够刑事处分的公务员，有权调查，并给予行政处分。审计署主要是对政府各部的财务进行监督，不受任何部门干涉，具有独立性。

二、配套法律齐全

新加坡秉持以法护廉的理念，以法反腐成为新加坡政府维护廉洁的根本途径和重要保证。新加坡政府尤其注重根据廉政建设中出现的新情况不断探索，制定出一系列详尽的法律，构筑严密的反腐体系，确保惩治和预防腐败的有效性。

1960年，新加坡制定颁布的《防止贪污法》，对贪污罪以及公务员受贿罪各种情形进行了具体界定，并明确了各种贪污受贿罪行的相关处罚。根据该法，新加坡对贪污行为毫不姑息，贪污者必须为其行为付出极其惨重的代价，一旦构成腐败犯罪，贪污者在政治上身败名裂，经济上倾家荡产。此外，新加坡还制定了《贪污受贿利益没收法》《公务员法》《公务员守则和纪律条例》《公务员惩戒规则》等其他治理腐败的相关法律规范以补充和完善廉政法律制度。[1] 其中，于1989年实施的《贪污受贿利益没收法》增加了腐败行为的成本，强化了贪污不划算的概念。该法规定当法庭判决构成贪污的罪犯不能说明其财产来源时，应当依法没收这些财产。此外，被调查人在被提起公诉或被审判前死亡，或者被调查人潜逃、失踪或无法引渡时，都应当没收其贪污利益。

新加坡完备的监察法律体系从构成条件到认定标准，从调查程序到实体处理，从刑事处罚到行政处分都作了详尽规定，使贪污腐败者无处可逃。

三、廉政措施完善

新加坡通过建立、完善监察制度，形成了以遵纪守法为荣，以贪赃枉法为耻的廉政文化，树立了清正、廉洁、高效的政府形象，在国际上也赢得了廉洁政府的声誉。为了预防官员腐败，增加对贪腐行为的约束，新加坡采取了一系列廉政措施：

第一，奉行品德考核。新加坡录用公务员施行严格的考核任用机制。公共服务委员会负责公务员的录用、任命和奖惩。新加坡的每一个公务员在正式被录用之前都要经历极为严格的选拔程序，录用后又要经历品德考核，甚至行为跟踪监视，以确保公务员队伍得到全程监督，从而约束公务员言行，促进公务员高效廉洁行政。

第二，实行财产申报。新加坡官员在首次履职之前都要进行财产申报，此后每年定期申报。申报的财产既包括个人资产和投资，也包括其配偶和子女的财产情况。如果官员申报的财产数与工资收入不一致，那么就可能被询问是通过何种方式获得相应财产。如果官员持有某些私人公司的股份，则有可能被要求剥离股份以防止产生利益冲突。对于重要官员的财产申报，还需要通过媒体加以公布。官员财产申报的程序也十分严格，申报的财产清单需在指定公证处加以审查，并在工作机关和法院公证处保存。此外，高薪制度是新加坡廉政建设的一个主要特点。新加坡政府相信好的工资待遇能够保证公务员过上比较富足的生活，降低贪腐概率。高薪制度针对的是政府高级官员，即对一定级别之

---

[1] 杨宜勇、魏义方、吕吉祥："新加坡的廉政制度建设及其对中国的启示"，载《中州学刊》2017年第3期。

上的政府官员采用参照市场的方式支付高额薪资。这一方面是为了在精英治国理念下更好地吸引优秀人才进入公务员队伍，另一方面也是为了减少贪污腐败行为对官员的诱惑。不断改善的薪酬和福利待遇使新加坡成为世界上公务员薪酬最高的国家之一。新加坡政府还经常对公务员工资和私营企业人员工资进行调查和比较，当公务员工资低于私营雇员时，会相应给公务员加薪。

第三，贪污采用有罪推定、举证责任倒置。新加坡《防止贪污法》对贪污罪以及公务员受贿罪等情形进行了具体界定，并明确了各种贪污受贿罪行的相关处罚。该法对官员贪污罪行采用有罪推定，在法庭中被指控犯有贪污受贿罪行的公务人员，有义务解释其收受或取得的财物不属于贿赂，若无法给予合理解释，则断定其犯罪。公务员只要接受贿赂，即使未给行贿者提供任何方便，贪污罪行仍然成立。公务员一旦涉嫌贪污贿赂，其财产申报就是调查和指控的重要证据，控方一旦证明被告的生活超过他的收入所能提供的程度，或者拥有与收入不相称的财产，其本人又无法作出令人信服的说明，法庭就可以此作为被告构成贪污贿赂的佐证，法官的自由心证可以被充分发挥。

总体而言，国外监察制度以限制公权力、维护公民权利为目的进行制度设计，受到"三权分立"的权力制约和分配理论影响，认为国家的行政权应当受到限制。20 世纪以来，各国行政权日益扩张壮大，议会权力却随之衰落萎缩，对行政权的限制成为需要解决的难题。[1] 因此产生了议会监察专员制度，监察权突破了传统三权，是现代国家产生的新型独立控制政府和救济公民权利的权力，目的是监督并控制行政权，发挥反腐败的功能。

各国的历史传统、文化背景和宪法体制不同，监察制度的内容在各国都具有差异性，几乎没有完全相同的模式。世界各个国家和地区的监察法和监察制度各具特色，但具备一些共同特征，如注重对人权的保护、保持监察机关的独立性和非司法性。为了维护监察机关本身的公正和权威，应当保持监察机关的独立，赋予监察机关充分的权力进行调查和处理腐败问题。

🔘 **思考题**

1. 瑞典的议会监察制度有什么内容？
2. 英国议会行政监察专员有什么内容？
3. 如何看待新加坡"高薪养廉"政策？

---

〔1〕 秦前红主编：《监察法学教程》，法律出版社 2019 年版，第 94 页。

第
五
章

监察机关与监察官制度

【内容提要】我国《监察法》对国家监察委员会和地方各级监察委员会的设置原则、产生、人员组成、任期、领导体制、工作机制有详细规定。《监察法》第14条、第56条是监察官法的主要立法依据。监察官的范围、任职条件、职级管理及考核奖励属于监察官制度中较为重要的问题。

第一节　监察机关

一、监察委员会的设置

（一）设置的原则：坚持党的领导，和纪委合署办公

监察委员会作为行使国家监察职能的专责机关，与党的纪律检查机关合署办公，从而实现党对国家监察工作的领导。监察委员会本质上是党的反腐败工作机构。

2018年3月，十三届全国人大一次会议通过的宪法修正案明确把"中国共产党领导是中国特色社会主义最本质的特征"写入总纲，以国家根本法的形式对党的领导核心地位作进一步确认。《监察法》第2条明确规定："坚持中国共产党对国家监察工作的领导……"深化国家监察体制改革的重要目的之一，就是要加强党对反腐败工作的统一领导。监察委员会对所有行使公权力的党员干部、公职人员进行监督，对违纪的进行查处，对涉嫌违法犯罪的进行调查处置，这是坚持党管干部原则、加强党的领导的重要体现，是坚持完善党的全面领导体制机制的重要举措。党管干部不仅要管干部的培养、提拔、使用，还要对干部进行教育、管理、监督，对违纪违法的干部作出处理。

党的纪检和国家监察体制在历史上几经变迁。1993年2月，根据中共中央、

国务院的决定，中共中央纪律检查委员会与监察部合署办公，履行党的纪律检查和行政监察两项职能。2018 年 2 月 28 日，党的十九届三中全会通过《深化党和国家机构改革方案》，明确各级监察委员会同党的纪律检查机关合署办公，实现对所有行使公权力的公职人员监察全覆盖。《监察法》具有组织法的功能，并对监察机关权力及其工作人员的行为都有规定，为构建具有中国特色的监察制度提供法律依据。

现实的党情、国情决定了合署办公的体制。一方面，出于监察对象同一性考虑。因为中国共产党的执政地位，各级国家机关工作人员尤其是领导干部中党员占了很大比例，身份上同时属于党的纪委检查对象和监察机关监察对象。另一方面，出于工作便利考虑。各级国家机关均设有党委或者党组，党的纪检工作可以覆盖所有党员、干部，合署办公能增强监察工作实效。纪委作为党的机构，代表党具体负责反腐败工作，符合我国政治实际。监察委员会和纪委的关系，应当是对内融为一体，对外明确分工，事实上的一个主体，程序上的两个主体。

中央纪委国家监委组织机构包括内设职能部门、直属单位和派驻纪检监察组。内设职能部门具体为：办公厅、组织部、宣传部、研究室、法规室、党风政风监督室、信访室、中央巡视工作领导小组办公室、案件监督管理室、第一监督检查室至第十一监督检查室、第十二审查调查室至第十六审查调查室、案件审理室、纪检监察干部监督室、国际合作局、机关事务管理局、机关党委、离退休干部局。此外，设有新闻传播中心（包括原中国纪检监察报社、网络中心、网络技术中心）、中国纪检监察杂志社、中国方正出版社、机关综合服务中心、信息中心、中国纪检监察学院、中国纪检监察学院北戴河校区等直属单位。同时设有中央纪委国家监委派驻纪检监察组。

地方各级监察委员会参照国家监察委员会的内设机构安排，作出对应的安排。当然，考虑到各级监察机关行政、编制、财力等具体因素，允许各级监察委员会因地制宜，作出适当的取舍以及创制。

（二）领导体制和工作关系

1. 上下级监察机关之间的领导体制。《监察法》第 10 条明确了监察机关上下级之间的领导体制，即各级监察机关之间是垂直领导关系。

第一，国家监察委员会领导地方各级监察委员会的工作。领导的本义是率领并引导。领导本身包含着管理和监督。国家监察委员会在全国监察体系中处于最高地位，主管全国的监察工作，率领并引导所属各内设机构及地方各级监察委员会的工作。在《监察法》中确立上下级监察机关领导关系，能够保证监察机关集中统一领导，统一工作步调和依法履职。

第二，上级监察委员会领导下级监察委员会的工作。地方各级监察委员会除了依法履行自身的监督、调查、处置职责外，还应对本行政区域内下级监察委员会的工作进行监督和业务领导。地方监察委员会查办职务违法犯罪案件时，以上级监察委员会领导为主，线索处置和案件查办在向同级党委报告的同时必须向上级纪委监委报告。在《监察法》中确立这样的领导关系，有利于地方各级监察委员会在实际工作中减少或排除各种干扰从而依法行使职权。这有利于上级加强对下级履行监察职责情况的监督，上级监察委员会可以通过检查工作、受理复核申请等方式，对发现的问题予以纠正，监督下级监察委员会严格依法办事、公正履职。另外，当下级监察委员会遇到阻力时，上级监察委员会可以支持、帮助其排除各种干扰。

2. 监察机关与其他国家机关、组织、单位和个人的关系。《监察法》第4条规定了"独立行使职权和互相配合、互相制约"的原则。

第一，监察委员会依法独立行使监察权。"依法"是前提，监察委员会作为行使国家监察职能的专责机关，履行职责必须遵循社会主义法治原则的基本要求，必须严格依照法律进行活动。行政机关、社会团体和个人不得利用职权、地位，或者采取其他不正当手段干扰、影响监察人员依法行使职权的行为。

强调监察机关依法独立行使监察权，并不意味着监察机关可以不受任何约束和监督。监察机关在党的集中统一领导和监督下开展工作，也要在本级人大及其常委会监督下开展工作。下级监察机关要接受上级监察机关的领导和监督，地方各级监察机关要接受国家监察委员会的领导和监督。此外，监察机关还应依法接受民主监督、社会监督、舆论监督等。

第二，监察机关与审判机关、检察机关、执法部门在办理职务违法犯罪案件过程中互相配合、互相制约的关系。审判机关是指各级人民法院，检察机关是指各级人民检察院，执法部门是指公安、国家安全、审计以及质检、安全监管、海关等行政执法机关。监察机关履行职责离不开执法部门的协助、配合，同时也需要对这些机关进行监督和制约。"互相配合"，主要是指监察机关与司法机关、执法部门在办理职务违法犯罪案件方面，要按照法律规定，在正确履行各自职责的基础上互相支持，不能违反法律规定、各行其是、互不通气，甚至互相扯皮。"互相制约"，主要是指监察机关与司法机关、执法部门在追究职务违法犯罪过程中，通过程序上的制约，防止和及时纠正错误，以保证案件质量。监察机关与司法机关、执法部门互相配合、互相制约的机制在《监察法》中许多具体程序的设置上均有体现。例如，监察机关决定通缉的，由公安机关发布通缉令和追捕；再如，对于监察机关移送的案件，检察机关经审查后，认为需要补充核实的，应当退回监察机关补充调查，必要时可以自行补充侦查。

第三，有关机关和单位对监察机关有协助的义务。监察机关工作过程中，遇到超出监察机关职权范围或者其他紧急、特殊情况，需要公安、司法行政、审计、税务、海关、财政、工业信息化、价格等机关以及金融监督管理等机构予以协助的时候，有权要求其协助。

二、监察委员会的产生及组织形式

(一) 产生

《监察法》第8条和第9条分别规定了国家和地方监察委员会的产生、任职期限和监察委员会与人大及其常委会的关系。

1. 国家监察委员会的产生。《宪法》规定，国家行政机关、监察机关、审判机关、检察机关都由人民代表大会产生，对它负责，受它监督。《监察法》第8条和第9条分别规定，国家监察委员会由全国人民代表大会产生，地方各级监察委员会由本级人民代表大会产生；国家监察委员会对全国人民代表大会及其常务委员会负责，并受其监督。《监察法》第53条还规定，国家监察委员会向全国人大常委会作专项工作报告，接受执法检查，接受人大代表和常务委员会组成人员就监察工作中的有关问题提出的询问和质询。上述规定坚持和贯彻了人民代表大会制度这一根本政治制度，体现了人民当家作主的要求，有利于强化人大对监察委员会的监督。

国家监察委员会主任、副主任、委员的产生。国家监察委员会主任由全国人大选举产生，国家监察委员会主任每届任期同全国人民代表大会每届任期相同，连续任职不得超过两届，这与宪法关于国务院总理、最高人民法院院长、最高人民检察院检察长连续任职届数的规定相一致。全国人民代表大会有权罢免国家监察委员会主任。国家监察委员会副主任、委员由主任提请全国人大常委会任免。《监察法》未对监察委员会副主任、委员连续任职届数作出限制性规定。

2. 地方各级监察委员会的产生。地方各级监察委员会由本级人民代表大会产生。地方各级监察委员会对本级人大及其常委会和上一级监察委员会负责，并接受其监督。

地方各级监察委员会主任的任期与本级人大每届任期相同。地方各级监察委员会由主任、副主任、委员若干人组成，主任由本级人民代表大会选举，副主任、委员由监察委员会主任提请本级人民代表大会常务委员会任免。需要注意的是，《监察法》对地方各级监察委员会主任的连续任职届数没有作出限制性规定。

（二）组织形式

2018 年宪法修正案规定："中华人民共和国国家监察委员会是最高监察机关。"《监察法》第 7 条规定："中华人民共和国国家监察委员会是最高监察机关。省、自治区、直辖市、自治州、县、自治县、市、市辖区设立监察委员会。"

1. 国家监察委员会是最高国家监察机关。在我国四级监察机构中，国家监察委员会是中央一级的监察机关，在我国监察体系中居于最高地位。其最高地位主要体现在：其一，国家监察委员会的组成人员由全国人民代表大会及其常务委员会选举或者任命产生；其二，国家监察委员会负责全国监察工作，领导地方各级监察委员会的工作；其三，国家监察委员会有权办理各级监察机关管辖范围内的监察工作。

2. 地方各级监察委员会。《监察法》明确了地方设省级（省、自治区、直辖市）监察委员会、市（地级市、地区、自治州）级监察委员会、县级（市辖区、县、自治县、县级市、旗、自治旗）监察委员会。

三、监察委员会的性质和职责

（一）监察委员会的性质

《监察法》第 3 条明确指出，各级监察委员会是行使国家监察职能的专责机关。将监察委员会定位为"专责机关"与纪委的定位相匹配。"专责机关"与"专门机关"相比，不仅强调监察委员会的专业化特征、专门性职责，更加突出强调了监察委员会的反腐败责任，即行使监察权不仅仅是监察委员会的职权，更重要的是职责和使命担当。在纪委系统，更多强调监察委员会是政治机关的定性。"国家监察委员会负责全国监察工作，是实现党和国家自我监督的政治机关，不是行政机关、司法机关。"[1] 林来梵将监察委员会定性为"特别政治机

关"，理由是："这种监察机关是执政党的部门（纪委）与国家机关（反腐工作部门）相互配合（合署办公）形成的机关，它代表执政党和国家行使监督权，为此不同于传统的行政机关，也不同于司法机关。""从宪法以及《监察法》为它设定的工作机制来看，其实它在一定程度上也具有准司法机关的性质。"[1]黄风将监察委员会理解为"根据宪法、监察法独立行使职权的反腐败专门机构"。陈瑞华认为："监察机关应被定位为行使政务监察权和刑事监察权的国家机关。""所谓监察机关具有'政治机关'的属性，主要是从监察机关与中共纪检机构合署办公的角度，强调了这一机关在接受党委领导方面的政治属性。但是，在国家层面上，监察机关的'政治机关'属性却是无法成立的。我国宪法所确立的国家机关除了有权力机关（立法机关）、行政机关、监察机关、司法机关之外，并不包括所谓的'政治机关'。可以说，将监察机关定性为所谓的'政治机关'，并不具有任何宪法上的根据。"[2]

也有观点认为，国家监察权是立法权、行政权、司法权之外的第四权力。[3] 反对者认为："监察权是具有中国时代特色的新的权力类型，但它不是'第四权'。""一般来说，'第四权'之外的三权应是指西方分权体制下的立法权、司法权和行政权，但对于三权之外的第四权却无共识，它可以指新闻监督权，也可以指监察权，在我国的监察体制改革中若将监察职权定位为'第四权'，不仅称谓上容易引起误解，在理论上也容易混淆我国的人民代表大会制度和西方三权分立制度的本质。"[4]

（二）监察委员会的职责

《监察法》第3条规定，各级监察委员会依照本法对所有行使公权力的公职人员进行监察，调查职务违法和职务犯罪，开展廉政建设和反腐败工作，维护宪法和法律的尊严。《监察法》第11条规定了监察机关履行监督、调查和处置

[1] 林来梵：《宪法学讲义》，清华大学出版社2018年版，第280、281页。
[2] 谭畅、李馥含："国家监委一年之变 改革'小纪委'分设'前后台'"，载《南方周末》2019年2月28日。
[3] 刘小妹："人大制度下的国家监督体制与监察机制"，载《政法论坛》2018年第3期；周佑勇："监察委员会权力配置的模式选择与边界"，载《政治与法律》2017年第11期；朱福惠："国家监察体制之宪法史观察——兼论监察委员会制度的时代特征"，载《武汉大学学报（哲学社会科学版）》2017年第3期；魏昌东："国家监察委员会改革方案之辨正：属性、职能与职责定位"，载《法学》2017年第3期。
[4] 张杰："《监察法》适用中的重要问题"，载《法学》2018年第6期，第118~119页；刘小妹："人大制度下的国家监督体制与监察机制"，载《政法论坛》2018年第3期，第16~17页。

三项职责。党的十九大修改的党章规定，党的各级纪律检查委员会的职责是监督、执纪、问责。《监察法》对监察委员会职责的规定与党章规定纪委的监督、执纪、问责职责相一致。

1. 监督职责。监督是监察委员会的首要职责。监察委员会代表党和国家，依照宪法、监察法和有关法律法规，监督所有公职人员行使公权力的行为是否正确，确保权力不被滥用、权力在阳光下运行，把权力关进制度的笼子。

监察机关履行监督职责的方式包括教育和检查。廉政教育是防止公职人员发生腐败的基础性工作。廉政教育的根本内容是加强理想信念教育，使公职人员牢固树立马克思主义的世界观、人生观、价值观和正确的权力观、地位观、利益观，使讲规矩、守法律成为公职人员的自觉行动，不断增强"不想腐"的自觉。监督检查的方法包括听取工作汇报、暗访检查或者调阅、审查文件和资料等，内容是公职人员依法履职、秉公用权、廉洁从政从业以及道德操守情况。

党内监督和国家监察都是中国特色治理体系的重要组成部分，一体两面，具有高度的内在一致性。在合署办公体制下，纪委的监督、执纪、问责与监委的监督、调查、处置是对应的，既有区别又有一致性。纪检机关的监督和监察机关的监督在指导思想、基本原则上是高度一致的，目的都是为了惩前毖后、治病救人，抓早抓小、防微杜渐。2016年10月，党的十八届六中全会通过的《中国共产党党内监督条例》详细规定了党内监督。党内监督的内容、方式和要求，也都适用于国家监察的监督。要准确把握、高度重视监察委员会的日常监督职责，把纪委监督与监委监督贯通起来。

2. 调查职责。调查公职人员涉嫌职务违法和职务犯罪是监察委员会的一项经常性工作。它是监察委员会开展廉政建设和反腐败工作的一项重要措施。对公职人员涉嫌职务违法和职务犯罪的调查，突出地体现了监察委员会作为国家反腐败工作机构的定位，体现了监察工作的特色。调查的主要内容基本涵盖了公职人员的腐败行为类型。《监察法》第11条和第四章的内容，将监察机关可以采取的调查措施归纳为如下15项：谈话、讯问、询问、留置、查询、冻结、搜查、调取、查封、扣押、勘验检查、鉴定、技术调查、通缉和限制出境。

3. 处置职责。处置主要包括四个方面：第一，对违法的公职人员依法作出政务处分决定，即监察委员会根据监督、调查结果，对违法的公职人员依照法定程序作出警告、记过、记大过、降级、撤职、开除等政务处分决定。《监察法》引入政务处分的概念，明确作出政务处分的主体是监察机关，对象即监察对象，包括所有行使公权力的公职人员。2018年4月16日，中央纪委、国家监委颁布《公职人员政务处分暂行规定》，对政务处分做了初步规定。《公职人员政务处分法》被列入 2019 年全国人大常委会重大立法事项，目前该法已经颁布实施。

第二，对履行职责不力、失职失责的领导人员进行问责。这里所谓的"问责"，是指监察委员会根据问责的有关规定，对不履行或者不正确履行职责的、负有管理责任的领导干部按照干部管理权限作出问责决定，或者向有权作出问责决定的机关提出问责建议。问责的对象是公职人员中的领导人员，主要是指中国共产党机关、人大机关、行政机关、监察机关、审判机关、检察机关、政协机关、民主党派和工商联机关中担任各级领导职务和副调研员以上非领导职务的人员；参照《公务员法》管理的单位中担任各级领导职务和副调研员以上非领导职务的人员；大型、特大型国有和国有控股企业中层以上领导人员，中型以下国有和国有控股企业领导班子成员，以及上述企业中其他相当于县处级以上层次的人员；事业单位领导班子成员及其他六级以上管理岗位人员。

第三，对涉嫌职务犯罪的，将调查结果移送人民检察院依法审查、提起公诉。对被调查人涉嫌职务犯罪，监察机关经调查认为犯罪事实清楚，证据确实、充分的，制作起诉意见书，连同案卷材料、证据一并移送检察机关依法审查、提起公诉。

2018 年 4 月 17 日，中央纪委国家监委印发了《国家监察委员会管辖规定（试行）》，该规定详细列举了国家监委管辖的六大类 88 个职务犯罪案件罪名。一是贪污贿赂犯罪，涉及刑法条文 24 条，包括 17 个罪名；二是滥用职权犯罪，涉及刑法条文 15 条，包括 15 个罪名；三是玩忽职守犯罪，涉及刑法条文 11 条，包括 11 个罪名；四是徇私舞弊犯罪，涉及刑法条文 15 条，包括 15 个罪名；五是重大责任事故犯罪，涉及刑法条文 11 条，包括 11 个罪名；六是公职人员其他犯罪，涉及刑法条文 19 条，包括 19 个罪名。另外，监察委员会还有权向检察机关提出对被调查人从宽处罚的建议。

根据《监察法》的规定，监察机关对所有行使公权力的公职人员的职务犯罪行为都可以进行调查。但是基于工作的便利性和实效性，《刑事诉讼法》规定部分职务犯罪的侦查可由检察机关负责。2018 年 10 月 26 日，第十三届全国人民代表大会常务委员会第六次会议对《刑事诉讼法》进行修改，删去了检察院对贪污贿赂等案件行使侦查权的规定，但是保留了检察院在诉讼活动法律监督中发现司法工作人员利用职权实施的侵犯公民权利、损害司法公正的犯罪的侦查权："人民检察院在对诉讼活动实行法律监督中发现的司法工作人员利用职权实施的非法拘禁、刑讯逼供、非法搜查等侵犯公民权利、损害司法公正的犯罪，可以由人民检察院立案侦查。对于公安机关管辖的国家机关工作人员利用职权实施的重大犯罪案件，需要由人民检察院直接受理的时候，经省级以上人民检察院决定，可以由人民检察院立案侦查。"检察机关直接进行立案侦查的 14 个具体罪名是：非法拘禁罪，非法搜查罪，刑讯逼供罪，暴力取证罪，虐待被监管人罪，滥用职权罪，玩忽职守罪，徇私枉法罪，民事、行政枉法裁判罪，执行判决、裁定失职罪，执行判决、裁定滥用职权罪，私放在押人员罪，失职致使在押人员脱逃罪，徇私舞弊减刑、假释、暂予监外执行罪。

第四，对监察对象所在单位提出监察建议。监察建议是监察委员会依照法定职权，根据监督、调查结果，对监察对象所在单位廉政建设和履行职责存在的问题等提出的。监察建议不同于一般的工作建议，它具有法律效力，被提出建议的有关单位无正当理由必须履行监察建议要求其履行的义务，否则就要承担相应的法律责任。

四、监察委员会派驻派出监察机构、监察专员

（一）监察委员会与派驻派出监察机构、监察专员的关系

为了满足监察工作需要，保证监察委员会能够经常、及时、准确地了解分散在不同机关、组织和单位的监察对象情况，使监察机关对于所监察的公职人员真正实现"看得见、管得着"，卓有成效地实施监察。《监察法》第 12 条规定，各级监察委员会可以向本级中国共产党机关、国家机关、法律法规授权或者委托管理公共事务的组织和单位以及所管辖的行政区域、国有企业等派驻或者派出监察机构、监察专员。监察机构、监察专员对派驻或者派出它的监察委员会负责。在《监察法》中规定监察机关派驻或者派出监察机构、监察专员，也是从法律层面上将党的自我监督法治化、规范化。

派驻监督是党的自我监督的重要形式。党的十九大修改的党章规定，党的中央和地方纪律检查委员会向同级党和国家机关全面派驻党的纪律检查组。《中国共产党党内监督条例》总结党的十八大以来派驻纪检机构改革实践经验，把派驻监督纳入党内监督的制度框架，明确了纪委派驻纪检组与派出机关的工作关系、派驻纪检组的职责任务、派出机关的领导方式，为强化党内监督、推进全面从严治党提供了制度保障。监察委员会成立以后，在党和国家形成巡视、派驻、监察三个全覆盖的统一的权力监督格局，形成发现问题、纠正偏差、惩治腐败的有效机制。

1. 纪委监委与派驻派出机构、专员是领导关系。派驻机构是由纪委监委派出、驻在党和国家机关、履行党的纪律检查和监督职能的机构。派驻机构由纪委监委直接领导、统一管理，对纪委监委负责并请示报告工作。纪委监委与派驻机构是领导关系而不是指导关系，即从上往下派，垂直领导。派驻监督是纪委监委日常监督的延伸，派驻机构与监督对象朝夕相处，进行近距离、全天候、常态化的监督，如此开展监督最直接、最及时。根据 2018 年中共中央办公厅印发的《关于深化中央纪委国家监委派驻机构改革的意见》，派驻监督是在党中央集中统一领导下，强化自上而下组织监督的重要形式，在党和国家监督体系中具有十分重要的作用。中央纪委国家监委派驻机构是中央纪委国家监委的重要组成部分，由中央纪委国家监委直接领导、统一管理。要建立中央纪委常委会统一领导、中央纪委国家监委统一管理，中央纪委副书记（常委）、国家监委副主任（委员）分管，相关职能部门分工负责、协调配合的派驻工作领导体制，加强对派驻机构的指导、管理、服务和保障。该意见明确，推动驻在部门党组织担负起全面从严治党政治责任，建立定期会商、重要情况通报、线索联合排查、联合监督执纪等机制，为党组（党委）主体作用发挥提供有效载体，形成同向发力、协作互动的工作格局。派驻机构要紧紧围绕监督这个第一职责，加强对驻在部门党组织的监督，重点检查遵守党章党规党纪和宪法法律、贯彻落实党的路线方针政策和决议等情况，确保党中央政令畅通。赋予派驻机构监察权，派驻机构既要依照党章和其他党内法规履行监督执纪问责职责，又要依照宪法和监察法履行监督调查处置职责，对行使公权力的公职人员实行监察全覆盖。健全审查调查工作机制，加强问题线索集中统一管理，完善审查调查协调、案件审理协调、重大案件督办机制。分类施策推进中管企业、中管金融企业、列入中央管理的高校党委书记和校长的纪检监察体制改革。

2. 派驻派出机构、专员与驻在单位部门是监督与被监督的关系。派驻派出机构、监察专员对派驻或者派出它的监察机关负责，不受驻在部门的领导，具有开展工作的独立地位，机构或专员在驻在部门具有独立性，要切实履行好监督责任，引导和监督驻在部门改变惯性思维，自觉摆正被监督角色，应把检查督促驻在部门依规治党、依法行政作为首要任务。在此过程中，派驻派出机构、专员要善于发现法律法规、行政惯例、管理制度的各种漏洞，及时向有关部门提出修改完善建议，防患于未然，要扎实有效地开展廉政警示教育，构筑反腐倡廉的思想防线，营造廉政光荣、腐败可耻的价值导向和文化氛围，要根据监督需要介入驻在部门相关业务活动，配合驻在部门健全完善反腐领导体制和工作机制，掌握驻在部门工作流程，熟悉驻在部门权力运行轨迹，针对发现的问题及时约谈、及时提醒，防止小问题积累成大问题，推进驻在部门的党风廉政建设和反腐败工作。

（二）各级监察委员会派驻派出监察机构、监察专员的范围及组织形式

1. 组织形式。监察委员会具体设置派驻派出监察机构还是监察专员，应遵循实际需要，根据监察对象的多少、任务轻重而定。一般来说，地区、盟等地方的监察机构，可以采取派出监察机构的形式；对于街道、乡镇可以采取派出监察专员的形式；对于党的机关、国家机关等可以采取派驻监察机构的形式。

2. 各级监察委员会派驻派出监察机构、监察专员的范围。具体包括本级中国共产党机关、国家机关、法律法规授权或者委托管理公共事务的组织和单位以及所管辖的行政区域、国有企业等。这里的国家机关主要是指行使国家权力、管理国家事务的机关，包括国家权力机关、行政机关、审判机关、检察机关等；行政区域主要是指街道、乡镇以及未设置人民代表大会的地区、高新区、开发区等功能区。县级监察委员会向所管辖的街道、乡镇派出监察机构、监察专员，可以每个街道、乡镇单独派出，也可以几个街道、乡镇归口派出，推动国家监察向基层延伸，就近解决群众身边的腐败问题。

（三）监察委员会派驻派出监察机构、监察专员的职责

《监察法》第 13 条明确了派驻派出监察机构、监察专员的法定职责是对公职人员进行监督，提出监察建议，依法对公职人员进行调查、处置，对不履行或者没有履行好法定职责的派驻或者派出监察机构、监察专员，要依法追究其失职责任。

第一，根据授权进行监督，提出监察建议。监察机构、监察专员的监督对象是其驻在的中国共产党机关、国家机关、法律法规授权或者委托管理公共事务的组织和单位以及行政区域、国有企业内的所有公职人员，其中重点对象是领导人员。派驻监察机构、监察专员根据监督结果，对驻在单位廉政建设和履行职责存在的问题等提出监察建议。

第二，根据授权依法进行调查、处置。但其调查、处置对象，不包括派驻或者派出它的监察委员会直接负责调查、处置的公职人员。例如，国家监察委员会派驻的监察机构，可以依法调查、处置驻在机关、部门的司局级及以下干部，但是对于驻在机关、部门的中管干部，则要由国家监察委员会来进行调查、处置。

1. 派驻机构的职责。《中共中央纪委监察部派驻机构业务工作管理暂行办

法》第3条规定：派驻机构通过参与驻在部门的重要工作，参加有关会议和活动，以及其他有效的方式，履行对驻在部门党组和行政领导班子及其成员监督检查的职责，并向中央纪委监察部报告监督检查工作情况。第4条规定：派驻机构协助驻在部门党组和行政领导班子抓好反腐倡廉工作部署和任务分解，健全和完善组织协调机制；督促检查驻在部门及所属系统反腐倡廉各项工作的落实；开展调查研究，提出改进或加强工作的意见和建议；及时总结驻在部门及所属系统党风廉政建设和反腐败工作经验。派驻机构应适时与驻在部门党组和行政领导班子沟通有关工作情况，并向中央纪委监察部报告。

2. 派出监察机构的职责。派出监察机构是监察机关的分支，是执行巡视巡查职能的重要抓手，有助于发现管辖范围内各单位存在的职务违法和职务犯罪问题。可以参照巡视组的职责设置派出监察机构职责：其一，接受派出监察机关的领导；其二，执行派出机关布置的任务；其三，处理好与派驻机关的关系，秉公监察，不得接受请客送礼；其四，收集到的问题线索要悉数向监察委员会汇报，不得"捂盖子"；其五，做好问题的收集、整理工作，保存好涉案证据；其六，贯彻民主程序，不仅要与派驻单位的工作人员、群众多接触，也要允许涉及有关问题的公职人员充分陈述、辩解和申诉。

3. 派出监察专员的职责。监察专员是监察官，应该具备《监察官法》规定的有关权力，履行监察官的义务。

第二节　监察官制度

我国监察官制度的立法构建是重大理论和现实问题。监察官法是《监察法》的下位法，其不仅要落实《监察法》第14条的规定，而且要把该法第55、56条对监察人员的要求制度化。从《监察法》的要求来看，监察官既要具备法律知识，还须熟悉党内法规和党纪。但是，"良好的政治素质"如何在制度上具体化则值得讨论。监察官法具体内容的设置需要契合目前纪检监察工作的实际，应当促进纪检监察队伍建设，而不是相反。哪些人应被纳入监察官范围，监察官应该具有怎样的任职条件，也需要厘清。总之，监察官制度的设计既要符合法理也要考虑现实。

一、监察官制度构建和立法的必要性

构建监察官制度是落实党中央的要求。2019年1月，在十九届中央纪委三

次全会上，习近平总书记对新时代纪检监察队伍提出高质量发展的要求。2019年10月31日，党的十九届四中全会通过的《中共中央关于坚持和完善中国特色社会主义制度、推进国家治理体系和治理能力现代化若干重大问题的决定》在"坚持和完善党和国家监督体系，强化对权力运行的制约和监督"部分明确指出，要"深化纪检监察体制改革……推进纪检监察工作规范化、法治化"。2020年1月，在十九届中央纪委四次全会上，中央纪委工作报告提出2020年要推动研究制定监察官法，建设忠诚干净担当的高素质监察官队伍。

作为监察官制度法治化的重要举措，2018年9月7日，《十三届全国人大常委会立法规划》将监察官法列入第二类项目（即需要抓紧工作，条件成熟时提请审议）。2019年3月10日，十三届全国人大二次会议记者会上，全国人大监察和司法委员会副主任委员徐显明表示，按照常委会工作安排，2019年委员会的重点工作是推进政务处分法、监察官法的立法，将继续提前介入两部法律的起草工作，配合国家监察委员会和常委会立法工作机构，做好审议前的准备工作。2019年12月3~17日，中央纪委办公厅的中纪办〔2019〕48号文件，将《监察官法（草案初稿）》下发纪检系统，内部征求意见。

和上述中央精神及立法实践相一致，我国法学界绝大多数学者亦认为，应当建立专业化或反腐败导向的监察官制度，而该制度应通过监察官法、监察官组织法来确认和实现。在立法者启动监察官法立法进程之后，学界研究重心已经从是否需要制定监察官法，逐渐转移到监察官法怎么制定的问题上来。

（一）通过立法构建监察官制度是贯彻实施监察法的要求

《监察法》作为监察领域的基本法，对监察官制度做了纲领性、原则性的规定，其第14条、第55条、第56条明确了监察官制度的基本内容和高素质专业化监察官应具备的基本条件，这成为监察官法依据和遵循的上位法规范。

《监察法》第14条规定："国家实行监察官制度，依法确定监察官的等级设置、任免、考评和晋升等制度。"从这个规定可以看出：其一，实行监察官制度是国家的制度供给义务。监察官制度不是自生自发从基层总结提炼出的，而是通过中央顶层设计构建起来的制度。其二，监察官的等级设置、任免、考评和晋升是监察官制度的主要内容。其中任免也包括了录用、选任的条件，突出对监察官履职的政治、道德、廉洁能力的特殊要求，着眼于监察工作的开展，严格准入条件，尽可能地将优秀人才吸收到监察官队伍当中来。在等级设置方面，既要层次合理，又要精简、高效。

《监察法》第55条对监察队伍提出了"忠诚、干净、担当"的总要求。忠诚是指政治上对党忠诚,强调坚定的信念和坚强的党性,思想上、政治上、行动上同党中央保持高度一致。干净强调自身廉洁过硬,模范遵守党纪国法。担当首先体现在做好本职工作,勇于承担责任上,同时也体现在对干部的高要求、严管理上,要铁面执法,不怕得罪人。

《监察法》第56条规定:"监察人员必须模范遵守宪法和法律,忠于职守、秉公执法,清正廉洁、保守秘密;必须具有良好的政治素质,熟悉监察业务,具备运用法律、法规、政策和调查取证等能力,自觉接受监督。"该条明确了对监察人员的具体要求:其一,政治素质方面,监察人员必须政治坚定、忠于职守。拥护中华人民共和国宪法,拥护中国共产党领导和社会主义制度。其二,职业伦理方面,监察人员必须清正廉洁、保守秘密,应当以身作则,克己奉公、严于律己,严格遵守保密法制和党的纪律。从监察官承担反腐败专责工作、履行监督职责的要求看,较之其他公职人员,监察官的任职条件中应突出对廉洁自律能力的要求。监察官要模范尊重宪法法律权威,严格按照宪法、法律、党内法规的规定秉公行使监察权,坚守程序公正。其三,具备专业技能。监察工作内容复杂、涉及面广,同时专业性强,必须具有较强的业务能力。从监察官履行监督、调查、处置三项职责的要求看,监察官履职的专业知识应包括党纪和国法两大领域。纪检监察合署办公的机制要求监察官在履职过程中应具备纪法衔接的能力,既要符合纪委对党员及党组织违纪行为监督检查的及时性和有效性要求,又要满足监委对职务违法和职务犯罪行为调查处置的专业性要求。纪检监察干部不仅是党规党纪的执行者,也是国家法律的执行者。监察官具有执纪执法的双重职责。从执行党规党纪的要求来看,更强调监察官的政治素养和责任担当。从执行国法的要求来看,监察官应具备和其工作要求相适应的法律职业素养。

《监察法》除了上述对监察官制度的原则性规定,还有其第12、13、57、58、59、60、61、65、66、67条,都需要通过监察官法的立法予以具体化。

(二)通过立法构建监察官制度是监察官专业化的客观需要

现实需要是制定监察官法的逻辑起点和动力。监察官制度既是深化监察体制改革的实践需要,也是党和国家监督体系的重要组成部分,同时是落实中央关于监察官专业化发展蓝图,实现纪检监察工作规范化、法治化的制度载体。建设高素质专业化队伍,是履行纪检监察职责使命的内在需要。制定监察官法对于加强监察官的管理和监督,维护其合法权益,保障其依法履行职责,推进反腐败工作法治化、规范化具有积极意义。监察官法是规范监察官行为,保证监察官依法履职的基础制度。据中央纪委国家监委法规室负责人介绍，中央纪委国家监委将监察官法定位为责任法，以法律的形式强化对监察人员的管理监督，明确权力边界、严格内控机制，强化自我约束、加强外部监督，建设忠诚干净担当的高素质监察官队伍。

构建监察官制度的关键是权责相统一。监察官队伍的素质和能力必须适应法治化、规范化和高质量的要求。不能把设置监察官制度简单地等同于纪检监察机关所有人员"齐步走"提高待遇，而是要建立权力、责任、义务、能力相统一的专业化的职业队伍。

中共中央《深化党和国家机构改革方案》中明确提出："将监察部、国家预防腐败局的职责，最高人民检察院查处贪污贿赂、失职渎职以及预防职务犯罪等反腐败相关职责整合，组建国家监察委员会，同中央纪律检查委员会合署办公，履行纪检、监察两项职责，实行一套工作机构、两个机关名称。"国家监察体制改革以来，监察委员会和纪委对内融为一体，对外明确分工，事实上是一个主体，程序上是两个主体。

在机构变动、人员转隶之后，监察委员会的监察人员包括了原纪委的纪律检查员、行政监察机关的监察（专）员、人民检察院的员额检察官、检察辅助人员、司法行政人员等。反腐败力量全面整合的难点是检察院转隶干部与纪委干部"两支队伍"的实质融合问题，不仅要"同工同酬"，还要跨越思维方式、知识结构、行为方式、工作习惯的鸿沟。这些问题需要一个统一的法律制度来解决。

针对有学者认为需要较长等待期，等条件成熟再立法的观点，本书认为，立法本身就是在解决现实问题。立法是一个凝聚共识的决策协商过程。监察法实施后，需要制定的关联性法律很多，只能分头推进。不能单靠监察官法解决监察法和监察体制改革的所有问题。通过监察官法，旨在确认监察官专业化的发展目标和基本框架。至于监察官专业化的发展，肯定不能单靠监察官法一部法律，正如法官、检察官职业化建设不能全指望法官法、检察官法一样。但不可否认，法官法、检察官法的制定、实施和修订，极大推动了司法职业化建设。是故，在中央关于监察官专业化发展蓝图确定以后，也需要一部监察官法起到制度的奠基作用。

二、监察官的范围

构建监察官制度，首先要界定监察官的范围。《监察法》条文中，既有关于监察人员的规定，也有关于监察官、监察专员的表述（参见表5-1），但该法并未对监察人员、监察官的范围进行明确的界定，这个问题被扔给了监察官法。

表5-1　《监察法》中关于监察官、监察人员和监察专员的相关规定

主体	对应条文	规范内涵	具体规定
监察官	第14条	监察官制度	依法确定监察官的等级设置、任免、考评和晋升等制度。
监察人员	第55条	内部监督	加强对监察人员执行职务和遵守法律情况的监督，建设忠诚、干净、担当的监察队伍。
	第56条	基本要求	监察人员必须模范遵守宪法和法律，忠于职守、秉公执法、清正廉洁、保守秘密；必须具有良好的政治素质，熟悉监察业务，具备运用法律、法规、政策和调查取证等能力，自觉接受监督。
	第57条第1款	特殊事项报告备案制度	对于监察人员打听案情、过问案件、说情干预的，办理监察事项的监察人员应当及时报告。
	第58条	回避制度	办理监察事项的监察人员有下列情形之一的，应当自行回避：①是监察对象或者检举人的近亲属的；②担任过本案的证人的；③本人或者其近亲属与办理的监察事项有利害关系的；④有可能影响监察事项公正处理的其他情形的。
	第59条第2款	脱密期管理和从业限制	监察人员辞职、退休3年内，不得从事与监察和司法工作相关联且可能发生利益冲突的职业。
	第61条	一案双查和错案追究	监察人员严重违法的，应当追究负有责任的领导人员和直接责任人员的责任。
	第64条	行使职权的保护	监察对象对控告人、检举人、证人或者监察人员进行报复陷害的，依法给予处理。

续表

主体	对应条文	规范内涵	具体规定
监察专员	第 12 条	派出监察专员	各级监察委员会可以向本级中国共产党机关、国家机关、法律法规授权或者委托管理公共事务的组织和单位以及所管辖的行政区域、国有企业等派驻或者派出监察机构、监察专员。监察机构、监察专员对派驻或者派出它的监察委员会负责。
	第 13 条	监察专员的监察职责	监察专员根据授权，按照管理权限依法对公职人员进行监督，提出监察建议，依法对公职人员进行调查、处置。

从《监察法》上述规定可以看出，监察人员不同于监察机关工作人员。监察机关工作人员既包括监察人员，也包括监察机关里的行政、后勤人员。监察人员是专业的执法执纪人员，承担监督、调查、处置职权，能够采取谈话、讯问、询问、查询、冻结、调取、查封、扣押、搜查、勘验检查、鉴定、留置等12 项措施。法律对监察人员的要求是忠诚、干净、担当、熟悉监察业务、办理监察事项，具备运用法律、法规、政策进行监督、调查、处置等能力。也正因为如此，《监察法》才会在第 55、56、57、58、59、61 条规定特殊责任，并通过第 64 条规定对其职业予以特殊保障。

关于监察人员和监察官的关系，《监察法》没有明确规定。中央纪委办公厅的《监察官法（草案初稿）》的立法思路认为，监察官的范围等于或稍大于监察人员。草案第 2 条规定："监察官包括下列人员：国家监察委员会和地方各级监察委员会的主任、副主任、委员；各级监察委员会机关中的监察人员；各级监察委员会派驻或者派出机构中的监察人员；其他根据授权依法行使监察权的监察机构中的监察人员。"该草案中，监察官不仅包括监察人员，还包括监委领导（主任、副主任、委员）。这种设计下，监察官的范围也包括作为监委领导的部分监察机关行政、后勤部门的同志。而且，监察人员不仅包括监察委员会机关中的公务员，还包括派驻或者派出机构中的和其他根据授权依法行使监察权的监察机构中的干部。

这种"全员式"进入监察官序列的设计，反映出设计者的以下考虑：其一，引起的人事震荡最小，同时也意味着改革的阻力最小。例如，浙江省在 2017 年进行监察体制改革试点时，浙江省纪委、监委相关负责人表示，"浙江将积极争取探索建立监察官制度，将监察委员会全部内设机构工作人员纳入监察官的适用范围，建立与监察官等级序列配套的相关制度，推进监察队伍专业化、职业化建设。"其二，实现了监察官总数量的增加。因为该设计中监察官既有业务一线干部，也有领导；不仅包括机关干部，而且涵盖派驻或者派出机构、被授权行使监察权的监察机构中的人员。监察官人数的增加是政治权威和立法者比较看重的"指标"，这是因为监察体制改革之前，纪检机关人员普遍不足。改革之后，虽然从检察院转隶了不少人员，但是这部分人员是带着业务量来的。而且，因为纪委监委职能的增加、监督对象的扩大，目前仍然面临严峻的人手不足问题。其三，排除了未来实行员额制的可能性。实行员额制将减少监察官数量，而且会在纪委监委内部产生监察官和非监察官两类群体在权力、晋升、薪酬等方面的差异，不利于队伍团结和岗位交流。

上述"全员式"进入监察官序列的设计虽然立足现实有一定合理性，但是也存在一些问题。其一，这种立法或制度设计，是最无所作为的改革。实际什么都没改动，只是用监察官这个名称涵摄了目前所有人员。这恰恰应了那些反对制定监察官法的学者的预言——成了一部象征性的立法——这个立法要不要都可以，因为它实际根本没有用处。其二，也涉及人员身份的体制问题。有学者认为，派驻派出监察机构的人员原则上也应当纳入监察官的范围，但这些人员往往涉及公务员、参公人员、事业单位人员、国有企业职工等群体，倘若将上述人员均纳入监察官范围，其身份性质如何界定、改变是个问题。

我们认为，可以采取监察官的范围小于监察人员的立法思路。监察官和监察人员，都是监察工作的实施者，都应具备开展纪检监察工作的专业能力。监察法在监察人员之外又明确规定了国家实行监察官制度，这说明监察官与监察人员的范围似乎不应完全重合。监察官应当有别于一般监察人员，而属于有更高素质要求的监察人员，即监察官应当是监察人员中具备较高政治素养和廉洁自律能力，既能够正确、规范依照党内法规履行监督执纪职责，又能依照国家法律法规对公职人员涉嫌职务违法和职务犯罪行为进行调查处置的纪检监察专业人员。具体的立法思路为：

第一，监察官属于特殊的监察人员。赋予监察官优于一般监察人员和行政人员的工作权限和岗位待遇。按照分事行权、分岗设权、分级授权的管理方式，将监察人员分为两类，其中部分人员纳入监察官序列管理。监察官以外的监察人员从事辅助性的监察工作。

　　第二，各级监察委员会派驻或者派出机构中的监察人员和其他根据授权依法行使监察权的监察机构中的监察人员，既可能是监察官，也可能不是监察官。目前，这部分监察人员的编制身份比较复杂。监察体制改革带来纪委监委干部编制身份复杂化，现有的干部中，既包括列入公务员编制的，也有属于事业单位（如公办高校、医院纪委工作人员）、企业单位（如国企纪委工作人员）编制的。

　　第三，将来的改革中，可以遵循以下思路：首先，鉴于业务人员占机关编制的比例能够一定程度上反映该机关的专业水平，纪检监察机关公务员或参公管理的专业人员，符合监察官条件且在监察机关业务部门工作的，应将其纳入监察官序列管理。在行政、后勤等服务部门工作的公务员，不纳入监察官序列管理，仅作为监察人员或监察机关工作人员。其次，纪检监察机关中属于事业编制的人员，应当以其是否行使监察权为标准区别对待。对于不能行使监察权的，即从事辅助性、行政性工作的人员，应当保持其原编制，不宜将其纳入监察官序列。同时应当给予其上升通道和机会。对于达到监察官的任职要求，且行使监察权的，可以通过考试或考核的方式，将身份转为公务员，列入监察官序列。再次，各级监察委员会派驻或者派出机构中的监察人员和其他根据授权依法行使监察权的监察机构中的监察人员，对派出或授权他的监察机关负责，不受驻在部门的领导，独立开展工作，其属于行使监察权的监察人员，应当纳入监察官或监察人员管理。其中，如果属于公务员或参公管理人员，且符合监察官条件的，纳入监察官序列。如果属于企业、事业编制的，或属于公务员或参公管理人员但不符合监察官条件的，属于监察官以外的其他监察人员。同时，也应当给予其上升通道和机会。对于达到监察官的任职要求，且行使监察权的，可以通过考试或考核的方式，将身份转为公务员，纳入监察官序列。

三、监察官的任职条件

（一）适当放宽初任监察官任职的身份限制

　　监察官制度的设计需要考虑其现实基础。从我国纪检监察队伍的现状来看，监察官需要具备中共党员的身份。在监察体制改革之前，纪委从性质上属于中国共产党的工作部门，其招考工作人员通常有特定政治面貌要求（中共党员或中共预备党员）；检察院招考公务员并没有要求必须是中共党员；监察部（厅、局）虽然和纪委合署办公，但经常由民主党派人士担任副职，也并未排斥党外干部在监督机关任职。监察体制改革过程中，因为采取的是纪委吸收检察院部分部门和政府监察机构的形式，非中共党员的干部大都未转隶，所以形成了目前各地监委干部清一色"党员化"的现象。

纪检监察干部队伍的"党员化"基于以下考虑。首先，既执法又执纪的职责双重性。监察体制改革后，监察委员会与党的纪检机关合署办公，实现了党内监督和国家监察的统一性。合署办公后，监察机关本质上就是党的工作机构。监察官具有双重身份，既是纪委的干部，又是监委的干部。其次，工作内容涉及党内秘密的问题。党员身份能够保证办案人员充分有效的参与整个案件始终，不会因身份限制导致中途换人，有利于监察工作的高效开展。我们通过对国家监委和省级监委招考（选调）公告统计发现，自2018年监察委员会依《宪法》《监察法》成立以来，国家监委和各省监委在招考（选调）干部时，实际上也都明确提出政治面貌应为中共党员的要求（有些单位规定包含有中共预备党员）。所以，中央纪委办公厅的《监察官法（草案初稿）》第12条规定的监察官任职条件第一项就明确"具有中国共产党党员身份"。

实事求是地说，要求监察官具备中共党员（或预备党员）的政治面貌，能够更好地满足纪检监察工作的需要，具有一定的合理性。但是监察官法作为法律规范，对于监察官政治面貌的要求，首先应当以宪法的规定为依据。《宪法》第33条第2款、第3款规定，"中华人民共和国公民在法律面前一律平等。国家尊重和保障人权"。在国家公务员报考中，个别岗位可以规定特定政治面貌，但如果将中共党员作为报考监察委员会这个国家机关的基本要求，对非党员的考生就业权就是一种不合理的限制。法律应鼓励公民报效国家，而非相反。机会应平等的面向全体公民开放。我国《宪法》确认了党对国家的领导，公务员法规定了"党管干部"的原则，这些都是公务员制度建立和运行的基本政治准则。然而，在公务员法以及其他法律中没有任何关于报考公务员政治面貌的限制。若没有充分理由而要求特定岗位报考者须具有特定政治面貌，不仅是不合理的，也与党的政策、国家法律和国际条约的规定相悖。考虑到监察官行使的监察职权属于国家权力，为巩固统一战线、加强民主监督，还应当考虑由一定比例的优秀党外人士担任监察官。本书建议，不宜一刀切地规定初任监察官必须具备中国共产党党员（或预备党员）身份，应适当放宽监察官任职的身份限制。如果的确对党员身份有特殊要求的监察官岗位，只宜在招考时作为具体个例实施，而不宜在法律中作一般性的规定。

（二）法律职业资格不宜作为初任监察官的任职条件

监察委员会和国家行政机关、司法机关不同，所以监察官不能等同于公务员、法官、检察官。监察官的人事管理制度可以公务员相关规定为基础，但是要充分考虑监察工作的特殊要求。在构建监察官制度的过程中，也不能简单地照搬照抄法官法或检察官法的相关规定。监察官法应从监察委员会作为反腐败专责机关的角度出发，构建专属于监察官的职业制度。根据 2019 年 12 月 23 日中共中央组织部制定，2020 年 3 月 3 日发布的《公务员范围规定》第 4 条，各级监察机关中除工勤人员以外的工作人员列入公务员范围。但是，监察官不同于一般公务员，其选任条件、考评标准、职务序列划分、奖惩、晋升等应当有特殊性。所以《公务员法》第 3 条第 2 款规定："法律对公务员中领导成员的产生、任免、监督以及监察官、法官、检察官等的义务、权利和管理另有规定的，从其规定。"第 16 条第 2 款规定："……根据本法，对于具有职位特殊性，需要单独管理的，可以增设其他职位类别。各职位类别的适用范围由国家另行规定。"2019 年 12 月 23 日中共中央组织部制定，2020 年 3 月 3 日发布的《公务员职务、职级与级别管理办法》第 21 条规定："监察官、法官、检察官等职务、职级的设置和管理另行规定。"上述法律和党内法规的规定，实际已经给监察官法留出了空间。监察官作为对岗位有专业性要求的国家公职人员，其任职条件的具体要求应当以公务员法的规定为基础，同时可借鉴法官法、检察官法、人民警察法的相关规定，结合纪检监察工作的实际需要进行设置。

监察官履行监督、调查和处置三项职责的过程，也是其使用法律法规、纪检监察知识、政策依法开展监察工作的过程，期间涉及的专业领域主要有法律、侦查、心理、财务、审计等方面，其中依法履职是主要方面。为确保监察官能够规范行使监察权，需要提高对监察官法律意识、法律素养的要求，那么是否需要将法律职业资格作为衡量监察官法律专业能力的标准呢？

有学者认为，监察官应当具备法律职业资格。对监察官的职业门槛要求至少不应低于法官、检察官等法律职业群体，具备法律职业资格能保障监察队伍的职业化。也有学者认为，监察官不具备法律职业资格并不影响监察官的专业化和职业化发展，监察官和警察在调查、收集证据方面的技能是相通的，且目的一致，而人民警察并无通过法律职业资格考试之要求，因此也不应要求监察官必须通过法律职业资格考试。可以看出，当前学界对于监察官是否需要具备法律职业资格还未形成一致的结论。监察官与法官、检察官和人民警察一样，都属于对法律专业能力有特别要求的职业群体，必须具备一定程度的法律专业素养，但具体应达到何种程度，还需充分考虑监察工作实际需求和当前纪检监察人员的现状。

本书认为，获得法律职业资格不宜作为初任监察官的任职条件，但可在初任监察官考试时享有法律科目的免试或作为未来晋升时的考量因素。

第一，监察官应具备对职务违法、职务犯罪行为进行全面有效监督、调查和处置的能力。监察官队伍中，不仅需要法律专业的人才，也需要有具备相关专业技能的多样化、复合型人才，以保证相应工作准确、有效的开展。我们考察 2018、2019 两年中央纪委国家监委招录国家公务员的公告，其在职位表中对纪检监察人员的专业要求除了法学之外，还涉及心理学、政治学、经济学、管理学、审计学、会计学、财务管理、国际贸易、中文、新闻学、计算机科学与技术、软件工程、网络工程、信息安全等领域。监察委员会在案件调查过程中，既要严格依法收集证据，也要用党章党规党纪、理想信念宗旨做被调查人的思想政治工作，让他们真心认错悔过，而不仅仅是收集证据，查明犯罪事实。

第二，从当前纪检监察队伍的现实情况看，不宜将具备法律职业资格作为对监察官专业能力的硬性要求。因为监察体制改革之前，纪委干部履职依据以党纪党规为主，其专业性主要体现在执行党纪党规的能力，多数不具有法律专业背景，短时间内也难以通过国家统一法律职业资格考试。在此种情形下，一刀切地要求监察官必须取得法律职业资格，会造成监察官队伍的人才短缺。

第三，从长远看，具备较高程度的法律技能是监察官职业发展的必然选择，也是促进监察官队伍高质量发展的重要保障。监察官必须熟悉实体法和程序法，了解最高人民法院和最高人民检察院有关职务犯罪的定罪量刑、证据认定方面的司法解释等。要求监察官取得法律职业资格，能够从客观上提升、保障监察官的法律专业能力，从而更好的适应纪检监察工作规范化、法治化的发展需求。可鼓励在职人员通过培训进修方式，获得相应法律专业能力。

以考试的方式选拔监察官是组建监察官队伍的主要方式，因此在初任监察官的考试笔试内容设置方面，本书认为应借鉴当前我国公安机关人民警察招录中的经验，即报考公安机关人民警察岗位的，除了要参加作为公共科目的行测和申论考试外，还应额外参加作为专业科目的公安专业知识考试。行测、申论、公安专业知识分别按照 40%、30%、30% 合成笔试总成绩。其中公共科目试题由国家公务员局命制，专业科目试题由公安部命制。循此例，报考监察官的考试笔试内容，笔试科目由行测、申论和监察专业知识三部分构成，最终成绩按照40%、30%、30%的比例合成笔试总成绩，其中行测和申论由国家公务员局命制，监察专业知识由国家监察委员会命制。监察专业知识应重点考查党纪党规和法律法规两部分内容。

虽然要求监察官和法官、检察官一样具备法律职业资格能够为监察官队伍的高质量发展提供有力保证，但是从当前监察人员的构成情况看，此目标短期难以实现，也不宜操之过急。本书建议于《监察官法》中规定，由国家监察委员会组织统一执纪执法资格考试，作为在职人员转岗和晋升的依据之一。在具体设置上，可将考试分为初级、中级、高级三个等级，目前在编在职的监察人员可自行决定参加相应等级的考试。其中，未通过初级考试的，不得被选用为监察官，不得主办、审核、审批案件。

第四，和法官、检察官强调个人责任制不同，监察机关"集体决策"和汇报请示机制强调的是集体责任制。监委"集体决策"体制决定了监察官职务序列具体管理方式应当是促进监察官在履职过程中形成合力。

总之，监察官的专业能力是体现监察官职业特点、衡量监察官履职专业化水平的重要指标。监察官的专业能力集中表现为其依法规范运用党内法规、国家法律法规、政策等履行反腐专责的能力。初任监察官应参加由行测、申论和监察专业知识三部分内容构成的考试。对于当前纪委监委中不具备法律职业能力的在编在职人员，可参加纪委监委内部执纪执法资格考试，取得初级执纪执法资格的监察人员可被遴选为监察官。

综上所述，本书对监察官任职条件条款的建议是：担任监察官必须具备下列条件：①具有中华人民共和国国籍；②拥护中华人民共和国宪法，拥护中国共产党领导和社会主义制度；③具有良好的政治、道德品行和廉洁作风；④具备运用法律、法规、政策和监督、调查、处置等能力；⑤具有正常履行职责的身体条件和心理素质；⑥具备普通高等学校本科及以上学历或获得学士及以上学位；⑦法律法规规定的其他情形。

四、监察官的管理制度

（一）监察官的等级设置

《公务员法》第17条规定：国家实行公务员职务与职级并行制度，根据公务员职位类别和职责设置公务员领导职务、职级序列。《监察法》第8、9条分别规定，国家和地方各级监察委员会由主任、副主任若干人、委员若干人组成。由此看出，监察委员会的组成人员中，主任、副主任、委员是承担领导职务的监察官。在监察官的等级设置上，国家监察委员会主任应当为最高级别的监察官。

监察官和人民警察一样，在队伍建设和人事管理方面都强调高度的组织纪律性。我国人民警察队伍从 1992 年开始设立"警衔制度",以此推进队伍正规化建设,其经验值得借鉴。从提升履职责任感、使命感、荣誉感的角度出发,参照人民警察警衔制度的规定,应设计专属于监察官的衔级样式,并建议对监察官等级进行如下设置:我国监察官的职级为五等十三级,从高到低分别为:总监察官、一级副总监察官、二级副总监察官、一级高级监察官、二级高级监察官、三级高级监察官、四级高级监察官、一级中级监察官、二级中级监察官、三级中级监察官、一级初级监察官、二级初级监察官、三级初级监察官。

（二）监察官职级晋升

监察官的晋升制度既要包含对工作质和量的评价,又要体现监察官的能力水平。参考《公务员法》的规定,按级晋升、择优选升、晋升前培训制度应是监察官晋升制度的重要内容。

1. 以按级晋升为主。根据《公务员职务与职级并行规定》第 17 条规定:"公务员晋升职级,应当在职级职数内逐级晋升……"除了对"德能勤绩廉"等基本履职情况的考察,符合拟晋升职级所要求的任职年限和资历是按级晋升的重要参考依据。

2. 择优选升为辅。在执纪执法数量和质量差距不大的前提下,晋升考核时应着重考察监察官的工作绩效、专业能力素养。我们建议,对具有法律职业资格或有中、高级执纪执法资格的监察官,可在同等条件下优先选升。此外,对于在工作中表现优异,业绩突出的下级监察委员会的监察官,可直接由上级监察委员会遴选晋升。

3. 围绕职级晋升设置合理的培训内容。《公务员法》第 67 条规定:"……对晋升领导职务的公务员应当在任职前或者任职后 1 年内进行任职培训……"合理的培训制度能够保证一定期限内监察官晋升的数量和质量。监察委员会可以加强与政法类院校的培训合作,定期对即将晋升或刚刚晋升的监察官进行不同程度的政治、理论培训,法律法规、党纪党规业务知识或调查、审讯专业技能、沟通技巧等方面的集中培训。

（三）监察官考核和奖励

2018 年,中共中央办公厅《关于进一步激励广大干部新时代新担当新作为的意见》中提到了在干部考评机制中要"改进考核方式方法,充分发挥考核对干部的激励鞭策作用。"根据《公务员法》第 35 条之规定:"公务员的考核应当按照管理权限,全面考核公务员的德、能、勤、绩、廉,重点考核政治素质和工作实绩……"因此,对监察官的考核应从德、能、勤、绩、廉五个方面着手,在改变过去以行政职务为主导的晋升模式的前提下，将政治素质、专业能力、工作绩效作为考核的重要评判标准，并及时对监察工作中有显著成绩和贡献，或者有其他突出事迹的监察官个人或集体进行奖励，以更好地激发监察官不断提高自身业务水平和工作效能的积极性。

1. 以竞争为核心构建监察官考核制度。考核制度是严格人事管理的重要手段，围绕促进竞争构建监察官考核制度，不仅有助于全面、客观、公正的评价监察官的工作能力，也有利于在监察官队伍中营造出良性竞争的良好工作氛围。在具体内容的设置上，可结合《公务员法》的基础性规定，从实体和程序方面着手。一方面，立足于监察业务实际需求，坚持办案数量与办案质量并重、办案过程与办案效果并重，重点考察监察官的政治素养、执纪执法能力和廉洁自律作风。另一方面，要秉承全面、客观、公正的原则，设置考核机构、划分考核等级、畅通权利保障和救济渠道。其中，考评委员会的组成人员应为奇数，采取平时考核和年度考核相结合的方式，将考核结果确定为优秀、称职、基本称职和不称职四个等次，同时将考核结果作为调整监察官等级、工资以及监察官奖励、免职、降职、辞退的重要依据。考评结果应当以书面形式通知监察官本人，其如对考核结果有异议，可以申请复核。

2. 以激励为核心构建监察官奖励制度。通过科学合理的奖励制度激发监察官工作的积极性。对监察工作中有突出表现或贡献的监察官，应及时予以物质奖励、精神奖励，并将所获奖励纳入考核体系进行综合测算，作为今后晋升的重要依据。从奖励情形和奖励类别两方面着手，设置监察官奖励制度的具体内容。

奖励情形主要有：履行监察职责，成绩显著的；总结监察理论和实践经验成果突出，对监察工作有重大指导作用的；在办理重大案件、处理突发事件和承担专项重要工作中，做出显著成绩和贡献的；对监察制度的创新或监察业务的革新，具有重大贡献的；对监察工作负责尽职，贡献卓着，有其他功绩的；等等。

奖励类别方面，在集体决策的监察工作体制下，监察工作中某一成就或贡献的产生往往是集体努力的结果，因此对于监察官的奖励除了个人奖励之外，还应设置集体奖励。

（四）监察官的职业保障制度

为促进监察官的队伍的专业化和规范化管理，有必要建立以下基本的职业保障制度。

1. 明确监察官非因法定事由，非经法定程序，不被调离、降职、免职、辞退或者处分，监察官依法履行职务不受追究。

2. 监察官的人格尊严和人身安全应当受到法律的特别保护。鉴于监察工作的特殊性，为保证监察官的办案安全，监察机关应当采取必要措施对承办重大复杂案件的监察官及其亲属进行安全保护，对妨碍监察官依法行使职权的违法犯罪行为，对侮辱诽谤、暴力侵害、报复陷害等行为，应当及时制止，依法追究法律责任。

思考题

1. 监察委员会和纪委的关系？
2. 监察委员会的性质是什么，其和司法机关的异同？
3. 监察官应该具有什么样的职业能力和素养？
4. 监察官是否应该具有中共党员身份或通过法律资格考试？

第
六
章

监察范围与管辖

【学习提示】《监察法》的顺利实施和监察体系的正常运转离不开对监察范围的认定及对各监察机关管辖权的明确。监察对象的范围，是所有行使公权力的公职人员。监察对象的全面覆盖，有助于最大力度地发挥监察权的效力，实现对公权力的全面监督。同时对监察机关的管辖范围作明确规定，既可以有效避免争执或推诿从而提高监察效率，又有利于有关单位和个人按照监察机关的管辖范围提供问题线索，充分发挥人民群众反腐败的积极性。

第一节　监察范围

一、监察范围概述

监察对象的范围是所有行使公权力的公职人员，也就是说，所有国家财政供养的组织、群体都属于国家监察范围，包括法院、检察院、医院、学校等。在我国，中国共产党领导是中国特色社会主义最本质的特征。党的机关、人大机关、行政机关、政协机关、监察机关、审判机关、检察机关等，都在党中央统一领导下行使公权力，为人民用权、对人民负责、受人民监督。权力必须受到制约和监督。《监察法》对监察对象范围的规定，就是通过法律的形式，把国家监察对所有行使公权力公职人员的全覆盖固定下来。它涵盖了我国行使公权力的公职人员各种类型，在法律层面上实现了监督全覆盖、监察无死角，具有很强的针对性、操作性、权威性和震慑性。

第一，《监察法》中明列的监察对象有狭义和广义之分。狭义的监察对象是指正在履行公职的监察对象，也属于当然的监察对象，在履行公职中因违法被发现，便成为调查处置的对象。广义的监察对象除包括狭义的监察对象之外，还包括例如曾经是监察对象的离任退休人员、涉及职务共同犯罪的非公职人员、涉及行贿犯罪的非公职人员。《监察法》中虽然没有明列涉及职务共同犯罪的非公职人员是监察对象，但是《监察法》第3条、第11条第2款都作出了相应的规定，即监察机关对涉嫌贪污贿赂、滥用职权、玩忽职守、权力寻租、利益输送、徇私舞弊以及浪费国家资财等职务违法和职务犯罪进行调查。《监察法》规定监察委对职务违法和职务犯罪有权力进行调查，只要是涉及职务违法和职务犯罪的行为都应该归监察委进行调查处置，其中涉及的相关人员不论是《监察法》第15条所列的公职人员还是没有明列的共同犯罪非公职人员都应当成为监察对象。非公职人员成为监察对象的条件是涉嫌监察法中的职务犯罪（未过追诉时效），只要涉嫌《监察法》中规定的职务犯罪，那么都应当属于监察对象。

第二，虽然对于公职人权行使的公权力，目前并无统一的定义，但有学者根据我国公权力行使的现状，结合国内外学界的观点，将公权力界定为：由特定的共同体（国家、社会等）依一定的规则和程序授予的，由共同体组织管理机构行使的，能影响其相对人权利义务的职权和职责的总称[1]。在我国，公权力机关包括所有国家机关和法律法规授权的组织。这些机关或组织中行使公权力的人员属于需要作为执行国家意志的国家机关的监察委员会监察覆盖的对象。我国《刑法》第93条规定："本法所称国家工作人员，是指国家机关中从事公务的人员。国有公司、企业、事业单位、人民团体中从事公务的人员和国家机关、国有公司、企业、事业单位委派到非国有公司、企业、事业单位、社会团体从事公务的人员，以及其他依照法律从事公务的人员，以国家工作人员论。"《公务员法》第2条第1款规定："本法所称公务员，是指依法履行公职、纳入国家行政编制、由国家财政负担工资福利的工作人员。"从立法表述来看，《刑法》采用了"国家工作人员"的概念，《公务员法》则采用了"公务员"这一概念。相对上述两个概念，《监察法》中行使公权力的公职人员是一个更大的概念，包括但不局限于国家工作人员和公务员。

二、确立监察范围的原则

（一）是否行使公权力

监察对象范围解决的是"监察谁"的问题，即谁在国家的经济、政治和社会生活中行使公权力。判断一个人是不是公职人员，关键看他是否行使公权力、

---

[1] 蔡乐渭："国家监察机关的监察对象"，载《环球法律评论》2017年第2期。

履行公务，而不看他是否有公职。监察对象的范围是行使公权力的公职人员，而不是对所有公职人员覆盖。例如，2018 年 4 月 16 日生效的《国家监察委员会管辖规定（试行）》（以下简称《管辖规定》）第 4 条第 3 项规定：国有企业管理人员，包括国有独资、控股、参股企业及其分支机构等国家出资企业中，由党组织或者国家机关、国有公司、企业、事业单位提名、推荐、任命、批准等，从事领导、组织、管理、监督等活动的人员。这些从事管理、组织、领导、监督的活动人员都是行使公权力的人员。另外，从身份上看，我们一般认为事业单位和国有企业单位中的有编制人员和正式职工都属于公职人员，但不是所有的公职人员都是从事管理的人员。因此，此次监察体制改革后，监察对象并不包括如普通老师、医生、国有企业一般正式职工等公职人员，仅针对具有管理公共事务、行使公共事务管理权力的人员。

（二）监察对象是"人"，并不覆盖机关和组织

根据《中华人民共和国行政监察法》以及《中华人民共和国行政监察法实施条例》，现行的监察对象不仅包括人，还包括机关，如各级行政机关。监察体制改革后，根据《监察法》第 15 条，监察对象并不包括机关，也就是说，监察的是公职人员行使公权力的职务行为，该公职人员所属的单位不是监察机关的监察对象，如人大、政协机关并不是监察对象。这是因为《监察法》第 8 条规定，"国家监察委员会由全国人民代表大会产生"，所以监察机关不能对产生它的人大进行监察。

二、监察范围的具体界定

（一）对象范围

按照《监察法》第 15 条的规定，以下六个大类的人员属于监察全覆盖的范围：

第一类是公务员和参公管理人员。公务员身份的确定，有一套严密的法定程序，只有经过有关机关审核、审批及备案等程序，登记、录用或者调任为公务员后，方可确定为公务员身份。《公务员法》第 2 条第 1 款规定："本法所称公务员，是指依法履行公职、纳入国家行政编制、由国家财政负担工资福利的工作人员。"这一范围包括了中国共产党的机关、行政机关、司法机关、各级人大、政协、民主党派以及部分参公管理的单位中 8 类人员：

1. 中国共产党机关公务员。中国共产党是我国的执政党、领导党，行使执政权、领导权，本质上就是在行使公权力。因此，中国共产党各级机关工作人

员包括：①中央和地方各级党委、纪律检查委员会的领导人员；②中央和地方各级党委工作部门、办事机构和派出机构的工作人员；③中央和地方各级纪律检查委员会机关和派出机构的工作人员；④街道、乡、镇党委机关的工作人员。这些工作人员都是行使公权力的公职人员，属于国家监察委员会的监察对象。

2. 人民代表大会及其常务委员会机关公务员。包括：①县级以上各级人民代表大会常务委员会领导人员，乡、镇人民代表大会主席、副主席；②县级以上各级人民代表大会常务委员会工作机构和办事机构的工作人员；③各级人民代表大会专门委员会办事机构的工作人员。

3. 人民政府公务员。包括：①各级人民政府的领导人员；②县级以上各级人民政府工作部门和派出机构的工作人员；③乡、镇人民政府机关的工作人员。

4. 监察委员会公务员。包括：①各级监察委员会的组成人员；②各级监察委员会内设机构和派出监察机构的工作人员，派出的监察专员等。

5. 人民法院公务员。包括：①最高人民法院和地方各级人民法院的法官、审判辅助人员；②最高人民法院和地方各级人民法院的司法行政人员等。

6. 人民检察院公务员。包括：①最高人民检察院和地方各级人民检察院的检察官、检察辅助人员；②最高人民检察院和地方各级人民检察院的司法行政人员等。

7. 中国人民政治协商会议各级委员会机关公务员。包括：①中国人民政治协商会议各级委员会的领导人员；②中国人民政治协商会议各级委员会工作机构的工作人员。

8. 民主党派机关和工商业联合会机关公务员。包括中国国民党革命委员会中央和地方各级委员会，中国民主同盟中央和地方各级委员会，中国民主建国会中央和地方各级委员会，中国民主促进会中央和地方各级委员会，中国农工民主党中央和地方各级委员会，中国致公党中央和地方各级委员会，九三学社中央和地方各级委员会，台湾民主自治同盟中央和地方各级委员会的公务员，以及中华全国工商业联合会和地方各级工商联等单位的公务员。

参照《公务员法》管理的人员，是指根据《公务员法》规定，法律、法规授权的具有公共事务管理职能的事业单位中除工勤人员以外的工作人员，经批准参照《公务员法》进行管理的人员。比如，中国证券监督管理委员会就是参照《公务员法》管理的事业单位，列入参照《公务员法》管理范围，应当严格按照规定的条件、程序和权限进行审批。

第二类是法律、法规授权或者受国家机关依法委托管理公共事务的组织中从事公务的人员。这主要是指除参公管理以外的其他管理公共事务的事业单位，比如疾控中心、证监会、保监会等得到法律法规授权的国务院特设机构中的工作人员。在我国，事业单位分布广、人数多，在一些地方和领域，经法律、法规授权或者受国家机关依法委托管理公共事务的事业单位工作人员，其数量甚至大于公务员的数量。尽管从性质上看，这些机构并非是严格意义上的行政机关，但其工作人员通过法律法规授权或接受委托的方式在实质上行使管理社会的公权力，因此应当纳入到监察范围当中。

第三类是国有企业的管理人员。从法律意义上对"国有企业"进行准确定义存在一些困难。在计划经济时期以及计划经济向市场经济过渡的时期，国有企业由国家统收统支、统购统销，国家对企业享有全部的所有权和经营权。但经历过多次国企改制后，国有企业的概念和内涵发生了较大变化，出现了国资控股、参股等形式的企业。从避免国有资产流失的角度出发，有国资成分的企业中的管理人员都应当属于监察对象。《监察法》释义对国有企业管理人员作出了详细的说明。国有企业管理人员主要是国有独资企业、国有控股企业（含国有独资金融企业和国有控股金融企业）及其分支机构的领导班子成员，包括设董事会的企业中由国有股权代表出任的董事长、副董事长、董事，总经理、副总经理，党委书记、副书记、纪委书记，工会主席等；未设董事会的企业的总经理（总裁）、副总经理（副总裁），党委书记、副书记、纪委书记，工会主席等。此外，对国有资产负有经营管理责任的国有企业中层和基层管理人员，包括部门经理、部门副经理、总监、副总监、车间负责人等；在管理、监督国有财产等重要岗位上工作的人员，包括会计、出纳人员等；国有企业所属事业单位领导人员，国有资本参股企业和金融机构中对国有资产负有经营管理责任的人员，也应当理解为国有企业管理人员的范畴，涉嫌职务违法和职务犯罪的，监察机关可以依法调查。

第四类是公办的教育、科研、文化、医疗卫生、体育等事业单位中的管理人员。此类事业单位依法行使一部分国家公权力，履行公共管理职能，理应纳入到监察范围当中。作为监察对象的公办的教育、科研、文化、医疗卫生、体育等单位中从事管理的人员，主要是该单位及其分支机构的领导班子成员，以及该单位及其分支机构中的国家工作人员，比如，公办学校的校长、副校长，科研院所的院长、所长，公立医院的院长、副院长等。

公办教育、科研、文化、医疗卫生、体育等单位及其分支机构中层和基层管理人员，包括管理岗六级以上职员，从事与职权相联系的管理事务的其他职员；在管理、监督国有财产等重要岗位上工作的人员，包括会计、出纳人员，采购、基建部门人员涉嫌职务违法和职务犯罪，监察机关可以依法调查。此外，临时从事与职权相联系的管理事务，包括依法组建的评标委员会、竞争性谈判采购中谈判小组、询价采购中询价小组的组成人员，在招标、政府采购等事项的评标或者采购活动中，利用职权实施的职务违法和职务犯罪行为，监察机关也可以依法调查。

第五类是基层群众性自治组织中从事管理的人员。村委会主任、居委会主任、基层社区干部基于法律和基层自治规范取得并行使公权力，应当属于监察对象。

除此之外，是否需要设立兜底条款是立法过程中曾经存在的一个争议。《监察法》第 15 条第 6 款规定了"其他依法履行公职的人员"作为兜底条款，应该说有其必要性。总体来看，监察法所覆盖的监察对象范围较广，数量较改革前有较大扩展。以既有统计为基础，公务员系统大概为 700 万人，事业单位系统大概为 3000 万人，如果将接受委托和授权的组织、国有企业、基层自治组织中的被监察对象加起来，总数有可能超过 6000 万人。在国家机构改革不断推进的当下，为避免挂一漏万，监察法设定了这个兜底条款。但是对于"其他依法履行公职的人员"不能无限制地扩大解释，判断一个"履行公职的人员"是否属于监察对象的标准，主要看其是否行使公权力，所涉嫌的职务违法或者职务犯罪是否损坏了公权力的廉洁性。

上述监察范围使监察对象由"狭义政府"转变为"广义政府"，补全行政监察范围过窄的"空白"，实现了监察全覆盖，体现了党内监督和国家监察的有机统一，真正把权力关进制度笼子，确保党和人民赋予的权力用来为人民谋利益。

（二）行为范围

从上面的论述可以看出，监察对象的范围是所有行使公权力的公职人员，监察的客体是所有行使公权力的公职人员的行为，包括被监察对象的行为，也包括监察机关本身的行为。国家监察立法力争要实现的两大目的，一是构建集中统一、权威高效的反腐败体制、机制，为实现监察对象全覆盖、监察行为全覆盖，提高反腐败效率和质量提供法律支撑；二是规范反腐败机构及其工作人员履行监察职责和行使监察权利的行为，防止其滥用职权，为保障人权、保护被监察人员的合法权利提供法律保障。因此，监察行为的范围应当包括两个方面：

第一，监察机关及其工作人员的监察行为范围。例如《监察法》第 65 条规定，监察机关及其工作人员有下列行为之一的，对负有责任的领导人员和直接责任人员依法给予处理：未经批准、授权处置问题线索，发现重大案情隐瞒不报，或者私自留存、处理涉案材料的；利用职权或者职务上的影响干预调查工作、以案谋私的；违法窃取、泄露调查工作信息，或者泄露举报事项、举报受理情况以及举报人信息的；对被调查人或者涉案人员逼供、诱供，或者侮辱、打骂、虐待、体罚或者变相体罚的；违反规定处置查封、扣押、冻结的财物的；违反规定发生办案安全事故，或者发生安全事故后隐瞒不报、报告失实、处置不当的；违反规定采取留置措施的；违反规定限制他人出境，或者不按规定解除出境限制的；其他滥用职权、玩忽职守、徇私舞弊的行为。

第二，公职人员的监察行为范围。根据监察机关的立法目的和管理权限，监察机关对所有行使公权力的公职人员（以下简称公职人员）依法实施监察的职责有三，即监督、调查、处置——监督检查公职人员依法履职、秉公用权、廉洁从政以及道德操守情况；调查涉嫌贪污贿赂、滥用职权、玩忽职守、权力寻租、利益输送、徇私舞弊以及浪费国家资财等职务违法和职务犯罪行为并作出处置决定，对涉嫌职务犯罪的，移送检察机关依法提起公诉。因此，监察机关对公职人员的监察行为可以从以下三个方面来看：

1. 权力日常运行监督，实现预防性监察机制。监督是监察委员会的首要职责。监察委员会代表党和国家，依照宪法、监察法和有关法律法规，监督所有公职人员行使公权力的行为是否正确，确保权力不被滥用、确保权力在阳光下运行，把权力关进制度的笼子。我国传统反腐机制更重视事后惩戒，在反腐立法上倾向于"惩治型"的立法战略，主要以事后控制为主，通过较为严厉的惩治措施，对贪污腐败形成高压态势，以威慑力促进"不敢腐"的氛围和环境的形成。然而，做到"不敢腐"只是反腐战略的第一步，要实现"不能腐""不愿腐"，还需要严密的制度体系。

党的十八大以来，面对严峻复杂的反腐败斗争形势，以习近平同志为核心的党中央带领全党进行了艰苦的探索。纪委、监委合署办公，同时也有双重职责。在合署办公体制下，纪委的监督、执纪、问责与监委的监督、调查、处置是对应的，既有区别又有一致性，纪检机关的监督和监察机关的监督在指导思想、基本原则上是高度一致的，目的都是为了惩前毖后、治病救人，抓早抓小、防微杜渐。党内监督的内容、方式和要求，也都适用于国家监察的监督。一定要准确把握、高度重视监察委员会的日常监督职责，把纪委监督与监委监督贯通起来。严格监督本身就是反腐败高压态势的组成部分。监察机关履行监督职责的方式包括教育和检查。廉政教育是防止公职人员发生腐败的基础性工作。廉政教育的根本内容是加强理想信念教育，使公职人员牢固树立马克思主义的世界观、人生观、价值观和正确的权力观、地位观、利益观，使讲规矩、守法律成为公职人员的自觉行动，不断增强"不想腐"的自觉。监督检查的方法包括列席或者召集会议、听取工作汇报、实施检查或者调阅、审查文件和资料等，内容是公职人员依法履职、秉公用权、廉洁从政从业以及道德操守情况。

2. 调查公职人员职务违法违纪行为。所谓调查，是采用具体列举方式，将涉嫌贪污贿赂、滥用职权、玩忽职守、权力寻租、利益输送、徇私舞弊以及浪费国家资财等职务违法和职务犯罪规定为调查范围，以增强调查职责的针对性、实效性。根据《监察法》的规定，监察机关对所有行使公权力的公职人员的职务犯罪行为都可以进行调查，但是基于工作的便利性和实效性，也可以考虑部分职务犯罪的调查由有关机关负责。

根据 2018 年 4 月《公职人员政务处分暂行规定》（以下简称《暂行规定》）公职人员有违法违规行为应该承担法律责任的，监察机关应根据被调查的公职人员的具体身份，依照相关法律、法规、国务院决定和规章对违法违规行为及其适用处分的规定，给予政务处分。对于处分的依据，《暂行规定》也作了详细的表述，主要包括《监察法》《公务员法》《法官法》《检察官法》《国有资产法》《行政机关公务员处分条例》《事业单位人事管理条例》《事业单位工作人员处分暂行规定》《国有企业领导人员廉洁从业若干规定》以及《农村基层干部廉洁履行职责若干规定（试行）》等。在这些法律法规的基础上，监察机关对公职人员的调查主要包括 7 类职务违法和犯罪行为。其中，"贪污贿赂"，主要是指贪污、挪用、私分公共财物以及行贿受贿等破坏公权力行使廉洁性的行为；"滥用职权"，主要是指超越职权，违法决定、处理其无权决定、处理的事项，或者违反规定处理公务，致使公共财产、国家和人民利益遭受损失的行为；"玩忽职守"，主要是指公职人员严重不负责任，不履行或者不认真、不正确履行职责，致使公共财产、国家和人民利益遭受损失的行为；"徇私舞弊"，主要是指为了私利而用欺骗、包庇等方式从事违法的行为。有的行为与《刑法》规定的罪名和有关法律法规规定的违法行为不完全一一对应，但其实质是一致的。比如，"权力寻租"，主要是指公职人员利用手中的公权力，违反或者规避法律法规，谋取或者维护私利的行为；"利益输送"，主要是指公职人员利用职权或者职务影响，以违反或者规避法律法规的手段，将公共财产等利益不正当授受给有关组织、个人的行为；"浪费国家资财"，主要是指公职人员违反规定，挥霍公款、铺张浪费的行为。

3. 处置职务违法与职务犯罪行为。监察机关的处置职责包括四个方面：政务处分，问责，涉嫌职务犯罪的移送检察机关依法审查、提起公诉，监察建议。有关政务处分，《暂行规定》第 7 条作了明确规定，公职人员中的中共党员严重违犯党纪涉嫌犯罪的，应当由党组织先做出党纪处分决定，并由监察机关依法给予政务处分后，再依法追究其刑事责任。非中共党员的公职人员涉嫌犯罪的，应当先由监察机关依法给予政务处分，再依法追究其刑事责任。因此，根据公职人员不同的身份，不同的行为，监察机关依法追究其责任的方式也不同。

问责，是指监察委员会根据问责的有关规定，对不履行或者不正确履行职责的公职人员，按照管理权限对负有管理责任的领导人员作出问责决定，或者向有权作出问责决定的机关提出问责建议。问责的对象是公职人员中的领导人员，主要是指中国共产党机关、人大机关、行政机关、监察机关、审判机关、检察机关、政协机关、民主党派和工商联机关中担任各级领导职务和副调研员以上非领导职务的人员；参照《公务员法》管理的单位中担任各级领导职务和副调研员以上非领导职务的人员；大型、特大型国有和国有控股企业中层以上领导人员，中型以下国有和国有控股企业领导班子成员，以及上述企业中其他相当于县处级以上层次的人员；事业单位领导班子成员及其他六级以上管理岗位人员。

对涉嫌职务犯罪的，将调查结果移送人民检察院依法审查、提起公诉。根据《刑法》规定，与职务犯罪相联系的罪名包括六类：

表 6-1　与职务犯罪相联系的罪名

类别	罪名
贪污贿赂犯罪	包括 17 个罪名：贪污罪；挪用公款罪；受贿罪；单位受贿罪；行贿罪；利用影响力受贿罪；对单位行贿罪；介绍贿赂罪；单位行贿罪；对有影响力的人行贿罪；巨额财产来源不明罪；隐瞒境外存款罪；私分国有资产罪；私分罚没财物罪；非国家工作人员受贿罪；对非国家工作人员行贿罪；对外国公职人员、国际公共组织官员行贿罪。

类别	罪名
滥用职权犯罪	包括15个罪名：滥用职权罪；国有公司、企业、事业单位人员滥用职权罪；滥用管理公司、证券职权罪；食品监管渎职罪；故意泄露国家秘密罪；报复陷害罪；阻碍解救被拐卖、绑架妇女、儿童罪；帮助犯罪分子逃避处罚罪；违法发放林木采伐许可证罪；办理偷越国（边）境人员出入境证件罪；放行偷越国（边）境人员罪；挪用特定款物罪；非法剥夺公民宗教信仰自由罪；侵犯少数民族风俗习惯罪；打击报复会计、统计人员罪。
玩忽职守犯罪	包括11个罪名：玩忽职守罪；国有公司、企业、事业单位人员失职罪；签订、履行合同失职被骗罪；国家机关工作人员签订、履行合同失职被骗罪；环境监管失职罪；传染病防治失职罪；商检失职罪；动植物检疫失职罪；不解救被拐卖、绑架妇女、儿童罪；失职造成珍贵文物损毁、流失罪；过失泄露国家秘密罪。
徇私舞弊犯罪	包括15个罪名：徇私舞弊低价折股、出售国有资产罪；非法批准征收、征用、占用土地罪；非法低价出让国有土地使用权罪；非法经营同类营业罪；为亲友非法牟利罪；枉法仲裁罪；徇私舞弊发售发票、抵扣税款、出口退税罪；商检徇私舞弊罪；动植物检疫徇私舞弊罪；放纵走私罪；放纵制售伪劣商品犯罪行为罪；招收公务员、学生徇私舞弊罪；徇私舞弊不移交刑事案件罪；违法提供出口退税凭证罪；徇私舞弊不征、少征税款罪。
重大责任事故犯罪	包括11个罪名：重大责任事故罪；教育设施重大安全事故罪；消防责任事故罪；重大劳动安全事故罪；强令违章冒险作业罪；不报、谎报安全事故罪；铁路运营安全事故罪；重大飞行事故罪；大型群众性活动重大安全事故罪；危险物品肇事罪；工程重大安全事故罪。
公职人员其他犯罪	包括19个罪名：破坏选举罪；背信损害上市公司利益罪；金融工作人员购买假币、以假币换取货币罪；利用未公开信息交易罪；诱骗投资者买卖证券、期货合约罪；背信运用受托财产罪；违法运用资金罪；违法发放贷款罪；吸收客户资金不入账罪；违规出具金融票证罪；对违法票据承兑、付款、保证罪；非法转让、倒卖土地使用权罪；私自开拆、隐匿、毁弃邮件、电报罪；职务侵占罪；挪用资金罪；故意延误投递邮件罪；泄露不应公开的案件信息罪；披露、报道不应公开的案件信息罪；接送不合格兵员罪。

　　被调查人涉嫌职务犯罪，监察机关经调查认为犯罪事实清楚，证据确实、充分的，制作起诉意见书，连同案卷材料、证据一并移送检察机关依法审查、提起公诉。

　　有关监察建议，不同于一般的工作建议，是指向相关单位和人员就其职责范围内的事项提出的具有一定法律效力的建议。监察建议的相对人无正当理由必须履行监察建议要求其履行的义务，否则，就应当承担相应的法律责任。《监察法》第62条也对此作出了明确规定，有关单位无正当理由拒不采纳监察建议的，由其主管部门、上级机关责令改正，对单位给予通报批评；对负有责任的领导人员和直接责任人员依法给予处理。监察机关不干涉监察对象所在单位的日常工作，监察建议一般不涉及监察对象所在单位主责主业的正常运转，提出监察建议的目的是做好监督、调查的"后一半"工作，强化对公权力运行的监督制约。

　　向监察对象所在单位发出监察建议书，是《监察法》赋予监察机关履行监督职能的有效手段。国家监察工作的一个重要原则，就是坚持标本兼治、综合治理，既要通过严厉惩治腐败，形成"不敢腐"的震慑；又要通过深化改革、健全法制，有效制约和监督权力，形成"不能腐"的体制机制。监察机关的监察对象聚焦于行使公权力的公职人员，但是不能机械地理解为监察工作与监察对象所在单位的公权力就毫不相干。减少腐败存量、遏制腐败增量是调查工作的重要目标，但是不能只注重案件调查环节，忽视通过调查发现的制度性、机制性问题。监察机关在具体的监督、调查过程中，能直观、清楚地发现监察对象所在单位廉政建设、权力监督方面存在的漏洞和薄弱环节。当监察机关发现这些问题时，有权力也有义务向这些单位提出监察建议，推动整改问题、完善制度，这样才能以治标促进治本，发挥标本兼治的综合效应。

第二节　监察管辖

　　管辖，是指国家监察委员会对监察对象职务违法和职务犯罪进行监督调查处置的权限和分工。对监察机关的管辖进行明确规定，既可以有效避免争执或推诿，又有利于有关单位和个人按照监察机关的管辖范围提供问题线索，充分发挥人民群众反腐败的积极性。《监察法》确立了监察委员会实行的是级别管辖与地域管辖相结合的原则，各级监察委员会按照干部管理权限对本辖区内的监察对象依法进行监察，同时对提级管辖和管辖争议解决作出规定。

一、一般管辖规则

《监察法》第16条规定，监察委员会实行的是级别管辖与地域管辖相结合的原则。即按照干部管理权限和属地管辖相结合的原则，实行分级、分工负责。该条款不仅明确了监察机关的级别管辖和地域管辖，而且明确了级别管辖优先原则，即各级监察委员会按照干部管理权限对本辖区内的监察对象依法进行监察。

其中"按照管理权限"指的是按照干部管理权限，即监察对象的组织人事管理权限。监察对象的组织人事关系由哪一级组织人事部门管理，其所涉及的监察事项则由相对应的监察委管辖。例如：国家监察委员会管辖中管干部所涉监察事项，省级监委管辖本省省管干部所涉监察事项；一般处级干部所涉监察事项由市级监委管辖，处级以下干部所涉监察事项由区县监委管辖；等等。"本辖区"是指本级监察委所在的省（自治区）、盟市、旗县区的行政管辖区域，各级监察委只能管辖本行政辖区范围内的被监察对象及其所涉及的监察事项。"本辖区"确定地域管辖的范围。

简而言之，各级监察委原则上只对本行政区域内，本级组织人事部门管理的监察对象及其所涉及的监察事项具有管辖权。

二、提级管辖

提级管辖是对级别管辖规定的变通处置方法。报请提级管辖，是指监察机关因法定事由可以报请上级监察机关管辖原本属于自己管辖的监察事项。下级报请提级主要包括以下几种情况：其一，下级监察机关认为有重大影响、由上级监察机关办理更为适宜的监察事项；其二，下级监察机关不便办理的重大、复杂监察事项，以及自己办理可能会影响公正处理的监察事项；其三，因其他原因需要由上级监察机关管辖的重大、复杂监察事项。

《监察法》中规定的提级管辖主要是出于对监察工作的高机动性的考虑。监察机关正常情况下应当按照一般管辖的分工，尽全力管好自己管辖范围内的监察事项。但是，当监察机关考虑到所在地方的实际情况，以及本机关的地位、能力，认为所管辖的监察事项实属重大、复杂，而尽自己力量不能或者不适宜管辖的，可以报请上级监察机关管辖。在必要时，上级监察机关也可以直接办理所辖下一级监察机关管辖范围内的监察事项，例如：上级监察机关认为在其所辖地区有重大影响的监察事项；上级监察机关认为下级监察机关不便办理的重大、复杂的监察事项,以及下级监察机关办理可能会影响公正处理的监察事项;领导机关指定由上级监察机关直接办理的监察事项。

这样的规定首先是由我国双重领导的监察体制决定的。其次,有利于上级监察机关加强对下级监察机关履行职责情况的监督和工作指导,尤其是在遇到由下级监察机关直接办理的可能影响公正处理的监察事项时,上级监察机关直接予以办理,可以保证国家的法律、法规、政策和政纪统一、正确地实施。再次,有利于下级监察机关工作遇到特殊困难和阻力时,可以得到上级监察机关及时、有力的支持、帮助和指导,提高效率和质量。

三、管辖争议的处理

《监察法》第 16 条第 3 款规定:监察机关之间对监察事项的管辖有争议的,由其共同的上级监察机关确定。对于同一监察事项,有两个或者两个以上监察机关都认为自己具有或者不具有管辖权而发生的争议。发生管辖争议之后,应报请它们的共同上级监察机关,由该上级监察机关确定由哪一个监察机关管辖。

对管辖权争议的处理须注意以下几点:

第一,监察机关之间对管辖范围有争议,既包括发生争议的行政机关都想管辖的情况,也包括有关的机关都不想管辖的情况,即"都想作为"和"都不想作为"两种情况。

第二,"共同的上级监察机关"是共同的上一级监察机关。即指同发生管辖争议的两个或两个以上监察机关均有领导与被领导关系的上一级监察机关。这一规定的基础是隶属关系,如同一省的两个地市监察委员会的共同上级监察机关,是该省监察委员会;两个县级监察委员会,如分属同一省内两个不同地市,其共同的上级监察机关也是该省监察委员会。

第三,两个或两个以上监察机关对同一监察事项的管辖权发生争议时,报请他们共同的上一级监察机关指定管辖。上一级监察机关指定管辖行为的作出,必须遵循合法与适当的原则。

第四,指定管辖行为在法律上具有确定无疑的效力,即一经指定,负有管辖之责的监察机关即被确定,被指定的监察机关无权改变这一指定或将管辖权移交其他监察机关。

四、指定管辖与报请管辖

《监察法》第 17 条第 1 款、第 2 款分别规定了指定管辖和报请管辖。

指定管辖是指，上级监察委将本应当由其本级所管辖的监察事项交由指定的下级监察委办理；或将下级监察委管辖的监察事项指定其他监察机关管辖。报请管辖，是指本应由下级监察机关管辖的监察事项，因为事项重大、复杂，查办困难或具有需要回避的情形不便于办理，而请求移送上级监察机关管辖。

指定管辖包括两种情况。其一，对于原本属于自己所管辖的监察事项，上级监察机关可以将其指定给所辖的下级监察机关管辖。例如，省级监察委员会可以将自己管辖的监察事项指定本省内的某个市级监察委员会管辖。规定指定管辖，体现了上级监察机关对下级监察机关的领导，同时也能够增强工作灵活性。进行指定管辖的主要原因是工作需要，在指定时上级监察机关要予以通盘考虑，如上级监察机关的工作任务比较饱满，而下级监察机关的人员和能力又足以承担移交给其办理的监察事项，为尽快保质保量完成工作任务，上级监察机关可以将其所管辖的监察事项指定下级监察机关管辖。其二，上级监察机关可以将下级监察机关有管辖权的监察事项指定给自己所辖的其他监察机关管辖。主要是针对以下情况：首先，地域管辖不明的监察事项。如涉嫌职务违法犯罪行为由分属两个或者两个以上行政区域的监察对象共同所为，可以由上级监察机关指定其中一个下级监察机关将有管辖权的监察对象的涉嫌职务违法犯罪行为交由另一个下级监察机关管辖。其次，由于各种原因，原来有管辖权的监察机关不适宜或者不能办理某监察事项。如为了排除干扰，上级监察机关可以指定该监察机关将该监察事项交由其他监察机关办理，以保证监察事项能够得到正确、及时的处理。

需要注意的是，根据《监察法》第 17 条第 1 款的规定，指定管辖可以跨多个层级，即可以指定任意下级监察委管辖相关监察事项。如省级监察委将自己管辖的监察事项既可以指定市级监察委管辖，也可以指定旗县级监察委管辖；省级监察委有权将市级监察委管辖的监察事项指定旗县级监察委管辖，也有权将旗县级监察委管辖的监察事项指定市级监察委管辖。另外，上级监察机关进行指定管辖，要根据办理监察事项的实际需要和下级监察机关的办理能力等因素确定，不能把自己管辖的监察事项一概指定下级监察机关管辖，也不能不顾实际情况进行指定，造成下级监察机关工作上的混乱，影响监察工作的实效。

五、监察职责与管辖的协调

根据《监察法》的规定，监察委依法履行监督、调查、处置三项职责，不同职责对应的监察事项也不相同，监督所对应的监察事项包括开展廉政教育、对依法履职、廉洁从政等情况进行监督检查；调查包括对职务违法和职务犯罪的调查；处置则包括作出政务处分决定、对领导人员问责、涉嫌犯罪案件移送审查起诉、提出监察建议。这些监察事项有的涉及管辖问题，有的不涉及，工作中需要根据管辖的规定予以协调。

（一）监督的管辖问题

开展廉政教育，对公职人员依法履职、秉公用权、廉洁从政以及道德操守情况进行监督检查是监察委履行监督职责的日常性工作，通常情况下不会产生管辖的争议，所以一般应当根据地域管辖的原则，由本辖区监察委开展相关监督工作为宜。

（二）调查的管辖问题

对职务违法、职务犯罪的调查工作容易产生管辖争议和管辖变更问题。对此应根据前述的管辖争议产生原因以及需要变更管辖的原因依法指定管辖、报请管辖或者由上级监察机关提办。

（三）处置的管辖问题

1. 在对职务违法调查过程中如果出现管辖变更，对违法的公职人员作出政务处分或对履行职责不力、失职失责的领导人员进行问责，应当按照管理权限确定处置管辖，由具有管理权限的监察机关依据查证属实的事实证据依法作出政务处分决定，因负责调查的监察委对其没有管理权限的被调查对象无权作出政务处分决定和提出监察建议。

2. 涉嫌犯罪案件如果在监察委调查期间因法定原因变更管辖，那么在监察委将案件移送检察机关审查起诉后，就会涉及审判管辖的协调确定问题。根据《刑事诉讼法》的规定，刑事案件由犯罪地的人民法院管辖；如果由被告人居住地的人民法院审判更为适宜的，可以由被告人居住地的人民法院管辖。因此，承办案件的监察委所在辖区与犯罪地、被告人居住地不一致时，在移送起诉时应当明确审判机关，并由检察机关商请上级人民法院指定审判管辖。

（四）监察委与侦查机关管辖的协调

监察委在调查职务违法、职务犯罪案件过程中，经常会出现被调查人或共同犯罪人、行贿人另外还涉嫌其他违法犯罪的情况。但《监察法》仅对被调查人既涉嫌严重职务违法、职务犯罪，又涉嫌其他违法犯罪的，在其第34条2款作出规定，一般应当由监察机关为主调查，其他机关予以配合。因此，共同犯罪人、行贿人涉嫌的其他违法犯罪行为，应当根据《监察法》第4条第2、3款的规定，移送其他机关立案侦查。

⟶ **思考题**

1. 人民代表是否纳入《监察法》规定的监察范围?

2. 作为监察对象的基层群众性组织中从事管理的人员范围有哪些?

3. 监察机关之间对监察事项的管辖有争议的如何解决?

4. 监察机关办理职务违法和职务犯罪案件时,与审判机关、检察机关、公安机关之间的关系?

第
七
章

监察权的一般原理

【内容提要】监察权是与我国监察制度相伴相生的。监察权集中体现于监督公权力的行使，如调查贪污、贿赂、腐败的问题，处置违法违纪犯罪的公职人员等方面。监察制度的核心体系在于监察立法、监察机构与监察权的行使。本章第一节主要论证了监察权的性质和作用，第二节主要论证了监察权与立法监督权、行政监察权、司法权和纪检检查权的关系，第三节主要论证了行使监察权的基本原则。在学习本章时应当结合《监察法》有关的法律条文，深入研习监察权的基本理论。

监察权是对国家公共权力运行的一种监督方式，在不同时期有着不同的内涵，旨在防控权力所有者失职、渎职和权力滥用，从而提高权力运行效能，维护政治秩序，调整社会阶级关系。监察制度是我国历代官职管理的一项重要政治制度。首先，监察法是监察制度运行的重要依据。其次，监察机构是监察制度运行的根基所在。最后，制度的生命力在于执行。在监察制度的运行中，监察权是核心与关键，监察机关是行使监察权的重要保障，监察立法是行使监察权的主要依据。

第一节　监察权的性质与作用

一、监察权的概念与特征

深化国家监察体制，就要以对公权力和公职人员全面有效的监督为中心，依法健全国家监督体系，实现对国家公权力的有效监督，这是全面理解监察权内涵的理论基础。简言之，监察权是指监察委员会依照宪法、法律的规定，对所有行使公权力的公职人员进行监察，行使监督、调查、处置的权力。监察权具有以下特征：

1. 监察权的实施主体是各级监察委员会。公权力实施主体的确定，在我国法制体系中采取了"层级式"的划分方法，以保障公权力运行的效能，监察权实施主体的确定也遵循了这一理念，为通过预防和惩治腐败来对公职人员实施高效专门监督提供保障。监察委员会是一个新的国家机构，在国家机构体系中与政府、法院、检察院处于并列地位。《宪法》第三章第七节专门规定了监察委员会的产生、法律地位、性质、组成以及监察权的独立行使，并规定各级监察委员会是国家的监察机关。在中央层面，国家监察委员会由全国人大产生，向全国人大及其常委会负责；在地方层面，地方各级监察委员会由国家权力机关产生，向本级人大和上一级监察委员会负责。国家监察委员会领导地方各级监察委员会的工作，上级监察委员会领导下级监察委员会的工作。

国家监察委员会是最高监察机关。从监察目的来说，国家通过设立监察机关来防止权力滥用及监督惩罚贪腐人员，进而确保公权力的有效运行、保障人民安居乐业、维护社会秩序稳定；从监察对象来说，《监察法》规定对一切行使公权力的公职人员进行监督，这与其他基本法律的调整对象相比较而言，具有特殊性，且监察权的权力范围全面覆盖，切实做到"把权力关进制度的笼子里"。总的来说，国家监察委员会是一个反腐的国家机构，体现了以权力制约权力的方式应当被严格规范的理念。

2. 监察权的监察对象是行使公权力的公职人员。监察权的产生是国家强化对公权力监督的必然结果，这也就决定了监察机关监督的对象不是国家机关，而是行使公权力的公职人员，监督的重点则是公职人员的职务违法与职务犯罪行为。

党的十八大以来，习近平新时代中国特色社会主义理论作为主要指导思想，坚持全面从严治党，加大反腐力度，完善中国特色社会主义法律体系，完善党内法规制度体系，实现依规治党和依法治国的有机统一。国家治理现代化的实现，要依托于国家公权力的有效运行，而如何保障公职人员依法用"权"则是关键所在。传统的行政监察制度下，行政监察机关对行政机关公务员和行政机关任命的其他人员实施监察，而在新的国家监察制度下，监察委员会对所有行使公权力的公职人员均实施监察，实现监察对象的全覆盖。

具体而言，根据《监察法》第15条的规定，监察对象至少包括以下六类人员：①中国共产党机关、人民代表大会及其常务委员会机关、人民政府、监察委员会、人民法院、人民检察院、中国人民政治协商会议各级委员会机关、民主党派机关和工商业联合会机关的公务员，以及参照《公务员法》管理的人员；②法律、法规授权或者国家机关依法委托管理公共事务的组织中从事公务的人员；③国有企业管理人员；④公办的教育、科研、文化、医疗卫生、体育等单位中从事管理的人员；⑤基层群众性自治组织中从事管理的人员；⑥其他依法履行公职的人员。

监察对象的全面覆盖，在一定程度上实现严密的法治监督体系，推进国家治理能力和治理体系现代化。在党的领导下，党内监督和国家监察在我国监督体系中发挥着最重要的作用，必须坚持党纪严于国法、纪在法前；坚持党政分工；坚持党要管党、从严治党，加强党内自我监督与国家法律的有效衔接，做到依法治国、依法执政、依法行政共同推进。

3. 监察权的内容是监督权、调查权与处置权。监察权的内容与监察权的性质、功能密切相关，为了确保国家监察机关充分发挥反腐败的功能，必然要赋予监察机关一系列的监察手段。为保障这些内容手段运行的高效性，立法层面进行了体系化的设置。关于监察委员会的基本职责，《监察法》第 11 条第 1 项中规定，监察委员会依照本法和有关法律规定履行监督、调查、处置职责。因此，监察权主要具有三项内容：一是监督权；二是调查权；三是处置权。

第一，监督权。"有权必有责，用权受监督"。《监察法》将监督职责置于首要位置，在次序上优于调查与处罚职责，这一设定，充分体现了监督是行使监察权的重要职权。有学者则认为监督可以划分为"对人监督"和"对事监督"，而《监察法》采用"对人监督"原则，监督对象为所有公权行使者，而非公权组织。[1]

第二，调查权。有学者认为监察委员会的调查权也可以称为侦查权。从权力来源角度分析，二者似乎大同小异，侦查权的行使机关有公安、国安、海关、检察院等，侦查的主要目的是为事实寻找法律证据，但本书认为，二者在目的、性质、依据、程序、结果等方面仍有较大区别。同样，监察委员会行使调查权主要是自主独立地收集调取证据，使监察体系更加系统完善。

第三，处置权。监察委员会的处罚权与其他部门法律的处罚权不同，比如行政处罚权、公务员处分权、纪委处分权。在监察委员会与纪委合署办公的模式下，纪委主要依照党纪党法作出处分，监察委员会主要依照法律法规作出处罚。二者的处罚依据不同，因此监察委员会行使处置权不同于一般意义上的

---

〔1〕 魏昌东："国家监察委员会改革方案之辨正：属性、职能与职责定位"，载《法学》2017 年第 3 期。

处罚。

监察机关除以上三项基本职责外，《监察法》第22条至第30条还规定了12种强制措施，包括留置、查询、冻结、搜查、查封、扣押、勘验、鉴定、调取、技术调查、通缉、边控等措施。其中留置是一项最重要的调查措施，依照《监察法》的规定，适用留置措施需要满足三个条件：其一，基本要件是适用严重违法犯罪行为，主要是贪污贿赂、失职渎职等行为；其二，证据要件是监察机关已经掌握的部分违法犯罪事实及证据，但还需要进一步调查的；其三，加重要件：①涉及案件重大、复杂的；②可能逃跑、自杀的；③可能串供或者伪造、隐匿、毁灭证据的；④其他妨碍调查行为的。

"留置"替代了原先的"双规"措施，这一举措是中国特色社会主义法治建设的重大进步，主要体现三个显著特点：一是留置规定的法定性，一方面是具有法律的强制性，要求在法律规定的时间内交代涉嫌违法违纪犯罪行为的主要事实，另一方面是法律严格规定留置期限，一次留置不得超过3小时，对同一案件通常不得采取超过两次的留置措施；二是留置对象的扩大性，即涉及所有涉嫌违法违纪犯罪行为的行使公权力的公务人员；三是被留置后，收集调查证据的直接性，即和"双规"比较，经过留置调查收集的证据可以直接作为移送检察机关起诉和审判机关审判的证据。而原先经过"双规"调取的证据要经过检察机关的重新审查转化后，才能在决定起诉和审判程序中适用。

二、监察权的性质

国家监察机关的准确定位与其监察权的性质有直接的联系，可以说研究监察机关定位是判断监察权的关键一步。国家监察机关是政治机关，实质上是"反腐败工作机构"，其与纪委合署办公的性质，在某种意义上说明监察机关不是一般的行政机关或司法机关，而是政治机关。

当前，学界对监察权性质的研究，概括起来主要体现在两方面：一是宏观层面，之所以认为监察权性质从属于宏观层面，是因为将其置于我国全面依法治国的法治体系和国家监督体系之中，研究认为监察权具有二元性、复合性、宪法性等性质。二是微观层面，指监察权在实际工作中运行的具体体现，研究认为监察权具有行政性、准司法性、监督性等性质。

（一）宏观层面

1. 二元性。国家监察机关主要履行监督、调查和处置职责。一般来说，行政是组织和管理事务的方式，行政权是国家机关行使组织监督管理事务的权力。

根据《监察法》第15条的规定可以概括为：国家监察机关作为"反腐败机构"主要监督所有行使公权力的公职人员，与传统的行政监察权的范围相比，明显扩大了监察对象的范围。

在某种意义上来说，国家监察机关的调查权与检察机关的侦查权密切相关，将贪污渎职等违法犯罪行为的侦查权剥离出来由监察机关行使，但在监察机关中不以侦查权相称，而是称为调查权。不仅名称不一样，而且实质内容也大相径庭，调查权与公安机关的侦查权和检察机关的侦查权既密切相关，又有诸多不同之处。简言之，监察权具有行政性与司法性的二元属性。

2. 复合性。监察权具有复合性。从政治层面来说，监察权是政治资源的再整合、再分配。再整合是将原有政府的行政监察权和行政预防权、检察机关对贪污贿赂犯罪和渎职犯罪的侦查权以及对职务犯罪的预防权整合到一起。再分配是将这些整合的权力重新分配到一个新组成的国家机关去行使，并且用新的名称——监察权，取代之前的几种权力。

从权力组成来说，监察权的复合性体现为监察机关与中国共产党纪律检查委员会合署办公的性质，即说明监察机关不仅是行使政务监察和刑事监察权的国家机关，还承担纪律检查委员会所具有的党纪监察权，尽管如上述表述，但仍具有截然不同的法律地位和性质。因此，监察权是具有复合性的一种权力。

3. 宪法性。在宪法上，每个国家机构都有明确的性质和功能。[1]《宪法》第五次修订中，新增加第七节关于监察委员会的内容，其中第123条明确规定"各级监察委员会是国家的监察机关"；第125条明确规定"国家监察委员会是最高监察机关"；第127明确规定"监察委员会依照法律规定独立行使监察权，不受行政机关、社会团体和个人的干涉"。

监察对象全面覆盖了所有行使公权力的公职人员，这决定了一切机关、社会团体和个人只要行使公权力，就要受到监察机关的监督。在一定程度上，监察权限和宪法的根本性内容具有相似之处，监察机关行使国家监察权力具有宪法上的保障。《宪法》第5条明确规定："一切法律、行政法规和地方性法规都不得同宪法相抵触；一切国家机关和武装力量、各政党和各社会团体、各企业事业组织都必须遵守宪法和法律。一切违反宪法和法律的行为，必须予以追究；任何组织或者个人都不得有超越宪法和法律的特权。"由此可见，《宪法》是其他法律产生的基础，具有根本性，一切法律或法规都不得与其相抵触，相抵触

---

〔1〕　韩大元："论国家监察体制改革中的若干宪法问题"，载《法学评论》2017年第3期。

的部分不具有法律效力。

（二）微观层面

监察权在实际运行过程中，主要体现三方面性质：

1. 行政性。一般来说，在行政机关中，权力运行很容易凸显行政性的特点。大到中央人民政府国务院作为最高国家行政机关，主要履行国家行政事务；小到社会团体组织内部划分的行政管理职能，主要承担内部行政管理事务。国家监察权是基于原隶属于政府的行政监察权，原隶属于检察机关的部分监督权和侦查权的整合，在此基础上形成的一种新型国家权力，从权力来源角度构想监察权的性质具有天然的行政属性。

2. 司法性。检察权和审判权是司法权的重要组成部分，检察机关依法行使检察权，人民法院依法行使审判权。现在，把原隶属于检察机关的反贪污贿赂、反渎职侵权和职务犯罪预防权转隶于监察机关行使，尤其是对行使违法犯罪行为的调查权，可以由监察机关依法独立行使，不受行政机关、社会团体和公民个人的干涉，而且依据调查权收集来的证据可以直接作为检察机关审查起诉和法院审判的证据。此外，监察机关可以行使与检察机关部分相同或相似的权力，如讯问、查询、冻结、调取、查封、扣押、勘验检查、鉴定、留置等。这充分说明监察权具有一定的司法性。

3. 监督性。在我国监督体系中，监察机关的监督、人大的监督、检察机关的监督组成严密的法律监督体系。设立监察机关的目的是"把权力关进制度的笼子里"，防止权力异化、权力滥用、权力腐败。监察机关又作为"反腐机构"，承担着监察、监督贪腐行为的职能。监察机关及其工作人员行使监察权是履行监督职能的主要方式，因此，监察权具有监督性。

综上，本书认为，监察权的性质最主要体现在以下三方面：

第一，政治性。首先，监察委员会是具有政治属性的国家监察机关，其监察权也具有一定的政治性。其次，监察对象的身份特殊性决定了监察权的政治性，因为监察对象是所有公权力的行使者，而拥有公权力的人往往都具有一定的政治身份。可以说，监察权本身就具有政治性。

第二，司法性。从权力职能来看，监察权具有监督、调查、处置的基本职能，其中调查权与处置权具有一定的司法性质。在司法运行的程序中，表现为侦查权与审判权的有效衔接。

第三，监督性。监督公权力是监察权实施的核心内容。监察机关的监督职能贯穿于监察权实施的全过程。由此可见，全面有效的监督是实现全面依法治国的根本前提，只有监督到位，才能防止公权力滥用，进而保障公权力规范运行。

三、监察权的作用

国家以设立监察机关的方式对监察体制进行改革，通过调整国家权力结构形式对我国的监察制度重新进行顶层设计。从"一府两院"的国家权力结构模式转变为"一府一委两院"，这种结构的变化，势必会对我国的国家治理、社会治理产生深远的影响，也必然会为推进国家治理体系和治理能力现代化奠定坚实的基础。

（一）强化对国家公权力的监督

监督作用是监察权的第一要义，监察委员会行使监察权的主要目的不在于调查与处罚，而在于起到监督预防作用，监察权的监督作用应事前监督和事后监督并重。事前监督是预防所有公职人员的公权力滥用，定期监督监察。监察委员会的监督工作主要体现在中央对地方的监督，上级对下级的监督。事后监督主要是以对贪腐人员的调查与处置的方式进行。

（二）促进依法行政与法治政府建设

依法行政的本质是有效制约和合理运行行政权力，它要求一切国家行政机关和工作人员都必须严格按照法律的规定，在法定职权范围内充分行使管理国家和社会的行政职能，做到既不失职，又不越权，更不能非法侵犯公民的合法权益。党的十九大强调"法律是治国之重器，良法是善治之前提"。从深层次上来说，监察委员会行使监察权有效地促进了依法行政、建设法治政府。

（三）增强全民守法意识

全民守法意识是全面依法治国方略的基础要素。国家不断完善中国特色社会主义法律体系，规范权力的运行，使法律信仰内化为道德之外的行为准则。监察权是一种对公权力监督的权力，实质上是规范公权力，调整权力与权利的二元关系，进而增强公民对公权力的信任感。由此，增强全民守法的意识。

（四）提升国家机关的公信力

公民对政府公信力的认可，在一定意义上取决于监察机关依法行使监察权，保障一种优化的廉洁官员、廉洁组织、廉洁政府的氛围，以提高公民对行使公权力的机关及其工作人员的信任度。第十三届全国人大常委会第十二次会议对《中华人民共和国公职人员政务处分法（草案）》进行了审议，该草案第二章规定了政务处分种类有：警告、记过、记大过、降级、撤职、开除。国家基于设立新的监察机关行使监察权,对相关的法律制度不断完善,这体现了我国的立法与实践高度结合。对于公民来说,通过对公权力的全面覆盖监督,使政府公信力逐渐增加,进而使公民对政府的信任逐渐增强。

第二节 监察权与相关权力的关系

监察权是监察制度的核心要素。以权力制约为基础,监察权是独立于立法权、行政权和司法权的国家权力,属于权力监督的范畴。监察权作为国家权力结构的新主体,与现有权力势必会产生一定的关系,如与人大监督权、行政监察权、司法权和党内纪律审查权之间的适用和冲突的关系。

监察委员会的监察权主要以监督、调查、处置的方式独立行使,不受行政机关、社会团体、公民个人的干涉。对一切行使公权力的公职人员进行监督监察。基于监委是与纪委合署办公的国家机构,据此,纪委监委对党的机关和党员干部也进行审查监督,但对于外部所作的决定仍以各自名义作出。监察权是以全面覆盖的形式对公权力进行全方位监督,同时对涉嫌违法的公职人员以惩罚与教育相结合的方式进行处理,对于犯罪的公职人员严格监督调查,将调查的结果一并移送检察机关予以审查,相关证据可以直接作为认定案件事实的证据。

一、监察权与人大监督权的关系

人民代表大会是我国的根本政治制度,监察体制改革是在这一政治制度的框架内完成改革任务,体现了我国政权组织形式的优越性。诚然,监察委员会的监察权来源于人民代表大会,即监察机关是由人大产生,对其负责,向其作专项报告工作,据此,区分人大监督权与监察权并明确两者关系的意义重大。

人大监督权是监察权的基础。人大监督权是人民代表大会及其常委会的监督权的简称,是《宪法》赋予国家权力机关的重要职权,是人民行使国家权力的重要体现。具体指由各级人民代表大会对其产生的各级机关如行政机关、审判机关、检察机关、监察机关行使监督及其他监督的权力。我国《宪法》第41条规定的主要监督方式有批评、建议、申诉、控告、检举等。

监察权是人大监督权的具体化。人大监督不同于监委监察,其实质是以权力制约权力。人大监督与监委监察有某种交叉,这是因为监察机关要受到上级监察机关的垂直领导和同级人大的监督。监委监察根据调查结果可以作出监察决定，但涉及人事处理的应当按照国家有关人事处理权限和程序办理，其中罢免、撤销属于人大的职权由人大行使，这是监委不可替代的。

二、监察权与行政监察权的关系

多元监督体制是我国监察体制发展的主线，既包括立法机关的监督、司法机关、行政机关的监督以及党的监督等，又包含政府内部审计、工商、财政、海关、税务等各种监督部门。国家为了加强监察工作于 1997 年 5 月 9 日颁布施行《行政监察法》。传统的行政监察就是指国家设置专门的行政机关来实施对行政的监控和纠察的制度。行政监察权就是根据法律的规定，由政府来行使的一种监督的权力。

从历史分析看，监察权是由行政监察权逐渐发展而来。监察权与行政监察权具有很相近的关系。具体而言，二者的差异主要体现在以下三方面：

第一，监察对象不同。行政监察权的监察对象是国家行政机关及其公务员和国家行政机关任命的其他人员；监察权的监察对象是所有行使公权力的公职人员。二者形成鲜明的比较，由此可见，监察权的范围涵盖了行政监察权的范围。

第二，权力实施主体不同。行政监察权由政府来具体实施落实，是政府的专项监察职责；监察权由新设立的国家监察机构实施。二者实施主体的变化，充分表明国家监督体制逐渐成体系化，取代之前的多元监督体制。

第三，权力属性不同。行政监察权是行政性的权力，而监察权具有监察性质，不属于行政性权力。

《行政监察法》虽然已废止，但行政监察权为国家监察权的建立奠定了重要的理论基石。

三、监察权与司法权的关系

监察体制改革影响是深远的，监察权与司法权的关系主要表现为：其一，监察权与检察权的关系，原本由检察院享有的查处贪污贿赂案件、渎职案件和职务预防案件的侦查权，现整合到监察委员会；其二，监察权与审判权的关系，十八届四中全会审议通过的《中共中央关于全面推进依法治国若干重大问题的决定》明确提出"推进以审判为中心的诉讼制度改革"，国家监察体制改革与司法体制改革相互作用。

（一）监察权与检察权的关系

检察权是由检察机关行使的一系列权力的总称。我国《宪法》规定检察机关为国家法律监督机关，主要体现在检察机关承担公诉职能且行使职务犯罪侦查权。经过国家监察体制改革，检察机关不再有权行使贪污贿赂侦查权、渎职侦查权，以及职务犯罪预防监督权，这些权力一并由监察机关独立行使。检察院行使法律监督的方式分对象讨论：其一，以抗诉及其他的方式对法院审判行为进行监督；其二，以提出检察建议的方式对监狱、看守所等机关的违法行为进行监督；其三，以决定是否批捕等方式对公安机关的侦查行为进行监督。最特殊的是对监察委员会调查的案件进行法律监督，根据《监察法》规定，监委对涉嫌犯罪的案件调查取证后，将案件移送检察院，转入司法程序，其调查结果和收集的证据可以直接作为认定案件事实的依据。检察院不需要重新审查已认定的证据材料。这一举措是将监督调查权和检察权无缝对接。

检察权不同于监察权，其实质是对法律实施的监督，而监察权则是全方位的监督监察。二者的区别主要表现为：其一，适用范围不同。监察权的适用范围比检察权更广泛。其二，适用对象不同。监察权的适用对象是一切行使公权力的公职人员。其三，监督方式不同。监察机关独立行使监察权，其监督方式是调查、采取留置等 12 种强制措施和处置。检察机关所行使的监督方式则不尽相同。其四，监督阶段不同。监察机关的监督有事中监督和事后监督，还包含事前监督。而检察机关的监督通常是事后监督。检察权与监察权的差异恰好构成了二者的互补，相互分工、相互配合、相互制约。

（二）监察权与审判权的关系

审判权是指人民法院依法独立行使审判的权力。我国司法体制改革强调以审判为中心，监察权和审判权分工明确，相互配合，相互监督。从审判工作程序来看，监委将部分调查后的案件移送至检察机关，按照《刑事诉讼法》对程序的规定，人民法院依法行使审判权。在这一流程中，监察权与审判权看似互不干涉，实际上二者相互作用、相互影响。监察权所触及的监察范围包括审判人员的贪污贿赂行为和渎职的行为，如审判人员违反法律的规定实施贪污贿赂的犯罪行为等，监委应当依法对其监督调查，并且要对违法的审判人员依法进行查处。

审判权与监察权存在着直接或者间接的衔接关系，如证人出庭作证、适用非法证据排除规则以及留置的法律效果等，这些问题值得研究。

四、监察权与纪检检查权的关系

纪检检查权与国家监察权分别依据党内法规和宪法、法律法规行使职权，纪检部门执行党章党规、协助党委加强党风建设和组织协调反腐败工作，是党内监督的专门机关；监察机关则是由人大产生，对其负责，依照监察法律行使国家监察职能的专门机关。据此，纪检部门行使监督执纪权，监察机关行使国家监察权。

纪检检查权是指纪检部门对违反党内法规的组织机构和党员干部行使检查监督的权力。国家监察体制改革后，纪委与监委合署办公，实质上也是执纪反腐机构，实施纪律监察职能。就执纪监督而言，党内监督没有禁区，没有例外，而国家监察是对一切行使公权力的公职人员进行监督监察，二者相互协调和契合，以建立统一的执纪执法反腐机构为共同的目标。

纪检检查权不同于监察权，但二者相互作用、相辅相成，为依法治国、依法执政、依法行政共同推进提供支持保障。

第三节　监察权运行的基本原则

监察权运行的基本原则是指，贯穿于监察机关行使监察权整个过程之中，指导监察权运行的基本准则，是人们对监察权运行现象的抽象概括，反映着监察权运行的基本价值观念。

一、依法独立行使监察权原则

监察委员会作为行使监察权的专门机关，必须以宪法和法律的规定作为其根本活动准则。《宪法》第 127 条第 1 款规定，监察委员会依照法律规定独立行使监察权，不受行政机关、社会团体和个人的干涉。《监察法》第 4 条第 1 款也作了相同表述的规定，这一规定确立了独立行使监察权的原则。

独立行使监察权原则，主要表现在三方面：一是监察机关必须接受本级人大及其常委会的监督。依照我国国家机构组织的民主集中原则，监察机关实行双重领导体制。监察机关由本级人大产生，对本级人大及其常委会负责。上级监察委员会对下级监察委员会具有领导关系，下级监察委员会对上级监察委员会负责。二是监察机关在行使监察权的过程中，不受行政机关、社会团体和公民个人的干涉。三是监察人员独立，包括有关人员的任命（任职）、权力行使等方面。

总的来说，监察机关遵守依照宪法和法律规定的内容独立行使监察权的原则，保障监察权在运行的过程中高效、公正。

二、互相配合互相制约原则

《监察法》第 4 条第 2 款规定，监察机关办理职务违法和职务犯罪案件，应当与审判机关、检察机关、执法部门互相配合、互相制约。这一规定确立了监察权运行应当遵守与审判机关、检察机关、执法部门互相配合、互相制约的原则。这一原则有三层意思：其一，这一原则适用的范围仅限于职务违法犯罪等案件，不包括一般的违纪案件；其二，"执法部门"不限于上述列举的国家机关，还包括公安机关或者其他法律、法规授权的组织、有权力执法的组织，以及国安、海关、税务、工商等执法部门。其三，各机关、部门之间必须互相配合、互相制约，不能只履行配合义务不履行制约义务，也不能只履行制约义务而不履行配合义务。二者必须相辅相成，配合和制约的目的都是正确、全面和有效地实现国家监察体制，真正做到把权力关进制度的笼子里。

三、依法协助原则

《监察法》第 4 条第 3 款规定，监察机关在工作中需要协助的，有关机关和单位应当根据监察机关的要求予以协助。按照缩小解释方法，这一原则中"有关机关和单位"主要是指企事业组织、社会团体、基层群众性自治组织等。

《监察法》中规定了很多有关机关和单位依法协助的原则，比如监察机关行使收集调查证据权时，有关机关应当协助调取证据。同时，《监察法》规定了拒不协助调查的法律责任："有关单位拒不执行监察机关作出的处理决定，或者无正当理由拒不采纳监察建议的，由其主管部门、上级机关责令改正，对单位给予通报批评；对负有责任的领导人员和直接责任人员依法给予处理。"由此可见，《监察法》细致化的规定以及相应的法律责任对完整运行监察权起到双重保障作用。

四、惩戒与教育相结合原则

该原则主要集中体现在两个方面，认罪认罚从宽原则与非法证据排除规则。认罪认罚从宽原则最先确立于我国《刑事诉讼法》，而根据《监察法》第 31 条的规定，涉嫌职务犯罪的被调查人主动认罪认罚，自动投案，真诚悔罪悔过的，监察机关经领导人员集体研究，并报上一级监察机关批准，可以在移送人民检察院时提出从宽处罚的建议。适用认罪认罚从宽原则的基本条件是：自动投案，真诚悔罪悔过的；积极配合调查工作，如实供述监察机关还未掌握的违法犯罪行为的；积极退赃，减少损失的；具有重大立功表现或者案件涉及国家重大利益的。监察机关经过审批可以向检察机关提出认罪认罚的建议，这体现了刑以弼教的中华法文化，符合我国依法治国与以德治国的有机结合，弘扬中华优秀的传统文化精神，通过从宽惩罚与教育相结合的方式，改造违法犯罪者。

《监察法》第33条第3款规定，以非法方法收集的证据应当予以依法排除，不得作为案件处理的依据。以非法的方式收集调取的证据与全面依法治国的总目标思想背道而驰，与监察机关的职责不一致。非法证据排除规则的优势在于：一方面，可以有效遏制非法取证的行为，体现收集调取证据权的公正、公平，树立良好的监察机关形象。另一方面，可以减少冤假错案，实现实体与程序的公正价值。在监察机关的工作中，非法获得证据的手段主要是刑讯逼供，即采取暴力、威胁、引诱、欺骗等行为方法。

在监察机关实际工作中，首先，非法证据排除规则适用的主体不限于审判机关、检察机关。只要监察机关在调查、审理时发现存在非法取证行为，应当主动排除相关证据，不再向检察机关移送与案件事实有关的证据。其次，证据的种类不限于当事人的供述、证人证言、鉴定笔录、勘验笔录等言辞证据，同时，也包括实物证据。但法律对这两种证据种类的排除规则适用不同，对言辞证据而言，只要一经发现是以非法的方式收集的证据，就绝对予以排除；对实物证据而言，只有在可能严重影响司法公正，且不能补正或者作出合理解释的情况下才予以排除。最后，被调查人提出供述和其他证据是非法取得的，应当提供相应的证明材料，否则就不能启动非法证据排除程序。

⮕ 思考题
1. 如何理解监察权的边界？
2. 如何理解国家治理现代化视野中的监察权？
3. 如何理解监察权在反腐工作中的功能？

第
八
章

监督检查权、调查权、处置权

【内容提要】监督检查权、调查权、处置权立体地构建了监察权的执行结构。监督检查权执行于违纪违法犯罪问题出现前，侧重于建议、宣传、教育，预防违纪违法问题的发生；调查权执行于违纪违法犯罪问题出现中，针对调查对象涉嫌违纪违法犯罪的事实进行调查；处置权执行于违纪违法犯罪问题出现后，对于经调查属实的案件依据党纪或者法律进行处罚。

第一节　监督检查权

一、监督检查的原理

（一）监督检查的性质

监察法上的"监督检查"可以从广义和狭义来理解。广义上的监督检查，既为最全面的监督检查，包括了对国家工作人员行使公权力的所有检查措施，如批评教育和组织处理，也包括监督、调查、处分的情况及发现的问题，还包括采取发送监察建议、宣传、教育手段，预防违法问题发生。狭义上的监督检查，仅指"预防性监督检查"。我国《监察法》所述监督检查仅指狭义上的监督检查，即"预防性监督检查"。"预防性监督检察"通过事前合理的制度设计，确保公权力运行的合规性，减少越轨行为的发生概率。

监察委员会是监督检查权的行使主体。监察体制改革后，行政机关内的监察厅（局）、预防腐败局和人民检察院查处贪污贿赂、失职渎职以及预防职务犯罪等部门的相关职能整合至监察委员会，党的纪律检查委员会、监察委员会合署办公。《监察法》第3条明确规定，各级监察委员会是行使国家监察职能的专责机关，各级监察委员的监督结果具有国家强制力，应当定位为国家机关监督。

（二）监督检查的对象

根据我国《监察法》第 11 条第 1 款，监察委员会监督检查的对象是所有行使公权力的公职人员。这与监察体制改革之前《行政监察法》将监察范围限于国家行政机关及其公务员和国家行政机关任命的其他人员，以及党章和《中国共产党党内监督条例》规定的纪律检查委员会只能对党员进行监督、检查和处理相比，有了实质性的进步和扩展。

（三）监督检查的内容

依据我国《监察法》第 11 条的规定，监督检查的内容具有如下三个方面：一是合法性监督，即监督公职人员的依法履职情况。监督检查公职人员是否严格遵守宪法和法律，是否按照法定权限和程序认真履行职责，是否坚持"法定职责必须为、法无授权不可为"，是否自觉运用法治思维和法治方式推动工作，是否存在超越法律行使权力的违法行为。二是合理性监督，即监督公职人员的秉公用权情况。监督检查公职人员是否按规则按制度行使权力，是否真正做到了权为民所用、利为民所谋，是否真正做到了大公无私、公私分明、先公后私、公而忘私，是否存在搞特权、特殊化、公权异化、以权谋私的行为，是否存在玩忽职守、不作为、慢作为、乱作为的行为。三是廉洁性监督，即监督公职人员的廉洁从政从业情况。监督公职人员是否廉洁从政，自觉保持人民公仆本色，是否廉洁用权，自觉维护人民根本利益，是否廉洁修身，自觉提升思想道德境界，是否存在贪污受贿，权钱交易、权色交易等违法乱纪的情况。

（四）监督检查的方式

监察机关履行监督职责的方式包括教育和检查。廉政教育是防止公职人员发生腐败的基础性工作，主要包括如下几个方面的内容：一是加强公职人员理想信念教育，引导广大公职人员树立正确的权力观、地位观、利益观，放下架子、俯下身子，把为人民服务作为价值追求，把为人民谋利益作为根本目的，把为人民做贡献作为人生宗旨，真正做到权为民所用、情为民所系、利为民所谋。二是加强行政道德教育，引导公职人员对党和人民的事业高度负责的精神，狠抓工作落实，简单做人，务实做事，扎扎实实做好各项工作，不搞劳民伤财的"政绩工程""形象工程""面子工程"，这样，党和人民的事业才能更加兴旺发达。三是坚持党纪国法教育，教育所有公职人员切实在宪法和法律的范围内活动，知法、懂法从而带头守法，树立对法律的敬畏意识；明白什么可以为、什么不可为，时刻保持清醒的"法治头脑"，认真执行中央提出的各项规定与纪律，从自我做起，从现实做起，从小事做起；自重、自警、自省、自励，带头弘扬新风正气，坚决抵制歪风邪气，切实树立勤奋好学、真情为民、真抓实干、清正廉洁的良好形象，不断增强拒腐防变能力。

（五）监察监督检查与党纪监督检查的区别

监察监督检查与纪委监督检查主要有以下几点不同：

1. 监督主体不同。纪委与监察委员会具有不同的机构属性，分别属于党的机关和国家机关两个组织序列。《中国共产党党内监督条例》第 26 条规定，党的各级纪律检查委员会是党内监督的专责机关，履行监督执纪问责职责。由此可见，纪委是与同级党委平行设置的党的领导机关。《监察法》第 3 条规定：各级监察委员会是行使国家监察职能的专责机关，依照本法对所有行使公权力的公职人员进行监察。监察委员会由人大产生，对人大负责，受人大监督，是与行政机关、司法机关平行设置的国家机关。纪委属于党的机关序列，监察委员会属于国家机关序列。

2. 监督对象不同。《中国共产党党内监督条例》第 6 条规定："党内监督的重点对象是党的领导机关和领导干部特别是主要领导干部。"党内监督只能监督检查具有党员身份的公职人员，而根据《监察法》相关规定，监察委员会对所有行使公权力的公职人员进行监督。对于党内监督难以直接进行监督的党外公职人员，监察委员会能够进行监督管理，以弥补这一监督空白。

3. 监督内容不同。按照《中国共产党党内监督条例》的规定，纪委主要监督检查党组织和党员干部遵守党章党规党纪、贯彻执行党的路线方针政策情况。我国《监察法》第 11 条规定，监察委员会对公职人员依法履职、秉公用权、廉洁从政从业以及道德操守情况进行监督检查。据此可知纪委主要负责党纪监督，监察委员会主要负责政纪监督和执法监督。二者在监督内容上各有分工。

二、监督的相关制度

（一）派驻监督检查制度

2018 年 10 月经党中央同意，中共中央办公厅印发《关于深化中央纪委国家监委派驻机构改革的意见》，该意见明确推动驻在部门党组织担负起全面从严治党政治责任，建立定期会商、重要情况通报、线索联合排查、联合监督执纪等机制，为党组（党委）主体作用发挥提供有效载体，形成同向发力协作互动的工作格局。派驻机构要紧紧围绕监督这个第一职责，加强对驻在部门党组织的监督，重点检查遵守党章党规党纪和宪法法律、贯彻落实党的路线方针政策和决议等情况，确保党中央政令畅通。赋予派驻机构监察权，派驻机构既要依照党章和其他党内法规履行监督执纪问责职责，又要依照宪法和监察法履行监督调查处置职责，对行使公权力的公职人员实行监察全覆盖。健全审查调查工作机制，加强问题线索集中统一管理，完善审查调查协调、案件审理协调、重大案件督办机制。由此可见，根据我国纪检监察机构合署办公的组织机制，派驻纪检组同时履行党纪监察权和国法监察权。《中国共产党党内监督条例》第28条第1款规定："纪委派驻纪检组对派出机关负责，加强对被监督单位领导班子及其成员、其他领导干部的监督……"

　　派驻纪检组应当严格按照中央纪委的规定，办理涉及驻在部门党组及其成员的信访举报件。派驻纪检组组长要主动与驻在部门党组成员就贯彻执行党风廉政建设责任制、廉洁自律规定等方面的情况交换意见。派驻纪检组根据工作需要，可以查阅驻在部门的有关文件、资料，派员参加有关会议和活动，召开座谈会，与有关人员谈话，组织专项检查或者专项调研等。

　　派驻纪检组需要采取上述方式开展工作，涉及重要事项的，一般应事先与驻在部门党组主要负责人沟通，特殊情况应当事先报经中央纪委批准。在履行监督职责过程中，有下列情况的，派驻纪检组必须及时向中央纪委报告，并根据中央纪委的要求向驻在部门党组主要负责人通报：其一，直接收到反映驻在部门党组及其成员违反党纪问题的信访举报；其二，发现被驻在部门党组及其成员严重违反有关制度、涉嫌违反党纪问题及其他非正常情况；其三，派驻纪检组在履行监督职责中提出纠正意见，驻在部门无正当理由不纠正的；其四，中央纪委要求报告的其他事项。派驻纪检组按规定向中央纪委报告发现的情况和问题时，可以提出以下建议：其一，建议由中央纪委发函请驻在部门党组成员说明有关情况；其二，建议由中央纪委领导同志或者由中央纪委委托驻在部门党组主要负责人与驻在部门党组成员进行谈话；其三，建议对反映驻在部门党组成员违反党纪的问题进行初步核实。派驻纪检组在履行监督职责过程中发现问题，除必须向中央纪委报告的外，应当及时向驻在部门党组提出纠正意见或建议。

　　（二）巡视监督检查制度

　　我国《监察法》第12条、第13条明确规定："各级监察委员会可以向本级中国共产党机关、国家机关、法律法规授权或者委托管理公共事务的组织和单位以及所管辖的行政区域、国有企业等派驻或者派出监察机构、监察专员。监察机构、监察专员对派驻或者派出它的监察委员会负责。""派驻或者派出的监察机构、监察专员根据授权，按照管理权限依法对公职人员进行监督，提出监察建议，依法对公职人员进行调查、处置。"但是，监察法对派出监察机构与监察专员如何履行职责没有详细规定。根据我国纪检监察巡视制度的惯例，监察委员会的巡视监督工作，应当类推适用 2017 年新修订的《中国共产党巡视工作条例》。中央和省、自治区、直辖市实行巡视制度建立专职巡视机构，在一届任期内对所管理的地方、部门、企事业单位全面巡视。中央有关部委、中央国家机关部门党组（党委）可以实行巡视制度，设立巡视机构，对所管理的党组织进行巡视监督。党的市（地、州、盟）和县（市、区、旗）委员会建立巡察制度，设立巡察机构，对所管理的党组织进行巡察监督。党的中央和省、自治区、直辖市委员会成立巡视工作领导小组，分别向党中央和省、自治区、直辖市党委负责并报告工作。工作领导小组组长由同级党的纪律检查委员会书记担任，副组长一般由同级党委组织部部长担任。巡视工作领导小组组长为组织实施巡视工作的主要责任人。中央巡视工作领导小组应当加强对省、自治区、直辖市党委，中央有关部委，中央国家机关部门党组（党委）巡视工作的领导。巡视工作领导小组下设办公室，为其日常办事机构。中央巡视工作领导小组办公室设在中央纪律检查委员会。省、自治区、直辖市党委巡视工作领导小组办公室为党委工作部门，设在同级党的纪律检查委员会。

巡视监督检查的主要职责为：贯彻党的中央委员会和同级党的委员会有关决议、决定；研究提出巡视工作规划、年度计划和阶段任务安排；听取巡视工作汇报；研究巡视成果的运用，分类处置，提出相关意见和建议；向同级党组织报告巡视工作情况；对巡视组进行管理和监督；研究处理巡视工作中的其他重要事项。巡视工作领导小组办公室的职责为：向巡视工作领导小组报告工作情况，传达贯彻巡视工作领导小组的决策和部署；统筹、协调、指导巡视组开展工作；承担政策研究、制度建设等工作；对派出巡视组的党组织巡视工作领导小组决定的事项进行督办；配合有关部门对巡视工作人员进行培训、考核、监督和管理；办理巡视工作领导小组交办的其他事项。

第二节　调查权

一、谈话、询问与讯问

（一）谈话

我国《监察法》第19条规定："对可能发生职务违法的监察对象，监察机关按照管理权限，可以直接或者委托有关机关、人员进行谈话或者要求说明情况。"本条是关于监察机关行使谈话措施对可能发生职务违法对象进行处理的规定，以法律的形式，确认了纪委办案实践中普遍使用的"谈话""要求说明情况"等措施。纪委对违纪行为进行调查时，采取谈话措施有利于办案并查明事实，具有一定的强制性，被调查的谈话对象没有拒绝谈话的权利。我国《监察法》第19条的主要目的在于使监察工作与党内监督执纪工作相适应。

根据我国《监察法》规定，谈话主体一般为监察机关负责人和承办部门负责人，监察机关依照程序报批，在管理权限内进行谈话或要求被谈话人说明情况，其间可由谈话人所在机关组织企业等单位党委或纪委主要负责人在旁陪同。谈话主要针对有相关问题线索反映或有可能发生职务违法行为的监察对象，监察主体要依法执行相关流程，秉承惩戒与教育相结合的原则，切实履行好监察调查、处置的责任，对有职务违法行为的监察对象要尽早进行谈话，避免其进一步坠入违法犯罪的深渊。

谈话的内容主要围绕违法违纪的四个构成要件展开，其中以违法违纪发生的背景以及问题发生的全过程（包括时间地点、起因、结果），及谈话对象交代的违法违纪内容为主。谈话的主要目的在于端正调查人的态度，对其进行思想教育工作，使其能够配合监察机关有效开展调查，真正使监察工作与党内监督执纪"四种形态"中的第一种形态相对应，使其成为一种法律手段。

在谈话结束后，应由承办部门写出情况报告和处置意见，一般分为三种情况：一是反映不实或无证据证明发生职务违法行为的，予以了结澄清；二是有证据证明可能发生职务违法行为，但情节较轻的，监察机关可按照管理权限直接或者委托有关机关、人员进行批评教育，事后予以检查或诫勉；三是反映问题比较具体但被反映人予以否认或存在明显问题的应当再谈话或核实。

（二）讯问

我国《监察法》第20条规定："在调查过程中，对涉嫌职务违法的被调查人，监察机关可以要求其就涉嫌违法行为作出陈述，必要时向被调查人出具书面通知。对涉嫌贪污贿赂、失职渎职等职务犯罪的被调查人，监察机关可以进行讯问，要求其如实供述涉嫌犯罪的情况。"本条就监察机关有权要求被调查人陈述和讯问被调查人作出了规定。

该条第 1 款针对的是涉嫌职务违法行为，但不构成职务犯罪的公职人员；第 2 款针对的是涉嫌贪污贿赂、失职渎职等职务犯罪的被调查人。讯问作为监察机关调查案件的重要手段之一，其只能由监察机关依法行使，不得委托给其他机关或者个人行使。讯问被调查人应当按照法定程序进行，首先就被调查人是否有违法犯罪行为进行提问，然后由被调查人陈述其有违法犯罪的事实情节或者辩解没有违法犯罪，之后再进行其他提问。

讯问时应当注意以下问题：其一，程序要符合法律规定。监察机关人员应当按照《监察法》及相关法律规定进行监察讯问，这样才能确保讯问的价值。一般而言，只有在传唤被调查人后才可进行讯问；为保障当事人的权利，讯问地点与时间应当符合法律规定。其二，讯问手段要合法。询问时不得采取殴打等暴力方法，也不得采用以暴力或者严重损害本人及其近亲属合法权益等进行威胁的方法，不得采用非法拘禁等非法限制人身自由的方法收集的被调查人的供述。讯问笔录要完整准确记录，并对整个讯问过程进行全程录像。

（三）询问

根据我国《监察法》第 21 条的规定，在调查过程中，对于证人等其他人员，监察机关可以采取询问的调查措施。询问措施源自纪检监察机关在实践中运用的执纪手段，目前作为监察机关享有的 12 项调查措施之一，也是监察机关在调查工作中经常使用的一项措施。询问措施运用规范正确对于获取真实的证人证言，查清案件事实，形成完整证据链意义重大。询问措施的对象主要是证人，即监察机关所调查案件真相的当事人以外的第三人。因此，询问活动要符合《监察法》以及其他法律所规定的程序要件。询问证人所取得的证据在刑事审判中属于证人证言，所以其必须经法庭的质证查实后方可作为审判依据。

我国《监察法》第 33 条规定，监督机关依照本法规定收集的证据、证人证言、被申请人的供述和解释、视听资料、电子资料和其他证据材料，可以作为刑事诉讼中的证据。因此，即使是在调查阶段，监察机关也必须确保证人证词合法获得并符合刑事审判中的证据要求和标准。为此，询问措施的适用需要注意三个关键问题：首先，具有证人资格是调查措施的先决条件。要有证人资格必须包含两个要素：一方面，身心能力正常以及能正确表达；另一方面，证人需要客观地了解案件的相关情况。其次，监察机关应当告知证人权利和义务，并予以记录，监督机关应当对证人不理解的部分作出必要的解释。最后，监察机关应当同步录音录像。《监察法》没有明确规定必须记录整个调查过程。但在实践中，如果重要证人的询问是同步的，监督当局应告知证人，证明这不仅是证人应享有的权利，而且是有益的，以确保证人证词的真实性和稳定性。

二、留置

"留置"，是指监察机关调查涉嫌贪污贿赂、失职渎职等严重职务违法或者职务犯罪时，已经掌握被调查人部分违法犯罪事实及证据，仍有重要问题需要进步调查，并且具备法定情形，经依法审批后，将被调查人带至并留在特定场所，使其就案件所涉及的问题配合调查而采取的一项案件调查措施。用留置取代"两规"措施，是国家反腐败法治建设的重要体现。

根据我国《监察法》第 22 条，"留置"的适用需要具备以下四个条件：

（一）适用范围

《监察法》第 22 条对留置措施的适用范围予以规定，即"被调查人涉嫌贪污贿赂、失职渎职等严重职务违法或者职务犯罪"，其适用的违法犯罪行为主要是贪污贿赂、失职渎职等行为，而且情节严重。其他情节轻微的职务犯罪行为或者违法犯罪行为一般不采取留置措施。

（二）证据要件

留置的证据要件，是监察机关在已经掌握部分违法犯罪事实及证据的前提下，仍有进一步调查重要问题的需要。首先，有证据证明发生了违法、犯罪事实，且该事实涉嫌贪污贿赂、失职渎职，属于监察机关依法进行监察的行为；其次，有证据证明该项违法犯罪事实是被调查人所为，并且所涉嫌的情节已经达到严重违法或犯罪的程度。最后，仍有重要问题需要进一步调查。监察机关在调查过程中，基于已掌握的证据，发现被调查人还可能存在其他严重的违法、犯罪事实，但现有证据不足以证明该事实存在，仍须进一步调查，也可采取留置措施。

（三）程序要件

留置权限在我国《监察法》赋予监察机关的 15 项权限、手段中，强制性程度最高，对被调查人的权益（特别是人身权）影响最严重。因此，监察措施的实施必须慎重。我国《监察法》第 22 条规定，监察措施的程序要件是"监察机关依法审批"，《监察法》第 43 条明确规定了审批留置的严格程序。根据《监察法》第43条，监察机关采取留置措施，首先，应当由监察机关领导人员根据被调查对象与案件实际情况集体研究是否符合留置适用的法定条件，并决定是否采取留置措施。其次，设区的市级以下监察机关采取留置措施，应当报上一级监察机关批准，即市级监察机关需要上报省级监察机关，县级监察机关需要上报市级监察机关批准，省级监察机关采取留置措施，则需要报国家监察委员会备案。

（四）情节要件

根据我国《监察法》第22条的规定，留置被调查人还需具备下列情形之一：涉及案情重大、复杂的；可能逃跑、自杀的；可能串供或者伪造、隐匿、毁灭证据的；可能有其他妨碍调查行为的。

《监察法》第43条通过审批权限上提一级，对留置期限予以严格限制，要求留置措施不当时应当及时解除等，防止监察机关滥用职权，强化了监察机关使用留置措施的程序制约。

1. 留置的审批权限。《监察法》第43条第1款从两个层面规定了留置的审批权限。一是本级审批。各级监察机关采取留置措施，都应当经本机关领导人员集体研究决定，而不能由调查人员决定，也不能由某一个或某几个领导人员决定，不能以个人意志代替集体决策、以少数人意见代替多数人意见。二是上级审批。市级、县级监察机关决定采取留置措施，还应当报上一级监察机关批准；省级监察机关采取留置措施，应当报国家监察委员会备案。这一报批、报备程序的目的在于保证留置措施慎重，防止草率和滥用。

2. 留置的期限及解除。监察留置的期限设置是国家监察体制改革中非常关键的问题，期限设置太短不能有效地揭露腐败、收集固定证据，但期限设置又不能太长，否则可能侵害被调查人的基本权利。《监察法》第43条第2款明确了留置的期限和解除。留置期限通常不得超过3个月。这里的3个月是固定期限，不因案件情况的变化而变化；不能因发现"新罪"（监察机关之前未掌握的被调查人的职务违法犯罪）重新计算留置期限。特殊情况下，可以延长一次，但延长的时间也不得超过3个月。留置延长也必须有严格程序限制，《监察法》第43条对此作出了规定：省级以下监察机关采取留置措施的，延长留置时间应当报上一级监察机关批准。留置的解除分为两种情况：一是到期解除，留置期限满3个月，特殊情况下满6个月时无论违法犯罪事实是否调查清楚，应当解除留置；二是不当解除，监察机关发现采取留置措施不当的，应当及时解除。

3. 公安机关的协助义务。当前，监察机关不配备类似检察院、法院"法警"那样的强制执行队伍，因此监察机关采取留置措施过程中，可以根据工作需要提请公安机关配合，公安机关应当依法予以协助。一般来说，公安机关协助监察机关执行留置主要有两种情况：一是监察机关对被调查人采取留置措施，将其带至留置场所，需要公安机关配合执行，以防止相关单位或个人的阻挠；二是将调查人留置在特定场所后，需要公安机关派警员看护，以保证被留置人员的安全，使得留置期讯问等相关调查工作顺利行。

（五）人权保障

对于被留置人员的人权保障，《监察法》也作了具体的规定：

1. 通知义务。留置措施涉及范围广、留置时间长，采取留置措施后，被留置人与外界失去联系，被留置人所在单位和家属可能会误以为被留置人已经失踪或死亡，引起不必要的社会恐慌。所以《监察法》第 44 条第 1 款规定，对被调查人采取留置措施后，除非存在有碍调查的情形，应当在 24 小时以内，通知被留置人员所在单位和家属，保障其知情权。"有碍调查"，主要是指通知后可能发生毁灭、伪造证据，干扰证人作证或者串供等情况。比如，被调查人被留置的消息传出去，可能引起其他同案犯逃跑，毁灭或伪造证据；被留置人的家属与其犯罪有牵连的，通知后可能引起转移、隐匿、销毁罪证。《监察法》突出强调了在 24 小时内通知被调查人家属与单位是留置的常规化程序，以有碍调查情形出现为例外。

2. 保障措施。《监察法》第 44 条第 2 款详细规定了对留置人员的保障措施，其主要措施包括：一是被留置人员的饮食、休息和安全应当得到保障，如有必要，监察机关应当提供医疗服务。留置措施是调查过程中较为严厉的一种强制措施，是对被调查人员予以人身限制，将其隔离于社会环境之外，讯问调查相关内容，推进调查进度的一种手段，对被留置对象的身体和精神会造成一定负担，因此，必须保障留置对象的基本身体状态，降低留置措施对其造成的人身风险。二是讯问被留置人员应当合理安排讯问时间和时长，所谓"合理时间"，主要是指不得在深更半夜讯问；所谓"合理时长"，主要是指不得"疲劳讯问"，一次连续讯问五六个或七八个小时，以确保被讯问人处于正常的身体与精神状态。三是讯问笔录由被讯问人阅看后签名。讯问笔录是言词证据的重要载体，《监察法》规定讯问笔录必须经被讯问人阅看签字，有利于防止歪曲真实意图或者强加主观臆断于人，甚至捏造事实等情况发生，保证笔录的真实性；有利于规范监察人员的询问工作，查明案件事实。

3. 折抵刑期。根据我国《刑法》第 41 条等条款的规定，判决执行以前先行羁押的，羁押1日折抵管制的刑期2日，折抵拘役、有期徒刑的刑期1日。监察留置虽然不是《刑事诉讼法》中规定的强制措施，但从人权保障和公平正义的视角，类似于刑事强制措施的、对公民人身自由造成同等程度限制的反腐调查措施亦应该受到同等的法治关照和处理。因此，对被留置人的留置期限也适用刑期折抵。根据《监察法》第44条第3款规定，具体的折抵规则是涉嫌犯罪的被留置人移送司法机关后，被依法判处管制、拘役或者有期徒刑的，留置1日折抵管制的刑期2日，折抵拘役、有期徒刑的刑期1日。

三、查询、冻结、调取、查封与扣押

（一）查询和冻结

《监察法》第23条赋予监察机关必要的查询、冻结权限，同时又规定了严格的程序以及对相关人员的权利保障。

查询，是指查询电讯、银行证券、邮政等掌握违法违纪嫌疑人某种电讯联系、银行存款、证券交易、邮政联系等信息的部门，以获取相应信息。冻结，是指冻结银行存款、邮政汇款、证券交易等，以防止违法违纪嫌疑人转移涉案资金、款项。查询、冻结措施都是监察机关在调查过程中采取的一种强制措施，需要满足以下条件：首先，查询、冻结的适用，必须基于调查涉嫌贪污贿赂、失职渎职等严重职务违法或者职务犯罪的必要性。通常来说，查询、冻结的存款、汇款、债券、股票、基金份额等财产与被调查案件相关；通过查询、冻结存款、汇款、债券、股票、基金份额等财产，可以查清违法犯罪案件事实，并防止赃款转移以挽回和减少损失。其次，查询、冻结存款、汇款、债券、股票、基金份额等财产有利于寻找新的线索，扩大调查范围。

由于现阶段并未出台监察机关行使财产查询、冻结权的程序性规定，因此在实践中可以参照公安机关及检察机关的相关规定。当监察机关行使查询、冻结权限时，有关机构、单位和个人应当准予查询、冻结，并提供必要协助，而不得以任何理由拒绝、阻挠或者拖延。监察机关查询、冻结存款、汇款、债券、股票、基金份额等财产，既要收集、冻结能够证明被调查人有违法犯罪行为、法律责任重的书证、物证，也要收集、冻结能够证明其没有违法犯罪行为、法律责任轻的书证、物证，以保持证据的完整性与客观性。

监察机关对冻结的财产应当及时进行认真审查，经审查，与案件无关的，应当在查明情况后3日内解除冻结，退还原所有人或者合法持有人、保管人。"与案件无关"，是指冻结的财产并非违法犯罪所得，也不具有证明被调查人是

否违法犯罪、罪轻、罪重的作用，不能作为证据使用，与违法犯罪行为没有任何牵连。《监察法》作出这一规定主要是为了保障财产被冻结的当事人的合法权益，防止监察机关过度采取冻结措施给当事人财产造成不应有的损失。因为在以往的实践中，有的监察机关或某些其他执法机关往往在查明被冻结财产与案件无关后，仍然迟迟不解除冻结并予以退还，导致当事人遭受重大财产损失，甚至导致企业破产，正是有鉴于这些教训，《监察法》作了此项规定。

（二）调取

调取，是监察机关向有关单位和个人收集证据的调查措施。调取实施的主体是监察机关，调取的对象是与案件有关的财产、文件，目的是快速了解案件情况，掌握关键的书证物证。

监察机关在向有关的单位和个人调取证据时应当出具相应的《调取证据通知书》，要求相关的单位和个人配合监察机关的调查，出示《调取证据通知书》上所需要的相应材料。同时，监察机关在进行调取的过程中不得随意扩大调取的范围，不得随意调取与案件无关的财产、文件。监察机关及其工作人员对监督、调查过程中知悉的国家秘密、商业秘密、个人隐私，应当保密。任何单位和个人有义务配合监察机关调取证据，任何单位和个人不得伪造、隐瞒、毁灭与案件有关的证据材料。

监察机关调取物证应当调取原物。对于调取的原物监察机关应当进行登记，对于原物不便搬运、保存，或者因为保密工作不方便调取原物的，可以将原物封存并进行拍照、录像，对原物的拍照和录像应当足以反映原物的外形和内容。监察机关对于调取的原物应当妥善保管，不得损坏原物，要保证所调取的原物完好无损。在结束相应的调查之后，监察机关应当将原物退还。

监察机关调取书证和视听资料的时候应当调取原件。在调取原件确有困难或者出于保密需要的时候，可以调取剧本或者复印件，但应当保证副本或复印件与原件一致，无误。

监察机关调取物证原件时，应当会同持有人或者保管人、见证人，当面逐一拍照、登记、编号，开列清单，由在场人员当面核对、签名，并将清单副本交财物、文件持有人或者保管人。

监察机关调取书证、视听资料副本、复印件和物证的照片、录像的，应当书面记明不能调取原件、原物的原因，以及制作过程和原件、原物的存放地点，由制作人员和原书证、物证持有人签名或者盖章。

监察机关对调取的财物、文件，应当设立专用账户、专门场所，确定专门人员妥善保管，严格履行交接、调取手续，定期对账核实，不得损毁或者用于其他目的。对于价值不明的物品应当及时进行鉴定，专门封存保管。

（三）查封

查封，是监察机关对证明被调查人有无职务违法犯罪以及情节轻重的各种财物（一般指不动产）、文件、资料进行封存，以待后续监察行为作出之后再进行处理的强制措施，是监察机关调查职务违法和职务犯罪的重要手段。查封实施的主体是监察机关，查封的对象是与案件有关的财物、文件、资料等，不得查封与案件无关的、合法的财物。

查封的目的在于控制赃款赃物藏匿场所，防止重要证据被污染或流失，助力赃款赃物的追缴。通过实施查封来控制赃款赃物藏匿场所，这是突破案件、查明事实的一大关键。如果因为未及时进行查封，导致这些重要文件被转移、藏匿或销毁，就会给案件调查工作造成困难。对财产进行及时查封，还能给财产的名义持有人形成压力，促使其向监察机关如实交代财产的相关情况，对于案件调查提供帮助。

监察机关在调查职务违法和职务犯罪的过程中，可以就对被调查人的职务违法、职务犯罪以及情节轻重有证明作用的各种财物、文件、资料进行查封，经查明确实与案件无关的，应当在3日以内解除查封或者予以退还。

但由于《监察法》并未明确规定监察机关的办案期限，因此如何使监察机关对企业、社会组织、公民个人的财产限制保持在适当限度内，符合比例原则、正当程序原则，也需要细化的法律实施细则予以规定。

监察机关采取查封措施，必须经监察机关相关负责人审批，并开具查封文书。查封措施的适用，直接关系被调查人的财产等权利，必须受到严格监督制约，严格遵守程序性规定，不得随意查封被调查人的财产。

监察机关办理查封事项时，应由2名以上的调查人员持工作证和查封文书，到有关单位办理。通过要求调查人员必须出示相应的证件和文书，有利于调查人员严格依法行使监察权，防止侵犯当事人合法权利。立法规定采取查封等调查措施应当由2名以上调查人员进行，主要是基于实际工作的需要。2名以上的调查人员，既能保证客观、真实地获取和固定证据；又能够在互相配合的同时互相监督，防止徇私舞弊、刑讯逼供、诱供等非法调查行为的产生；还能够防止被调查人诬告调查人员。调查人员对于被查封的物品，应会同在场见证人和被查封物品持有人或者保管人查点清楚，当场开具查封清单，由调查人员、见证人和持有人或者保管人签名，持有人或者保管人拒绝签名的应当记录在案，查封的过程中应当同步进行录音录像。监察机关对于应当查封的不动产和置于该不动产上不宜移动的设施家具，以及涉案的车辆等财物，必要时可以扣押其权利证书，经拍照或者录像后原地封存，并开具查封清单，由调查人员、见证人和持有人或者保管人签名，持有人或者保管人拒绝签名的应当记录在案。

监察机关应当妥善保管查封物品、文件，不得使用、调换、损毁或者自行处理。监察机关经过调查核实，认定该查封的财物等并非违法所得，也不具有证明被调查人违法犯罪情况，不能作为证据使用，或者与违法犯罪行为无任何牵连的，应当在3日内解除查封，并退还原持有人或者保管人。

（四）扣押

扣押，是指监察机关在调查过程中，对证明被调查人涉嫌职务违法犯罪以及情节轻重的各种财物、文件、资料进行封存，以待后续监察行为作出之后再进行处理的强制措施，是监察机关调查职务违法和职务犯罪的重要手段。

扣押实施的主体是监察机关，扣押的对象一般是动产，目的是暂时限制被调查人继续对财产进行占有和处分，及时、全面、准确地收集、固定证据，防止涉嫌违法犯罪的单位或者人员藏匿、毁灭证据。监察机关在调查职务违法和职务犯罪的过程中可以对能够证明调查人涉嫌违法犯罪的各种财物、文件资料进行扣押，但与案件无关的不得扣押。至于关联性存疑的财物和文件，也可以先予扣押，但是要及时审查，查明无关的，应当及时解除或予以退还。

监察机关采取扣押措施，应当填写《扣押决定书》，经监察机关相关负责人批准，由审查人员执行。采取扣押措施必须由2名以上审查人员执行，同时在执行的过程中需要出示相应的工作证件和《扣押决定书》。对于扣押的财物和文件，审查人员应当会同在场见证人和扣押物品持有人或者保管人查点清楚，当场填写扣押清单，注明扣押物品的名称、型号、规格等主要特征，由调查人员、见证人和持有人或者保管人在扣押清单上签字或者盖章，如拒绝签字盖章的，应当注明。对扣押在监察机关的物品、文件、邮件、电报应当妥善保管，不得使用、调换、损毁或者自行处理。

四、勘验检查、鉴定与技术调查措施

（一）勘验检查

勘验检查主要包括提取、采集与案件相关痕迹、物证、生物样本，扣押与犯罪有关的各种物品、文件等。这项调查活动通过运用一定的科学技术和专业知识，能帮助及时发现并固定相关证据，确保现场的完整性、降低评判案件的难度，更为准确、快速地查明案情。在调查过程中，勘验检查必须严格遵守法律关于其实施主体、范围、相关程序等的要求，采取正当的调查措施，保护公民的合法权益不受侵犯。

勘验检查可以由监察机关的工作人员直接进行，必要时亦可指派或聘请具备专业知识与科学方法的人参与勘验检查。一般情况下为监察机关的工作人员，但是需要邀请见证人在场。按照案件的性质与影响力大小，监察机关派遣相应级别的调查人员主持进行勘验检查。调查人员在整个调查过程中必须严格遵守法律进行调查，必须持有监察机关的证明文件，且不得对案件实施技术性的干预或胁迫参与勘验检查人员作出不真实的倾向性结论。在必要之时，为了保障调查结果的准确性，可指派或聘请具有专业知识的人参与勘验检查。当然，对于参与勘验检查的专业人员，也需要求其与案件无利害关系。通过具备专业素养之人对于知识的客观利用，快速、准确把握现场资料，来帮助案件的查明。如果案情比较复杂，则监察机关需要邀请相关专业知识的人员参与勘验检查，以提高调查结论的准确性与可靠性。

《监察法》只是提出了勘验检查这一概念，对于勘验检查的具体措施并未作出详细规定。根据《刑事诉讼法》及相关的法律规定，勘验检查包括现场勘验、物品检验、书证检验、尸体检验和人身检查等具体措施。监察机关的勘验检查，当可类推适用相关规定。

现场勘验是指监察机关的工作人员或指派、聘请的相关人员在监察人员的主持下前往现场对案发场所、相关地点所遗留下的痕迹、物品等进行调查。而为了保护相关现场，确保相关痕迹、物品等的安全性，《刑事诉讼法》第129条规定："任何单位和个人，都有义务保护犯罪现场，并且立即通知公安机关派员勘验。"监察机关亦可根据这一条款，通知公安机关派员勘验。

物品检验与书证检验是指对案发场所与相关地点的物品、书籍资料等进行整理、调查。监察机关工作人员或者参与的具有相关专业知识之人对这些资料进行搜集、整理并鉴定，推断案件事实状况。

尸体检验是监察机关的工作人员或指派、聘请的相关人员在监察人员的主持下对已经死亡的有机体进行解剖并提取、保存适量标本的一种调查方法，其目的是查明死因、推断死亡性质和时间、分析和认定相关的作案工具等，为案件性质的判断法官的裁决等提供科学的依据。全面系统的法医学尸体检验不仅是一次操作过程，它包括尸检的操作和提取适当检材和标本两大方面，确保检测结果的可靠性与真实性。而这要求尸体检验必须及时进行，保障调查结果的准确可靠。监察机关在保留解剖尸体权利的同时进行人身检查是为了获得案件相关证据或线索，监察机关工作人员或指派、聘请的相关人员也需要通知死者家属到场。

聘请的相关人员，在监察人员的主持下对被调查人或是被害人的某些特征、受伤状况等身体状况进行检查。但对于人身检查，与尸体检查一般，调查人员也有强制检查的权力。参照《刑事诉讼法》第 132 条第 3 款的规定，检查妇女的身体，应当由女工作人员或者医师进行。这一条体现了国家对妇女的关注与保护。

（二）鉴定

鉴定是指监察机关为了查明案件真相，聘请具有专业资格与素质的鉴定人员，针对案件中一些专门性的问题，运用专业的知识与方法进行鉴定。

《监察法》第 27 条明确规定："监察机关在调查过程中，对于案件中的专门性问题，可以指派、聘请有专门知识的人进行鉴定。鉴定人进行鉴定后，应当出具鉴定意见，并且签名。"

鉴定的主要目的在于解决"案件中的专门性问题"，通过运用专业人员的相关知识和技能，对案件事实作出科学可靠的判断，从而推动案件的侦破解决。通过运用法医学鉴定、技术鉴定、文物鉴定、精神病鉴定等方式，帮助判断事实，更好把握案情。而为了实现这一目的，监察机关采取的鉴定措施需要符合可靠、客观等标准，并遵循法定程序。鉴定措施的适用，需要经监察机关相关负责人的审批，并制订委托文书，指派或聘请一位具有鉴定资格的技术人员进行相关鉴定，保障鉴定结果的真实性、有效性。

《中华人民共和国监察法释义》一书将其主要分为三大类：法医类鉴定，包括法医病理鉴定、法医临床鉴定、法医精神病鉴定、法医物证鉴定和法医毒物鉴定；物证类鉴定，包括文书鉴定、痕迹鉴定；声像资料鉴定，包括对录音带、录像带、磁盘、光盘、图片等载体上记录的声音、图像信息的真实性、完整性及其所反映的情况过程进行的鉴定和对记录的声音、图像中的语言、人体、物体作出种类或者同一认定。此外，有的案件还需进行会计鉴定，包括对账目、表册、单据、发票、支票等书面材料进行鉴别判断；技术问题鉴定，包括对涉及工业、交通、建筑等方面的科学技术进行鉴别判断等。

我国《监察法》第 27 条要求鉴定人员需要给出鉴定意见。"鉴定意见是指鉴定人按照法律程序，运用自身专业知识与方法对案件中出现的专门性问题进行判别，给出一些书面的意见。"这一条款表明：其一，鉴定人应当写出鉴定意见。在对整个问题进行判断、甄别以后，鉴定人不仅要得出鉴定的结论，还需要从帮助查清案件的角度出发，运用鉴定出的结果，对整个案件给予一定的意见。其二，鉴定意见应当以书面形式作出，为之后作为证据材料奠定基础。其三，鉴定人应当在鉴定意见上签字。这样一方面保障了鉴定意见具有证明力与真实性；另一方面也督促鉴定人认真谨慎鉴定，监督鉴定人进行鉴定，促其客观、公平给出鉴定意见。其四，鉴定人为个人应确立相应的责任。若多名鉴定人有不同意见，则在不同意见下分别签字。鉴定人应为与案件无利害关系的鉴定人员，对于法律适用问题不能提供意见。

（三）技术调查措施

技术调查措施，是指监察机关出于调查职务犯罪需要，指令公安机关根据国家有关规定，通过电话监听、电子监控、拍照或者录像等通信技术手段对被调查人职务违法犯罪行为进行调查，以求获取某些物证的行为。对于这一措施，法律规定程序较为严格，只有在特定条件下，才可动用这一手段，其有如下特点：

1. 需是涉嫌重大贪污贿赂案件。对于这一手段，动用的首要条件便是"重大"案件。其一般要求是涉及数额巨大造成损失严重，且严重影响了社会秩序或民生的案件。而对于重大贪污贿赂等犯罪的要求，即为若非重大的贪污贿赂犯罪，也应是相同或相近等级的犯罪。一般性的职务犯罪，则不予考虑这一措施。

2. 坚持审慎原则，根据需要选择。对于技术调查手段，很多案件即使满足重大案件这一条件，也不一定都可以使用这一手段。没有必要，无须动用。因其涉及公民的基本权利等问题，是为最后的保底手段。为了防止滥用，这一措施的采取还设立了严格的批准程序，来判断是否符合动用条件，一旦存在其他可以解决的调查手段，则优先其他调查手段进行解决。且即使动用，也应该根据需要选择动用哪种调查手段，而非笼统地全部使用、一并用上，应坚持根据需要审慎使用。

五、通缉与限制出境

（一）通缉

通缉，是监察机关对应当拘留或逮捕而在逃的犯罪嫌疑人、被告人或者脱逃的罪犯，向下级发布命令要求予以缉捕、向同级发布通报要求予以协作，或在认为有必要时，对外发布通告，请求有关单位和公民予以协助的一项侦查措施。监察通缉属于通缉的一种特殊形式。

我国《监察法》第 29 条规定，"依法应当留置的被调查人如果在逃，监察机关可以决定在本行政区域内通缉，由公安机关发布通缉令，追捕归案。通缉范围超出本行政区域的，应当报请有权决定的上级监察机关决定"。监察法规定的监察通缉措施，其行使需具备的三个条件：被通缉的人必须是涉嫌职务违法犯罪的被调查人；该被调查人依法应当留置；该被调查人因逃避调查而下落不明。具体来说，既包括符合《监察法》规定的留置条件应当依法留置，但下落不明的涉嫌职务违法犯罪的被调查人，也包括已经依法留置，但又逃跑的被调查人。

监察通缉决定主体为监察机关，公安机关则负责发布通缉令、执行通缉。监察机关决定采取通缉措施后，交由公安机关发布通缉令进行追捕。通缉的范围超出所管辖的地区的，监察机关应当报请有决定权的上级监察机关决定，并交由相应的公安机关发布通缉令。监察通缉需要监察机关和公安机关加强协调配合，公安机关接到监察机关移送的通缉决定的，应当及时发布通缉令，各级公安机关接到通缉令后，应当迅速部署、组织力量，积极进行查缉工作。监察机关自行查获被通缉对象的，应当及时通知公安机关撤销通缉令。

《监察法》规定，监察机关决定采取通缉措施后，交由公安机关发布通缉令进行追捕。但在实际执法过程中，监察机关可以比照公安机关常采取的五种通缉措施，包括网上追逃、通缉令、协查通报、悬赏通告和边控通知。

网上追逃，是指经公安机关办案部门负责人审批后，将在逃人员信息发布到公安信息网络上，发动各地公安机关发现和缉捕在逃人员的工作机制。网上追逃主要针对三类对象：第一类是已经办理了刑事拘留、逮捕法律手续的犯罪嫌疑人；第二类是从看守所、劳改场所脱逃的犯罪嫌疑人、被告人和罪犯；第三类是涉及案情重大、紧急、情况特殊的嫌疑人。监察通缉的对象即属于第一类和第三类。

通缉令，是指公安机关依法发布的缉捕在逃犯罪嫌疑人的书面命令。按照法律规定，县级以上公安机关在自己管辖的地区内，可以直接发布通缉令；超出自己管辖的地区，应当报请有权决定的上级公安机关发布，发送范围由签发通缉令的公安机关负责人决定。

通缉令一般应当写明被通缉人的姓名、性别、年龄、籍贯等基本情况及衣着、语音、体貌等个性特征和所犯罪名等，并且附照片，加盖发布机关的公章。由于通缉是侦查中追捕在逃犯罪嫌疑人的紧急措施，缉捕归案后，发布通缉令的机关应当通知撤销通缉令。

协查通报由公安机关发布，其依据是 1981 年 11 月 24 日下发的《公安部关于建立刑事犯罪通缉通报制度的通知》。通缉令只能由公安机关发布，面向全社会，而协查通报各级公安机关都可以发布，其他有行政执法权的政府机关也可以发布，在发布范围上只通行于内部，是上级对下级单位和有关人员发布的。

悬赏通告并非一项单纯的通缉措施，因为其除了查获犯罪嫌疑人这一目的外，还具有发现重大犯罪线索和追缴涉案财物、证据的功能。发布悬赏通告需经县级以上公安机关负责人批准，悬赏通告中应当写明悬赏对象的基本情况和赏金的具体数额。

边控通知通缉措施中的边控，是指侦查机关为了缉捕可能出入境的在逃人员，通知出入境边防检查部门在查验工作中发现并予以扣留的一项侦查措施，该项措施一般与限制出境相联系。边控措施发挥作用是基于在逃人员具有通过出入境边防检查站出入国家边境的可能性，如果在逃人员非法出入国家边境，边控措施便难以见效。

（二）限制出境

限制出境，是指国家出于保护国家安全、预防和打击犯罪、维护社会管理秩序等目的，通过立法对本国公民或居住在本国的外国人的出境权予以限制。《监察法》第 30 条规定，监察机关为防止被调查人及相关人员逃匿境外，经省级以上监察机关批准，可以对被调查人及相关人员采取限制出境措施，由公安机关依法执行。对于不需要继续采取限制出境措施的，应当及时解除。

我国《监察法》第 30 条主要规定了四个方面的内容：

1. 适用对象。既包括涉嫌职务违法犯罪的被调查人，也包括涉嫌行贿犯罪或者共同职务犯罪的涉案人员，以及与案件有关的其他相关人员。但在实践中，并不是对所有涉嫌职务违法犯罪的被调查人都采取限制出境措施，而是应当把握必要性原则，根据实际情况，对有可能逃匿境外的被调查人限制出境。

2. 审批程序。限制出境措施的采取必须经特定的审批主体和严格的审批程序，必须由省级以上监察机关批准，体现了"宽打窄用"的原则，防止限制出境措施的随意使用，切实保护公民合法权利。

3. 执行主体。监察机关仅是限制出境的决定主体，执行应当交由安机关负责。限制出境决定应当对限制出境人员的具体信息、期限作出具体规定。

4. 延长和解除。限制出境措施期限届满后可以延长，但仍须由省级以上监察机关审批。为加强对公民合法权利的保护，在具体执行中，对期限尚未届满但没有必要继续采取限制出境措施的，监察机关应当及时作出解除决定，并通知公安机关予以解除。

同时，《监察法》第65条规定了限制条件，列举了9项属于监察机关及其工作人员违法行使职权的行为，其中第8项规定：对于违反规定限制他人出境，或者不按规定解除出境限制的，应当依法追究相关人员的法律责任。这是关于对监察机关及其工作人员违法行使职权的责任追究的规定。

限制出境的具体措施分为：扣留或要求公安机关协助扣留出入境证件；要求出入境管理机关不予办理出境审批备案手续；要求出入境管理机关在边境、边防检查站阻止出境；被限制出境人员拒不交出出入境证件的，可提请护照签发机关宣布其出入境证件作废。近年来，随着信息网络化的建设和在逃人员数据库的不断完善，失信人不能通过合法途径离境间接达到了限制出境的目的，这导致限制出境已经很少作为单独措施来实施。

最高人民法院《关于人民法院办理执行异议和复议案件若干问题的规定》（法释〔2015〕10号）第9条规定："被限制出境的人认为对其限制出境错误的，可以自收到限制出境决定之日起10日内向上一级人民法院申请复议。上一级人民法院应当自收到复议申请之日起15日内作出决定。复议期间，不停止原决定的执行。"这一文件能否适用于监察过程中，需要最高人民法院和国家监察委员会予以明确规定。

第三节　处置权

一、政务处分

我国《监察法》第11条、第45条规定，监察委员会依法履行监督、调查、处置的职责，对违法的公职人员依法作出政务处分决定。2018年4月16日中央纪委、国家监委颁布了《公职人员政务处分暂行规定》，对监察机关的政务处分职权与程序作了明确规定。

监察体制改革前，对于国家机关工作人员违法违纪责任的查处因涉事人员的身份不同而分别由行政监察机关、党的纪律检查机关和司法机关分别执行。行政监察机关依法对国家行政机关及其公务员进行监督，对违反行政纪律的行为执行行政处分；党的纪律检查机关对党组织和党员实施有效监督，对违犯党的纪律的党组织及其成员执行党纪处分；司法机关对国家机关工作人员违法失职行为构成犯罪的，依法追究刑事责任。由于违法违纪人员往往不只拥有一种身份，需要跨越不同的监督机关处理其违法违纪甚至犯罪行为，如遵循监察体制改革前的监督体系，纪法责任分别由不同的机关追究，容易出现协调机制不畅、信息难以共享等问题，公权力监督的有效性大打折扣。为了建立权威高效的权力监督与制约机制，2016 年 1 月习近平总书记在第十八届中央纪委第六次全会上提出："要扩大监察范围整合监察力量，健全国家监察组织架构，形成全面覆盖国家机关及其公务员的国家监察体系。"《使党的主张成为国家意志》一文提出用"政务处分"替代"政纪处分"，"政纪"是历史形成的，我们党早在陕甘宁边区就开始使用这一概念。改革开放以来，随着依法治国深入推进，我国法律体系不断完善，所有"政纪"均已成为国家立法，由《公务员法》《行政机关公务员处分条例》等法律法规加以规定。在全面依法治国条件下，党纪与法律之间没有中间地带。监察机关依据相关法律对违法的公职人员作出政务处分决定，这将进一步推动依法执政，实现纪法分开和纪法衔接。

根据《公职人员政务处分暂行规定》，在国家有关公职人员政务处分的法律出台前，监察机关可以根据被调查的公职人员的具体身份，依照相关法律、法规、国务院决定和规章对违法行为及其适用处分的规定，给予有违法违规行为的公职人员政务处分。政务处分的期间和适用规则，可以根据被调查的公职人员的具体身份等情况，适用有关法律、法规、国务院决定和规章。作为监察机关实施政务处分的依据，《监察法》与《公职人员政务处分暂行规定》关于政务处分的规定大致沿用了此前相关立法规定的"处分"或者"行政处分"的种类。《监察法》第 45 条第 1 款第 2 项中列举的 6 种对公职人员进行政务处分的种类，与《行政机关公务员处分条例》规定的行政机关公务员处分种类一致。根据《公职人员政务处分暂行规定》，监察机关对公职人员中的中共党员给予政务处分，一般应当与党纪处分的轻重程度相匹配；政务处分决定的内容和生效日期，参照《行政机关公务员处分条例》有关规定执行。由此可见，《公务员法》《事业单位工作人员处分暂行规定》等文件的纪律处分适用依据虽然没有全部列入监察法，但仍然是监察机关作出政务处分决定和监督公职人员的重要依据。此外，由于《监察法》将监察机关的监督范围扩至所有行使公权力的公职人员，《公职人员政务处分暂行规定》第 9 条针对基层群众性自治组织、国有企业等单位中从事管理的人员，或者未列入国家机关人员编制的受国家机关依法委托管理公共事务的组织中从事公务的人员、其他依法履行公职的人员，规定了谈话提醒、批评教育、责令检查、诫勉警示谈话、通报批评停职检查、责令辞职等措施。

二、问责

问责制度源于中国共产党的党内问责制，《监察法》第 6 条、第 11 条、第 45 条作了相关的规定。依据《中国共产党问责条例》《关于实行党政领导干部问责的暂行规定》《公职人员政务处分暂行规定》等党内法规及其他规范性文件，区分党内问责和监察问责。

（一）党内问责

根据 2016 年 7 月 8 日中共中央印发实施，2019 年 9 月 1 日修订的《中国共产党问责条例》第 4 条的规定，党委（党组）应当履行全面从严治党主体责任，加强对本地区本部门本单位问责工作的领导，追究在党的建设、党的事业中失职失责党组织和党的领导干部的主体责任、监督责任、领导责任。纪委应当履行监督专责，协助同级党委开展问责工作。纪委派驻派出机构按照职责权限开展问责工作。党的工作机关应当依据职能履行监督职责，实施本机关本系统本领域的问责工作。

党内问责的主体是党中央或者有管理权限的党组织，包括各级党委、纪委（纪检组）、党的工作部门；问责对象是各级党委（党组）党的工作部门及其领导成员，各级纪委（纪检组）及其领导成员，重点是主要负责人。党组织领导班子在职责范围内负有全面领导责任领导班子主要负责人和直接主管的班子成员承担主要领导责任，参与决策和工作的班子其他成员承担重要领导责任。党内问责的方式主要分为"对党组织的问责"与"对党的领导干部的问责"两种机制。

问责决定作出后，应当及时向被问责党组织或者党的领导干部及其所在党组织宣布并督促执行。有关问责情况应当向组织部门通报，组织部门应当将问责决定材料归入被问责领导干部个人档案，并报上一级组织部门备案；涉及组织调整或者组织处理的，应当在 1 个月内办理完毕相应手续。受到问责的党的领导干部应当向问责机关写书面检讨，并在民主生活会或者其他党的会议上作出深刻检查。建立健全的问责典型问题通报曝光制度，采取组织调整或者组织处理纪律处分方式问责的，一般应当向社会公开。党内问责实行终身问责制，对失职失责性质恶劣、后果严重的，无论其责任人是否调离转岗、提拔或者退休，都应当严肃问责。

《中国共产党问责条例》第 16 条明确规定："实行终身问责，对失职失责性质恶劣、后果严重的，不论其责任人是否调离转岗、提拔或者退休等，都应当严肃问责。"

（二）监察问责

根据《关于实行党政领导干部问责的暂行规定》，中共中央、国务院的工作部门及其内设机构的领导成员；县级以上地方各级党委、政府及其工作部门的领导成员，上列工作部门内设机构的领导成员，均属于党政干部问责的对象。

根据《关于实行党政领导干部问责的暂行规定》，对党政领导干部实行问责的方式分为：责令公开道歉、停职检查、引咎辞职、责令辞职、免职。但是按照《公职人员政务处分暂行规定》，监察机关可以依据或参照相关法律法规，对不履行或者不正确履行职责的领导干部作出通报批评、诫勉停职检查、责令辞职等问责决定，提出降职、免职等问责建议。对比可以看出，监察机关对于领导人员的问责基本沿用了对党的领导干部的问责方式，但是增加了"通报批评""诫勉""建议降职"等问责方式。

与党内问责不同的是，监察问责的期限略有不同，《公职人员政务处分暂行规定》第18条第1款提出，"有违法行为应当受到政务处分的公职人员，在监察机关作出处分决定前已经退休的，不再给予处分；监察机关可以对其立案调查，依法应当给予降级、撤职、开除处分的，应当按照规定降低或者取消其享受的待遇"。

三、监察建议

根据我国《监察法》的规定，监察建议的主体是各级监委及其派驻或派出的监察机构、监察专员。监察委员会依法履行监督、调查、处置职责，向监察对象所在单位提出监察建议；派驻或者派出的监察机构、监察专员根据授权，按照管理权限依法对公职人员进行监督，提出监察建议。

监察机关根据监督、调查结果，对监察对象所在单位廉政建设和履行职责存在的问题等提出监察建议。参照我国原《行政监察法》的规定，监察机关根据检查、调查结果，遇有下列情形时，可以提出监察建议：拒不执行法律、法规或者违反法律、法规，应当予以纠正的；有关单位作出的决定、命令、指示违反法律、法规或者国家政策，应当予以纠正或者撤销的；给国家利益、集体利益和公民合法权益造成损害，需要采取补救措施的；录用、任免、奖惩决定明显不适当，应当予以纠正的；依照有关法律法规的规定，应当给予处罚的；需要完善廉政建设制度的。

监察建议具有法律效力，被提出建议的有关单位必须履行监察建议要求其履行的义务，除非其有正当理由，否则，就要承担相应的法律责任。我国《监察法》第 62 条明确规定："有关单位拒不执行监察机关作出的处理决定，或者无正当理由拒不采纳监察建议的，由其主管部门、上级机关责令改正，对单位给予通报批评；对负有责任的领导人员和直接责任人员依法给予处理。"监察机关主要针对监察对象所在单位廉政建设和履行职责存在的问题提出监察建议，其目的是帮助有关单位查找不足、完善管理、健全制度。接受建议的单位如无正当理由，应采纳建议，自查自纠，整改落实。

四、移送依法审查提起公诉

依据我国《监察法》第 1 条的规定，监察委员会履行监督、调查、处置职责，对涉嫌职务犯罪的，将调查结果移送人民检察院依法审查、提起公诉。在案件移送的过程中，监察机关拥有"从宽处罚"的建议权：涉嫌职务犯罪的被调查人主动认罪认罚，有下列情形之一的，监察机关经领导人员集体研究，并报上一级监察机关批准，可以在移送人民检察院时提出从宽处罚的建议。

依据《监察法》的规定，即产生案件处置权转移的法律效力。监察机关经调查，对违法取得的财物，依法予以没收、追缴或者责令退赔；对涉嫌犯罪取得的财物，应当随案移送人民检察院。人民检察院对监察机关移送的案件，要依照刑事诉讼法视情况对被调查人采取强制措施。当前，我国《刑事诉讼法》规定的强制措施包括拘传、取保候审、监视居住、拘留、逮捕五种。对监察机关已经采取留置措施的案件，检察机关应当在监察机关移送案件之前对是否采取和采取何种强制措施进行审查，在移送之日作出决定并执行。人民检察院经审查，认为犯罪事实已经查清，证据确实、充分，依法应当追究刑事责任的，应当作出起诉决定。人民检察院经审查，认为需要补充核实的，应当退回监察机关补充调查，必要时可以自行补充侦查。对于补充调查的案件，应当在 1 个月内补充调查完毕。补充调查以二次为限。需要注意的是，"退回补充调查"与"自行补充侦查"是有先后顺序的，考虑到监察机关移送的案件政治性强、比较敏感，检察机关公诉部门审查后认为有补充证据需要的，应当先退回监察机关进行补充调查；只有在必要时，才由检察机关自行补充侦查。

一般而言，检察机关认为监察机关移送的案件定罪量刑的基本犯罪事实已经查清，但具有下列情形之一的，可以自行补充侦查：一是证人证言、犯罪嫌疑人供述和辩解、被害人陈述的内容中主要情节一致，个别情节不一致且不影响定罪量刑的；二是书证、物证等证据材料需要补充鉴定的；三是其他由检察机关查证更为便利、更有效率、更有利于查清案件事实的情形。

五、党纪处分

不论党组织还是党员个人，出现以下几种情形中的任意一种并违法有关规定的，即构成违纪：违反党章和其他党内法规；违反国家法律法规；违反党和国家政策；违反社会主义道德；危害党、国家和人民利益的行为。

一旦构成违纪的事实，且依照规定应当给予纪律处理或者处分的，都必须受到追究。追究违纪责任的形式因相应的对象不同而有所区别。党员违纪受到追究的，将受到纪律处分。纪律处分分为五种，处分等级由轻到重依次为：警告；严重警告；撤销党内职务；留党察看；开除党籍。若违纪的责任主体为党组织，《中国共产党纪律处分条例》规定只是对严重违犯党纪的党组织才进行追究，这种针对党组织的违纪责任的追究方式称为纪律处理，具体分为改组与解散。

对党员的纪律处分最轻的两个档次分别为警告和严重警告。党员受到警告处分1年内、受到严重警告处分1年半内，不得在党内提升职务和向党外组织推荐担任高于其原任职务的党外职务。但对原有职务不做处置，是对现状的维持，以此起到警示教育的作用。

撤销党内职务处分，是指将受处分党员所担任的由党内选举或者组织任命的党内职务全部或者部分撤销。对于在党内担任2个以上职务的，党组织在作处分决定时，应当明确是撤销其一切职务还是某个职务。如果决定撤销其某个职务，必须撤销其担任的最高职务。如果决定撤销其2个以上职务，则必须从其担任的最高职务开始依次撤销。对于在党外组织担任职务的，应当建议党外组织依照规定作出相应处理。

显而易见，相对于警告与严重警告的维持现状的特点而言，撤销党内职务处分是直接对受处分党员的职权进行削减，不仅明确了可削减的职数，而且明确了是从上而下的削减，这一规定可最大程度压缩处分违纪党员时可能存在的选择性的空间。

需要注意的是，不是每一个应当受到该处分的党员都有党内职务，对于应当受到撤销党内职务处分，但是本人没有担任党内职务的，应当给予其严重警告处分。其中，在党外组织担任职务的，应当建议党外组织撤销其党外职务。

党员受到撤销党内职务处分，或者因没有担任党内职务而受到严重警告处分的，2年内不得在党内担任和向党外组织推荐担任与其原任职务相当或者高于其原任职务的职务。

党员受到留党察看处分的，其处分期间可分为1年和2年。受到留党察看处分1年的党员，期满后仍不符合恢复党员权利条件的，应当延长1年留党察看期限。留党察看期限最长不得超过2年。留党察看期间，受处分党员没有表决权、选举权和被选举权。确有悔改表现的，期满后恢复其党员权利；坚持不改或者又发现其他应当受到党纪处分的违纪行为的，应当开除党籍。

党员受到留党察看处分，其党内职务自然撤销。对于担任党外职务的，应当建议党外组织撤销其党外职务。党员受到留党察看处分的，即使在其党员权利恢复后，也并非"完全恢复正常"，而是继续受到"撤销党内职务处分"的制裁，即2年内不得在党内担任和向党外组织推荐担任与其原任职务相当或者高于其原任职务的职务。这也体现出"留党察看处分"对违纪党员的制裁比"撤销党内职务处分"更加严厉。

按照《中国共产党纪律处分条例》规定，党员个人所能受到的最严厉的纪律处分为开除党籍处分，党员被开除党籍后就不再是中国共产党员，自然丧失党员所享有的权利，也无需再履行党员的义务，即使有再次入党的意愿，从其被开除党籍之日起5年内也不得重新入党。另有规定不准重新入党的，依照规定。

受到留党察看处分及开除党籍处分的党员，若担任党代表的，不论其为哪一级的代表，党组织均应当终止其代表资格。

对于党组织的违纪，《中国共产党纪律处分条例》规定只有在党组织严重违纪的情况下才进行责任追究，其追究方式称为纪律处理，具体分为改组与解散。

改组是针对党组织的领导机构而言的，即当党组织领导机构严重违犯党纪、本身又不能纠正的，应当予以改组。受到改组处理的党组织领导机构成员，除应当受到撤销党内职务以上（含撤销党内职务）处分的外，均自然免职。

相对于"改组"只是针对"党组织领导机构"而言，"解散"则是针对"党组织"的。当一个党组织的全体或者多数党员严重违犯党纪时，该党组织应当予以解散。对于受到解散处理的党组织中的党员，应当逐个审查。其中，符合党员条件的，应当重新登记，并参加新的组织过党的生活；不符合党员条件的，应当对其进行教育、限期改正，经教育仍无转变的，予以劝退或者除名；有违纪行为的，依照规定予以追究。

⊃ **思考题**

1. 监察机关的监督检查权内容有哪些?
2. 监察机关的调查权与公安机关的侦查权有什么区别?
3. 简述监察机关如何进行留置权? 被留置人如何得到法律帮助?
4. 简述监察机关如何对党纪行为、违法行为、犯罪行为进行调查?
5. 简述监察监督检查和党纪监督检查的异同?

<table>
<tr><td>第九章</td></tr>
</table>

反腐败国际合作

【内容提要】反腐败国际合作是构建权威高效的反腐败工作体制机制的重要组成部分。掌握国际反腐败合作的基本原则，了解国际组织反腐败合作的立法与实践以及合作主体等主要内容，对我国《监察法》中反腐败合作规定的正确运用具有时代意义。我国反腐败国际合作的基本形式与创新实践，充分发挥了反腐败国际合作的效能作用。

随着经济全球化和资金、人员流动便利化，跨国（境）腐败越来越猖獗，腐败不再是一个国家或一个地区的问题，而是成为人类社会的公害和痼疾。2003年第58届联合国大会审议通过《联合国反腐败公约》，专章规定反腐败国际合作和资产返还。目前，该公约缔约国达到184个，这是第一个全球性反腐败公约，标志着反腐败国际合作成为国际社会的普遍性义务。[1] 我国《监察法》第六章规定了反腐败国际合作，明确了国家监察委员会开展反腐败国际合作的职能定位、主要对象和工作内容，为开展反腐败国际合作和追逃追赃防逃工作提供了法律依据。

国家监察委员会是开展国际刑事司法协助的重要主管机关，统筹协调反腐败国际交流、合作，组织《联合国反腐败公约》等国际条约的实施以及履约审议等工作，并承担《联合国反腐败公约》司法协助中央机关有关工作。各级监察机关进行反腐败国际追逃追赃工作，按照《监察法》《刑事诉讼法》《国际刑事司法协助法》等法律法规的规定开展。涉嫌职务犯罪的被调查人外逃的，监察机关应当及时开展追逃追赃工作，需要国际刑警组织发布红色通缉令的，应

---

[1]　"反腐败需要国际间通力合作"，载中央纪检国家监委网，http://www.ccdi.gov.cn/gzdt/gjhz/201904/t20190429_193053.html，访问时间：2019年10月10日。

当逐级上报国家监察委员会并由国家监察委员会协调公安部向国际刑警组织提出申请。近几年来，在国内正风肃纪、"打虎灭蝇"的同时，我国政府不断扩大国际反腐败合作，利用双边机制和多边平台，加大境外追逃追赃力度，推动建立反腐败国际合作网络，得到国际社会的广泛赞誉。

第一节 反腐败国际合作基本原则

新时期，开展反腐败国际合作已经成为世界大多数国家的共同话题。本节主要介绍反腐败国际合作的基本原则，同时对反腐败国际合作的概念、发展历程、合作方式与范围等进行简要论述。

一、反腐败国际合作的概念

一般认为，反腐败国际合作是指国际行为主体在反腐败犯罪领域开展的有关国际刑事司法协助以及民事和行政案件调查与诉讼程序中进行的配合与协作。按照《联合国反腐败公约》的规定，反腐败国际合作的概念可以分为两种：一是狭义的概念，即指涉及引渡、被判刑人的移管、司法协助、刑事诉讼的移交、执法合作、联合侦查、特殊侦查手段等；二是广义的概念，除前述狭义的合作内容外，还包括资产的追回、技术援助、信息交流与培训等。我国《监察法》中的反腐败国际合作采用广义的概念。[1]

二、反腐败国际合作的发展历程

反腐败国际合作的发展历程大致可以分为三个阶段：一是萌芽阶段。通常认为反腐败国际合作开始于 1977 年美国最早制定的《反对海外腐败行为法案》，该法案明确规定了本国公司在海外业务活动中禁止向外国官员行贿。虽然这部法案只是对美国内部金融公司的约束，但其改变了将腐败仅看作发展中国家特有现象的错误观念，打破了国际社会将国际反腐败视为禁忌的思维，为反腐败国际合作的开展提供了可能性。[2] 二是蓬勃发展阶段。真正意义上的国际合作

---

〔1〕 按照日本著名的国际刑法学家森下忠的观点，我国反腐败国际合作采用了广义的概念。参见［日］森下忠：《国际刑法入门》，阮齐林译，中国人民公安大学出版社 2004 年版，第 131 页。

〔2〕 ［新西兰］杰瑞米·波普：《制约腐败——建构国家廉政体系》，清华大学公共管理学院廉政研究室译，中国方正出版社 2003 年版，第 421 页。

开始于 20 世纪 90 年代，这一时期各国政府和国家间组织相继表明了坚决反腐的态度，并积极寻求促进反腐败国际合作的方式。一些国际组织成为反腐败的重要力量，如经合组织、世界银行以及专门成立的透明国际等，并召开了许多研究反腐败的会议，逐步产生了具有一些重要影响的公约。如 1990 年《联合国经社理事会预防犯罪和刑事司法的国际合作文件》、1996 年《美洲国家反腐败公约》、1997 年《经合组织反对在国际商务交易中贿赂外国公职人员公约》、1998 年欧盟理事会《反腐败刑法公约》等。除此之外，许多国家政府间签订的双边司法协助条例也积极推动了反腐败国际合作的发展。三是成熟阶段。2003 年 10 月 31 日，第 58 届联合国大会全体会议审议通过《联合国反腐败公约》，这是联合国历史上首部用于指导国际反腐败斗争的法律文件，成为国际合作打击腐败犯罪的行动指南，有力促进了各国反腐败法律规范体系的建立和完善，标志着国际反腐败进入了成熟的阶段。[1]

三、反腐败国际合作的方式和范围

当前，反腐败国际合作的方式和范围，包括三类：一是由联合国和其他国际组织主导的多边合作机制，联合国合作机制以《联合国反腐败公约》和《联合国打击有组织跨国犯罪公约》为主要载体，参与国家多、影响力巨大；其他国际组织如透明国际、国际刑警组织主要针对反腐败的具体问题进行协调和治理，也具有很大的国际影响力。二是区域间的反腐败合作，指在特定区域内的国家间或由特定国家为主导开展的反腐败工作，如东盟、欧盟、非洲联盟等组织内部的反腐败合作。三是两国间的双边合作机制，以国家间的协议或互惠原则为依据，如我国与其他国家签订的司法协助协定，中美执法合作联合联络小组反腐败专家组的协作范式构建等，都是双边合作机制的典型。

四、反腐败国际合作的基本原则

反腐败国际合作的基本原则是反腐败国际合作的重要内容，有关公约、条例、协定以及理论研究都会涉及该项内容。反腐败国际合作实践中，具体哪些原则可以称得上是基本原则，并没有统一的官方认识。通常认为，基本原则应当是为国际社会所公认的，在反腐败国际合作中具有普遍性、概括性和指导意

〔1〕 樊崇义、王建明主编：《〈联合国反腐败公约〉与我国职务犯罪侦查研究》，中国方正出版社 2011 年版，第 26 页。

义的最一般性的准则。据此，我们认为反腐败国际合作的基本原则主要包括：国家主权原则、正当程序原则、平等互惠原则、一事不再理原则、特定原则、双重归罪原则等。

（一）国家主权原则

主权是作为国际社会成员的每个国家所不可或缺的基本权利。国家主权原则是当代国际法的基础，按照当代国际法的精神，国家主权神圣不可侵犯。反腐败国际合作遵循国家主权原则，应当至少做到：一是合作的展开基于双方自愿。开展与否完全取决于合作双方的意愿，一国不应该强迫另一国开展反腐败国际合作。二是维护国家利益是反腐败国际合作的价值基点。国家利益至上，是主权国家在进行国际交往、合作中所考量的核心要素，而所谓国家利益，是指满足或能够满足国家生存发展需要并且对国家有好处的事物，包括短期利益和长远利益。三是保障国家的刑事司法豁免权。司法豁免包括国家豁免与外交豁免，国家豁免主要是指代表国家的中央政府及其国家财产在外国法院应享有的管辖豁免；而外交豁免则通常限定于使馆和外交代表在接受国内应享有的特权与豁免。

《联合国反腐败公约》在第4条明确规定了保护主权原则："①缔约国在履行其根据本公约所承担的义务时，应当恪守各国主权平等和领土完整原则以及不干涉他国内政原则。②本公约任何规定概不赋予缔约国在另一国领域内行驶管辖权和履行该另一国本国法律规定的专属于该国机关的职能的权利。"[1] 这是国家主权原则在《联合国反腐败公约》上的具体体现，也是各国开展反腐败国际合作需要坚守的底线。我国在制定涉外法律及签订国际合作条约时也都将国家主权原则放在首位，如2018年通过的《国际刑事司法协助法》第4条第2款规定："国际刑事司法协助不得损害中华人民共和国的主权、安全和社会公共利益，不得违反中华人民共和国法律的基本原则。"第15条第2款规定："对于刑事司法协助请求明显损害中华人民共和国的主权、安全和社会公共利益的，对外联系机关可以直接拒绝协助。"我国《引渡法》第3条第2款亦规定："引渡合作，不得损害中华人民共和国的主权、安全和社会公共利益。"

（二）正当程序原则

正当程序思想，起源于英国1215年的《自由大宪章》。正当程序包含两方面内容：一是程序规定是否符合公平正义；二是政府权力是否严格按照这一程

---

[1] 陈光中主编：《21世纪域外刑事诉讼立法最新发展》，中国政法大学出版社2004年版，第26页。

序行使。正当程序原则之所以在当今国际社会能够得到良好发展，其中一个重要原因就在于它顺应国际人权保障的潮流。如何平衡好保障人权与惩治犯罪之间的关系，是正当程序原则的价值之所在。反腐败国际合作应当遵循正当程序原则，追求正当程序，恰如在司法过程中给予当事人以平等的机会，机会的平等比结果的平等更重要。

作为国际反腐败的重要条约，《联合国反腐败公约》在序言中明确指出：本公约缔约国承认在刑事诉讼程序和判决财产权的民事或者行政诉讼程序中遵守正当法律程序的基本原则。[1] 我国是《联合国反腐败公约》成员国，有执行公约的国际义务，同时也有权利根据公约进行反腐败活动，特别是追赃、追逃。在反腐败国际合作中，应当严格正当法律程序。我国《监察法》对于调查、取证等措施的批准和执行进行了严格的规定，这些创建了我国在反腐败方面的正当法律程序。

（三）平等互惠原则

平等互惠（reciprocity）是指给予对等或者平等待遇。平等互惠原则也称国际合作的相互主义，是指在刑事司法国际合作中，基于国家主权平等原则，一国（通常是被请求国）对另一国（通常是请求国）司法协助或国际合作请求给予执行的原则或态度。平等互惠有两种形式加以体现：一种是平等互惠实践，即在实践中已经存在事实上的引渡合作关系或先例。另一种是平等互惠承诺，即在无互惠实践的情况下提供关于未来实践的保证。[2] 任何国家都有主权，主权者与主权者之间处于平等地位，"平等者之间无管辖权"是一个古老的国际法原则。平等互惠原则是由国家主权原则引申出来的。在没有共同参与的国际公约或互助协定时，任何国家都没有要求他国提供协助的权力，而合作又是国际交往过程中必不可少的，这时就需要各国根据平等互惠原则提供协助与合作。这也是平等互惠原则成为反腐败国际合作中一项基本原则的原因。

《联合国反腐败公约》采纳了相对互惠原则，其第43条第2款规定："在国际合作事项中，凡将双重犯罪视为一项条件的，如果协助请求中所指的犯罪行为在两个缔约国的法律中均为犯罪，则应当视为这项条件已经得到满足，而不论被请求缔约国和请求缔约国的法律是否将这种犯罪列入相同的犯罪类别或者

〔1〕 赵秉志、王志祥、郭理蓉编：《〈联合国反腐败公约〉暨相关重要文献资料》，中国人民公安大学出版社2004年版，第3页。
〔2〕 黄风：《〈中华人民共和国引渡法〉评注》，中国法制出版社2001年版，第6页。

是否使用相同的术语规定这种犯罪的名称。"[1] 我国涉及国际合作的立法中全面体现着平等互惠原则。《国际刑事司法协助法》第4条第1款规定："中华人民共和国和外国按照平等互惠原则开展国际刑事司法协助。"《刑事诉讼法》第18条规定："根据中华人民共和国缔结或者参加的国际条约，或者按照互惠原则，我国司法机关和外国司法机关可以相互请求刑事司法协助。"《引渡法》第3条第1款规定："中华人民共和国和外国在平等互惠的基础上进行引渡合作。"

（四）一事不再理原则

一事不再理原则，作为一项为世界各国所普遍适用的原则，指已在一个成员国受到法院作出实体的生效裁判或有关实体的程序性裁判的人，不得就同一案件在另一个成员国再次遭到起诉和审判。[2] 按照国际实践，被请求国可以根据一事不再理原则拒绝提供司法协助和国际合作。"同一罪行不接受两次审判"为各国宪法和法律所遵循，旨在避免当事人因同一案件受到双重危险和保障人权。

《联合国反腐败公约》第46条规定，"如果被请求缔约国的机关依其管辖权对任何类似犯罪进行侦查、起诉或者审判程序时，其本国法律已经规定禁止对这类犯罪采取被请求的行动"，可以拒绝提供司法协助。虽然一事不再理原则被确定为司法协助中必须遵循的基本原则，但是这一原则也存在例外情形。例如，《打击涉及欧洲共同体官员或欧盟成员国官员的腐败行为公约》第10条规定了"①如果外国判决针对的事实全部或部分发生在本国境内；在后一种情形下，如果这些事实部分发生在作出判决的成员国境内，则本例外不适用；②如果外国判决针对的事实了对该成员国的安全或其他同等重要的利益的损害；③如果外国判决针对的事实是由该成员国官员违反其职责而所为"这三种例外情形。[3] 我国反腐败国际合作也需要一事不再理原则。《国际刑事司法协助法》第14条第2项规定："在收到请求时，在中华人民共和国境内对于请求针对的犯罪正在进行调查、侦查、起诉、审判，已经作出生效判决，终止刑事诉讼程序，或者犯罪已过追诉时效期限。"《引渡法》第8条第2项规定"在收到引渡请求时，中华人民共和国的司法机关对于引渡请求所指的犯罪已经作出生效判决，或者

[1] 陈雷：《反腐败国际合作理论与实务》，中国检察出版社2012年版，第12页。
[2] 宋英辉：《刑事诉讼原理》，北京大学出版社2014年版，第98页。
[3] 赵秉志、王志祥、郭理蓉编：《〈联合国反腐败公约〉暨相关重要文献资料》，中国人民公安大学出版社2004年版，第244页。

已经终止刑事诉讼程序的"应当拒绝引渡。

（五）特定原则

特定原则是请求国的一项义务。[1] 特定原则（rule of speciality）是指提出引渡或司法协助请求的请求国只能根据请求书所载的犯罪进行引渡和处罚，或者通过司法协助取得的证据、物品、财物等只能在限定的范围或程序中使用。不得对请求引渡以外的罪行进行审判或处罚，或者对通过司法协助取得的证据、物品、财物等作其他用途。

《联合国反腐败公约》中关于司法协助特定原则的规定，主要包括三方面：①未经被请求国事先同意，请求国不得将被请求缔约国提供的资料或者证据转交或者用于请求书所述以外的侦查、起诉或者审判程序；②在被请求国境内羁押或服刑的人，如果被要求到请求国进行辨认、作证或提供其他协助，除非得到本人和移送该人的被请求国同意，无论该人国籍为何，均不得因其在离开移送国国境前的作为、不作为或定罪而在被移送前往的国家境内使其受到起诉、羁押、处罚或对其人身自由实行任何其他限制；③对于前往他国（请求国）提供司法协助的证人、鉴定人或其他人员不能因国内的行为（作为或不作为）或定罪在他国被起诉、羁押、处罚，或在人身自由方面受到任何其他限制，但如果证人、鉴定人或其他人员在规定的期限内不返回的或滞留不归的，其人身安全保障不再有效。[2]

我国引渡制度对"特定规则"亦有较为详细的规定。《引渡法》第 14 条不仅规定了请求国请求引渡时"不对被引渡人在引渡前实施的其他未准予引渡的犯罪追究刑事责任"，还规定了适用该原则的一系列例外情形。特定规则也是我国与外国缔结刑事司法协助条约的一项重要原则。《中华人民共和国政府和美利坚合众国政府关于刑事司法协助的协定》第 7 条第 3 款规定："未经被请求方中央机关同意，请求方不得为了请求所述案件之外的任何其他目的使用根据本协定提供的任何资料或证据。"

（六）双重犯罪原则

双重犯罪原则（principle of double criminality），亦称双方可罚原则、双重归罪原则，是指在反腐败国际合作中，作为请求事项所指的犯罪是请求国与被请求国的法律都规定为犯罪的行为。"假如有关行为发生在被请求国司法管辖领域

---

〔1〕 黄芳：《国际犯罪国内立法研究》，中国方正出版社 2001 年版，第 200 页。
〔2〕 陈雷：《反腐败国际合作理论与实务》，中国检察出版社 2012 年版，第 18 页。

内，也构成犯罪；而并非要求该行为已经实际触犯了被请求国的法律。"[1] 双重犯罪原则是罪刑法定原则在刑事司法国际合作领域的体现，在引渡、相互承认和执行刑事判决以及诉讼移管方面，双重犯罪原则一直是一项必须严格遵守的刚性原则。

《联合国反腐败公约》明确规定了双重犯罪原则，即"当被请求引渡人在被请求缔约国领域内时，本条应当适用于根据本公约确立的犯罪，条件是引渡请求所依据的犯罪是按请求缔约国和被请求缔约国本国法律均应当受到处罚的犯罪"。同时，《联合国反腐败公约》亦认可双重犯罪原则的例外。"尽管有本条第1款的规定，但缔约国本国法律允许的，可以就本公约所涵盖但依照本国法律不予处罚的任何犯罪准予引渡。"也就是说，在一定条件下，即使被请求国的法律不认为是犯罪的，也可以进行引渡或司法协助。我国与外国签署的所有引渡条约均确认了双重犯罪原则，要求"可引渡的犯罪"必须是根据缔约双方法律均构成犯罪。《引渡法》第7条规定被请求引渡人的行为只有依据中国的法律和被请求国的法律均构成犯罪的，才可以准予引渡。

需要说明的是，新时代反腐败国际合作最新实践进程中，合作主体不仅要遵循前述六种主要原则，有时还需要遵守财税事项不得拒绝引渡和司法协助请求原则、银行保密不影响国际合作原则、缔约国间相互提供最广泛的合作和协助原则等。

第二节　反腐败国际合作立法与合作领域

综观全球性反腐败公约和区域性反腐败公约的有关内容，有利于更好地把握反腐败国际合作机制的构建。本节将对国际社会上重要的全球性和区域性的反腐败组织立法、实践与合作机制进行简单介绍，以期有效开展预防和打击腐败犯罪的国际合作。

一、国际组织反腐败立法与实践

腐败已成为全世界共同面临的最大挑战。全球性与区域性国际组织作为世界性腐败治理的重要机构，在反腐败国际合作方面发挥了重要作用。主要内容如下：

---

[1] 黄风："国际刑事司法协助制度的若干新发展"，载《当代法学》2007 年第 6 期。

（一）联合国

联合国作为当今世界最大、最重要的国际组织，于 1945 年 10 月 24 日成立，有 51 个创始会员国，目前有成员国 193 个，几乎囊括了世界上所有的主权国家，总部位于美国纽约州纽约市。联合国的宗旨是维护国际和平与安全；发展国际间以尊重各国人民平等权利及自决原则为基础的友好关系；进行国际合作，以解决国际间经济、社会、文化和人道主义性质的问题，并且促进对于全体人类的人权和基本自由的尊重。其国际集体安全机制的功能已经得到国际社会的普遍认可。

20 世纪 70 年代以来，反腐败纳入了联合国的政策议程，在各方的努力下，联合国通过了一系列反腐败法律，产生了重要的影响。联合国历年通过的反腐败相关法律主要文件有：1979 年《执法人员行为守则》、1990 年《反腐败的实际措施》、1996 年《公职人员国际行为守则》、1996 年《联合国反对国际商务交易活动中的贪污贿赂行为的宣言》、2000 年《联合国打击跨国有组织犯罪公约》、2002 年《反贪污国际法律文书谈判工作范围》、2003 年《联合国反腐败公约》等，其中影响最大的是《联合国反腐败公约》。[1]

（二）世界银行

世界银行原称复兴开发银行，是联合国下属负责长期贷款的国际金融机构的一个专门机构。世界银行是根据 1944 年美国布雷顿森林会议上通过的《国际复兴开发银行协定》成立的。世界银行的主要业务活动有：对发展中成员国提供长期贷款，对成员国政府或经政府担保的私人企业提供贷款和技术援助，资助他们兴建某些建设周期长、利润率偏低但又是该国经济和社会发展所必需的建设项目。

世界银行的反腐败历程，从 20 世纪 80 年代开始：①加强反腐机构建设方面，成立反腐败委员会以及设立专门受理举报世界银行贷款项目中的腐败与欺诈行为的免费热线电话和邮箱。②对援助项目适用严格的审查监督机制，即规定采购和贷款偿付程序，成立了审批委员会，加强对借款者采购过程的监督等。③帮助各国与腐败做斗争，如帮助受援国设计政府的反腐败项目，开展调查、诊断某个国家的腐败程度和特征，发布调查结果，为政府和公民社会成员开办专题讨论会和举办培训活动等。④支持全球性反腐败活动。世界银行支持全球反腐败行动的方法包括：帮助协调国的反腐败活动和国内反腐败活动之间的关

---

〔1〕　马海军、邹世享：《中国反腐败国际合作研究》，知识产权出版社 2011 年版，第 49 页。

系；集中在世界银行有比较优势的领域开展反腐败活动；和其他组织建立战略合作关系；在国际上获取和发布与腐败有关的知识；解释和完善银行政策。世界银行还积极响应国际动议，与合作伙伴共同努力反腐败。⑤ "被盗资产迫缴行动"，即帮助发展中国家追讨被腐败官员转移到境外的非法资产，并根据自愿原则，对被追讨回的资产进行监督，提高追讨工作的成效和透明度。

（三）国际商会

国际商会（ICC）是为全球商业服务的民间经贸组织，成立于 1919 年，总部设在巴黎。国际商会的宗旨是在经济和法律领域里，以有效的行动促进国际贸易和投资的发展。商会的工作方式是：制定国际经济贸易领域的规则、惯例，并向全世界商界推广；与各国政府以及国际组织对话，以求创造一个有利于自由企业、自由贸易、自由竞争的国际环境；促进会员之间的经贸合作，并向全世界商界提供实际服务等。国际商会目前在 83 个国家设有国家委员会，拥有来自 140 个国家的 8000 多家会员公司和会员协会。[1]

在反腐败方面，国际商会特别关注勒索和贿赂对商业贸易产生的危害。早在 1977 年，国际商会就发表了名为《打击国际商业交易中的勒索和贿赂的行为准则》的报告，该报告号召各国政府、国际组织和商业社会相互协助和支持以打击国际商业交易中的勒索和贿赂。商会于 1994 年和 1999 年重新审议了这一准则，制定了更加严格的准则，增加了企业自愿实施行为准则的建议。2005 年，商会再次修订该准则，还加入了采取行动打击支付基层官员疏通费的规定，其主要内容包括：①企业自愿遵行的实质性规则和实施程序；②简述国际商会反贪腐委员会为促进准则的后续活动；③国际商会反贪腐委员会组织和各国政府合作，加强打击行贿、受贿和勒索的法律以及行政架构。此外还成立了专门的反贪腐委员会以促进该行为准则的实施。

（四）透明国际

透明国际（Transparency International）即"国际透明组织"，简称"TI"，是一个非政府、非盈利、国际性的民间组织。"透明国际"于 1993 年由德国人彼得·艾根创办，总部设在德国柏林，以推动全球反腐败运动为己任，今天已成为对腐败问题研究得最权威、最全面和最准确的国际性非政府组织，目前已在 120 个国家和地区成立了分会。[2] 它的研究结果经常被其他权威国际机构反

〔1〕 李晓明、芮国强主编：《国家监察学原理》，法律出版社 2019 年版，第 620 页。
〔2〕 马海军、邹世享：《中国反腐败国际合作研究》，知识产权出版社 2011 年版，第 56 页。

复引用。

"透明国际"成立以来，所做的反腐败主要工作有：①主持或参与国际性或地区性反腐败会议，推动该组织各国支部成立。②出版大量有关反腐败的出版物，开发反腐败工具。其中《反腐败抗争者工具箱》和《资料书》是两部有很好效果的反腐败资料的系统性汇编和研究具体改革的辅助性工具书。此外，透明国际还定期出版《透明国际通讯》等刊物。③建立自己的网站，发布有关反腐败的信息。④积极推动建立国际反腐败统一战线，推动建构国家廉政体系；联合公民社会、私营部门、各国政府、议会和司法部门，构筑强大的反腐败体系。⑤每年颁发一次廉洁奖，目的是奖励那些敢于揭露腐败、坚持正义的突出人士。⑥每年发布一期"腐败排行榜"，按照各国的腐败程度进行排名。"透明国际"是以 CPI（清廉指数）和 BPI（行贿指数）构成的腐败指数来进行评估的。

（五）国际刑警组织

国际刑警组织，全称是国际刑事警察组织，是继联合国外第二大规模的国际组织，也是全球最大的警察组织，成立于 1923 年，总部位于法国里昂，目前拥有 190 个成员。

国际刑警组织的宗旨是保证和促进各成员国刑事警察部门在预防和打击刑事犯罪方面的合作。根据国际刑警组织的章程，各成员国之间进行国际协查办案，进行国际警务执法合作。在反腐败国际合作实践中，主要采取联合侦查、国际侦查协助、域外调查取证等方式。国际刑警组织还进行跨国追捕逃犯和遣返。随着反腐败国际合作的加强，发布红色通缉令、跨国追捕腐败分子已经成为该组织的一个经常性的业务。

（六）区域性国际组织

除了上述的五大全球性国际组织，经济合作与发展组织、美洲国家组织、欧洲委员会、非洲联盟、亚太经合组织等区域性国际组织在反腐败国际合作方面亦有相关的实践经验，并制定了一系列区域性反腐败合作的法律文件，促进了本区域反腐败国际合作的开展。

1. 经济合作与发展组织。经济合作与发展组织，简称经合组织，成立于1961 年，总部设在法国巴黎，共 37 个成员，集中了世界上大多数最发达的国家，堪称国际社会的"富国俱乐部"。作为在世界经济与贸易中占有重要地位的经济合作与发展组织，也深感贿赂对国际商业交易的严重影响，为此经济合作与发展组织理事会于 1997 年通过了《禁止在国际商业交易中贿赂外国公职人员公约》，呼吁各国政府、国际组织以及各公司、商业组织、工会组织等其他非政府组织，采取行之有效的措施，遏止、预防和打击国际商务交易活动中的行贿外国公职人员的行为。目前，该公约已经得到了国际社会广泛的支持。

2. 美洲国家组织。美洲国家组织的前身是"美洲大陆共和国联盟"，成立于 1890 年，1948 年在波哥大举行的第九次会议上通过了《美洲国家组织宪章》，改名为"美洲国家组织"，是由美洲国家组成的区域性国际组织，目前有 35 个成员，并先后有 58 个欧美及亚非的国家或地区在该组织派有常驻观察员。20 世纪 90 年代初，美洲国家达成了规制腐败行为的共识。1996 年，该组织通过了《美洲反腐败公约》，这是世界上第一部专门的多边反腐败公约，对推动美洲国家之间的反腐败协作，建立预防、侦查、打击最终根除腐败的有效机制，提高查办跨国腐败案件的效率都起到了重要作用。1997 年，该组织通过了一个落实公约条款的行动计划，即《泛美国家反腐败合作纲领》。该纲领要求各成员国立法系统、政府机构、国际组织及公民社会共同介入反腐败斗争。1998 年，美洲国家首脑会议建议定期举行反腐败专门会议，审查各成员国的执行反腐败行动计划的情况。[1]

3. 欧洲委员会。欧洲委员会（Council of Europe）于 1949 年成立，总部设在法国斯特拉斯堡，原为西欧 10 个国家组成的政治性组织，现已扩大到整个欧洲范围，共有 47 个成员国，5 个部长委员会观察员国（梵蒂冈、加拿大、美国、日本和墨西哥）以及 3 个议会观察员国（加拿大、墨西哥和以色列）。其宗旨是保护欧洲人权、议会民主和权利的优先性；在欧洲范围内达成协议以协调各国社会和法律行为；促进实现欧洲文化的统一性。[2] 欧洲委员会在促进欧盟国家的反腐败问题方面成果十分丰富：1996 年制定《反腐败行动纲领》，1997 年制定《关于反腐败斗争的 20 项指导原则》和《打击欧洲共同体官员或欧洲联盟成员国官员腐败公约》，1999 年制定《反腐败刑法公约》和《反腐败民法公约》并成立欧洲委员会反腐败国家集团，2000 年发布《公职人员行为守则建议》，2003 年制定《政治献金廉洁一般规则建议》以及《反腐败刑法公约附加议定书》等文件。这些文件对欧盟国家的影响是巨大的，有学者认为《反腐败刑法公约》比《联合国反腐败公约》对欧盟国家的约束力更强。

---

[1] 孔祥仁：《国际反腐败随笔》，中国方正出版社 2003 年版，第 292~295 页。

[2] "欧洲委员会规章"，载欧洲委员会（Council of Europe）网，http://www.coe.int/en/web/portal/home，访问时间：2020 年 5 月 3 日。

4. 非洲联盟。非洲联盟（African Union，AU，以下简称"非盟"），前身是 1963 年成立的非洲统一组织，2002 年 7 月在南非改组，包含 55 个非洲会员国，是集政治、经济和军事于一体的全非洲性政治实体。其主要目的是帮助发展及稳固非洲的民主、人权以及能永续发展的经济，除此之外亦希望减少非洲内部的武装战乱，创造一个有效的共同市场。非盟自成立以来，大力加强同国际社会的反腐败合作，2003 年制定《预防和打击腐败公约》。该公约明确规定了在非洲地区反腐败的宗旨和基本原则，确定了腐败犯罪的适用范围，同时对腐败犯罪所得的洗钱罪和资产非法增加罪亦作出了规定。此外，对管辖、引渡、司法协助、扣押和没收犯罪所得等程序性问题也作出了具体规定。[1]

5. 亚太经济合作组织。亚太经济合作组织（Asia-Pacific Economic Cooperation，简称 APEC）是亚太地区最具影响的经济合作官方论坛。该组织于 1989 年 11 月 5 日至 7 日由澳大利亚、美国、加拿大、日本、韩国、新西兰和东南亚国家联盟 6 国在澳大利亚首都堪培拉举行的亚太经济合作会议首届部长级会议上成立。该组织的宗旨是：保持经济的增长和发展；促进成员间经济的相互依存；加强开放的多边贸易体制；减少区域贸易和投资壁垒，维护本地区人民的共同利益。关于腐败问题，2004 年亚太经济合作组织发表《圣地亚哥宣言》并指出，腐败不但是对"良政"的严重威胁，还阻碍了投资。随后批准了《亚太经合组织反腐败和保证透明度行动计划》及《反腐败和保证透明度圣地亚哥承诺》，以强化相关承诺并进一步在反腐败领域发挥重要的领导作用。

6. 其他区域性合作组织。除了上面的组织，还有一些区域性组织也为各自区域内的反腐败国际合作贡献了重要的力量。例如，2001 年由亚洲开发银行与经合组织联合发起的《亚太地区反腐败行动计划》；亚洲监察专员协会，即区域性的反腐败专业组织，其宗旨是加强亚洲各国、各地区行政监察机构之间的交流与合作，促进各国、各地区行政监察工作的开展；南非发展共同体制定了《南非发展共同体反腐败议定书》[2]；西非成员国于 2001 年在塞内加尔的达喀尔签署了《打击腐败议定书》；等等。

---

〔1〕 陈雷：《反腐败国际公约视野下我国反腐败刑事立法及其完善》，中国人民公安大学出版社 2008 年版，第 33 页。

〔2〕 杨宇冠：《我国反腐败机制完善与联合国反腐败措施》，中国人民公安大学出版社 2007 年版，第 628 页。

二、反腐败国际合作领域

反腐败国际合作机制，是一种以腐败犯罪为规制对象的国际协作，其领域并不局限于刑事司法，还包括了政治、经济、司法等诸多方面，主要涉及预防、惩治和影响消除等三个领域。

（一）预防合作领域

在应付全球性的腐败形势下，各国对于"预防为主"的反腐败策略已形成共识。第 4 届国际反贪污大会指出："消除贪污要以预防为主"。[1] 这一国际反腐共识无疑有利于各缔约国司法机关开展国际反腐败犯罪预防工作。

1. 各国司法机关在腐败犯罪打击方法、信息交流、人员培训等方面的合作。

第一，犯罪打击方法合作。"从腐败犯罪预防的途径而言，主要包含经济手段和政治手段两种基本机制。这两种手段是腐败犯罪预防的主要手段，各种腐败犯罪的预防机制大都以此作为基本的控制性手段。"[2] 这两种反腐败犯罪打击手段，可以通过法律制度、经济体制、政治理念来体现，也可以监督、教育、舆论的方式出现。在《联合国反腐败公约》的指导下，各缔约国可以在求同存异的基础上进行充分的合作。对于经济基础相近的缔约国，各国之间可以在经济方面加强有关反腐败犯罪预防措施的合作和交流，同样对于政治体制类似的缔约国，它们可以在政治体制的改革和借鉴中，互相学习和观摩反腐败犯罪预防机制的设置。

第二，信息交流合作。"随着经济全球化的发展，各国间的政治交往和经济交往日益密切，人员流动日益频繁与自由，腐败犯罪也日益呈现跨国、跨地区的特点，并出现了全球化的趋势，使各国先前各自独立的反腐行动受到了挑战。"[3] 这种腐败犯罪全球化的趋势表现为：一是腐败犯罪分子出逃国外寻求庇护；二是腐败犯罪所得存储国外并流动于全球。我们认为，各缔约国之间可以初步建立双边的腐败犯罪信息网络共享平台，对合作国家之间有关腐败犯罪的信息进行共享，甚至可以构建一个各缔约国均可以加入的更为开阔的网络共享平台。

---

〔1〕 孙力、张朝霞、张磊："反腐败国际合作机制研究"，载《中国刑事法杂志》2004 年第 3 期。

〔2〕 刘广三、李文伟："《联合国反腐败公约》与腐败犯罪预防机制的一般理论"，载《烟台大学学报（哲学社会科学版）》2007 年第 3 期。

〔3〕 苏彩霞："《联合国反腐败公约》与国际刑法的新发展——兼论《公约》对我国刑事法的影响"，载《法学评论》2006 年第 1 期。

第三，人员培训合作。反腐败国际合作均应当在必要的情况下为本国负责预防和打击腐败的人员启动、制定或者改进具体培训方案，包括本国和国际条例以及语言方面的培训、开展借调和交流，便利合作方之间在引渡和司法协助领域的国际合作而提供培训和援助与相互交流有关的经验和专门知识。

2. 各国在公职人员任用、考核、奖惩，以及公共部门监管方面的经验交流。为保证公职人员的廉洁性，各国一般都认为，在公务员和非选举产生的公职人员的招聘雇用、留用、晋升和退休制度上，应以效率和透明度为原则，以特长、公正和才能等客观标准为基础。各国针对公职人员的反腐败措施是否合理恰当，不能仅仅用本国的具体情况来验证，还需要与其他国家的反腐败措施进行横向比较和观察，这就需要各国之间加强针对公职人员反腐败工作的经验交流。

3. 各国对预防洗钱措施的交流与合作。各国之间尽可能多地签订双边或多边的反洗钱条约，以扩大反洗钱犯罪的国际协作范围，加强对反洗钱犯罪的打击力度，逐步建立资产流入国与资产流出国之间分享此类犯罪所得的机制。此外，各国还要加强对洗钱犯罪的金融监控，切实掌握流入本国的犯罪所得，以此作为取得与其他缔约国之间进行对等合作的筹码，以期促进彼此之间能够开展平等互利的国际协作。

（二）惩治合作领域

腐败犯罪惩治合作机制是国际反腐败工作中一个重要组成部分，也是整个国际反腐败犯罪规划中不可或缺的环节。为了有效打击国际腐败犯罪，各缔约国应当做到在维护自身利益的同时，尊重和兼顾其他国家利益，以最大的诚意参与构建腐败犯罪惩治合作机制。

1. 以《联合国反腐败公约》为基本框架，开展腐败犯罪惩治合作新模式。《联合国反腐败公约》的出台旨在建立反腐败国际刑事合作机制，为此该公约第4章第43条至第50条，就引渡、被判刑人移管、司法协助、刑事诉讼移交、执法合作、联合侦查、特殊侦查手段等国际合作事项作出了具有原则性而又不失灵活性的规定。各缔约国有义务在该公约的指导下，积极共同构建诸如引渡、司法协助、刑事诉讼移交、执法合作、联合侦查等方面的国际刑事司法合作机制。

2. 引渡及替代措施。反腐败引渡国际合作机制，一般是指各国以公约或协议的形式，就确认腐败行为的国家间转移为犯罪而实现相互引渡以达到反腐败的国际惩治，并在此基础上建立一套各国遵守的原则、规范、规则和决策的刑事司法程序。[1] 引渡及其替代措施，主要包括或引渡或起诉、移民法替代措施——遣返、刑事替代措施、劝返、驱逐出境、被判刑人的移管和刑事诉讼的移交、司法协助和执法合作、联合侦查和特殊侦查等事项。

（三）影响消除合作领域

腐败犯罪影响消除合作方式，有资产追回和损害赔偿两种类型。《联合国反腐败公约》第五章即资产追回，内容涉及资产追回的一般规定、预防和监测犯罪所得的转移、资产追回的方式、没收事宜的国际合作、特别合作、资产的返还和处分、金融情报机构以及双边和多边协定和安排等。资产追回，是指一缔约国在其资产因本公约确立的腐败犯罪所得被转移到另一缔约国的情况下，通过一定的途径直接主张对该资产的合法所有权，或者由另一缔约国对被转移到本国境内的腐败犯罪所得进行没收后，将其返还给前者的资产追回机制。《联合国反腐败公约》第 35 条规定："各缔约国均应当根据本国法律的原则采取必要的措施，确保因腐败行为而受到损害的实体或者人员有权为获得赔偿而对该损害的责任者提起法律程序。"被害人因腐败犯罪遭受的财产损失应当属于刑事损害赔偿的范畴。腐败犯罪被害人刑事损害赔偿的国际合作机制主要应当包括以下几方面的内容：①建立多元化的刑事损害赔偿途径；②承认和执行国外的判决和裁定；③加强有关刑事附带民事诉讼诉前财产保全措施的国际合作。

第三节　反腐败国际合作主体

在国际政治领域，活跃着多种类型的国际行为主体，除了国家这个最基本的行为主体以外，还有其他作用日益扩大的国际组织，以及各国和国际性政党、政治团体、非政府组织，甚至具有政治权威或者较大影响力的个人，这些主体都有可能成为反腐败国际合作的主体。

一、主权国家

主权国家是国际合作中最重要的、最具有决定意义的基本行为主体，在反腐败国际合作领域也是如此。作为主权国家，必须具备固定的领土、定居的居民、统一的政权和国家主权四个基本要素。主权国家是政治国家和民族国家的

---

[1] 王秀梅、鲁少军："反腐败引渡国际合作机制研究——以《联合国反腐败公约》为框架"，载《理论导刊》2009 年第 11 期。

统一体，是构成当代国际社会的最基本实体、单元和单位。在国际法意义上，主权国家具有唯一的合法性。主权国家能够控制和最大限度地调动、配置、运用一切资源，形成国际社会强大的行为主体和实体，它是人类生活诸共同体的唯一合法总代表。目前全世界有 200 个左右的国家和地区，主权国家的反腐败合作意愿是促成反腐败国际合作的最基本的动力，绝大多数国家都设有各种类型的反腐败机构。

二、国际组织

国际组织是重要的行为主体。国际组织具有如下特点：①具有参与国际活动的能力；②国际组织存在和活动的合法性依据参与者所订立的条约，超越和违背条约规定的机构、职权和活动均属于非法或无效；③国际组织一般原则是参与者之间地位平等，互不干涉内部事务或者个人事务，更不得侵害各参与者的权利。在当今国际社会中，国际组织数以万计，类型众多。按照国际组织的参与者身份可以分为国家间的国际组织和非国家间的国际组织，其中，国家间的国际组织是国际法主体，非国家间的国际组织不是国际法主体。按照其基本性质、活动目标和范围分为一般政治性国际组织和专门性国际组织；按照成员的构成和处理事务的地区范围可以分为全球性国际组织和区域性国际组织；按照活动的内容和领域可以划分为政治性国际组织、经济性国际组织、军事性国际组织和文化科技卫生体育等组织。一些国际组织在活动中，涉足了国际反腐败问题，从而相应地成为反腐败合作的重要主体。

三、政党和政治团体

政党是阶级或阶层的先锋队组织。在一国范围内，无论是执政党还是非执政党都是基本的政治力量和行为主体。在当今开放的世界上，政党或者政党联盟也有可能成为重要的国际行为主体，政党关系成为国际关系的重要内容。在当代国际政治中，具有较大的影响力和重要作用的政党主要有共产党、社会民主党、民族主义政党和绿党等。一些政党所拥有的反腐败机构在实际的反腐斗争中具有重大的作用。例如，中国共产党的中央纪律检查委员会是我国重要的反腐败组织，其所发挥的反腐败作用甚至受到了国际透明组织的赞誉。

政治团体包括一些政治运动和政治组织，它们一般由民间力量自发组成，有明确的政治主张和政治纲领，具备从事国际活动的能力，对于全球事务、地区事务以及重大政治问题具有相当的影响力。另外一些政治经济一体化组织，如跨国公司等也具备相当的影响能力。

四、个人

有影响力的个人也可能成为国际行为主体。在理论上，一些学者并不承认个人可以成为国际行为主体。但是在现实国际政治中，某些有权威的高层政治家所具备的资格资历条件和个人的主观素质条件，有可能在实际活动中发挥重大作用。此外，一些有声望的金融家、经济学家、宗教人士、各类知名人士等都有可能在国际政治活动发挥一定的作用。

综上所述，尽管政党、政治团体和个人这三类行为主体不如主权国家和国际组织重要，但是仍然可以在适当的场合发挥不可替代的作用。这些行为主体可以提供和创造非政府性、非国际组织性的对话和信息的机会和渠道，扩大国际交流和沟通；可以在相当广泛的范围内解决国家和国际组织不能够、不适宜、不应该、不应涉及或解决的国际性事务，满足国内和国际社会的需要；可以借助它们表达各方面的意愿和意志，间接影响国家和国际组织的决策，从而发挥不可替代的作用。以世界银行为例，自从1995年沃尔芬森担任世界银行行长以来，世界银行参与反腐败国际合作的积极性大幅提高，明显加大了反腐败力度。

第四节　《监察法》中反腐败国际合作内容与实践

深化国家监察体制改革，组建党统一领导的反腐败工作机构即监察委员会的主要目的是加强党对反腐败工作的统一领导，集中反腐败资源与形成工作合力。国家监察委员会整合了监察部、国家预防腐败局、最高人民检察院反贪污贿赂总局的国际合作职能，负责统筹协调反腐败国际合作和追逃追赃防逃工作。2018年3月第十三届全国人民代表大会第一次会议表决通过《宪法修正案》，国家监察委员会作为我国最高国家监察机关的地位被正式确立。《监察法》是反腐败国家立法，是一部对国家监察工作起统领性和基础性作用的法律。加强反腐败国际合作，倡导构建国际反腐败新秩序，有利于表明中国共产党坚定不移反对腐败的鲜明态度，呼吁世界各国共同打击跨国腐败犯罪，为国际反腐败事业贡献中国智慧，提供中国方案。为此，《监察法》第六章对反腐败国际合作专门作了详细且具体的规定。

一、《监察法》中反腐败国际合作内容

2018 年 3 月 20 日，我国通过的首部《监察法》规定了反腐败国际合作，明确国家监察委员会开展反腐败国际合作的职能定位、主要对象和工作内容，为开展反腐败国际合作和追逃追赃防逃工作提供了法律依据。

（一）反腐败国际合作中国家监察委员会的职责

《监察法》第 50 条规定："国家监察委员会统筹协调与其他国家、地区、国际组织开展的反腐败国际交流、合作，组织反腐败国际条约实施工作。"此条规定了国家监察委员会在组织实施反腐败国际条约方面的职责。国际条约，是指国际法主体间缔结的相互权利义务关系的书面协议，包括双边条约和多边条约。国家监察委员会主要负责组织实施我国缔结的反腐败领域双边条约、合作协议和多边条约。对于与我国缔结双边条约、合作协议的国家和地区，国家监察委员会依据有关条约、协议开展交流与合作。具体而言，本条主要包括两个方面内容：①组织反腐败国际条约实施工作。对我国签署的反腐败国际条约，国家监察委员会要组织国内有关部门研究如何开展实施工作，包括研究条约对我国反腐败工作的利弊，条约与我国法律制度如何衔接，条约涉及的我国重要法律的起草和修改等；要组织国内有关部门接受履约审议，督促有关部门做好自评清单填写和提交工作，接受审议国对我国进行实地访问等。②统筹协调与其他国家、地区、国际组织开展的反腐败国际交流、合作。我国有关部门、组织等与其他国家、地区、国际组织开展反腐败国际交流与合作，无论是以官方为主的形式，还是以民间为主的形式，国家监察委员会都要在党中央的集中统一领导下，发挥统筹协调的作用，有关各方要发出同一个的声音，绝不允许自说自话，甚至各自为战。[1]

（二）反腐败国际合作的基本形式

《监察法》第 51 条规定："国家监察委员会组织协调有关方面加强与有关国家、地区、国际组织在反腐败执法、引渡、司法协助、被判刑人的移管、资产追回和信息交流等领域的合作。"此条规定了国家监察委员会协调国内有关方面开展反腐败对外交流与合作的基本形式。这些基本形式是指：

1. "反腐败执法"。是指我国纪检监察机关、公安机关、司法行政部门与反

---

[1]　中共中央纪律检查委员会、中华人民共和国国家监察委员会法规室编写：《〈中华人民共和国监察法〉释义》，中国方正出版社 2018 年版，第 225 页。

洗钱工作机构等与有关国家、地区、国际组织在调查腐败案件、抓捕外逃涉案人等方面开展的合作，如公安机关协调国际刑警组织发布"红色通缉令"。反腐败执法合作属于反腐败执法机构间开展的点对点合作，一种非正式合作。反腐败执法机构间合作不涉及强制措施，依据的是我国与国（境）外反腐败和执法部门签署的合作协议或谅解备忘录，不需要以国际条约为基础，简便易行、灵活多样、效率较高。如果涉及强制披露银行账户资料、引渡、羁押等强制措施或调取用于我国庭审的证据材料，必须依据司法协助等正式渠道进行。

2. "引渡"。是指根据双边条约、多边条约或以互惠为基础，向外逃涉案人所在地国提出请求，将涉嫌犯罪人员移交给国内进行追诉和处罚。引渡是国家之间移交逃犯的重要合作方式。开展引渡合作，必须满足三项条件：①请求引渡的主体必须是有请求权的国家；②引渡的发生须以被请求引渡罪犯居留在被请求国且犯有可引渡之罪为基本前提；③引渡应当根据条约、公约或互惠原则进行。传统引渡实践中，许多国家特别是英美法系国家大多要求以引渡条约作为开展引渡合作的前提条件。美国规定引渡必须基于外国与美国签署的有效引渡条约，由于中美尚未签署引渡条约，我国暂时无法从美国引渡逃犯，只能采取遣返、异地追诉、劝返等替代措施。反腐败信息交流为开展劝返奠定基础，劝返主要是指外国执法部门协助我国开展劝返，这是基于劝返对象自愿回国投案自首前提下的一种反腐败执法合作。在国际上，通过外国执法机构开展劝返已成为一种通行做法，美国、英国等西方发达国家常常通过劝返开展境外追逃。

3. "司法协助"。是指根据双边条约、多边条约或以互惠为基础，我国与有关国家、地区之间，在对条约或协定等所涵盖的犯罪进行侦查、起诉和审判过程中，相互提供最广泛的司法方面的协助。需要说明的是，刑事司法协助分为广义的刑事司法协助和狭义的刑事司法协助。狭义的刑事司法协助主要有域外调查取证、资产追回、送达文书、信息交流等。广义的刑事司法协助还包括引渡、被判刑人移管等。截至 2018 年 8 月，我国与 52 个国家签署了引渡条约，与 62 个国家签署了刑事司法协助类条约，与 14 个国家签署了被判刑人移管协议，与加拿大签署了资产分享协议。[1] 我国《国际刑事司法协助法》规定，国家监察委员会、最高人民法院、最高人民检察院、公安部、国家安全部等部门是开展国际刑事司法协助的主管机关，按照职责分工，审核向外国提出的刑事司法

---

[1]《〈中华人民共和国监察法〉案例解读》编写组编写：《〈中华人民共和国监察法〉案例解读》，中国方正出版社 2018 年版，第 441 页。

协助请求，审查处理对外联系机关转递的外国提出的刑事司法协助请求，承担其他与国际刑事司法协助相关的工作。在移管被判刑人案件中，司法部按照职责分工，承担相应的主管机关职责。

4. "被判刑人的移管"。是指外逃人员所在国依据本国法和我国提供的证据，对我国外逃人员进行定罪判刑后，将该外逃人员移交我国服刑。一般认为，被判刑人的移管是指一国将在本国境内被判处自由刑的犯罪人移交给犯罪人国籍国或常住地国以便服刑，犯罪人的国籍国或常住地国接受移交并执行所判刑罚的活动。[1]

5. "资产追回"。是指对贪污贿赂等犯罪嫌疑人携款外逃的，通过与有关国家、地区、国际组织的合作，追回犯罪资产。资产追回或称资产返还，是指位于被请求国（资产流入国）领域内的犯罪所得、财产或者犯罪工具，应请求国（资产流出国或来源国）的请求予以归还的司法协助制度。资产追回制度，具有广泛性、涉外性与合作性等特点。

6. "信息交流"。是指我国与有关国家、地区、国际组织之间，发展和共享有关腐败的统计数字、分析性专门知识和资料，以及有关预防和打击腐败最佳做法的资料等。反腐败信息交流大致可分为三类：①法院判决、房产交易、公司登记等公开信息，包括执法机构在内的任何单位和个人均有权获取；②居住地、出入境信息、永久居留或入籍情况、刑事犯罪记录、交通违法记录、车辆登记信息等执法机构内部掌握的信息；③需向法院申请的调取银行账户记录、通过技术侦查掌握的信息等。

需要注意的是，反腐败国际合作方式包括双边合作和多边合作两种：①双边合作。"双边反腐败国际条约"，是指我国与某一个国家、地区、国际组织签署的反腐败国际条约，如《中泰引渡条约》。我国开展反腐败双边合作的形式主要有：建立反腐败交流合作关系、签署双边合作谅解备忘录、将反腐败合作纳入战略与经济对话、签署反腐败经验交流与互学互鉴的合作协议等。②多边合作。"多边反腐败国际条约"，是指我国与两个以上的国家、地区、国际组织签署的反腐败国际条约，如《联合国反腐败公约》。迄今为止，我国参与了15个国际反腐败多边机制，如二十国集团反腐败工作组、亚太经合组织反腐败工作组、亚太经合组织反腐败执法合作网络、国际反腐败学院、金砖国家反腐败合

---

〔1〕　张智辉：《国际刑法通论》，中国政法大学出版社1999年版，第383页。

作机制、亚洲监察专员协会理事会等。[1]

（三）反腐败国际追逃追赃防逃工作的规定

《监察法》第 52 条规定："国家监察委员会加强对反腐败国际追逃追赃和防逃工作的组织协调，督促有关单位做好相关工作：①对于重大贪污贿赂、失职渎职等职务犯罪案件，被调查人逃匿到国（境）外，掌握证据比较确凿的，通过开展境外追逃合作，追捕归案；②向赃款赃物所在国请求查询、冻结扣押、没收、追缴、返还涉案资产；③查询、监控涉嫌职务犯罪的公职人员及其相关人员进出国（境）和跨境资金流动情况，在调查案件过程中设置防逃程序。"此条规定了国家监察委员会组织协调和督促有关单位开展反腐败国际追逃追赃防逃工作的职责。"有关单位"的范围根据工作需要而确定，包括但不局限于纪检监察、组织、法院、检察、外交、公安、安全、司法、人民银行等相关部门。

本条分为三项，即追逃、追赃、防逃。

第一项规定了"追逃"。"反腐败国际追逃"，是指对于逃匿到国（境）外的涉嫌重大贪污贿赂、失职渎职等职务犯罪的被调查人，在掌握证据比较确凿的情况下，通过开展境外追逃工作将其追捕归案。开展反腐败国际追逃，引渡是利用国际刑事司法协助开展境外追逃的正式渠道和理想方式，遣返、劝返、异地起诉、非常规措施[2]等是引渡之外的替代措施。

第二项规定了"追赃"。"反腐败国际追赃"，是指对贪污贿赂等犯罪嫌疑人携款外逃的，通过提请赃款赃物所在国查询、冻结、扣押、没收、追缴、返还涉案资产，追回犯罪资产。一般而言，查询、冻结、扣押、没收、追缴、返还境外涉案资产主要有 6 种渠道，包括金融情报交换和税务信息交换渠道，执法合作渠道，司法协助渠道，相互承认和执行违法所得没收判决，受害人提起民事诉讼，犯罪嫌疑人、被告及其家人主动退缴赃款赃物。具体而言，开展追赃国际合作的手段主要有：①在开展引渡、遣返等追逃合作的同时，随附请求移交赃款赃物；②协助赃款赃物所在地国根据其国内法启动追缴程序，然后予以没收和返还；③受害人或受害单位在赃款赃物所在地国，通过民事诉讼方式追回犯罪资产；④在我国国内启动违法所得特别没收程序，由法院作出没收判决

---

[1] 中共中央纪律检查委员会、中华人民共和国国家监察委员会法规室编写：《〈中华人民共和国监察法〉释义》，中国方正出版社 2018 年版，第 228 页。

[2] 非常规措施比较常见的有两种：①绑架，采用绑架的手段将在逃人员缉捕回国；②诱捕，将犯罪嫌疑人引诱到诱骗国境内、国际公海、国际空域或有引渡条约的第三国，然后进行逮捕或引渡。

后，请求赃款赃物所在地国予以承认并执行。

第三项规定了"防逃"。"防逃"，是指通过加强组织管理和干部监督，查询、监控涉嫌职务犯罪的公职人员及其相关人员进出国（境）和跨境资金流动情况，完善防逃措施，防止涉嫌职务犯罪的公职人员外逃。做好防逃工作和建立健全不敢逃、不能逃、不易逃的有效机制：①加强对公职人员的日常教育、管理和监督；②完善防逃措施，筑牢防逃堤坝。要严格执行公职人员护照管理、出入境审批报备制度，认真落实对配偶子女移居国（境）外的国家工作人员相关管理规定，定期开展"裸官"清理，做好对党员领导干部个人有关事项报告情况的抽查核实；③强化责任追究。被调查人外逃、赃款赃物转移，监察机关及相关部门都有责任。防逃工作涉及人员管理、证件管控、反洗钱监管、边控技侦等多个领域，是一项系统工程，必须在党的统一领导下，国家监察委员会加强统筹协调，各有关部门充分发挥职能作用。

二、我国反腐败国际合作的创新实践

反腐败国际合作是反腐败工作的重要组成部分，是党风廉政建设和反腐败工作必须抓好的重大任务，关系到党心民心，关系到国家形象和人民利益，关系到法治尊严和反腐败成效。我国反腐向海外发力，将反腐带进了新阶段。面对新形势下反腐工作，反腐败国际合作必须创新实践。

（一）进一步扩大反腐败国际合作"朋友圈"

反腐败国际合作必须扩大合作对象，让更多的国家与中国携手共同应对腐败。2018 年 1 月 22 日，在智利举行的中国—拉美和加勒比国家共同体论坛（中拉论坛）第二届部长级会议通过了《中国与拉共体成员国优先领域合作共同行动计划（2019~2021）》。双方将扩大反腐败合作，以及在反走私、反洗钱、防逃税和非法资金流动领域的合作。对内"打虎""拍蝇"不松劲，对外"天网""猎狐"不停歇，必须牢牢抓住中拉新时代跨越大洋的合作契机。

（二）拓宽与外逃目的地国家的合作渠道

各国政治制度、文化传统、价值观念和法律体系上存在差异，而且追逃追赃的成本高昂，这些都成为制约我国境外追逃追赃工作的瓶颈。追逃，追的是人；追赃，追的是钱和物。中央纪委曾解密我国境外追逃追赃的九种方式。在追逃追赃的国际合作中，追逃的主要做法是引渡、非法移民遣返、异地追诉、劝返四种；追赃的主要做法是通过双边刑事司法协助条约或引渡条约进行追赃、利用赃款赃物所在国犯罪所得追缴法或其他国内法进行追赃、通过境外民事诉讼方式进行追赃、运用《刑事诉讼法》规定的违法所得没收程序进行追赃。大部分落网的外逃人员是通过劝返的方式实现成功追逃的，真正通过国际司法合作和执法合作，例如采用引渡、异地追诉、强制遣返等手段成功追逃的案例仅占少数。这就涉及追逃的成本问题。不论是境外追逃还是境外追赃，都需要得到他国的配合，在他国开展部分刑事司法程序，这就不可避免地要涉及人员的往返、证人的出庭、调查取证、文书的翻译、专业人员的聘请等繁琐的程序，需要大量的资金作为基础，付出高昂的成本。这种成本，有时甚至超出了犯罪嫌疑人贪污受贿的数额。

创新建立一个"零容忍""零漏洞""零障碍"的国际反腐新秩序。《二十国集团反腐败追逃追赃高级原则》开创性地提出对外逃腐败人员和外流腐败资产"零容忍"、国际反腐败追逃追赃体系和机制"零漏洞"、各国开展反腐败追逃追赃合作时"零障碍"的概念，必将拓宽我国反腐败国际合作的渠道，提升反腐败国际合作的水平。

（三）建立务实合理的资产分享机制

最大限度地追回外流腐败资产，相比于坚持全部追回但实践困难的追赃模式，资产分享其实是一个更为务实、理性的选择，而且为诸多国际公约所确认。建议创新更为务实的追赃办法，坚持原则性与灵活性相结合，及时确立腐败资产分享机制，推动反腐败境外追赃合作不断深化发展。当然，要科学设定资产分享的条件、比例和范围等内容，以充分发挥该机制在资产追回上的正向功能。以建设性的方式管控分歧，敦促资产流入国履行返还资产的条约义务。一方面，各国要尊重彼此在反腐败追赃合作领域的核心利益，尤其是要努力克服法律制度方面的差异，找到合作的最大公约数，尽力提高合作实效。另一方面，我国应充分发挥在反腐败国际合作领域"领头羊"的作用，敦促资产流入国切实履行公约、协定义务，积极推进我国与资产流入国开展分享与返还腐败资产的国际合作，进一步明确、细化双方反腐败追赃合作的措施和路径，探索建立资产追回的灵活框架。[1]

（四）反腐败个案合作——执法趋势

跨国腐败案件涉及国内国外反腐败、外交、警务、检察、法院、反洗钱等多个部门，绝不是任何一家单位单独可以应对的。为此，各国纷纷加强反腐败国际执法合作，创新打击各类跨国腐败犯罪的方式。我国成立中央追逃办后，

----

〔1〕 彭新林："破解反腐败境外追赃难点的对策"，载《学习时报》2016 年 12 月 1 日。

启动"天网"行动，在逃往国协助下对外逃腐败分子开展个案式的集中追逃追赃。2014 年至 2019 年 3 月，先后从 120 多个国家和地区追回外逃人员 5575 人，追回赃款 137 亿元人民币，"百名红通人员"已到案 56 人。其中，2018 年，我国追回逃犯 1335 人，追缴赃款 35 亿多元人民币。[1] 反腐败个案合作的实践，效果非常明显，该合作模式已成为日益流行的执法趋势。

⊙ 思考题

　　1. 反腐败国际合作的基本原则是什么？

　　2. 反腐败国际合作的主要领域是什么？

　　3. 我国反腐败国际合作的基本形式是什么？

---

〔1〕 "反腐败需要国际间通力合作"，载中央纪检国家监委网，http//www.ccdi.gov.cn/gzdt/gjhz/201904/t20190429_193053.html，访问时间：2019 年 10 月 10 日。

第
十
章

监督程序

【内容提要】监督程序是监察委员会依法履行监督职责必须遵循的法定过程，即监察委员会在对公职人员开展廉政教育、对其依法履职、秉公用权、廉洁从政从业以及道德操守情况进行监督检查时依据的时限、时序、方式和方法等步骤和手续。监督程序具有日常性、源头性、广泛性，在实践中，主要有监督检查程序、问题线索的管理程序、问题线索的处置程序。监督程序中，监察权力的行使结果直接决定了后续调查程序和处置程序是否展开及能否顺利惩治腐败。

根据《宪法》和《监察法》的规定，监察委员会是法定的作出监察行为的国家机关。现代法治文明的基本理念不仅追求实体公正，更要求程序正当，这已经成为法治国家的共识，那么对监察权力行使所依据的监察程序的学习就是不容回避的。《监察法》采取了"综合立法模式"来配套国家监察体制改革的政治实践，在这部法典中包含了组织法、实体法，行为法、程序法等诸多规范元素。国家监察权力的行使必须有程序的保驾护航，才能在法治的轨道上运行，这也是以法治思维和法治方式治理腐败的体现。监督程序是监察程序的重要内容之一，没有常规的监督行为，就无法发现、预防腐败行为，所以监督程序往往成为监察程序的起点。

第一节　监督程序概述

根据法学基本理论，法律行为必须依据特定的法律程序来完成，或者说，一个完整合法的法律行为本身即是实体和程序的结合。监察委员会的监督行为是其监察权力的重要表现形式之一，具有特定法律含义，须遵循特定的程序。

一、监督程序的概念

《监察法》规定监察委员会具有监督职责，并且必须遵循、履行法定的时限、时序、方法和步骤，这些步骤性、操作性规定的总和即为监督程序，是公权力合法行使的必要条件。因此，监督程序可以定义为监察委员会及其工作人员依法对公职人员履行监督职责时，在时限、时序、方法和方式等方面必须遵循、履行的步骤和手续。《监察法》第五章"监察程序"中没有规定履行监督职责的具体程序，那么监督职责是否有实质性内涵，是否有必要设置相应的程序呢。本书的回答是肯定的，需要设置单独的监督程序。

自从有了国家，人类社会便要面对被称为"权力之癌"的腐败问题，为有效遏制、惩治腐败，开展廉政建设，必须建立、完善适合本国的法律制度。我国国家监察体制的改革就是为了整合反腐力量，强化对公权力的监督，实现国家监察全覆盖，最终目标是推进国家治理体系、治理能力现代化。考察反腐败比较成功的地区和国家可以发现，监察制度的构建大都是一方面着眼于监督公权力实施及制衡公权力，预防行使公权力的公职人员出现贪腐行为；另一方面针对已经发生的腐败犯罪行为，以法律手段严厉打击。我们发现，监察权的积极面是监督，即保障公权力高效行使；消极面是制裁，即防止公权力滥用和腐败。所以，在制度安排上，对公职人员行使公权力行为，监察委员会既主动常规监督、教育，又事后依法调查、处置，是治理腐败的标本兼治之路。

监察委员会的监督职责是法律明确规定的，具有特定内涵和独立价值。《监察法》第11条规定，监察委员会依法对公职人员开展廉政教育，对其依法履职、秉公用权、廉洁从政从业以及道德操守情况进行监督检查。可见，各级监察委员会监督职责的范围包括公职人员依法履职、秉公用权、廉洁从政从业，道德操守情况等四个方面。监察委员会履行以上四个方面的监督职责时，必然需要按照一定的法定程序进行，以此避免监督工作的无序、随意甚至监督权的滥用。法律也规定，监察委员会内部的监督职责由独立的部门行使，与调查部门有不同的职责内容、工作程序。监督部门履行监督职责，主要负责所联系地区、部门的日常性监督，不负责具体案件查办；调查部门主要负责对违纪、职务违法犯罪行为进行调查，不负责某一地区或部门的监督检查。

二、监督程序的特点

公权力行使属于相对封闭范围内的流转过程，外部监督一般很难发现、掌握其运行的重要环节及全过程。监督程序设立的目的，即通过创设有效的操作步骤，履行必要的手续，达成对公权力行使的重要环节，甚至全过程进行观察、监督的目的。监督程序的设置与监督职责的内容与属性紧密关联，因为监督程序作为监督权行使的制约和保障，要围绕监督的内容进行。

（一）监督程序具有日常性

监督程序的目的重在"预防"，故监督程序是积极主动进行的，偏重对公权力行使的事前、事中运行开展监督，重在营造不能腐的政治环境，解决的是公权力行使过程中的控制失灵。《监察法》关于监督职责的规定，改变了传统反腐机制事后惩戒的惯性做法，增加对公权力日常运行环节的监督，规定对公职人员日常依法履职、秉公用权等情况进行监督，这样的理论创设是监督程序的源头，如此，监督职责才能更好地实现治理效能。

（二）监督程序具有源头性

国家监察体制改革之前，反腐着眼于公权力腐败犯罪案件的出现后，进行事后的补救式监督。例如检察机关在查办职务犯罪案件后，对案发单位、发案系统、所属行业部署预防工作；每年针对辖区职务犯罪情况、特点向党委、政府提供预防腐败建议，期望实现对公权力授予、运作过程的日常监督。但是，这种"亡羊补牢"式的反腐效果不尽如人意，并且成本比较高。因此，监察体制改革后确立监督程序，增加事前、事中监督，重点强化对公权力行使廉洁性、合法性的源头控制，显然是非常必要的。

（三）监督程序具有广泛性

相较于调查程序和处置程序而言，监督程序适用的对象更广泛，即所有的公职人员都是监督程序的对象。但是，只有通过监督程序确定涉嫌职务违法犯罪的公职人员才是调查程序的适用对象；同理，只有在监督、调查程序结束后，才能够最后确定处置程序的适用对象。比如经过调查，没有证据证明某被调查人存在违法犯罪行为的，应当撤销案件。由此看来，监督程序由于涉及的对象非常庞大，影响也就更为广泛，更需要科学、合理的设计，以便具有操作性。

三、监督程序的内容和方式

《监察法》规定，监察委员会内部应当设立相应的工作部门履行线索管理、监督检查、督促办理、统计分析等管理协调职能。同时规定，根据监督、调查结果，依法作出批评教育、政务处分、问责、移送审查起诉等处置措施。据此规定，监督程序和调查程序皆是处置程序的前置环节，监督程序与调查、处置程序的衔接实现了监察委员会内部不同部门之间的协作配合。例如，监察委员会在监督检查过程中，发现公职人员存在轻微的违法行为，便可根据相关规定，作出诸如批评教育、责令检查等处置措施。

按照监察体制改革的目的及监察工作的实践操作，监督内容包括以下几个方面：①遵守宪法和法律，依照法定权限和程序履职的情况；②执行上级决定、命令，确保另行禁止、政令畅通情况；③廉洁从政、秉公用权情况；④履行职务过程中存在的侵害群众利益问题和不正之风情况；⑤坚守道德操守，践行社会主义核心价值观情况。

监督程序应围绕上述监督的内容，重点考虑监督方式与监督目的的匹配度，否则容易加大监督的难度，降低公权力行使的效率，难以有效实现监督效能。具体来说，结合实践经验，监察程序可以采取以下几种方式：

第一，经常性监督程序。比如参加会议、听取汇报，重点谈话、查阅资料、建立和完善廉政档案、提出党风廉政意见回复建议、提出考核考评意见等方式。

第二，专项监督程序。针对重点领域、重点环节、重点岗位开展专项检查，对存在的问题进行专项治理。

第三，即时监督程序。围绕同级党委、上级机关的交办事项和社会突发事件、重大舆情等开展检查。

四、廉政教育

我国反腐败工作的特殊之处在于作为国家机关的监察委员会和党的纪律检查委员会合署办公，"一套人马，两块牌子"。那么，监察立法规范兼具法律引导性与政治教化性便是顺理成章的，廉政教育即是一例。《监察法》第5条规定，国家监察工作要坚持惩戒与教育相结合，宽严相济。第6条中强调，国家监察工作要加强法治教育和道德教育，弘扬中华优秀传统文化，构建不敢腐、不能腐、不想腐的长效机制。这鲜明体现了兼具引导教育与惩处制裁功能的立法特色，监察委员会作为专职反腐败机关，秉承教育和惩处两手抓的执法态势。

（一）廉政教育的特点

公职人员的腐败行为归根结底是由其内心的贪欲引发的，我们党和政府历来重视通过教育感化人心，实现预防腐败的目的。1994年的《中共中央纪委、监察部党风廉政教育工作纲要》、2005年的《建立健全教育、制度、监督并重的惩治和预防腐败体系实施纲要》、2010年的《中国的反腐败和廉政建设》白皮书等公开资料中都强调了教育是反腐败和廉政建设的一项基础性工作。

因为反腐败斗争政策性、政治性强，本着"宽严相济、惩前毖后、治病救人"的方针，廉政教育程序体现了既严明法纪又团结同志的特点。廉政教育是防止公职人员发生腐败的基础性工作，根本内容是加强理想信念教育，使公职人员牢固树立马克思主义世界观、人生观、价值观和正确的权力观、地位观、利益观，使遵守法律成为公职人员的自觉行动，不断增强不想腐的自觉。

（二）廉政教育的方式

监察委员会履行监督职责的主要方式是廉政教育和监督检查。廉政教育是为了防止公职人员发生腐败的日常性工作，在实践中也有相当多样的表现形式。比如通过召开会议、办公移动短信、微信、网站等传统和现代的媒介平台通报曝光典型案例，警示腐败风险。

需要注意的是，监察委员会履行监督职责的廉政教育区别于作为履行处置职责的教育。根据《监察法》第45条第1款第1项的规定，对于有职务违法行为但情节较轻的公职人员，监察机关可以对其进行谈话提醒和批评教育。但此处的"批评教育"其实是一种处置方式，而非履行监督职责的方式。作为履行监督职责方式的廉政教育目的是预防腐败，而作为履行处置职责方式的教育，则是对存在职务违法行为的一种否定评价。

第二节　监督检查程序

《监察法》规定，监察委员会对公职人员依法履职、秉公用权、廉洁从政从业以及道德操守情况进行监督检查。这是对监察机关监督检查职责的概括性规定。

一、监督检查程序的方式

根据《监察法》第18条和第19条的规定，监察机关行使监督职权，依法向有关单位和个人了解情况，收集、调取证据；对于可能发生职务违法的监察对象，可以直接或者委托有关机关、人员进行谈话或者要求说明情况。实践中，监察委员会开展监督检查的方式还有：列席或者召集会议、听取工作汇报、实地调研、个别谈话、调阅文件和资料、专项检查、专项治理、参加问题线索排查、巡视整改、参加民主生活会、谈话函询等。有些地方的监察委员会制定了专门的监督工作办法，明确了参加会议、专项检查、督促巡视整改、职能部门监督成果利用、谈话函询、调查问题线索、抽查核实、党风廉政意见回复、检查考核、通报监督情况等监督检查方式。

二、监督检查程序的类型

目前，法律没有关于监督检查程序的详细规定，以下根据实践情形重点讨论常见的几种监督检查程序。

（一）通过列席会议进行监督检查的程序

监察人员列席会议，对于监察委员会及时了解情况，扩大信息来源，快速发现问题有着重要的作用。不过，由于当前缺乏有关监察人员列席会议的制度安排，从而致使实践中的做法差异较大。从操作性来看，通过列席会议进行监督检查的程序有以下几个问题需要注意：

1. 及时告知监察人员应当列席的会议信息。对于应当有监察人员列席的会议，被监督对象应当及时告知并邀请监察人员参加。比如为了加强国有企业反腐倡廉建设，凡属重大决策、重要人事任免、重大项目安排和大额度资金事项必须由领导班子集体作出决定并邀请派驻监察人员列席。

2. 监察委员会列席会议的范围。法律规定坚持中国共产党对国家监察工作的领导；监察委员会由人民代表大会产生。虽然监察委员会是代表党和人民行使监督职权，但监督范围不是没有边界的，尤其是监督检查不能干涉行业部门的具体业务，不能代替行业主管部门行使职权。因此，监察委员会可以列席的会议应当是廉政风险较高、权力滥用情况较为集中等必须进行监督检查的会议，如讨论干部人事任免、讨论"三重一大"等事项的会议。

3. 监察人员列席会议的监督方式。监察人员列席会议时，是否应当记录会议的讨论内容、与会人员的发言情况；是否可以现场提出监督建议，还是会议之后对信息进行分析整理再提出监督建议。这些在实践中做法都不尽相同，应当予以明确和完善。

（二）通过谈话进行监督检查的程序

《监察法》对作为监督检查方式的"谈话"只作了非常粗略的规定，其中第19条规定，监察委员会对可能发生职务违法的监察对象，可以按照管理权限，直接或者委托有关机关、人员进行谈话或者要求说明情况。在实践中如何规范有效地开展谈话工作，需要制定更为具体细致的规则。比如在谈话之前，监察委员会需要拟定谈话方案并按程序报批；谈话内容应当正式记录，且需要被谈话人签字确认；谈话时间应当合理，不能变相限制被谈话人的人身自由，并保障被谈话人生理方面的合理要求；谈话结束之后，参加谈话的监察人员和案件承办部门应当及时形成情况报告，并根据不同情形作出相应的处理。当然也可以继续沿用改革之前的实际做法并制度化，比如任职谈话、廉政谈话、谈心谈话、调查谈话、审查谈话、审理谈话、诫勉谈话等诸多形式的谈话。

（三）通过开展专项检查进行监督检查的程序

所谓专项检查，是指监察委员会针对特定地区、系统、行业或者某一领域的工作开展的监督检查活动，是加强日常监督的重要方式之一。一般来说，专项检查活动乃是聚焦于特定领域的，且在选取检查对象之前通常有着相对充分的准备工作，因而专项检查活动更容易发现平时难以发现的问题。通常情况下，专项检查活动的程序可以按照如下步骤进行：

首先，设计专项检查之前的计划方案，即选取一些重大事项进行专项检查，同时，该检查方案还需要经过监察委员会主管领导人员或者领导人员集体研究决定，再在监察委员会内部选择相关人员，组成专项检查小组，具体承担专项检查工作。其次，开展专项检查活动，在此阶段往往会采用谈话、听取工作汇报、列席会议等方式。最后，在完成专项检查之后，专项检查小组应当及时形成专项检查情况汇报，并向相应的监察委员会汇报，由监察委员会根据具体情形作出处理决定。

第三节　问题线索的管理程序

所谓问题线索，是指公民、法人和其他组织提出的，应当由监察委员会受理的，反映公职人员可能存在职务违法和职务犯罪的各类材料。在实践中，问题线索往往成为监察委员会行使职权的"导火线"，查证了相当多的腐败案件，这样看来，以可靠的问题线索作为参考和指引，精准履职，有针对性地行使职权，会极大提高监察委员会工作效率。

新加坡和我国香港特别行政区的成功反腐经验之一就是充分利用民众资源，将民众的举报投诉作为获取反腐线索的重要来源，我们国家原检察机关、纪律检查机关的反腐经验也证明了这一点。

一、问题线索的来源

从《监察法》的规定可知，报案、举报是问题线索的重要来源。报案是指有关单位和个人（包括案件当事人）向监察委员会报告其知晓的公职人员涉嫌职务违法犯罪事实或者线索的行为。举报是指当事人以外的其他知情人向监察委员会检举、揭发公职人员涉嫌的职务违法犯罪事实或者线索的行为。人民群众的报案和举报的权利来源于《宪法》，成为监察委员会发现和查处职务违法犯罪行为的重要线索来源和渠道。监察委员会有职责接受报案或者举报，这样也有助于保护人民群众参与反腐败斗争的积极性。另外需要注意的是，监察委员会还要分析报案或者举报的内容是否属于监察事项和自身管辖范围，否则，应当移送相应主管机关或者有管辖权的监察委员会处理。

监察委员会作为行使国家监察职能的专责机关，对所有行使公权力的公职人员进行监察，调查职务违法和犯罪。根据《监察法》第34条的规定，人民法院、人民检察院、公安机关、审计机关等国家机关在工作中发现公职人员涉嫌贪污贿赂、失职渎职等职务违法或者职务犯罪的问题线索，应当移送监察委员会依法调查处置。因此，其他国家机关在审判、审查起诉、刑事侦查、治安行政管理、审计等工作中，若发现属于监察委员会职权范围内的问题线索，应当及时依照法律规定移送。

此外，问题线索的来源还包括监察委员会自行发现的问题线索，即监察委员会在履行监察监督、调查职责过程中，如果发现公职人员可能存在职务违法和职务犯罪的情况，同样可以保留相应的问题线索。在实践中，也有通过新闻媒体、网络舆论反映出来的问题线索而查办的案件。

二、问题线索的管理

（一）问题线索管理的原则

1. 坚持实事求是。公民有权报案或者举报，任何单位和个人不得干涉，更不能阻止、打压。监察委员会工作人员鼓励公民如实反映问题线索、教育错告、严肃处理诬告。对报案、举报的内容进行记录、归纳、提炼时，既要做到原汁原味、如实记录，不得主观臆断甚至是隐瞒不报；又要做到重点突出、主次分明、层次清晰。

2. 坚持分级负责。根据《宪法》和法律的规定，监察委员会设置在中央及地方的省、自治区、直辖市、自治州、县、自治县、市、市辖区等各级行政区。分级负责是落实"谁主管、谁负责"的重要途径，是指根据干部职务和干部管理权限，以分级管理为主，指定办理为补充的管辖原则。

3. 坚持及时处理。对报案或者举报所反映的问题，监察委员会要及时办理，或自行处置，或报告上级处理，或转交下级处理，不得延误。如果问题已经得到正确处置，但报案或者举报人拒不接受的，应区分情况予以处理。如果报案或者举报人提出不合法、不合理要求的，要细致做好释法说理工作，报案或者举报人不接受，且影响监察工作秩序、社会秩序的，应予以批评教育，或请公安部门协助处理。

（二）问题线索管理的制度

1. 问题线索的集中管理。《监察法》规定监察委员会设立相应的工作部门履行线索管理、监督检查、督促办理、统计分析等管理协调职能。在实践中，监察委员会内部一般是由案件监督管理部门来履行线索管理职能的，由其统一受理信访部门、巡视工作机构和审计机关、行政执法机关、司法机关等单位移交的问题线索。案件监督管理部门对问题线索集中管理、动态更新、定期汇总核对、全程监控，按程序移送承办部门并进行综合协调和监督管理。问题线索的集中管理，不仅要求管理部门上的统一，而且体现在管理流程的全覆盖上；不仅包括由相关职能部门承担对问题线索的统一受理，而且包括由同一职能部门承担对问题线索进行汇总核对、监督办理、跟踪反馈以及研判报告等诸多职能，即涵盖从问题线索的最初统一受理到最终处置结果跟踪报告的各个环节，贯穿于查办公职人员涉嫌职务违法和职务犯罪案件全过程。

结合监察工作实践，案件监督管理部门对问题线索集中管理的流程主要包括如下环节：①对来源于各种渠道的问题线索进行统一受理；②对受理的问题线索及时进行登记、编号，进行集体分析研判、提出分办意见；③将分办意见按程序报批，并移送相关承办部门处置；④及时对登记在册且处于受理和分办不同环节的问题线索进行动态更新；⑤定期对承办部门通报的问题线索处置情况进行汇总核对 。

2. 问题线索的区分管理。《监察法》规定建立问题线索处置、调查、审理各部门相互协调、相互制约的工作机制。这种相互协调、制约的内控机制有利于防止因权力过于集中而引发的私存线索、串通包庇、跑风漏气、以案谋私等问题。

案件监督管理部门受理问题线索后，首先按照一定标准对问题线索进行归类梳理。根据问题线索的具体情况提出分办意见，依法履行审批手续，按程序分流移送至调查、审理部门。另外，根据《监察法》的规定，监察委员会对监察事项的管辖，系按照干部管理权限，以分级负责为主、指定办理为补充。所谓干部管理权限，即根据党管干部原则，公职人员由哪一级党委实施管理，公职人员所涉的监察事项亦由同级监察委员会管辖。案件监督管理部门对于收集的问题线索，首先判断被反映对象是否属于本级监察委员会管辖，对属于本级监察委员会管辖范围内的公职人员的问题线索,依法受理并按程序分流移送本级相关承办部门处置;对不属于管辖范围的问题线索,经批准后及时移送。当然,对于经审查属于下级管辖范围内的问题线索,上级监察委员会认为有必要时,也可以直接办理,无需再移送;或者指定本无管辖权的其他下级监察委员会管辖。

第四节 问题线索的处置程序

一、问题线索处置的概念

问题线索的处置是指监察委员会根据问题线索的内容,在综合分析的基础上,依照一定的标准和程序对问题线索作出处理结论的过程,即对问题线索的使用过程即为问题线索的处置程序。问题线索是否处置得当,关乎反腐败成效,在整个监察案件处理环节中意义重大,甚至直接决定了后续案件办理的进程和质量。

监察案件的问题线索处置需要遵守以下要求:

第一,严格保密问题线索。问题线索提供了监察办案工作的可能性,是监察案件的源头,但线索是否准确和有效是需要后续程序查证的,为了避免打草惊蛇,也为了保护报案、举报人,监察委员会应该在接待场所、接待方式与方法、问题材料保管与出示等方面设置具体的流程和机制,杜绝材料泄密或遗失等情况,防止报案、举报人的姓名、工作单位、家庭住址等个人信息被泄露。对匿名材料,除查处案件需要外,不得擅自核对笔迹或进行文检,确因查处案件工作需要进行的,必须履行严格的审批程序;对确属诬告陷害且需要追究责任的,也必须履行严格的报批程序。

第二,严格执行回避制度。为了避免出现问题线索隐匿、泄露等滥用职权的行为及消极不作为、慢作为现象,负责问题线索处置的监察工作人员必须执行严格的回避制度。如果工作人员与被报案、举报对象或者问题线索反映的事项存在利害关系,可能影响问题线索公正处置的,应当主动回避;报案、举报人也可以要求其回避,监察委员会应该根据报案、举报人回避的申请及时予以处理。问题线索处置是监察案件处理的前提和基础,必须保证接受、审查、登记和移交办理等环节的合法公正,保护报案、举报人的积极性,切实发挥出人民群众共同反腐的力量。

第三，严格问题线索评估。监察委员会收集到的问题线索纷繁复杂、形式多样，有的简单清楚、有的则复杂难辨。必须对各类线索信息进行综合审查、筛选、甄别，通过捕捉线索的价值点和信息点，判断其潜力和发展性，为下一步的线索分流提供指引。实践中，必须严格问题线索评估，去粗取精，去伪存真，才能提高监察案件线索的可查性和成案率，为下一阶段监察工作的开展奠定基础。可见，科学合理的案件线索评估有助于从源头上确保监察案件的正确方向，同时也可以预防选择性办案问题的出现。

二、问题线索处置的方式

问题线索是监察工作有效开展的前提和基础，自然不能静止于案件监督管理部门的统一管理阶段，还需要由监察机关内部相应的工作部门来使用这些问题线索。问题线索的处置是监察职权行使的关键环节，因为诸如立案、调查等工作皆是以问题线索处置为基础，并围绕着问题线索的处置而展开的。《监察法》规定对监察对象的问题线索，应当提出处置意见，履行审批手续，进行分类办理。线索处置情况应当定期汇总、通报，定期检查、抽查。实践中，承办部门收到案件监督管理部门移交的问题线索，应当根据所掌握的情况分析研判，30 日内提出处置意见方案，履行审批手续，对于问题线索处置中的重要问题，应当集体研究决定。承办部门应当结合问题线索所涉及地区、部门、单位总体情况，综合分析，按照谈话函询、初步核实、暂存待查、予以了结四类方式进行处置。

（一）谈话函询

《监察法》规定，对可能发生职务违法的监察对象，可以直接或者委托有关机关、人员进行谈话或者要求说明情况。据此，所谓谈话函询是指监察委员会按照管理权限，针对反映监察对象带有苗头性、倾向性问题或一般性职务违法问题的线索，及时找本人核实而采取的一种问题线索处置方式，包括谈话和函询两种途径。谈话是监察委员会就反映监察对象的问题线索，和监察对象当面谈话，由监察对象进行说明。函询则是通过给被监察对象发函的方式，由监察对象作出书面说明或解释。适用谈话函询的问题线索有三大类：一类是反映的问题属于轻微职务违法行为，可能给予较轻处分或批评教育的；另一类是反映的问题不够详细，多为道听途说或主观臆测，难以查证核实的；还有一类是反映的问题不符合实际，需要由监察对象予以澄清说明的。

谈话和函询没有适用情形上的本质区别，一般而言，实践中可以根据问题线索的性质、内容、数量、笼统程度及监察对象自身情况方面，综合考虑采取谈话或函询方式。谈话一般针对反映的问题性质较为严重、信息较为具体、线索数量较多、涉及面较广，且监察对象的自身情况适合谈话等情况。函询则一般针对反映的问题笼统、内容不具体，或者反映的问题数量较少，或者不符合实际而需要予以澄清且监察对象的自身情况不适合谈话等情况。当然，谈话和函询两种方式，实践中既可单独适用，也可以结合适用。

采取谈话函询方式处置问题线索，应当拟订谈话函询方案和相关工作预案，按程序报批。谈话函询方案应当列明谈话函询对象的基本情况、反映的主要问题、谈话函询的时间及地点、参加谈话函询工作的人员以及有关工作要求等。谈话函询工作应当在谈话结束或者收到函询回复后 30 日内办结，由承办部门写出情况报告和处置意见后报批，根据不同情形作出相应处理：一是反映不实，或者没有证据证明存在问题的，予以了结澄清；二是问题轻微，不需要追究责任的，采取谈话提醒、批评教育、责令检查、诫勉谈话等方式处理；三是反映问题比较具体，但被反映人予以否认或者存在明显问题的，应当再次谈话函询或者进行初步核实。

（二）初步核实

初步核实是指监察委员会对受理和发现的反映监察对象涉嫌职务违法及职务犯罪的问题线索，进行初步核查、证实的活动。初步核实适用于问题线索具体、指向明确，具有可调查性的情形。初步核实的主要任务是了解、核实所反映的问题是否存在，为立案与否提供依据。

1. 初步核实的程序。根据《监察法》第 38 条的规定，监察委员会采取初步核实方式处置问题线索，应当履行审批程序，经批准后，承办部门应当制定工作方案，成立核查组。初步核实方案一般包括初步核实的依据、核查组人员组成、需要核实的问题及初步核实的方法、步骤、时间、范围和程序等。核查组的人数可根据所反映主要问题的范围和性质来确定，最少不少于 2 人，案情复杂、性质严重、工作量大的，可以适当增配人员。初步核实方案应当报承办部门主要负责人和监察机关分管负责人审批。

2. 初步核实的任务和方法。初步核实阶段的主要任务是了解核实所反映的主要问题是否存在，以及是否需要给予所涉及的监察对象政务处分。在初步核实工作中，核查组要突出重点，抓住主要问题收集证据、查清事实，也要注意保密，尽量缩小影响。核查组经批准可以采取必要措施收集证据，如与相关人员谈话了解情况；要求相关组织作出说明；调取个人有关事项报告；查阅复制文件账目档案等资料；查核资产情况和有关信息；进行鉴定勘验等。如果需要采取技术调查或者限制出境等措施，监察机关应当严格履行审批手续，交有关机关执行。

3. 初步核实结果处理。初步核实工作结束后，核查组应当撰写初步核实情况报告，列明被核查人基本情况、反映的主要问题、办理依据及初步核实结果、存在疑点、处理建议，由核查组全体人员签名备查。承办部门应当综合分析初步核实情况，按照拟立案审查、予以了结、谈话提醒、暂存待查，或者移送有关机关处理等方式提出分类处理建议。

（三）暂存待查

暂存待查，是指线索反映的问题虽然具有一定的可查性，但是由于核查时机、现有条件、涉案人员一时难以找到等各种原因，暂时不具备核查的条件而存放备查的处置方式。结合监察工作实际，暂存待查方式处理问题线索的情形主要有：线索具体、有可查性，但因为一些特殊因素，不便于马上开展核查的；相关重要的涉案人员一时难以找到的；经过初步核查或者是谈话函询之后，尚不能完全排除问题存在的可能性，但是在现有的条件之下却又难以进一步开展工作的；反映的问题发生年代久远，并且之后没有出现新的举报的；等等。

暂存待查一般由问题线索具体承办部门实施，即调查、审理部门根据案件监督管理部门分办意见，经审核移送的线索材料，发现存在不宜马上开展核查的情形，建议暂存待查，或者根据谈话函询或者初步核实情况，建议转为暂存待查。

需要注意的是，暂存待查不同于予以了结。运用暂存待查的方式处理问题线索，只是代表暂时不对问题线索作进一步的处置，待到相关条件具备、时机成熟之后，再按程序报批，启动谈话函询或初步核实等工作。

（四）予以了结

予以了结是指监察委员会针对线索反映的问题失实，或者不具备开展核查工作的可能性而采取的问题线索处置方式。一般而言，予以了结处置方式的适用情形主要包括：经过核查未发现监察对象有涉嫌职务违法或职务犯罪问题的；经过谈话函询，不能认定监察对象存在被反映的问题，也没有条件开展进一步工作的；监察对象的违法事实不构成犯罪，且已经受到相应党纪、政务处分的；虽然监察对象有违法事实，但情节轻微，不需要追究党纪政务责任，已建议有关组织或所属单位作出恰当处理的；被反映人核查前已去世的；等等。

问题线索的处置方式在很大程度上决定监察工作的运行方向，通过"予以了结"的方式处理问题线索，意味着围绕该问题线索开展的监察工作告一段落，甚至可能是监察程序就此终结。因此，对于以"予以了结"的方式处置问题线索应当严谨慎重，切勿草率了事。

思考题

1. 监督程序的表现方式与功能是什么？
2. 如何认识廉政教育的作用？
3. 实践中对于问题线索的处置应当注意哪些方面？

调查程序

【内容提要】调查程序是监察委员会依法履行调查职责必须遵循的法定过程，即监察委员会对涉嫌贪污贿赂、滥用职权、玩忽职守、权力寻租、利益输送、徇私舞弊以及浪费国家资财等职务违法和职务犯罪进行调查所依据的步骤和顺序，是监察权力最核心的环节，必须依法进行。监察委员会的调查权力及程序要求既是其反腐效能能否实现的保障，也决定着监察委员会的权威能否树立。调查程序中主要涉及立案的条件、权限和程序；调查程序的内容和执行；留置程序和监察证据。

《监察法》规定监察委员会可以行使调查权，这是监察委员会三项重要职权之一，有着确定的内涵和外延。调查权包含多项调查措施，不仅关乎监察委员会职责履行效果，也深刻影响被调查人的权益，所以调查程序成为查处腐败案件的关键程序。通过调查程序，不仅需要对已有的证据予以充实和完善，更需要全面调查问题，以获取更多充分的证据来查清事实，必须严格依法进行，尤其调查措施中限制公民基本权利的手段的运用更要遵守法律规定，这对于依法惩治腐败意义重大。监察委员会调查程序结束，如果涉嫌职务犯罪，须将调查结果移送人民检察院审查，提起公诉，故如果调查程序有违法情形的话，会直接影响案件的后续进程。

第一节　调查程序概述

一、调查程序的概念

调查程序，是指监察委员会依照相关法律法规的规定，履行对职务违法、职务犯罪行为的调查职责时，在时限、时序、行为方式等方面必须遵循或履行的步骤和手续。案件调查是监察委员会办案的中心环节，是体现监察职能不可替代的重要手段，适用《监察法》的调查程序规范。由于监察委员会行使的调查权不同于原先检察机关的刑事侦查权，所以其调查完结的职务犯罪案件必须移送检察机关，开始依据刑事诉讼程序进行审查起诉、审判。因此，调查程序作为一种法律新规定的程序，有其独立的价值和体系。

监察体制改革将国家和地方的监察委员会与同级党的纪律检查委员会合署办公，一套人马，两块牌子。纪律检查机关是中国共产党内部的违纪纠察处理机构，权力指向党员和党组织。在"一套人马，两块牌子"的工作模式下，对于共同的反腐目标而言，党内的执纪审查程序和国家的监察调查程序实际上是一体两面，实践中两个程序既可能并行，又可能部分交叉重合。执纪审查程序和监察调查程序在内容上的重合表现为都规定了线索处置、初步核实、立案审查、审理等步骤，但是监察调查程序比执纪审查程序设置了更多内容，比如包含搜查、留置等调查措施适用的程序。

为了更准确地理解监察委员会的调查程序，下面对其与党的纪律检查委员会的执纪审查程序进行区分：

第一，两种程序遵循的依据不同。监察委员会行使调查程序的依据是国家反腐败的法律法规；纪律检查委员会的执纪审查程序的依据是党内法规。实践中，一个具体的腐败案件，往往是公职人员腐败犯罪行为和其作为党员的违纪事实的交织，不过，仍然必须适用上述两种不同的程序，分别查明职务违法犯罪事实和违纪事实，并分别作出国法处置和党纪处分。只有这样，才能完整实现党领导反腐的制度设计理念。

第二，两种程序适用的对象不同。根据《监察法》的规定，调查程序可能适用的对象是六大类行使公权力的公职人员；执纪审查程序适用的对象则是加入中国共产党的人员，即全体党员。根据我国的政治体制，结合公权力运作的实际状况来看，毫无疑问，这两种程序的适用对象存在高度交叉重合，但是不能把二者简单等同，比如从事公共事务管理的公职人员中也有民主党派和无党派人士，这也是我国多党合作制度的政治实践。

第三，两种程序体现的目的不同。调查程序调整的是作为国家权力之一的监察权的运作，具备鲜明的法律程序属性，目的是执行国家法律法规，属于法治政府建设的应有之义。执纪审查程序作为党内监督程序，规范的是中国共产党政党权力的运行，体现党的意志，防止党员、党组织受腐蚀，目的是保持中国共产党的先进性，是从严治党、依规治党的必然要求。

此外，监察委员会的调查权实质上是一种复合型权力，兼有行政调查与刑事侦查的属性。鉴于违纪与职务违法犯罪具有行为上的牵连和交错，法律没有对职务违法的行政调查与职务犯罪的刑事调查进行区分，但对二者适用调查措施的种类进行了区分，即对职务违法行为可以适用一般调查措施，如谈话、询问、查询、冻结、调取、查封、扣押、鉴定等。对职务犯罪除了适用上述措施外，还能适用特殊调查措施，如讯问、搜查，通缉、限制出境、技术调查措施等。最后，监察委员会的调查程序也与公安机关、检察机关、国家安全机关、监狱及军队保卫部门对犯罪行为的刑事侦查程序在法律依据、适用对象、内容体系等方面存在不同。

二、调查程序的原则

（一）坚持以无罪推定为出发点的法律思维

调查程序的目的是查清楚调查对象的职务违法、职务犯罪事实，进而决定下一步程序如何安排，包括政务处分决定、对领导人员问责决定或者移送人民检察院审查起诉等。可以发现，调查程序完结得出的结论是非常关键的，所以在调查程序的运行中，必须本着不夸大、不缩小，实事求是、无罪推定的原则，坚持按照法律规定的步骤和方法查清案情，这是法律思维的理性共识，是现代法治国家在刑事司法实践领域的基本原则。无罪推定的法律思维还要求如果调查后发现认定构成职务犯罪证据不足的，必须坚持疑罪从无；反之，则坚持罪刑法定。

（二）坚持以法定程序为遵循的调查方式

《监察法》赋予了监察委员会行使调查权时可以运用讯问、询问、留置、搜查、调取、查封、扣押、勘验检查等调查措施，相应地，也规定了行使这些调查措施的程序。《监察法》明确规定，严禁以威胁、引诱、欺骗及其他非法方式收集证据，严禁侮辱、打骂、虐待、体罚或者变相体罚被调查人和涉案人员。对一些影响被调查人权益比较重大的措施尤其应当遵守特定的程序。比如，对讯问、搜查、查封和扣押等措施，法律规定必须全过程录音录像；留置措施更是要遵循法定的批准手续和时间限制。国家监察体制改革的初衷就是监督公权力运行，确保社会的公平正义，而公平正义必须以看得见的方式，即程序予以彰显，这决定了监察委员会的调查权力必须贯彻公正的法定程序。

（三）坚持以取证为核心的调查目标

改革后的国家监察体制整合了反腐力量，凡涉嫌贪污贿赂、滥用职权、玩忽职守、权力寻租、利益输送、徇私舞弊以及浪费国家资财等职务违法和职务犯罪行为，都由监察委员会展开调查。那么，在法治反腐目标下，监察委员会的调查程序必须围绕获取证据展开，旨在得出令人信服的调查结论，进而顺利进行后续的工作。监察委员会的调查程序必须坚持重证据、重调查研究，不轻信言词证据；始终坚持客观、全面地收集影响定性与定罪、量罚和量刑的各种证据材料；各种监察证据必须具备真实性、合法性和关联性。调查程序终结，在法律层面，须达到职务违法犯罪事实清楚、证据确实、充分且能形成相互印证、闭合稳定的证据体系的标准。

第二节　立案条件、权限和程序

调查程序是否启动取决于立案结论，"立案"从字面上理解，就是指确立案件。立案作为一个独立的阶段，具有法定性，是指监察委员会经过初步核实以后，初步查明存在职务违法或者职务犯罪的事实，需要追究法律责任，通过立案手续正式启动对监察对象的调查工作。职务违法犯罪案件的立案是法律赋予监察委员会的特有职权，必须按照法律规定的管理权限和程序行使。

一、立案条件

立案程序是监察案件程序开始的标志，是每一个职务违法犯罪案件都必须经过的法定阶段，决定了是否展开调查程序。立案程序是监察委员会调查职务违法、职务犯罪的重要环节，必须严格依法进行。《监察法》第39条规定："经过初步核实，对监察对象涉嫌职务违法犯罪，需要追究法律责任的，监察机关应当按照规定的权限和程序办理立案手续。监察机关主要负责人依法批准立案后，应当主持召开专题会议，研究确定调查方案，决定需要采取的调查措施。立案调查决定应当向被调查人宣布，并通报相关组织。涉嫌严重职务违法或者职务犯罪的，应当通知被调查人家属，并向社会公开发布。"上述条款，是关于立案的条件、程序及立案后处理的集中规定，主要目的是规范立案工作，保证准确、及时立案，保障被调查人及其家属的知情权。监察立案程序，需要从立案条件、立案权限和立案程序三个方面来把握，以下讨论立案条件：

第一，初步查明存在职务违法或者职务犯罪。首先，初步核实是立案的前置程序和重要环节，因为只有经过初步核实，才有可能初步确认是否存在需要立案的职务违法或者职务犯罪的事实。初查核实过程中所查明的有无违法犯罪事实情况，以及所收集到的证据材料是立案与否的重要依据。其次，立案所需的只是初步确认的部分违法或者职务犯罪的事实，并非全部，因为初步核实的功能和方法并不能支撑查清全部事实。最后，根据"涉嫌职务违法犯罪"的表述，必须存在职务违法或者职务犯罪的事实，才符合立案的条件，如果初步核实的结果只涉及职务违纪的事实和证据，就不符合立案的条件。

第二，需要追究法律责任。有职务违法或者职务犯罪的事实只是立案必备的条件之一，但并不是所有职务违法或者职务犯罪的事实都符合立案的条件，只有根据法律规定，需要追究法律责任的时候，才符合立案的条件。例如，初步核实的结果涉及职务违法的事实，但是情节显著轻微、不需要追究法律责任的时候，就不需要立案。所以，既不能随意扩大，也不得随意缩小追究法律责任的范围。职务类犯罪的立案标准依照《刑法》《刑事诉讼法》及相关司法解释的规定执行。总之，是否需要追究法律责任，必须严格依法确认。

二、立案权限

《监察法》规定经过初步核实，对监察对象涉嫌职务违法犯罪，需要追究法律责任的，必须按照规定的权限和程序，办理立案手续。具体做法是：职务违法犯罪的立案，由监察委员会办案部门根据对问题线索初步核实过程中掌握的情况和材料，认为需要立案调查的，撰写《立案呈批报告》，层报主要领导审批。一般在交由领导审批前，监察委员会案件监督管理部门，案件审理部门和案件承办部门会对初步核实的情况和材料进行会商，重点考察是否符合立案的条件，如主体是否符合管辖范围、初核的证据是否到位、情节是否需要给予政务处分等，也称为立案前会商。

《立案呈批报告》是审批机关及其负责人审查批准立案的主要依据，内容主要包括：案件线索的来源及反映的主要问题；被反映人的自然情况；经初核认定的主要职务违法犯罪的问题并附相关初步证据材料；主要职务违法犯罪问题立案所依据的法律规定；呈报单位提请立案的建议；等等。

如果是对同级党委管理的干部涉嫌职务违法犯罪报请立案调查的，应当向同级党委主要领导请示报告；经同意，监察委员会在会议审议通过后，实施立案调查。如果是对同级党委委员立案调查的，应当在向同级党委主要领导报告的同时，向上一级监察委员会报告。

监察委员会主要负责人依法批准立案后，应当主持召开专题会议，根据被调查人情况、案件性质和复杂程度等，集体研究确定调查方案。调查方案的内容包括：应当查明的问题和线索；调查步骤、方法；调查过程中需要采取哪些措施；预计完成任务的时间以及应当注意的事项；等等。《监察法》规定必须通过召开专题会议研究确定调查方案，并决定需要采取的调查措施，原因在于反腐败案件的复杂性和严肃性，调查事项的确定需要集中集体智慧制定妥当的调查方案。

三、立案程序

首先，立案调查决定应当向被调查人本人宣布，同时通报被调查人所在单位等相关组织。上述宣布和通报，应当尽可能确保准确和及时，保障被调查人的知情权，同时寻求被调查人及其所在单位等相关组织的积极配合。其次，对于被调查人涉嫌严重违法或者职务犯罪的，考虑到有关被调查人很可能已经被采取留置措施，有必要及时通知被调查人的家属，保障被调查人家属的知情权。通知被调查人家属，必须确定一定的期限，确保通知的准确和及时。最后，对于被调查人涉嫌严重违法或者职务犯罪的，必须一定期限内向社会公开发布，这也是监察委员会接受社会监督的一种方式。

第三节 调查程序的确定和执行

一、调查程序的内容和要求

监察委员会按照管理权限，履行监督、调查、处置职责，可以采取谈话、讯问、询问、查询、冻结、调取、查封、扣押、搜查、勘验检查、鉴定、留置等12项调查措施。各项调查措施的适用对象和条件、决定和执行主体，还有批准、执行和解除程序等问题必须慎重对待。监察委员会在调查过程中可以收集物证、书证、证人证言、被调查人供述和辩解、视听资料、电子数据等证据材料，目的是形成相互印证、完整稳定的证据链。在法治反腐目标下，对于影响到被调查人财产权利、人身权利的调查措施必须遵守法定的原则和程序，尤其对于采取技术调查措施、限制出境措施、通缉决定等，更要严格遵守法律的规定，交由法定机关执行。

第一，调查程序应当严格执行调查方案。调查方案是经过法定程序决定的，要严肃对待。方案内容一经确定，即应严格遵照执行，不得擅自更改调查范围、调查对象、事项和措施等，除非遇有重大突发情况，经批准该方案的主要负责人批准，才可以应急更改。但是，这并不是随意更改，其中部分重要事项，仍须经集体研究后按程序请示报告。

第二，调查程序应当依法收集定案证据。调查程序的内容是收集被调查人有无违法犯罪以及情节轻重的证据，目的是查明违法犯罪事实，形成相互印证、完整稳定的证据链。在对职务违法和职务犯罪案件的调查过程中，对案件事实的认定是调查的主要任务之一，正确认定案件事实是合理适用法律以及后续作出处置的前提和基础。监察委员会的调查过程在一定意义上就是收集、审查、甄别、采信证据的过程，因为到了诉讼程序中，证据的真实性、合法性和关联性是法院审理的关键环节，直接影响法官对证据的审查判断，进而决定了反腐工作的结果，所以应当严格贯彻非法证据排除规则。

第三，调查程序应当坚守正当程序原则。只要实际上构成对基本权利的限制，都应接受正当程序规制。起源于英美法系的正当程序原则是现代法治国家重要的宪政和法治原则，比如未经法律的正当程序，不得剥夺任何人的生命、自由和财产。法学理论上强调正当程序可以促使审判和调查公正地进行，逮捕和搜查适当地采用，法律援助顺利地取得，以及消除不必要的延误等。我国《宪法》虽未明确提出该原则，但多次表达了类似意思，表述方式主要有直接规定、授权或宣告等。除《宪法》之外，我国有多部法律法规和司法解释保障公民人身和财产权利。总之，在限制"实际基本权利"时，必须接受正当程序规制，这是"尊重和保障人权"的基本要求。

第四，调查程序应当与相关程序协同。监察机关在调查程序中应当与审判机关、检察机关、执法部门互相配合，互相制约。《监察法》第4条第2款规定："监察机关办理职务违法和职务犯罪案件，应当与审判机关、检察机关、执法部门互相配合，互相制约。"实践中，职务违法和职务犯罪案件往往比较复杂，监察委员会需要其他机关、部门的协助，合力反腐。值得注意的是，这种协助并不单纯是对调查程序的配合，同时也是一种制约，实践中应当从其性质着手，既避免完全不予配合、耽误正常调查工作，也要避免过度配合、影响实体或程序公正、损害法律权威。

第五，调查程序应当保障被调查人权益。任何人未经法院判决，都不得认定有罪，办理职务类刑事案件同样如此。司法审判是人民法院的特有职权，这既是人民法院依法独立行使审判权的保障，也可以形成对调查权的制约。因此，监察委员会对被调查人采取调查措施，并不意味着宣判被调查人有罪，即便采取特定强制措施，也不等于限制其基本权利，并且调查程序期间的强制措施不得超越规定的限度，更不能突破规定的权力类别。

二、调查方案的确定程序

《监察法》的颁布实施鲜明体现了用法治思维打击腐败的指导思想。在实践中，基于反腐败案件的特殊性，确定调查方案和调查措施，必须召开专题会议，经过集体研究后确定。因此，即使监察委员会的主要负责人也不得未经专题会议自行决定调查方案，不得以个人意志代替集体意志。实践中需要注意区分两种情况：第一种是在一般情况下，调查方案虽经集体研究，但仍有批准该方案的监察委员会主要负责人，此时该调查方案由集体研究内容、主要负责人决定。第二种是在特殊情况下，比如调查方案中的重要事项，应当集体研究后按程序请示报告，尤其是当调查方案中包含留置措施时，《监察法》规定必须由监察机关领导人员集体研究决定；设区的市级以下监察委员会采取留置措施，应当报上一级监察委员会批准；省级监察委员会采取留置措施，应当报国家监察委员会备案。此外，调查方案要根据被调查人情况、案件性质和复杂程度等因素确定应当查明的问题、调查的步骤和方法、调查过程中需要采取的措施及预计完成任务的时间等。

《监察法》第 42 条第 1 款规定："调查人员应当严格执行调查方案，不得随意扩大调查范围、变更调查对象和事项。"《监察法》第 39 条第 2 款规定，"监察机关主要负责人依法批准立案后，应当主持召开专题会议，研究确定调查方案，决定需要采取的调查措施。"可见，调查方案须经专题会议之后，才能最终确定，调查方案的确定过程显示出了较高的权威性和严谨性，是集体决议的结果。在实际的执行中，调查人员理应严格执行这一方案，不得随意扩大调查范围、变更调查对象和事项。调查程序中的各项调查权限，不仅包含对财产权利的限制，还包括对人身权利的限制，故必须明确各项调查措施的行使条件。如果调查人员在实际执行中扩大了调查范围，变更了调查对象或者事项，则偏离了原调查方案的预期设想，既有可能影响职务犯罪的调查进度，又可能导致被调查人的某些权利受到限制，所以必须从内部制度约束的角度，进一步规范调查人员依法开展调查程序。

三、调查措施的执行程序

为了打击腐败，《监察法》赋予了监察委员会丰富的调查措施手段，同时对这些职权的运用规定了明确的方式、步骤和相关的执行程序。这些规定严格规范监察委员会的取证工作，防止权力滥用，保护被调查人和涉案人员的合法权益，是要求监察权力遵守正当程序原则的重要体现。

（一）调查措施的一般程序

《监察法》第41条第1款规定："调查人员采取讯问、询问、留置、搜查、调取、查封、扣押、勘验检查等调查措施，均应当依照规定出示证件，出具书面通知，由2人以上进行，形成笔录、报告等书面材料，并由相关人员签名、盖章。"这是调查措施的一般程序，包括出示证件、出具书面通知、两名以上的执行人员和形成书面材料等要求。

第一，调查人员采取调查措施时，应当出示有效证件。有效的证件可以证明调查人员的调查身份。例如，询问证人时应当出示工作证件，既可以证明调查人员的真实身份，也有利于取得相关单位和人员的积极配合。

第二，调查人员采取调查措施时，应当出具书面通知。因为书面通知可以有效实现调查措施的拘束力，对于监察委员会，有关文书一经作出即对自身产生约束；对于被调查人，有关文书被送达意味着对其产生约束。而且从实践效果来看，制作书面通知并由调查人员向相关单位或个人在现场出示，能够证明调查人员的行为经过监察委员会合法授权。

第三，调查措施应当由两人以上进行。两人配合是实际工作的需要，有利于取证的准确高效，还可以互相监督，防止徇私舞弊或发生诱供、刑讯逼供等非法调查行为；此外，也有利于防止被调查对象诬告调查人员。

第四，采取调查措施应当形成笔录报告等书面材料，并由相关人员签名、盖章。从证据种类的区分及不同证据的证明力来看，笔录、报告等书面材料是证据的重要载体，有利于保证证据的客观和真实。要求由相关人员签名、盖章，是对笔录、报告等书面材料的核对与认可，防止歪曲被调查人、证人的真实意图，或者出现强加于人的主观臆断甚至捏造事实等情况。

（二）调查措施的特别程序

《监察法》第41条第2款规定："调查人员进行讯问以及搜查、查封、扣押等重要取证工作，应当对全过程进行录音录像，留存备查。"这是对重要取证工作的特别程序规定，需要注意的是，录音录像应当符合"全程"的要求，否则就不能证明取证工作的合法性。在赋予监察委员会必要权限的同时，也要加强监督制约、防止权力滥用，要规范监察委员会的工作审批和内控程序，通过全程记录、录音录像等严格的程序设计和细致的监督举措，设置严格的规矩。

2017 年 6 月，最高人民法院、最高人民检察院、公安部、国家安全部和司法部联合发布了《关于办理刑事案件严格排除非法证据若干问题的规定》，其中第 10 条第 1 款规定："侦查人员在讯问犯罪嫌疑人的时候，可以对讯问过程进行录音录像；对于可能判处无期徒刑、死刑的案件或者其他重大犯罪案件，应当对讯问过程进行录音录像。"第 11 条规定："对讯问过程录音录像，应当不间断进行，保持完整性，不得选择性地录制，不得剪接、删改。"由于刑事诉讼中讯问等重要取证活动的特殊性，全程同步录音或录像制度能够加强对刑讯逼供和非法取证的源头预防。同理，监察委员会对职务类犯罪案件的查办理应符合刑事案件查办的通常标准。在职务违法犯罪案件调查过程中，全过程录音录像讯问、搜查、查封、扣押等取证工作，能够规范调查活动，减少调查人员不当使用调查措施的可能性，同时也是对调查人员的保护。

（三）调查措施的协助执行程序

1. 公安机关的协助执行。监察委员会采取调查措施过程中，需要公安机关协助的五种主要情形：

（1）配合监察委员会做好留置工作。《监察法》第 43 条第 3 款规定："监察机关采取留置措施，可以根据工作需要提请公安机关配合。公安机关应当依法予以协助。"根据监察委员会查办案件工作的具体需要，公安机关需要配合监察委员会设置留置场所、建立看护队伍、安排看护留置人员等。

（2）执行技术调查措施。《监察法》第 28 条第 1 款规定："监察机关调查涉嫌重大贪污贿赂等职务犯罪，根据需要，经过严格的批准手续，可以采取技术调查措施，按照规定交有关机关执行。"技术调查措施是指通过通信手段对被调查人职务违法犯罪行为进行调查，通常包括电话监听、电子监控、拍照或者录像等手段获取证据。我国目前掌握技术调查能力的执法机构主要是公安机关。

（3）协助监察委员会采取搜查措施。监察委员会可以对涉嫌职务犯罪的被调查人以及可能隐藏被调查人或者犯罪证据的人身、物品、住处进行搜查，如果需要，可以提请公安机关配合。监察委员会必须持搜查证并有被搜查人或者其家属等见证人在场情况下才能进行搜查；对以暴力、威胁等方法阻碍搜查的，公安干警应当制止，或者将其带离现场；阻碍搜查涉嫌犯罪的，应当依法追究刑事责任。

（4）协助监察委员会通缉在逃的被调查人。依法应当留置的被调查人如果在逃，监察委员会可以决定在本行政区域内通缉，由公安机关发布通缉令，追捕归案。在逃的被调查人包括应当依法留置但下落不明的和已经依法留置但逃跑的被调查人。

（5）协助监察委员会执行限制出境措施。为了防止因被调查人及相关人员逃匿境外，不能掌握违法犯罪事实及证据而导致调查工作停滞，经省级以上监察委员会批准，可以对被调查人及涉案人员、其他相关人员采取限制出境措施，由公安机关依法协助执行。

2. 司法行政机关的协助执行。监察委员会采取调查措施的过程中，司法行政机关需要协助的有关措施，主要是以下几个方面：

（1）就司法鉴定支持配合监察委员会的工作。《监察法》第 27 条规定："监察机关在调查过程中，对于案件中的专门性问题，可以指派、聘请有专门知识的人进行鉴定。鉴定人进行鉴定后，应当出具鉴定意见，并且签名。"司法行政机关应明确司法鉴定相关部门归口受理反腐败违法犯罪案件，严格按照有关规定作好监察委员会委托的司法鉴定工作。

（2）配合监察委员会工作人员到监狱部门调查取证，如调查、询问、讯问在押罪犯以及作好相关安保防范措施等。

（3）关于律师参与的衔接配合。司法行政机关应当确保监察委员会调查完毕、案件移送检察机关审查起诉之后，根据法律、法规等相关规定保障律师会见、阅卷等工作的有序进行。

第四节　留置程序

保障公民基本权利始终是法治建设的应有之义，政治体制改革的价值和目标也必须服从于这一理念，留置措施限制公民人身权利的程度可谓十分严厉，因此在保障生命健康及人道主义待遇的基础上，必要的程序性权利也应当引起重视。《监察法》第 22 条规定，被调查人涉嫌贪污贿赂、失职渎职等严重职务违法或者职务犯罪，监察委员会已经掌握其部分违法犯罪事实及证据，仍有重要问题需要进一步调查，并有法定四种情形之一时，可以将其留置在特定场所。包括：涉及案情重大、复杂的；可能逃跑、自杀的；可能串供或者伪造、隐匿、毁灭证据的；可能有其他妨碍调查行为的。监察机关采取留置措施，应当由监察委员会领导人员集体研究决定，不能以个人意志代替集体决策、以少数人意见代替多数人意见。

一、留置措施的决定程序

为了防止留置措施的滥用。法律对于留置措施设计了程序制约，比如通过审批权限上提一级。具体而言，市级、县级监察委员会决定采取留置措施，应当报上一级监察委员会批准；省级监察委员会采取留置措施，应当报国家监察委员会备案。国家监察委员会采取留置措施的，自行决定和批准。另外，法律对延长留置时间的审批程序也作出了规定，省级以下监察委员会采取留置措施的，延长留置时间应当报上一级监察委员会批准。

二、留置措施的期限

《监察法》第43条第2款规定："留置时间不得超过3个月。在特殊情况下，可以延长一次，延长时间不得超过3个月……"所谓3个月，是留置措施的一般期限。应当明确的是：其一，3个月是初次留置的最长期限，并不是所有留置措施都需要3个月，准确期限要根据案件实际情况由监察委员会领导人员集体研究决定；其二，留置期限确定之后，不得因为发现"新罪"而重新计算留置期限。根据案件的具体情况，在特殊情况下，经过法定程序审批，可以延长一次留置时间，延长期限同样不得超过3个月，因此留置的期限最长不得超过6个月。因为留置是对人身自由的限制，所以《监察法》还规定，被留置人员涉嫌犯罪移送司法机关后，被判处管制、拘役和有期徒刑的，留置1日折抵管制2日，折抵拘役、有期徒刑1日。

三、留置措施的执行程序

（一）留置措施的执行

《监察法》第43条第3款规定，"监察机关采取留置措施，可以根据工作需要提请公安机关配合"。因为实践中，在公安机关看守所进行留置比较普遍，且监察委员会不配备法警，不具备处理特殊情况的条件。一般来说，公安机关协助监察委员会执行留置主要有两种情况：第一种是监察委员会对被调查人采取留置措施，将其带至留置场所，可能需要公安机关配合执行，这是因为从人员配合和技术设备而言，由公安机关执行可以防止相关单位或个人的阻挠。第二种是将被调查人留置在特定场所以后，也可能需要公安机关派人配合看护，保证被留置人员的安全，保障留置期间讯问等相关调查工作的顺利开展。《监察法》规定留置期间要充分保障被留置人员的饮食、休息和安全，提供医疗服务，合理安排讯问时间和时长，讯问笔录由被讯问人阅看后签名。

（二）留置措施的通知

《监察法》第44条第1款规定，"对被调查人采取留置措施后，应当在24小时以内，通知被留置人员所在单位和家属，但有可能毁灭、伪造证据，干扰证人作证或者串供等有碍调查情形的除外。有碍调查的情形消失后，应当立即通知被留置人员所在单位和家属。"涉嫌严重职务违法或者职务犯罪，立案调查决定作出时，即应当通知被调查人家属。如果后续采取留置措施，意味着被调查人将与外界失去联系，因此仍需要再通知其所在单位和家属，确保家属必要的知情权利。但是当存在可能毁灭、伪造证据，干扰证人作证或者串供等有碍调查的情形时，经法定程序可以暂时不履行通知程序。即通知是原则，不通知是例外。有碍调查的情形消失后，监察委员会必须立即通知被留置人所在单位和家属。

四、留置措施与司法程序的衔接

监察委员会职务犯罪调查活动必然涉及与其他机关工作的衔接问题，主要是留置措施和以逮捕为主的刑事强制措施之间在程序上如何顺利衔接，从根本上而言，是监察调查程序和刑事司法程序的衔接问题。

（一）留置措施与司法程序的区分

根据《监察法》的规定，如果证据显示被留置人涉嫌犯罪，由监察委员会制作起诉意见书，移送人民检察院依法审查，提起公诉。这是各机关相互分工的表现，也说明监察调查程序与刑事司法程序是明确区分的，刑事司法程序进行期间不涉及任何调查措施且不受监察委员会影响。

但是，对于一个案件的处理流程来说，从监察调查程序到刑事司法程序，应当存在一个体现中转的标志节点，其功能就是连接监察调查程序和刑事司法程序，该标志一旦发生，案件即转入刑事司法程序。从实践来看，以监察委员会将被留置人和案卷材料全部移送司法机关作为标志是合理的。有一些地方的实际做法是留置期限即将届满之时，允许检察机关提前介入，并以检察机关的逮捕等刑事强制措施作为衔接转换标志，之后在刑事司法程序中，人民检察院依照法律规定独立采取强制措施，决定起诉或者不起诉，必要时退回补充调查。

同样，监察调查程序期间也不涉及任何刑事司法程序，并且不受法律监督机关、司法审判机关的影响。只要在监察调查程序期间，案件就与人民检察院、人民法院并没有直接关联，二者均无权干涉调查措施之决定与执行。也就是说，案件只要在监察调查程序期间，就无关乎逮捕等刑事强制措施，一旦人民检察院采取逮捕等刑事强制措施，案件即转入司法程序。

（二）留置措施与司法程序的衔接

留置措施和司法程序的具体衔接，主要表现于留置和刑事强制措施的衔接，涉及三个问题：

1. 逮捕等刑事强制措施标志着正式进入刑事司法程序。监察调查程序和刑事司法程序的衔接转换标志应该是检察院作出有关逮捕等刑事强制措施的决定，而不是监察委员会作出移送司法机关的决定，由此实现二者时间上的无缝衔接。另外，人民检察院采取其他刑事强制措施亦标志着转入刑事司法程序。实际上，人民检察院不仅可以决定逮捕，也可以选择不逮捕而采取其他强制措施；甚至可以未逮捕，直接退回补充调查或作出不起诉决定。

2. 进入刑事司法程序后，留置自动解除。从理论上来讲，存在两种情况需要注意：如果人民检察院决定不逮捕而采取其他强制措施，留置自动解除；如果人民检察院不采取任何强制措施，留置仍然自动解除。这是因为即便人民检察院未采取任何强制措施，不妨碍案件材料已移送司法机关，案件程序已进入刑事司法程序，因此后续事项应由人民检察院决定，与监察委员会无直接关联。

3. 逮捕措施由人民检察院决定、由公安机关执行。我国《宪法》第37条第2款规定："任何公民，非经人民检察院批准或者决定或者人民法院决定，并由公安机关执行，不受逮捕。"可见，一旦职务犯罪案件进入刑事司法程序，即与监察委员会无直接关联，逮捕措施的决定权属于人民检察院，而执行权则属于公安机关。

第五节　监察证据

关于监察证据的法律规定集中体现在《监察法》第33条，包含三个方面：其一，监察委员会依法收集的物证、书证、证人证言、被调查人供述和辩解、视听资料、电子数据等证据材料，在刑事诉讼中可以作为证据使用。其二，监察委员会在收集、固定、审查、运用证据时，应当与刑事审判关于证据的要求和标准相一致。其三，以非法方法收集的证据应当依法予以排除，不得作为案件处置的依据。

需要说明的是，根据法律规定，监察委员会依法收集、调取证据之后，可以作出四种处置方式,包括对违法的公职人员作出政务处分、对失职失责的领导人员问责、对监察对象所在单位提出监察建议及涉嫌职务犯罪时,移送检察院审查起诉。本节讨论的是最后一种处置方式中的用以证明被调查人职务犯罪行为的监察证据。

一、监察证据的性质

根据法律规定,监察委员会依法收集的证据材料将直接进入刑事诉讼程序,接受公诉机关和审判机关的司法审查,并适用刑事证据非法排除规则。因此,我们认为用以证明职务犯罪行为的监察证据在性质上等同于刑事诉讼证据。据此,在监察工作中,必须注意:

第一,树立证据规则意识。法律明确了监察委员会在监督、调查中获取的证据具有刑事司法效力,那么就需要实现以调查为中心向以审判为中心的思维方式转变;实现以偏重证据的客观性向兼顾取证合法性的转变。不仅要善于发现证明违法犯罪的证据,更要重视如何保证调取的证据能够被司法机关采信,要求在调查过程中严格按照法律程序收集、获取和运用证据。包括证据的提供、收集和审查必须符合法定的程序要求;证据的形式应当合法;非法证据必须排除,除非法律另有规定(比如瑕疵证据经过补强可以作为诉讼证据使用)。

第二,规范取证方式。法律规定监察委员会在收集、固定、审查、运用证据时,应当与刑事审判关于证据的要求和标准相一致。在谈话、询问、讯问时要更加注意规范用语;制作笔录的形式要件和实质要件均要符合起诉和审判的要求;在运用搜查、冻结、查封等相关措施的时候,要完备各种法律手续,妥善做好涉案财物的管理;在凭借勘验检查、鉴定意见、技术调查手段获取相关证据时要有完备的取证流程;讯问、搜查、查封、扣押等重要取证工作应当全过程录音录像并留存备查。

第三,探索听审制度。法律没有对审判阶段是否根据庭审需要申请调查人员出庭作出规定,但司法机关之前采用的公诉观摩庭审、侦查听审机制为我们提供了实践依据和参考。为了更有效地提高调查人员的素质以及办案质量,本书建议探索建立调查人员听审制度,即作为参与办案的调查人员对自己参与办理的案件,在法庭审理阶段要亲自到法庭参加旁听,通过旁听案件审理,调查人员可以全面了解到调查阶段所收集到的证据在法庭审理阶段的运用及采纳情况,这样能够有效促进调查人员规范取证行为,提高办案质量。

二、调查取证的标准和原则

监察委员会在调查程序中的取证工作会成为决定具体案件办理质量的关键，能够定案的证据需要符合两个要求：其一，案件的所有证据形成相互印证、完整稳定的证据链，即全案证据之间必须形成一个不相矛盾、相互印证且能够证明违法或者犯罪案件事实的证据链条。在刑事司法实践中，证据互相印证是公诉机关审查起诉、法官据以断案的基本依据，是判断嫌疑人有罪与否的最低限度标准。监察委员会在收集、固定、审查、运用证据时，应当与刑事审判关于证据的要求和标准相一致。其二，案件的所有证据经得起公诉机关和审判机关的审查。因为如果证据不扎实、不合法，轻则被退回补充侦查，影响惩治腐败的效率；重则被作为非法证据予以排除，影响案件的定罪量刑；对于侵害当事人权益、造成严重问题的，还要予以国家赔偿。

所以，监察委员会的调查取证工作必须遵守依法全面收集证据和严禁以非法方式收集证据这两个基本原则。

（一）依法全面收集证据的原则

监察工作人员必须严格依照规定程序，收集能够证实被调查人有无违法犯罪情节以及情节轻重的各种证据。收集证据必须客观、全面，不能只收集一方面的证据。这意味着，调查取证并不只是为了取得被调查人有违法犯罪和情节重大的证据，监察工作人员还要主动调查、收集被调查人无违法犯罪和情节轻微的证据。《监察法》第45条第2款规定："监察机关经调查，对没有证据证明被调查人存在违法犯罪行为的，应当撤销案件，并通知被调查人所在单位。"这即是平等原则和无罪推定原则的要求。监察工作人员不仅要收集证据，还要对收集到的证据进行分析研究、鉴别真伪，确保证据的真实性、合法性和关联性，有利于形成相互印证、完整稳定的证据链。

（二）严禁以非法方式收集证据的原则

为充分保证所有人都免受酷刑，世界各国一直致力于制定普遍适用的准则，如《世界人权宣言》《公民权利和政治权利国际公约》《禁止酷刑和其他残忍、不人道或有辱人格的待遇或处罚公约》等都作出了明确规定。《监察法》第33条第3款规定，以非法方法收集的证据应当依法予以排除，不得作为案件处置的依据，明确了监察领域的非法证据排除规则，既顺应了国际潮流，又符合《宪法》关于人权保障的规定，是我国《宪法》第33条"国家尊重和保障人权"的具体体现。《监察法》第40条第2款规定："严禁以威胁、引诱、欺骗及其他非法方式收集证据，严禁侮辱、打骂、虐待、体罚或者变相体罚被调查人和涉案人员。""非法方式"在实践中最常见的是刑讯逼供，即肉刑或者变相肉刑等方式，可以表现为侮辱、打骂、虐待、体罚或者变相体罚，还可以是其他使被调查人或涉案人员在肉体上遭受剧烈疼痛或者痛苦的方法，如较长时间冻、饿、晒烤、不让睡眠等方式。另外，使被调查人或涉案人员在精神上遭受剧烈疼痛或者痛苦的方法，如对其进行精神折磨，或者让其服用药物等，也属于"非法方式"。最后，用威胁、引诱、欺骗等方法获取的证据也属于"非法方式"。无论是以刑讯逼供，还是威胁、引诱、欺骗等方式取得的被调查人和涉案人员的口供，都是其在迫于压力或被欺骗的情况下提供的，虚假的可能性非常大，如果作为定案根据，极易造成错案。当然，在实践中，如果是通过思想政治工作使其主动交代，不属于以非法方式收集证据，也不属于强迫被调查人自证其罪。如果调查程序期间被调查人积极配合调查工作，如实供述监察委员会还未掌握的违法犯罪行为的，经领导人员集体研究，并报上一级监察委员会批准，监察委员会可以在移送人民检察院时提出从宽的建议。

证据的收集、审查和排除既是办理职务类刑事案件的关键一步，通常也是冤假错案发生的导火索。实践中需要注意：一是调查取证要重视对客观性证据的收集；二是实体审查要更加注重审核客观性证据，落实完善客观性证据审查模式；三是辅之以无罪推定原则、疑罪从无原则和有效的非法证据排除规则。

三、监察证据的种类

（一）物证

物证是指能够据以查明案件事实的一切物品和痕迹。物证的形式是多种多样的，可能是犯罪使用的工具和留有犯罪痕迹的物品；也可能是犯罪侵犯的客体物或其他可供揭露犯罪、查获犯罪人的赃款赃物等。物证是以它的存在情况、数量、质量、特性等来证明案件事实的，可以通过各种调查措施收集。如果提供原物确有困难的，可以提供与原物核对无误的复制件或者证明该物证的照片、录像等。原物为数量较多的种类物的，提供其中的一部分即可。

（二）书证

书证是指以文字记载人的思想或行为以及用符号、图画表达人的思想，其内容对案件的真实情况具有证明作用的物品。书证内容必须反映一定的案件事实，能够据以查明案件的真实情况。书证是随着案件的发生、发展而形成的，是案件事实在客观物质上的反映，只不过这种反映是通过记载的内容、表达的思想表现出来的。根据书证是否为国家机关行使职权所制作的，可以分为公文书证与非公文书证；根据制作方式，可以分为原本、正本、副本和节录本；根据内容可以分为处分书证与报告书证，前者以发生、变更或消灭一定法律关系为目的，如合同文书、遗嘱等，后者不以发生一定法律后果为目的，如账簿、日记等。

（三）证人证言

证人证言是指证人就其所了解的情况所作的与案件情况有关的客观陈述。证人证言的内容是由证人通过对案件情况的感知、记忆、陈述而形成的，内容包括对查清案件真相有意义的一切陈述材料。需要强调的是，证人只需陈述这些情况，不能对这些情况进行分析评价，也不能对案件事实发表看法和意见，且与案件无关的陈述或者是证人的估计、猜测等不能作为证言内容。证人陈述的情况可以是亲自听到或看到的，也可以是别人听到或看到并转告他的。证人对别人转告的情况，必须说明来源，说不出来源或者道听途说的消息不能作为证言。

（四）被调查人供述和辩解

被调查人供述和辩解是指被调查人就案件的有关情况所作的陈述，即通常所说的口供，包括供述和辩解。被调查人承认自己犯罪，陈述自己犯罪的具体情节叫供述；被调查人虽然承认自己犯罪，但是说明有依法不应追究刑事责任的情况或有从轻、减轻或免除刑罚等有利于自己的情况，称为辩解。被调查人供述和辩解应当是口头陈述，以笔录的形式加以固定，经被调查人请求或办案人员要求，也可以由被调查人亲笔书写供词。被调查人供述和辩解可以全面、具体反映案件事实，因为被调查人对自己是否犯罪和如何犯罪最了解，但是由于被调查人与案件的处理结果有切身的利害关系，口供的内容必然受复杂心理活动的影响，所以被调查人供述或辩解存在虚假的可能性也比较大，往往真真假假，有真有假，且呈现出反复无常的易变性，翻供现象屡见不鲜，时供时翻，呈现出极不稳定的状态，这都是此类证据的显著特点。

（五）鉴定意见

鉴定意见是指监察委员会指派或者聘请具有某种专门知识的人，对案件中某些专门性问题进行鉴别和判断后，所作出的结论性意见。鉴定意见要求鉴定人不仅说明根据鉴定材料所观察到的事实，而且还必须在分析研究这些事实的基础上，得出鉴别和判断的结论性意见。实践中有痕迹鉴定意见、会计鉴定意见、书法笔迹鉴定意见、化学鉴定意见、技术鉴定意见等。鉴定意见应当载明委托人和委托鉴定的事项、向鉴定部门提交的相关材料、鉴定的依据和使用的科学技术手段、鉴定部门和鉴定人鉴定资格的说明、鉴定人的签名和鉴定部门的盖章。

（六）勘验检查笔录

勘验检查笔录是指调查人员对与犯罪有关的场所、物品、资料、人身进行勘验检查时所作的实况记载，包括文字记录、绘图、照相、录像、模型等材料。其中对与犯罪有关的场所、物品、资料进行勘查所形成的记载叫勘验笔录，由于勘验笔录是办案人员依照法定程序并运用一定的设备和技术手段对勘验对象情况的客观记载，所以它的客观性较强，也比较可靠，主要作用在于固定证据及其所表现的各种特征，供进一步调查案件使用，揭露和证实嫌疑人，鉴别其他证据的真伪，认定案件事实。对于人身进行检查所形成的记载叫检查笔录，是为确定被检查人的某些特征、伤害情况或生理状态，而对他们的人身进行检验和观察后所作的客观记载，以文字记载为主，也可以采取拍照等其他有利于准确、客观记录的方法。

（七）视听资料

视听资料是指以其所载的音响、活动影像和图形，以及电子计算机所存储的资料等来证明案件事实的证据。实践中，用录音机、录像机或电子计算机等所存储的信息来证明案件真实情况的资料都可以称为视听资料，如录像带、录音带、电影胶卷、电视录像、传真资料、微型胶卷、电话录音、雷达扫描资料、电子计算机储存的数据和资料等。视听资料一般可分为三种类型：视觉资料，也称无声录像资料，包括图片、摄影胶卷、幻灯片、投影片、无声录像带等；听觉资料，也称录音资料，包括唱片、录音带等；声像资料，包括录音录像片、声像光盘等。

（八）电子数据

电子数据是案件发生过程中形成的，以数字化形式存储、处理、传输的，能够证明案件事实的数据。电子数据包括但不限于下列信息和电子文件：网页、博客、微博客、朋友圈、贴吧、网盘等网络平台发布的信息；手机短信、电子邮件、即时通信、通信群组等网络应用服务的通信信息；用户注册信息、身份认证信息、电子交易记录、通信记录、登录日志等信息；文档、图片、音视频、数字证书、计算机程序等电子文件。

思考题

1. 留置措施操作中的程序是如何规定的?

2. 调查程序与刑事诉讼程序的区别有哪些?

3. 非法证据排除规则如何在调查程序中适用的?

处置程序

【内容提要】《监察法》第 45 条对处置程序作出了系统化的规定，涉及谈话提醒、批评教育、责令检查或诫勉的程序、政务处分的程序、问责或问责建议的程序、移送人民检察院审查、提起公诉的程序、监察建议的程序、处置违法所得的程序以及后期的监察救济的程序。并且在处置程序实施前，还需要根据针对不同的被举报对象开展的调查、监督结果，考虑予以通报澄清还是继续下一步的依法处置。处置程序是监察法适用过程中的重要一环，必须严格依法进行，以彰显程序正义。

　　《监察法》第 45 条赋予了监察机关处置权，具体规定如下："监察机关根据监督、调查结果，依法作出如下处置：①对有职务违法行为但情节较轻的公职人员，按照管理权限，直接或者委托有关机关、人员，进行谈话提醒、批评教育、责令检查，或者予以诫勉；②对违法的公职人员依照法定程序作出警告、记过、记大过、降级、撤职、开除等政务处分决定；③对不履行或者不正确履行职责负有责任的领导人员，按照管理权限对其直接作出问责决定，或者向有权作出问责决定的机关提出问责建议；④对涉嫌职务犯罪的，监察机关经调查认为犯罪事实清楚，证据确实、充分的，制作起诉意见书，连同案卷材料、证据一并移送人民检察院依法审查、提起公诉；⑤对监察对象所在单位廉政建设和履行职责存在的问题等提出监察建议。监察机关经调查，对没有证据证明被调查人存在违法犯罪行为的，应当撤销案件，并通知被调查人所在单位。"

　　据此，各级监察委员会根据宪法和法律的规定对违法的公职人员有权作出政务处分决定；对履行职责不力、失职失责的领导人员进行问责；对涉嫌职务犯罪的，将调查结果移送人民检察院依法审查、提起公诉；向监察对象所在单位提出监察建议。因此，处置主要包括政务处分、问责、依法移送审查并提起公诉、对监察对象所在单位廉政建设和履行职责存在的问题等提出监察建议四方面内容。除了这四种处置方式外，对有职务违法行为但情节较轻的公职人员，按照管理权限，直接或者委托有关机关、人员进行谈话提醒、批评教育、责令检查或予以诫勉。

第一节 监察处置的结果与分流

无论是执法还是司法都是从案发到结果的趋势，监察程序亦是如此，并且根据不同的调查、监督结果，再区别展开下一步的程序机制。监察处置的结果与分流主要是根据针对不同的被举报对象开展的调查、监督结果，考虑予以通报澄清还是继续下一步的依法处置。

一、通报澄清

通报澄清，顾名思义，"通报"的基本意思是用来表彰先进、批评错误、传达重要指示精神或情况时使用的公务文书；"澄清"，本意指杂质沉淀，液体变清，形容水清而透明。《后汉书·党锢列传·范滂》有载："滂登车揽辔，慨然有澄清天下之志。"在我们法学领域，主要就是指显示事实真相、消除混乱或模糊之处。故而，通报澄清，即以官方文书或者其他官方通知方式对某些人的行为或者某项事情予以明晰。依据《监察法》相关规定，监察处置过程中，针对不同的调查结果，最终的处置方式是不同的。监察机关经过调查，对没有证据证明被调查人存在违法犯罪行为的，应当撤销案件，并且及时通知被调查人所在单位，还清白于当事人。这主要是指已经立案的被调查人，"根据调查结果"，经过各项调查措施最终没有充分证明有违法犯罪行为的，必须严格依法撤销案件的同时通知被调查人所在单位，予以通报澄清，避免给被调查人造成不必要的麻烦，甚至侵害被调查人的合法权益。

除此之外，对于尚未立案的被核查人，根据"监督结果"，发现反映不实，或者没有证据证明存在问题的，也应当予以了解澄清。通报澄清是监察处置中的重要环节，随着反腐倡廉的深入开展，出现了很多关于公职人员违法犯罪的举报信息，但其中也存在大量不实之举，例如陕西省岚皋县就于 2019 年 7 月"澄清保护受到不实举报干部 7 名"，延安市安塞区纪委也曾召开案情通报会为干部澄清问题。通报澄清对错案、冤案的源头起到了抑制作用。

二、依法处置

在法治中国建设过程中，依法治国重要理念是不容忽视的。在依法治国理念的指引下，监察程序必须严格坚持依法处置。监察机关经调查，对有充分证据证明被调查人存在违法犯罪行为的，应当根据有关事实证据和法律依据，作出相应处置内容。而具体的处置内容，则主要是依据《监察法》第 45 条之规定，视情况予以谈话提醒、批评教育、责令检查，或者予以诫勉；警告、记过、记大过、降级、撤职、开除等政务处分决定；问责或者问责建议；移送人民检察院依法审查、提起公诉；提出监察建议。这些处置方式可以视情况决定合并使用或单独使用。

第二节　谈话提醒、批评教育、责令检查或诫勉

对于有"职务违法行为但情节较轻的公职人员"，监察机关根据监督、调查结果，并按照管理权限，有权直接或委托有关机关、人员，进行谈话提醒、批评教育、责令检查，或者予以诫勉。

一、处置的性质及依据

党纪监督处理有"四种形态"[1]，其中处置较轻的一种便是"第一种形态"，旨在针对具有苗头性、倾向性的问题，可以尽早发现、尽早纠正。因此，这种处置方式可谓是一种"免予处分"，同时代之相对更轻的处理方式，以起到一定的警示作用。虽然这种处置程度较轻，但论其本质，仍属于一种处置。

而在处置依据方面，该处置方式可以有效实现党纪和国法的协调与衔接。一方面，从党纪严于国法的原则出发，党内监督必须始终把纪律放在最前列，故而实践中，有时虽然被调查人的职务违法行为情节比较轻、不构成违反国家法律，但由于违反了党内法规，有职务违法犯罪的苗头和倾向，因此需要对他们敲响警钟；另一方面，倘若有充足的证据证明被调查人存在职务违法行为，但考虑到情节比较轻，经综合判断后也可以采取此种处置方式。归根结底，无

---

[1]　"四种形态"：一是"经常开展批评和自我批评、约谈函询，让'红红脸、出出汗'成为常态"；二是"党纪轻处分，组织调整成为违法处理的大多数"；三是"党纪重处分，重大职务调整的成为少数"；四是"严重违纪涉嫌违法立案审查的成为极少数"。

论是何种情况，都必须严格依据监督、调查结果的具体情况予以考量。

二、处置主体

处置主体主要是指依法有权展开处置的机关，这主要需要根据《监察法》中的"管理权限"划分加以区分。具体而言，该种处置方式既可以由监察机关执行，也可以委托公职人员所在单位、上级主管部门或者上述单位负责人代为执行。

三、处置内容与对象

处置内容，主要是指具体的处置方式，包括谈话提醒、批评教育、责令检查和予以诫勉四种。而在办案过程中具体适用何种方式，主要由监察机关根据公职人员的一贯表现、职务违法行为性质和情节轻重，经综合考量后予以决定。处置对象主要有两种，一是在接到反映之后，正式立案之前，根据不同情形作出相应处理，对于其中"问题轻微，不需要追究纪律责任"的被核查人，"采取谈话提醒、批评教育、责令检查和诫勉等处理方式"；二是经初步核查发现存在职务违法行为并作正式立案处理以后，结合具体的调查结果，对于符合条件的被调查人，作出对应规定的处置内容。

第三节　政务处分

监察机关依法根据监督、调查结果对违法的公职人员依照法定程序作出警告、记过、记大过、降级、撤职、开除等政务处分决定。关于政务处分，《监察法》只规定了处分种类，对处分条件、程序和处分期限均暂未作出详细规定。

一、政务处分的性质

政务处分在监察处置措施中占有十分重要的地位，它不仅与党纪处分衔接，而且与行政处分并存，是监察机关监督执纪的重要手段，具有适用范围广、惩戒程度适当、教育作用明显的特征[1]。对政务处分的法律性质大致有三种观点。第一种观点认为，政务处分是监察机关对公职人员采取的外部法律制裁措施。因为政务处分符合外部行政行为所具有的公定力、确定力、拘束力和执行

---

[1] 朱福惠："论监察法上政务处分之适用及其法理"，载《法学杂志》2019 年第 9 期。

力；同时，监察机关与其他国家机关的公务员之间的关系构成一种外部的管理关系[1]。第二种观点认为，政务处分是对公职人员采取的外部纪律惩戒措施。因为政务处分部分取代了其他法律法规规定的内部纪律惩戒措施，并与个别内部惩戒措施并存[2]。第三种观点认为，政务处分是监察机关对公职人员采取的内部纪律惩戒措施。它与党纪处分一样具有适用于国家机关内部成员的性质，并且政务处分与党纪处分的救济方式相同[3]。

归根结底，政务处分是监察机关对公职人员的纪律惩戒措施，并且具有极强的广泛适用性和紧密衔接性。

二、政务处分的依据

政务处分的依据是指监察机关作出政务处分所依据的法律、法规、规章或者规范性文件。由于政务处分涉及公职人员的权利与声誉，因此政务处分虽然是监察处置的重要措施，但在实践中必须依法行使，才符合监察法治原则。政务处分的依据包括规范依据和程序启动依据。规范依据方面，除主要依据《监察法》外，还包括《公务员法》《法官法》《检察官法》《企业国有资产法》《行政机关公务员处分条例》《事业单位人事管理条例》《事业单位工作人员处分暂行规定》《国有企业领导人员廉洁从业若干规定》《农村基层干部廉洁履行职责若干规定（试行）》等。程序启动依据方面，主要包括《监察法》中的程序条款、《暂行规定》第 7 条以及《公务员法》等法律法规。

三、政务处分的主体

明确权力使用者，既是保障权力稳健运行的必要前提，也是确定权力行使责任的关键所在。毋庸置疑，政务处分是国家监察体制改革赋予监察机关的新型监察处分手段，其行使者是各级监察委员会。这一点在《监察法》中可以找到明确法律依据。

应当注意的是，按照《监察法》第 13 条规定，派驻或者派出的监察机构、监察专员能够依据授权和管理权限对违法公职人员进行处置。此规定是否意味

---

[1] 徐继敏："监察委员会政务处分行为探究"，载《河南社会科学》2018 年第 10 期。

[2] 秦前红、刘怡达："制定《政务处分法》应处理好的七对关系"，载《法治现代化研究》2019 年第 1 期。

[3] 宋尚华、王多："党纪处分与政务处分有什么区别———适用对象、依据、程序及权利救济不同"，载《中国纪检监察》2018 年第 22 期。

着派驻派出的监察机构及监察专员也是政务处分权的行使主体？成为独立的权力行使主体要求"权、名、责"三个必要条件俱齐，如认为上述主体是独立的监察权行使主体，则需要建立完善的权力等级体系和相应的责任体系，反之则无需相应的建设。因此，该问题值得深入思考。解决这一问题的关键在于对"授权"二字性质的解读。如果认为此处"授权"为法律授权，则派驻派出的监察机构及监察专员依据法律规定而享有政务处分权。此时派驻派出的监察机构及监察专员是法律授权的政务处分权行使主体，其行使权力以自己的名义，并单独承担责任（类似于派出所、工商所和税务所）。如果认为"授权"是指派驻派出的监察机构及监察专员所隶属的监察机关的授权，则没有在法律层面上产生新的权力，此举本质为委托。此时，派驻派出的监察机构及监察专员以派出的监察机关名义行使权力，并由派出的监察机关承担责任。

目前，《监察法》和《公职人员政务处分暂行规定》尚未对派驻派出的监察机构及监察专员的职责予以明确。根据中央纪委监委对《监察法》的解释来看，实务中可能采取的是后一种方式，即由监察机关在自己的职权内授权派驻、派出的监察机构及监察专员进行政务处分[1]。若依此解释，派驻派出的监察机构及监察专员并不属于政务处分权行使主体。

四、政务处分的内容和对象

政务处分内容，即监察机关对具有职务违法行为的公职人员作出具有惩罚性质的处分决定。具体的处分内容包括警告、记过、记大过、降级、撤职、开除等6项，各自适用于不同的公职人员。这些处分内容都具有一定的惩罚性、强制性、公开性。具体而言，"警告"主要是通过对违法行为主体提出告诫，使之认识应承担的责任，便于其加以警惕，同时改正错误，避免再犯，适用对象是违法行为比较轻微者；而"记过"则是指通过一定形式记载或者登记有关违法行为，以示惩处，同样适用于违法行为比较轻微的对象；"记大过"主要是指通过一定形式对于较大或者比较严重的过错予以记载或者登记，以示严重惩处，其适用对象是违法行为比较严重，给国家和人民造成一定损失的人员；所谓的"降级"，即降低被处分者的工资及等级，适用于存在违法行为，对国家和人民的利益造成一定损失，仍可继续担任公职人员，但必须降级任用的情形；而

---

[1] 中共中央纪律检查委员会、中华人民共和国国家监察委员会法规室编写：《〈中华人民共和国监察法〉释义》，中国方正出版社2018年版。

"撤职"的处分力度较大,主要是指撤销现在的职务,其适用对象是违法行为严重,已经不适合担任现任职务且不适合委以低级别职务的人员;"开除"是指取消公职人员身份,适用对象是违法行为严重,丧失作为公职人员基本条件的人员[1]。

五、政务处分的程序

构建法治中国进程中,不仅要做到实体上的依法治国,还要做到程序上的依法治国。监察过程中的政务处分亦是如此,更需要严格依据法律程序予以处罚,做到程序合法、手续完备,整个程序主要包括决定审批、执行操作和权利救济三方面。

第一,决定审批方面,除了监察机关自行决定和审批以外,部分政务处分决定还存在前置程序和通报程序。前置程序主要体现在对人大、政协选举或者任命的公职人员处以较严重的政务处分,例如撤职、开除,必须先履行罢免、撤销或者免去其职务程序;而通报程序,主要指对人大代表、政协委员处以的政务处分都需要履行前置的通报手续,无论是较轻处分还是较重处分。

第二,从执行操作来看,《公职人员政务处分暂行规定》通过第13、14、15条共3个条款作了细致规定:①执行程序和手续。根据《暂行规定》第13条的规定,给予政务处分决定的执行程序和手续主要有7项内容,分别是告知程序、听取陈述申辩并复核记录程序、审批并正式决定程序、印发决定程序、送达及宣告程序、办理变更手续、存入档案手续;②函告程序。该程序主要依据是《暂行规定》第14条之规定,其中明确强调给予政务处分以后,除了要向有关单位送达执行外,还应当履行函告程序,即根据受处分人的具体身份函告相应的机关或者群团组织等单位,或函告本级党委统战部以及相应的民主党派机关或者相关单位;③档案转递管理程序。根据《暂行规定》第15条的规定,对于受到开除处分的公职人员,需要按照国家有关规定对其本人档案进行转递管理。

第三,权利救济方面,也有专门的救济程序。我国《监察法》第49条规定了监察对象的复审和复核权利及其期限。同时,《暂行规定》第16条也规定了辅助性内容,主要是针对变更、撤销政务处分的情形和法律后果,根据受处分的公职人员的具体身份,依照或者参照《行政机关公务员处分条例》《事业单位

---

[1] 吴建雄主编:《监督、调查、处置法律规范研究》,人民出版社2018年版。

工作人员处分暂行规定》等内容执行。

第四节 问责

《监察法》第45条明确规定："对不履行或者不正确履行职责负有责任的领导人员，按照管理权限对其直接作出问责决定，或者向有权作出问责决定的机关提出问责建议。"

一、问责的内涵及适用范围

问责，主要是追究负有责任的领导人员的责任。该种处置方式与前几种具有本质性区别，被问责的领导人员本身没有职务违法、违纪行为，但是由于他们对所领导的单位负有廉政建设和反腐败的主体责任，因此当该单位的公职人员存在职务违纪违法行为、并且他们本身也存在失职失责时，便需为这些公职人员的违纪违法行为承担相应的领导责任，以此督促领导人员从严治政。具体适用范围上，根据《关于实行党政领导干部问责的暂行规定》，问责的处置方式主要适用于中共中央、国务院的工作部门及其内设机构的领导成员；县级以上地方各级党委、政府及其工作部门的领导成员，以及上述工作部门内设机构的领导成员。问责的具体适用情形包括：①决策严重失误，造成重大损失或者恶劣影响的；②因工作失职，致使本地区、本部门、本系统或者本单位发生特别重大事故、事件、案件，或者在较短时间内连续发生重大事故、事件、案件，造成重大损失或者恶劣影响的；③政府职能部门管理、监督不力，在其职责范围内发生特别重大事故、事件、案件，或者在较短时间内连续发生重大事故、事件、案件，造成重大损失或者恶劣影响的；④在行政活动中滥用职权，强令、授意实施违法行政行为，或者不作为，引发群体性事件或者其他重大事件的；⑤对群体性、突发性事件处置失当，导致事态恶化，造成恶劣影响的；⑥违反干部选拔任用工作有关规定，导致用人失察、失误，造成恶劣影响的；⑦其他给国家利益、人民生命财产、公共财产造成重大损失或者恶劣影响等失职行为的。

二、问责的依据及主体

监察机关作出问责决定或问责建议的前提是领导人员不履行职责或不正确履行职责，当满足这一条件时，领导人员即可能被问责。问责的依据主要有法理和规范两种，法理上，依据权责对等、权责一致的法治原则；而规范上，即可参照《中国共产党问责条例》和《关于实行党政领导干部问责的暂行规定》等规定。

问责的主体主要表现为两种，一是一般的监察机关，二是有权作出监察决定的机关。监察机关可以直接依法对有关领导人员作出问责决定，但对于部分单位的领导人员，监察机关可能无权作出问责决定，此时就需要向有权作出问责决定的机关提出问责建议。

三、问责的内容与程序

依据《关于实行党政领导干部问责的暂行规定》，问责的具体方式内容包括责令公开道歉、停职检查、引咎辞职、责令辞职和免职等。问责的具体程序主要包括调查处理程序和决定程序。首先，调查处理程序上，对领导公职人员实行问责，由纪检监察机关、组织人事部门按照管理权限依下列程序进行：①对因检举、控告、处理重大事故事件、查办案件、审计或者其他方式发现的党政领导干部应当问责的线索，纪检监察机关按照权限和程序进行调查后，对需要实行问责的，按照干部管理权限向问责决定机关提出问责建议；②对在干部监督工作中发现的党政领导干部应当问责的线索，组织人事部门按照权限和程序进行调查后，对需要实行问责的，按照干部管理权限向问责决定机关提出问责建议；③问责决定机关可以根据纪检监察机关或者组织人事部门提出的问责建议作出问责决定；④问责决定机关作出问责决定后，由组织人事部门办理相关事宜，或者由问责决定机关责成有关部门办理相关事宜。其次，决定程序方面：①作出问责决定前，应当听取被问责的党政领导干部的陈述和申辩，并且记录在案；对其合理意见，应当予以采纳；②对于事实清楚、不需要进行问责调查的，问责决定机关可以直接作出问责决定；③问责决定机关按照干部管理权限对党政领导干部作出的问责决定，应当经领导班子集体讨论决定；④对党政领导干部实行问责，应当制作《党政领导干部问责决定书》。《党政领导干部问责决定书》由负责调查的纪检监察机关或者组织人事部门代问责决定机关草拟；⑤问责决定机关作出问责决定后，应当派专人与被问责的党政领导干部谈话，做好其思想工作，督促其做好工作交接等后续工作；⑥问责决定一般应当向社会公开。

第五节　移送人民检察院审查、提起公诉

对涉嫌职务犯罪的，监察机关经调查认为犯罪事实清楚，证据确实、充分的，制作起诉意见书，连同案卷材料、证据一并移送人民检察院依法审查、提起公诉。

一、移送人民检察院审查、提起公诉的性质

该类处置方式是监察机关经过严格的监督、调查程序之后认定的最严重的情形，即被调查人涉嫌职务犯罪、可能被追究刑事责任。主要指对于符合特定条件的被调查人，监察机关制作起诉意见书，并将其与案卷材料和证据一并移送人民检察院，对于后续阶段的审查、起诉等事项，监察机关不得随意干涉。

二、移送人民检察院审查、提起公诉的主体、对象和内容

这种处置方式是监察机关对涉嫌职务犯罪的监察对象的处置方式，适用条件是监察机关经调查认为相应监察对象犯罪事实清楚、证据确实充分。该方式中的主体涉及两大类，一是具有管辖权的监察机关，此处的"具有管辖权"不仅包括监察机关对监察对象本身具有的管辖权，还包括接受指定管辖的监察机关获得的管辖权；二是在移送审查起诉中的受移送主体是具有管辖权的人民检察院。此种处置方式中对象主要是涉嫌刑事犯罪、可能被追究刑事责任的被调查人。内容上则主要包括：①涉嫌职务犯罪的被调查人；②监察机关制作的起诉意见书；③案卷材料；④用以证明有关案件事实的证据材料。

程序方面，主要依据《监察法》第47条之规定，简言之，具体程序主要是案件移送检察机关、检察机关开展全面审查职责、退回补充侦查和自行补充侦查、检察机关提起公诉、不起诉决定及其复议。具体而言，人民检察院对监察机关移送的案件主要分为四种处理方式：其一，依照刑事诉讼法对被调查人采取强制措施。刑事诉讼法规定的强制措施包括拘传、取保候审、监视居住、拘留、逮捕等；其二，人民检察院经审查，认为监察机关移送的犯罪嫌疑人犯罪事实已经查清，证据确实、充分，依法应当追究刑事责任的，应当作出起诉决定书，作出起诉决定后，还必须按照审判管辖的规定，向人民法院提起公诉，并将案卷材料、证据移送人民法院；其三，人民检察院经审查，认为监察机关移送的案件材料需要补充核实的，应当退回监察机关补充调查，必要时可以自

行补充侦查。对于补充调查的案件，监察机关应当在 1 个月内补充调查完毕。补充调查以二次为限；其四，人民检察院经审查，认为监察机关移送的犯罪嫌疑人有刑事诉讼法规定的不起诉的情形的，经上一级人民检察院批准，依法作出不起诉的决定。对于人民检察院作出不起诉决定，监察机关认为有错误的，可以向上一级人民检察院提起复议。

第六节　监察建议

一、监察建议的性质

监察建议规定于我国《监察法》第 45 条第 1 款的第 5 项和第 2 款，"对监察对象所在单位廉政建设和履行职责存在的问题等提出监察建议。监察机关经调查，对没有证据证明被调查人存在违法犯罪行为的，应当撤销案件，并通知被调查人所在单位。"而关于其内涵，有学者认为，监察建议是监察机关在履行监察职能过程中，根据监督、调查结果，向监察对象提出纠正措施、完善管理、健全制约和监督权力制度等建议，促进法律正确实施、推进廉政建设的一种重要方式[1]。监察建议本身属于一种建议性的处置方式，主要具有四项特点：①其本质上是监察职能的体现，是监察机关实现监察职能的一种有效方式；②范围上具有特定性，监察机关只能对法律、法规规定的情形提出监察建议；③适用上具有依附性，由于监察对象是个人，因此，监察建议只能依据对个人的监督、调查结果向有关单位提出；④效果上具有强制性。

二、监察建议的主体

依据我国《监察法》第 11 条第 3 项的规定，监察委员会依照本法和有关法律规定履行监督、调查、处置职责，向监察对象所在单位提出监察建议；根据该法第 13 条的规定，派驻或者派出的监察机构、监察专员根据授权，按照管理权限依法对公职人员进行监督，提出监察建议，依法对公职人员进行调查、处置。由此可见，监察建议的作出主体是各级监察委员会及其派驻派出监察机构和监察专员。

---

[1] 高伟："监察建议运用研究"，载《中国纪检监察报》2018 年 5 月 23 日。

三、监察建议的对象与内容

监察建议的接受对象是监察对象所在单位。也有学者认为，监察建议的对象可以包括有关单位和人员两种，这种理解与《监察法》的规定并不完全符合。依据我国《监察法》第 62 条规定的"无正当理由拒不采纳监察建议"，其主语是"有关单位"，可以推断出我们监察建议的对象只能是有关单位，不包括相关人员。而监察建议的具体内容一般包括被建议单位的基本情况，监督、调查所认定的事实、证据、法律依据，具体建议和被建议单位书面回复落实情况的期限。

四、监察建议的程序

监察机关和派驻或者派出的监察机构、监察专员可以对自己管辖范围内的监察事项向有关单位提出监察建议。对于指定管辖的案件，具体承办的监察机关不能向案发单位提出监察建议，应该由本来具有管辖权的监察机关提出监察建议。派驻监察机构只能对其负责监督的部门提出监察建议。另外，提出监察建议，应当按照统一的格式和内容制作监察建议书，报请监察机关负责人审批。派驻或者派出的监察机构、监察专员提出监察建议的，监察建议书应当报派驻或者派出它的监察委员会审批。

除此之外，还要积极追踪落实监察建议，接受监察建议单位应该在监察建议规定的期限内，书面回复监察建议落实情况。提出监察建议的监察机关和派驻或者派出的监察机构、监察专员应当及时了解和掌握接受建议单位对监察建议的采纳落实情况。接受建议单位无正当理由拒不采纳监察建议的，监察机关和派驻或者派出的监察机构、监察专员可以向其主管部门、上级机关反映[1]。

除此之外，倘若监察机关经调查，发现没有证据证明被调查人存在违法犯罪行为。对于这种情况，监察机关应当撤销案件，并通知被调查人所在单位。

---

[1]　高伟："监察建议运用研究"，载《中国纪检监察报》2018 年 5 月 23 日。

第七节　处置违法所得

一、处置违法所得的性质

所谓"违法所得"，不仅包括公职人员涉案的违法取得的财物，还包括其用于违法的财物。监察机关查办腐败案件，不仅要依法追究相关监察对象的法律责任，还要处理好涉案财物有关工作，挽回腐败分子对党和国家事业及其他组织或个人之财产权造成的损失。

关于违法所得的处置方式主要规定于我国《监察法》第46条，"监察机关经调查，对违法取得的财物，依法予以没收、追缴或者责令退赔；对涉嫌犯罪取得的财物，应当随案移送人民检察院"。除此之外，《公职人员政务处分暂行条例》第21条在此基础上，作出了更为细化的规定："公职人员违法取得的财物和用于违法的财物，除依法应当由其他机关没收、追缴或者责令退赔的，由监察机关没收、追缴或者责令退赔。违法取得的财物应当退还原所有人或者原持有人的，予以退还；属于国家财产以及不应当退还或者无法退还原所有人或者原持有人的，上缴国库。"由此可见，该类处置方式主要体现为一种财产性处置。

二、处置违法所得的内容

根据《监察法》第23条和第25条的规定，处置违法所得主要是指监察机关对于涉案财物，有权依法查询、冻结、调取、查封和扣押等。具体而言，监察机关在针对涉嫌贪污贿赂、失职渎职等严重职务违法或者职务犯罪的调查过程中，根据工作需要，可以依照相关规定予以查询、冻结涉案单位和个人的存款、汇款、债券、股票等财产；在调查过程中，还可以调取、查封、扣押用以证明被调查人涉嫌违法犯罪的财物、文件和电子数据等信息。

三、处置违法所得的程序

该处置程序中主要需要注意三点内容。一是针对通过职务违纪违法行为取得财物的情况，此时需要由有权机关或者监察机关将涉案财物"没收、追缴或者责令赔偿"，其目的是挽回公职人员违纪违法行为对国家财产、集体财产和公民个人合法财产造成的损失；二是针对涉嫌犯罪取得财物的情况，此时需由监察机关在调查程序终结并移送人民检察院依法审查起诉时将涉案财物"随案移送",以确保人民检察院顺利开展审查起诉工作。我国《监察法》专门规定了"随案移送"程序,避免监察机关调查程序期间发生违反规定处置涉案财产的情形;三是关于涉案财物的退还程序,具体而言就是对于冻结的财产,经查明与案件无关的,3 日内应当解除冻结并予以退还;对于查封、扣押的财物、文件,经查明与案件无关的,3 日内应当解除查封、扣押并予以退还。

第八节　监察救济

"没有救济可依的权利是虚假的,犹如花朵戴在人的发端是虚饰。花朵可为人添美,但虚假的权利只能是伪善"。[1] 权利救济经历了从私力救济到公力救济为主的变化。其中公力救济作为权利救济的核心方式,既适用于私人间的争议,也适用于公权的侵权行为,尤其是对公权的侵犯,公力救济是最重要甚至是唯一的有效方式。公权力救济大体上可以根据救济渠道区分为内部和外部救济。内部救济主要包括举报、复核等,外部救济包括监察、复议和诉讼。而监察程序中的监察救济主要指监察权行使对公民、法人或者其他组织的合法权益造成损害时,依法给予救济的制度和机制,主要包括复核、申诉和赔偿。

一、监察救济的基本方式

我国《监察法》第 5 条明确规定:"国家监察工作严格遵照宪法和法律,以事实为根据,以法律为准绳;在适用法律上一律平等,保障当事人的合法权益;权责对等,严格监督;惩戒与教育相结合,宽严相济。"通过这条规定,监察工作的合法权益保障和救济原则得以确立。监察救济以监察权行使合法性的否定为前提,是一种对公权力滥用或者不当行使的制约,旨在保障受到这项权力行使侵害的公民权利。监察救济主要依靠公力救济方式。总体上,对于监察权滥用或者不当行使,可以采取复核、申诉和赔偿的方式请求救济。

二、监察复核

复核是指对已经作出的监察决定是否合法进行复查核实。该救济方式规定于我国《监察法》第 49 条,"监察对象对监察机关作出的涉及本人的处理决定

---

〔1〕 程燎原、王人博:《权利及其救济》,山东人民出版社 1998 年版,第 368 页。

不服的，可以在收到处理决定之日起 1 个月内，向作出决定的监察机关申请复审，复审机关应当在 1 个月内作出复审决定；监察对象对复审决定仍不服的，可以在收到复审决定之日起 1 个月内，向上一级监察机关申请复核……"由此可见，申请复核的主体是监察对象。除了监察对象可以作为申请监察复核的主体以外，监察机关在行使监察权时，相关个人或者机关要给予配合，提供方便和协助，但这些个人及机关是否可以作为提出复核的主体，在监察法中尚未明确。然而，基于合法权益保护原则，这些人员应当同样享有监察复核申请权。监察复核必须严格把握上述的时间条件，并且复审、复核期间，不停止原处理决定的执行。复核机关经审查，认定处理决定有错误的，原处理机关应当及时予以纠正。

三、监察申诉

监察申诉是指被调查人对于监察权滥用或者不当行使的，向监察机关申述情由、诉说请求，监察机关应当在收到申诉后依法作出调查和处理。该救济方式主要规定于我国《监察法》第 60 条，其中对监察申诉的具体情形作出了明确规定："监察机关及其工作人员有下列行为之一的，被调查人及其近亲属有权向该机关申诉：①留置法定期限届满，不予以解除的；②查封、扣押、冻结与案件无关的财物的；③应当解除查封、扣押、冻结措施而不解除的；④贪污、挪用、私分、调换以及违反规定使用查封、扣押、冻结的财物的；⑤其他违反法律法规、侵害被调查人合法权益的行为。受理申诉的监察机关应当在受理申诉之日起 1 个月内作出处理决定。申诉人对处理决定不服的，可以在收到处理决定之日起 1 个月内向上一级监察机关申请复查，上一级监察机关应当在收到复查申请之日起 2 个月内作出处理决定，情况属实的，及时予以纠正。"

根据《监察法》的规定，在法律上可以申诉的主体主要包括监察对象和被调查对象以及其他被侵权人员或者单位三种类别；申诉内容上，只要是任何监察机关和工作人员存在违法失职行为，便可向有关监察机关提出申诉，故申诉的唯一条件是认为监察机关及其工作人员存在不合法行为。合法权益受到监察权不当行使的侵害，便是申诉的核心内容；关于申诉的处理上，受理申诉的监察机关应当在受理申诉之日起 1 个月内作出处理决定。申诉人对处理决定不服的，可以在收到处理决定之日起 1 个月内向上一级监察机关申请复查，上一级监察机关应当在收到复查申请之日起 2 个月内作出处理决定，情况属实的，及时予以纠正。

四、监察赔偿

监察赔偿的救济方式规定于我国《监察法》第 67 条，"监察机关及其工作人员行使职权，侵犯公民、法人和其他组织的合法权益造成损害的，依法给予国家赔偿。"此规定对监察赔偿的范围、申请主体等问题都作了明确规定。详言之，监察赔偿范围主要适用于监察机关及其工作人员行使职权，侵犯公民、法人和其他组织的合法权益造成损害的，便应当予以赔偿，因此凡是公民、法人和其他组织的合法权益受到侵害并造成损害的，均属于监察赔偿范围；同时，凡是合法权益受到监察权行使侵害并造成损失的公民、法人和其他组织，皆有权提出监察赔偿，皆是监察赔偿的申请主体。受害的公民死亡，其继承人和其他有扶养关系的亲属也可以作为申请主体；而具体的赔偿程序方面，主要包括赔偿的申请、监察行为判断和赔偿决定程序。赔偿请求一经提出，若监察行为已经被确认违法的，赔偿义务机关应当径直作出赔偿决定，作出赔偿决定；赔偿请求指控的监察行为未被有权机关确认违法的，赔偿义务机关应当径直作出赔偿决定，或请求有权机关确认监察行为是否违法，并依据确认结果作出赔偿决定。

🔵 思考题

1. 监察处置包括哪些方式？
2. 监察处置程序中的政务处分的性质及依据条件是什么？
3. 问责的内涵、主体及适用范围是什么？
4. 移送人民检察院审查、提起公诉的程序中的主体和对象是什么？
5. 监察建议的主体和对象分别包括哪些？
6. 监察救济程序的基本方式有哪些？
7. 监察申诉的具体流程是什么？

第十三章

对监察机关和监察人员的监督

【内容提要】对行使监察权的监察机关和监察人员必须进行监督。本章主要介绍监察监督的类型、方式和内容，具体包括人大及其常委会的监督、民主监督、社会监督、舆论监督、被调查人及其近亲属的申诉监督等外部监督，以及内部监督和监察人员回避制度。

第一节　人大及其常委会的监督

一、人大监督的内涵

各级监察委员会是由相应本级人大产生的，也就意味着，各级监察委员会必须对本级人大负责，并接受来自本级人大的监督。监察委员会与人大的这一逻辑关系体现了监督制度中的"人民性"这一本质要求。

我国《监察法》第 53 条规定，各级监察委员会应当接受本级人大及其常务委员会的监督。各级人大常务委员会听取和审议本级监察委员会的专项工作报告，组织执法检查。县级以上各级人大及其常务委员会举行会议时人大代表或者常务委员会组成人员可以依照法律规定的程序，就监察工作中的有关问题提出询问或者质询。可以说，这一条文规定为人大对监察委员会的监督提供了直接的法律依据。具体而言，该条的规定分为 3 款。其中，第 1 款规定各级监察委员会应当接受本级人大及其常委会的监督。我国的根本政治制度是人民代表大会制度，强调国家的一切权力归属于全体人民，由人大来统一行使国家权力。在我国，对国家权力进行划分配置的前提是须遵从"国家权力归属全体人民、人大统一行使国家权力"这一基本政治原则，基于此，当前我国已经形成了人民主权之下的立法权、行政权、监察权及司法权的"四权配置"格局。我国

《宪法》第 3 条第 3 款规定，国家行政机关、监察机关、审判机关、检察机关都由人大产生，对它负责，受它监督。根据民主集中制原则，其他国家机关是由人大产生的，意味着这些国家机关应对人大负责，并接受其监督。因此，人大对监察委员会进行监督且监察委员会应自觉接受人大监督，是我国权力监督的应有之义。不过，人大和其他国家机关之间的关系，既有监督、又有支持；人大既要依法监督，又不代替行使行政、监察、审判、检察职能。

二、人大监督的方式

根据我国《监察法》第 53 条第 2 款的规定，人大进行监督的方式主要有两种，即人大常委会听取和审议监察委员会的专项工作报告、组织执法检查。一是听取和审议专项工作报告。这是偏宏观性的监督。对于关系改革发展和与群众利益密切相关的重大问题，各级人大常委会就此应有计划地安排听取和审议本级监察委员会的专项工作报告。同时，监察委员会也可以向本级人大常委会主动报告专项工作。监察委员会负责人应对专项工作进行报告，以便于人大常委会组成人员在听取专项报告后提出相关的审议意见。人大常委会应将审议意见传达至监察委员会，交由其研究处理。经过严谨的研究处理，监察委员会中相关的办事机构应及时将研究处理的情况报告至人大有关的专门委员会，或者向人大常委会相关机构征求意见，之后，监察委员需要制作相关的书面报告并送交至本级人大常委会。必要时，人大常委会可以对提交的专项工作报告进行决议；监察委员会应将作出的决议予以执行，并在决议规定的期限内向本级人大常委会汇报决议执行的具体情况。二是组织执法检查。这是偏中观性的监督。对于关系改革发展和与群众利益密切相关的重大问题，各级人大常委会可以有计划地对监察反腐工作中涉及法律法规实施的情况进行组织执法检查。在组织执法检查完成后，执法检查组应当及时提出执法检查报告，提请人大常委会审议。

我国《监察法》第 53 条第 3 款规定了人大代表或者人大常委会组成人员提出询问、质询两种监督方式：一是询问，指各级人大常委会会议审议议案和有关报告时，本级监察委员会应当派有关负责人员到会，听取意见，回答询问。二是质询，是指县级以上的人大常委会成员在达到一定的数量要求后，可以联名以书面的形式向本级人大常委会提出对本级监察委员会的质询案，由委员长会议或者主任会议决定交由受质询的监察委员会答复，质询案应当写明质询的问题和内容。委员长会议或者主任会议可以决定由受质询的监察委员会在本级人大常委会会议上或者有关专门委员会会议上口头答复，或者由受质询的监察委员会书面答复。质询案以口头答复的，由受质询的监察委员会负责人到会答复；质询案以书面答复的，由受到质询的监察委员会负责人签署。

一般而言，人大监督主要有三种，即人事监督、工作监督和法律监督。我国《监察法》第53条规定的主要是人大对监察委员会的工作监督方式。根据《宪法》《各级人民代表大会常务委员会监督法》《全国人民代表大会组织法》的相关规定，且由于"人大及其常委会监督权的权威性，在于它与人事任免权相结合，并以人事任免权为基础"，全国人大有权选举和罢免国家监察委员会主任，国家监察委员会的副主任、委员是由国家监察委员会主任提请全国人大常委会任免。除此，为提高监察机关的反腐工作的法治程度，全国人大可以根据现实情况对《监察法》及相关法律法规进行适当修订，以确保监察权是在法定权限内依法定程序而运作的。总之，"要从科学立法、人事任免、听取汇报、询问质询等多重维度加强人大对监察委员会的监督功能，未来的大趋势是通过有效行使全国人大及其常委会的违宪审查职能进一步强化权力机关对监察机关的监督"[1]。

第二节 民主监督、社会监督和舆论监督

监察权的民主性决定了社会多元主体应积极参与到对监察机关的监督活动中来，无论是从法治反腐的视角，还是基于多元监督的角度，民主监督、社会监督、舆论监督都应看作推进监察监督民主化建设中不可或缺的重要力量。而且，从实践来看，网络和媒体的迅猛发展促使民主监督、社会监督、舆论监督日益成为监察监督的主要方式。我国《监察法》第54条规定："监察机关应当依法公开监察工作信息，接受民主监督、社会监督、舆论监督。"

一、民主监督

人民监督是反腐败的重要力量，也是形成"不能腐"制度的关键。党的十九大报告指出"增强党自我净化能力，根本靠强化党的自我监督和群众监督"，进一步强调"构建党统一指挥、全面覆盖、权威高效的监督体系，把党内监督

---

〔1〕 秦前红："困境、改革与出路：从'三驾马车'到国家监察——我国监察体系的宪制思考"，载《中国法律评论》2017年第1期。

同国家机关监督、民主监督、司法监督、群众监督、舆论监督贯通起来，增强监督合力"，形成及时发现问题并予以纠正的常态机制，促使监察监督体系日臻完善，将监察机关的权力置于法律监督下运作。民主监督一般是指人民政协或者各民主党派等主体对监察机关及其工作人员的工作进行的监督。党的十九大报告指出："人民政协是具有中国特色的制度安排，是社会主义协商民主的重要渠道和专门协商机构。"所以，该报告中着重强调："加强人民政协民主监督，重点监督党和国家重大方针政策和重要决策部署的贯彻落实。"

二、社会监督

社会监督一般是指公民、法人或其他组织对监察机关及其工作人员的工作进行的监督。党的十九大报告指出，要保证人民依法实行民主选举、民主协商、民主决策、民主管理、民主监督。对监察委员会的社会监督，就是保障人民知情权、参与权、表达权和监督权的制度途径之一。2018年8月24日中央纪委国家监委印发并实施《国家监察委员会特约监察员工作办法》（以下简称《办法》）。国家监察委员会根据工作的现实需要，通过法定程序优先聘请特约监察员。其中，《办法》第2条第2款规定："特约监察员主要从全国人大代表中优选聘请，也可以从全国政协委员，中央和国家机关有关部门工作人员，各民主党派成员、无党派人士，企业、事业单位和社会团体代表，专家学者，媒体和文艺工作者，以及一线代表和基层群众中优选聘请。"

《办法》也对特约监察员的监督方式进行了明确规定，例如，《办法》第9条规定："特约监察员履行下列职责：①对纪检监察机关及其工作人员履行职责情况进行监督，提出加强和改进纪检监察工作的意见、建议；②对制定纪检监察法律法规、出台重大政策、起草重要文件、提出监察建议等提供咨询意见；③参加国家监察委员会组织的调查研究、监督检查、专项工作……"同时，《办法》第10条规定："特约监察员履行职责享有下列权利：①了解国家监察委员会和各省、自治区、直辖市监察委员会开展监察工作、履行监察职责情况，提出意见、建议和批评；②根据履职需要并按程序报批后，查阅、获得有关文件和资料……"总而言之，特约监察员能够了解国家监察机关及其工作人员履行监察职责的情况，并依法进行监督，承担参谋建议、桥梁纽带和舆论引导等职责。

三、舆论监督

舆论监督一般是指社会各界通过广播、影视、报纸、杂志、网络等传播媒介，发表自己的意见和看法，形成舆论，对监察机关及其工作人员的工作进行监督。舆论监督实质是人民群众监督，是人民群众通过舆论方式对监察机关及其工作人员的工作进行监督。舆论监督对于曝光和披露监察机关及其工作人员的违法及不当行为，促进其依法依纪履职具有重要作用。

第三节　被调查人及其近亲属的申诉监督

一、监察申诉的主体

监察申诉是指被调查人对于监察权滥用或者不当行使的行为，向监察机关申述情由，诉说请求。监察机关应当在收到申诉后依法作出调查和处理。

《监察法》第 60 条第 1 款规定："监察机关及其工作人员有下列行为之一的，被调查人及其近亲属有权向该机关申诉……"这一规定将申诉的主体限定为被调查人及其近亲属，但这一规定应当理解为对申诉主体中特定类别的强调而非排除其他的有权申诉主体。

《监察法》第 15 条规定了监察范围，这些范围内的相关人员均是监察对象，包括：中国共产党机关、人大及其常务委员会机关、人民政府、监察委员会、人民法院、人民检察院、中国人民政治协商会议各级委员会机关、民主党派机关和工商业联合会机关的公务员，以及参照《公务员法》管理的人员；法律法规授权或者受国家机关依法委托管理公共事务的组织中从事公务的人员；国有企业管理人员；公办的教育、科研、文化、医疗卫生、体育等单位中从事管理的人员；基层群众性自治组织中从事管理的人员；其他依法履行公职的人员。显然，凡是落入监察范围的人员，均是监察对象，如果认为监察机关及其工作人员有违反法律法规行使监察权并侵害其合法权益的，当然有权利向监察机关申诉。

监察对象当然是理论上的调查对象，但监察机关为了监察属于监察范围内的人员，还可以采用调查措施，对监察对象之外的相关单位和人员进行调查，收集相关证据，这些人员也属于调查对象。当监察权的行使违反法律法规的规定时，调查对象可以申诉，调查对象具体包括：

1. 证人。《监察法》第 18 条第 1 款规定"监察机关行使监督、调查职权，有权依法向有关单位和个人了解情况，收集、调取证据"中的"有关单位"和"个人"；第 21 条规定"在调查过程中，监察机关可以询问证人等人员"中的证人。

2. 涉案人员。《监察法》第 22 条第 2 款规定"对涉嫌行贿犯罪或者共同职务犯罪的涉案人员，监察机关可以依照前款规定采取留置措施"中的"涉案人员"。

3. 财产受限制的个人或者单位。《监察法》第 23 条第 1 款规定"监察机关调查涉嫌贪污贿赂、失职渎职等严重职务违法或者职务犯罪，根据工作需要，可以依照规定查询、冻结涉案单位和个人的存款、汇款、债券、股票、基金份额等财产。有关单位和个人应当配合"中财产被冻结的单位和个人。

4. 被搜查人员。《监察法》第 24 条第 1 款规定"监察机关可以对涉嫌职务犯罪的被调查人以及可能隐藏被调查人或者犯罪证据的人的身体、物品、住处和其他有关地方进行搜查。在搜查时，应当出示搜查证，并有被搜查人或者其家属等见证人在场"中的被搜查人。

5. 被查封、扣押的财物、文件的权利人。《监察法》第 25 条第 1 款规定"监察机关在调查过程中，可以调取、查封、扣押用以证明被调查人涉嫌违法犯罪的财物、文件和电子数据等信息。采取调取、查封、扣押措施，应当收集原物原件，会同持有人或者保管人、见证人，当面逐一拍照、登记、编号，开列清单，由在场人员当场核对、签名，并将清单副本交财物、文件的持有人或者保管人"中的被查封、扣押的财物、文件的权利人。

6. 被技术调查人员。《监察法》第 28 条第 1 款规定"监察机关调查涉嫌重大贪污贿赂等职务犯罪，根据需要，经过严格的批准手续，可以采取技术调查措施，按照规定交有关机关执行"中的被技术调查人员。

7. 被通缉人员。《监察法》第 29 条规定"依法应当留置的被调查人如果在逃，监察机关可以决定在本行政区域内通缉，由公安机关发布通缉令，追捕归案。通缉范围超出本行政区域的，应当报请有权决定的上级监察机关决定"中的被通缉人员。

8. 被限制出境人员。《监察法》第 30 条规定"监察机关为防止被调查人及相关人员逃匿境外，经省级以上监察机关批准，可以对被调查人及相关人员采取限制出境措施，由公安机关依法执行。对于不需要继续采取限制出境措施的，应当及时解除"中的被限制出境人员。

9. 其他被侵权人员或者单位。《监察法》第 18 条第 2 款规定"监察机关及其工作人员对监督、调查过程中知悉的国家秘密、商业秘密、个人隐私，应当保密"中的监察机关及其工作人员违反法律法规，泄露商业秘密和个人隐私的相关人员或者单位。

总体来说，受到监察权行使的影响而认为其合法权益受到侵害的个人和单位，均有权申诉。

二、监察申诉的内容

从理论上讲，只要是任何监察机关和工作人员存在违法失职行为，便可以向有关监察机关提出申诉。因此，申诉的唯一条件是认为监察机关及其工作人员存在不合法的行为。从申诉人的角度而言，申诉的唯一条件是监察权行使违反法律的规定并侵害其合法权益。合法权益受到监察权不当行使的侵害，便是申诉的核心内容。《监察法》第 60 条第 1 款规定："监察机关及其工作人员有下列行为之一的，被调查人及其近亲属有权向该机关申诉：①留置法定期限届满，不予以解除的；②查封、扣押、冻结与案件无关的财物的；③应当解除查封、扣押、冻结措施而不解除的；④贪污、挪用、私分、调换以及违反规定使用查封、扣押、冻结的财物的；⑤其他违反法律法规、侵害被调查人合法权益的行为。"这里列举了可以申诉的四种具体情形，既然申诉人具有宪法规定的权利救济权，这种列举便不能理解为列举其一、排除其他，而是重点强调这些情形。四种具体情形之外的情形，落入该条规定的"其他违反法律法规、侵害被调查人合法权益的行为"之中。当然，申诉必须建立在事实的基础上，即"不得捏造或者歪曲事实进行诬告陷害"。

三、监察申诉的处理程序

对于相关个人或者单位提出的申诉，监察机关应当依法作出处理。受理申诉的机关是行使监察权的监察机关。监察机关工作人员的监察行为是执行监察机关的决定，因此，申诉既包括对工作人员监察行为的申诉，也包括对监察机关所作决定的申诉。对于前者，可以根据该工作人员的工作隶属关系，向其所在监察机关申诉；对于后者，则要具体分析。

一般情况下，对由监察机关独立作出的监察决定不服的，直接向该监察机关申诉。若监察机关经上级审批后作出监察决定的，从权利保障的角度而言，宜向批准的监察机关提出申诉。如《监察法》第 43 条第 1、2 款规定："监察机关采取留置措施，应当由监察机关领导人员集体研究决定。设区的市级以下监察机关采取留置措施，应当报上一级监察机关批准。省级监察机关采取留置措施，应当报国家监察委员会备案。留置时间不得超过 3 个月。在特殊情况下，可以延长一次，延长时间不得超过 3 个月。省级以下监察机关采取留置措施的，延长留置时间应当报上一级监察机关批准。监察机关发现采取留置措施不当的，应当及时解除。"对于经上一级监察机关批准的留置措施不服的，向上一级监察机关申诉；对省级监察机关作出留置措施不服的，向省级监察机关申诉。

根据《监察法》第 60 条第 2 款的规定，受理申诉的监察机关应当在受理申诉之日起 1 个月内作出处理决定。申诉人对处理决定不服的，可以在收到处理决定之日起 1 个月内向上一级监察机关申请复查，上一级监察机关应当在收到复查申请之日起 2 个月内作出处理决定，情况属实的，及时予以纠正。

第四节　内部监督

一、内部监督的体系

《监察法》设计了一系列监察委员会进行自我监督的制度，如调查人员在采取调查措施之前应出示工作证件，决定采取措施应出具书面通知且调查措施应由 2 人以上实施，重要取证工作应全过程录音录像，留存备查；出现打听案情、过问案件、说情干预的情形，监察人员要及时报告并登记备案；办案过程中出现法定的回避情形，监察人员应自行回避；等等。

我国《监察法》第 57 条通过两款条文的规定，以达到完善过程管控制度，避免出现跑风漏气、以案谋私、办人情案等问题。该条第 1 款是关于监察人员干预案件的处理规定，在线索处置、日常监督、调查、审理和处置等各个环节中，一旦出现打听案情、过问案件、说情干预的情形，办理监察事项的监察人员应当及时报告，并将有关情况予以备案。关于监察人员违规接触涉案相关人员，该条第 2 款也作出了明确规定，"发现办理监察事项的监察人员未经批准接触被调查人、涉案人员及其特定关系人，或者存在交往情形的，知情人应当及时报告。有关情况应当登记备案"。在一定程度上，备案登记制度可以看作内部监督制度设计的相应一环，以处处留痕迹的模式来避免监察人员徇私舞弊，确保办案过程的公正性。

二、监察人员保密制度

监察工作往往会涉及相应的国家机密,同时,监察工作可能存在利益冲突。我国《监察法》第59条通过规定监察人员的脱敏期限以及相应的从业限制,进而避免国家机密的失泄,同时也防止了监察人员在退休、辞职之后,可能产生的利益勾结的局面。

《监察法》第59条主要用两款来分别细化规定了脱敏期限以及从业限制。一是关于监察人员脱敏期限管理的相应规定,监察工作涉及大量国家秘密和工作机密,要严格防范监察人员在工作中接触的秘密因人员流动而流失,让保密责任与离岗离职的监察人员如影随形。相关人员要严格遵守保密法律和纪律,在脱密期内自觉遵守就业、出境等方面的限制性要求,有关部门和单位也要切实负起责任,加强对离岗离职后涉密人员的教育、管理和监督。二是关于监察人员辞职、退休后从业限制的规定,对监察人员辞职、退休后的行为作出一定限制,避免监察人员在职期间利用手中权力为他人谋取利益换取辞职、退休后的回报,或在辞职、退休后利用自己在原单位的影响力为自己谋取不当利益。关于何为"与监察和司法工作相关联且可能发生利益冲突的职业",监察人员应当履行谨慎注意的义务。在辞职、退休3年内,如果打算从事的职业与监察和司法工作有关,且可能引致他人怀疑与原工作内容产生利益冲突的,应当事先征求原单位意见。此外,需要注意的是,如果监察人员被辞退、被开除而离职,并非主动离职或者自然退休,则不适用该条第2款的相应规定,但是依旧应当遵守第1款关于脱敏期限的规定。

三、监察人员回避制度

为了保障监察工作公正、客观、合法,树立监察机关公正执法的良好形象,建立起相应的回避制度是极有必要的。《监察法》借鉴了《刑事诉讼法》中关于回避的规定,在其第58条详细规定了回避的类型以及应当回避的情形。

从传统学理来看,对监察人员实行回避的类型主要有如下两类:一是自行回避,即监察人员知道自己具有应当回避情形的,主动向所在机关提出回避的申请。二是申请回避,主要是指监察人员明知自己应当回避而不自行回避或者不知道、不认为自己具有应当回避的情形,因而没有自行回避的。在这种情况下,监察对象、检举人及其他有关人员有权提出申请,要求他们回避。对于监察人员应当回避而拒不回避的,监察机关要对其进行提醒教育,情节严重的,要依照法律法规处理。

《监察法》第58条明确规定了回避的四种情形，不仅适用于自行回避，而且适用于申请回避，具体情形如下：①监察对象或者检举人的近亲属。这种情形是指监察人员是监察对象或者检举人的夫、妻、父、母、子、女、同胞兄弟姊妹。②担任过本案的证人的。担任过本案的证人的监察人员，既不能同时，也不能参与以后的调查处置环节，以避免出现不公正办案的情况。③本人或者其近亲属与办理的监察事项有利害关系的。即监察人员或者他的夫、妻、父、母、子、女、同胞兄弟姊妹，虽不是本案相关人，但本案的处理涉及他们的重大利益，或者存在可能影响案件公正处理的其他关系。④有可能影响监察事项公正处理的其他情形。这种情形主要包括以下几种：监察人员是监察对象、检举人及其他有关人员的朋友、亲戚；监察人员与监察对象有过恩怨；监察人员与监察对象有借贷关系；等等。上述情形只有在可能影响公正处理案件的情况下适用回避。比如，监察人员是监察对象的近亲属，应当无条件回避，但如果监察人员与监察对象是一种远亲的关系，则要看其是否可能影响公正处理案件才能决定回避与否。

⊃ 思考题

1. 监察监督分为哪些类型？
2. 人大及其常委会监督的方式，主要内容？
3. 社会监督的方式，如何实现社会监督？
4. 监察委员会如何实现内部监督？
5. 在哪些情况下，监察人员需要回避？

第十四章 监察法律责任

【内容提要】法律责任是《监察法》中极为重要的内容，其规定了因违反监察法律而应当承担的惩罚性后果。本章依据《监察法》的现行规定，详细阐述了监察法律关系中各方主体应当承担的相关法律责任，具体分为六节：第一节介绍了有关单位拒不执行监察机关作出的处理决定，无正当理由拒不采纳监察建议的法律责任；第二节介绍了有关人员不配合、干扰和阻碍监察活动顺利进行的法律责任；第三节介绍了监察对象对控告人、检举人、证人或者监察人员进行报复陷害的法律责任，以及控告人、检举人、证人捏造事实诬告陷害监察对象的法律责任；第四节介绍了监察机关及其工作人员违法行使监察职权的法律责任；第五节介绍了各方主体承担刑事责任的可能情形；第六节介绍了违反《监察法》的国家赔偿责任。

法律责任是法律规范体系中的重要组成部分，系指责任主体因违反法律规定而承担的不利法律后果。在本质上，法律责任属于一种法律惩罚机制，其目的在于通过对责任主体科以否定性的法律评价，约束和制裁违反法律规定的行为，以维护国家所确认和保护的社会秩序。责任主体承担法律责任，需要以实施特定的违法行为为前提，二者之间存在明确的因果关系。因此法律责任又被称为"第二性义务"，即责任主体因不履行或不承担法律规定的"第一性义务"而导致的接受法律制裁的特殊义务。法律责任遵循"责任法定"的基本原则，法律责任的范围、性质、方式等内容应当由法律规范预先规定，处罚机关应当严格适用法律规定追究责任主体的法律责任，摒弃责任擅断和非法责罚。我国《监察法》作为监察领域的基本法，专章规定了监察法律关系中涉及的各类法律责任，涵盖了有关单位、人员、监察对象、监察机关及其工作人员因实施违法活动而应当承担的惩罚性后果，本章将分别予以详述。

第一节　有关单位的法律责任

《监察法》第 62 条规定，有关单位拒不执行监察机关作出的处理决定，或者无正当理由拒不采纳监察建议的，由其主管部门、上级机关责令改正，对单位给予通报批评；对负有责任的领导人员和直接责任人员依法给予处理。规定本条的主要目的是保障监察机关作为行使国家监察职能的专责机关的权威性。监察活动是加强对所有行使公权力的公职人员的监督，推进国家治理体系和治理能力现代化的重要保障，监察机关作出的处置决定具有法律意义上的权威性和强制性，任何单位均应当予以坚决执行，否则便应当承担相应的法律责任。

一、责任主体

承担该项法律责任的责任主体为"有关单位"，尽管《监察法》并没有对有关单位的范围予以明确，但结合该法其他规定来看，所指的有关单位应当为"监察对象所在单位"及其他接受监察处理决定和监察建议的单位。

二、责任事由

承担该项法律责任的责任事由包括两类：一是拒不执行监察机关作出的处理决定；二是无正当理由拒不采纳监察建议。根据《监察法》第 45 条的规定，监察机关作出的处理决定大致包括四种：①对有职务违法行为但情节较轻的公职人员，按照管理权限，直接或者委托有关机关、人员，进行谈话提醒、批评教育、责令检查，或者予以诫勉；②对违法的公职人员依照法定程序作出警告、记过、记大过、降级、撤职、开除等政务处分决定；③对不履行或者不正确履行职责负有责任的领导人员，按照管理权限对其直接作出问责决定，或者向有权作出问责决定的机关提出问责建议；④对涉嫌职务犯罪的，监察机关经调查认为犯罪事实清楚，证据确实、充分的，制作起诉意见书，连同案卷材料、证据一并移送人民检察院依法审查、提起公诉。监察机关提出的监察建议主要是指，监察机关对监察对象所在单位廉政建设和履行职责存在的问题等提出的监察建议。

但需要注意的是，尽管有关单位拒不执行监察处理决定和不采纳监察建议同属于法定的责任事由，但二者承担法律责任的条件存在差别。针对监察建议，《监察法》赋予了有关单位有限的选择权，即在存在"正当理由"的情况下，有关单位可以不采纳或部分采纳监察建议，并不承担相应的法律责任。但其理由是否正当，仍然依赖于监察机关的认定，因此有关单位的这种选择权具有有限性。而针对监察处理决定，有关单位则必须无条件地予以执行。为了避免监察权力的恣意，《监察法》同样赋予了监察对象寻求救济的权利，如果监察对象对监察机关作出的涉及本人的处理决定不服的，可以在收到处理决定之日起1个月内，向作出决定的监察机关申请复审，复审机关应当在1个月内作出复审决定；监察对象对复审决定仍不服的，可以在收到复审决定之日起1个月内，向上一级监察机关申请复核，复核机关应当在2个月内作出复核决定。但是在复审、复核期间，并不停止原处理决定的执行，有关单位仍然需要执行监察机关作出的处理决定。

三、责任形式

《监察法》对于拒不执行监察机关作出的处理决定，或者无正当理由拒不采纳监察建议的违法事由采取了"双罚制"的处罚方式，对有关单位及其负有责任的领导人员和直接责任人员均要进行处罚。针对有关单位，由其主管部门、上级机关责令改正，给予通报批评；对负有责任的领导人员和直接责任人员依法给予处理。这里的"给予处理"主要包括警告、记过、记大过、降级、撤职、开除等政务处分。

第二节 有关人员的法律责任

《监察法》第63条规定："有关人员违反本法规定，有下列行为之一的，由其所在单位、主管部门、上级机关或者监察机关责令改正，依法给予处理：①不按要求提供有关材料，拒绝、阻碍调查措施实施等拒不配合监察机关调查的；②提供虚假情况，掩盖事实真相的；③串供或者伪造、隐匿、毁灭证据的；④阻止他人揭发检举、提供证据的；⑤其他违反本法规定的行为，情节严重的。"规定本条的主要目的是克服和排除对监察机关依法行使权力的各种阻力和干扰。监察目的的实现依赖于监察活动的有效实施，任何单位和个人对于监察活动的开展均应当予以积极配合，干扰或阻碍监察活动的顺利进行，即应当承担相应的法律责任。

一、责任主体

承担该项法律责任的责任主体为"有关人员"，从《监察法》的规定来看，"有关人员"的范围较为广泛，既包括《监察法》第 15 条规定的公职人员和有关人员等监察对象，也包括《监察法》第 18 条规定的监察机关依法向其了解情况，收集、调取证据的有关个人，例如监察对象以外的涉案人、证人、鉴定人等。

二、责任事由

承担该项法律责任的责任事由为不配合、干扰和阻碍监察活动顺利进行的行为，包括五类具体行为：

1. 不按要求提供有关材料，拒绝、阻碍调查措施实施等拒不配合监察机关调查。根据《监察法》第 18 条第 1 款的规定，监察机关行使监督、调查职权，有权依法向有关单位和个人了解情况，收集、调取证据，有关单位和个人应当如实提供。因此，有关人员负有配合调查的协助义务，应当在监察机关进行监督、调查时，如实向监察机关反映所知情况，按照监察机关规定的形式、内容和时限提供相关材料，积极配合监察机关的调查活动。

2. 提供虚假情况，掩盖事实真相。有关人员提供虚假情况应当存在主观故意，即刻意隐瞒或掩盖事实真相，阻碍监察机关的调查活动，试图逃避法律责任。而由于非故意因素，例如对事物的认知或对判断存在偏差而导致提供的信息与真实情况不符，则不构成责任事由。

3. 串供或者伪造、隐匿、毁灭证据。证据的真实性和有效性对于监察活动意义重大，监察机关需要依赖完整的证据链作出监察处理决定和监察建议。根据《监察法》第 18 条第 3 款的规定，任何单位和个人均负有不得伪造、隐匿或者毁灭证据的义务。实施串供或者伪造、隐匿、毁灭证据的行为无疑将严重阻碍监察活动的顺利开展。《〈中华人民共和国监察法〉释义》对此类行为作出了明确说明，其中"串供"包括监察对象与他人相互串通，捏造虚假口供，以逃避处罚的行为。"伪造、隐匿、毁灭证据"包括有关人员编造虚假证据，提供虚假的事实证明，或者将能够证明案件真实情况的书证、物证或其他证据予以毁灭或者隐藏起来使其不能证明案件真实情况的行为。"伪造"证据包括伪造、变造和篡改证据等。

4. 阻止他人揭发检举、提供证据。在监察实践中，通过他人揭发检举是监察机关掌握案件线索，启动案件调查的重要途径。阻止他人揭发检举、提供证据同样是出于阻碍监察活动、逃避法律责任的目的，有关人员可能通过胁迫、利诱、恐吓等多种手段阻止他人揭发检举和提供证据，对监察机关行使监察权力构成了实质性障碍。

5. 其他违反《监察法》规定的情节严重的行为。由于监察活动所涉及的因素极为复杂，不配合、干扰和阻碍监察活动的行为不可能得到固化和穷尽，设置上述兜底条款对于保证法律的稳定性和有效性是十分必要的，其他虽未规定，但产生干扰和阻碍监察活动效果且情节严重的行为，同样需要承担相应的法律责任。

三、责任形式

《监察法》对于有关人员实施不配合、干扰和阻碍监察活动顺利进行的行为，规定由其所在单位、主管部门、上级机关或者监察机关责令改正，依法给予处理。这里的"给予处理"主要包括警告、记过、记大过、降级、撤职、开除等政务处分。

第三节　监察对象及控告人、检举人、证人的法律责任

《监察法》第64条规定，监察对象对控告人、检举人、证人或者监察人员进行报复陷害的；控告人、检举人、证人捏造事实诬告陷害监察对象的，依法给予处理。规定本条的主要目的是保障公民的控告权和检举权，保证监察人员行使职权不受非法侵害；同时也保障监察对象不受诬告陷害，维护监察对象的合法权益。控告权和检举权是宪法所确立的公民基本权利，任何公民均有权对国家机关及其工作人员的违法失职行为进行揭发和指控，并请求依法处理。控告权和检举权同样也是一种监督权利，是对监察工作的重要补充。但是，行使控告权和检举权同样要在合法的限度内，滥用控告权和检举权，诬告陷害监察对象的，同样应当承担相应的法律责任。

一、责任主体

承担该项法律责任的责任主体分为两类：一是监察对象。根据《监察法》第15条的规定，监察机关对下列公职人员和有关人员进行监察，这些人员也构成了一般意义上的监察对象，包括：①中国共产党机关、人民代表大会及其常

务委员会机关、人民政府、监察委员会、人民法院、人民检察院、中国人民政治协商会议各级委员会机关、民主党派机关和工商业联合会机关的公务员，以及参照《中华人民共和国公务员法》管理的人员；②法律、法规授权或者受国家机关依法委托管理公共事务的组织中从事公务的人员；③国有企业管理人员；④公办的教育、科研、文化、医疗卫生、体育等单位中从事管理的人员；⑤基层群众性自治组织中从事管理的人员；⑥其他依法履行公职的人员。二是控告人、检举人和证人。控告人和检举人是行使控告和检举权利，向监察机关揭发和指控监察对象违法失职行为的人员。其中，控告人一般是受到监察对象违法失职行为不法侵害的人；检举人一般与该违法失职行为无关；证人是指知悉案件事实，向监察机关提供证言的人。

二、责任事由

监察对象承担该项法律责任的责任事由是对控告人、检举人、证人或者监察人员进行报复陷害。在监察实践中，由于控告人和检举人揭发和控告监察对象的违法失职行为，触动了监察对象的核心利益，甚至导致监察对象受到政务处分或是承担法律责任，监察对象出于打击报复的目的，往往会通过滥用职权的方式对控告人、检举人和参与监察工作的监察人员进行报复陷害，严重藐视了监察活动的法律权威。《〈中华人民共和国监察法〉释义》中列明了多种监察对象对控告人、检举人和监察人员报复陷害的表现形式，包括诬蔑陷害，围攻阻挠，谩骂殴打，无理地调动工作，压制提职晋级和评定职称等。

控告人、检举人、证人承担该项法律责任的责任事由是捏造事实诬告陷害监察对象。我国《宪法》在确立公民现有控告权和检举权的同时，也明确要求控告人和检举人不得捏造或者歪曲事实进行诬告陷害。监察对象作为国家公职人员，履行重要的国家和社会管理职责，在日常工作中极有可能因触动他人利益而遭受诬告陷害。控告人、检举人、证人可能出于使监察对象遭受法律处罚的目的，也可能出于败坏监察对象名誉、阻止监察对象得到某种奖励或者提升的目的。如果控告人、检举人、证人并无上述主观恶意，而是存在举报失实或错报的情况，则不应当纳入诬告陷害的范畴。

三、责任形式

《监察法》规定对于上述两类责任主体的违法行为应当"依法给予处理"，主要包括警告、记过、记大过、降级、撤职、开除等政务处分。

第四节　监察机关及其工作人员的法律责任

《监察法》第 65 条规定，监察机关及其工作人员有下列行为之一的，对负有责任的领导人员和直接责任人员依法给予处理：①未经批准、授权处置问题线索，发现重大案情隐瞒不报，或者私自留存、处理涉案材料的；②利用职权或者职务上的影响干预调查工作、以案谋私的；③违法窃取、泄露调查工作信息，或者泄露举报事项、举报受理情况以及举报人信息的；④对被调查人或者涉案人员逼供、诱供，或者侮辱、打骂、虐待、体罚或者变相体罚的；⑤违反规定处置查封、扣押、冻结的财物的；⑥违反规定发生办案安全事故，或者发生安全事故后隐瞒不报、报告失实、处置不当的；⑦违反规定采取留置措施的；⑧违反规定限制他人出境，或者不按规定解除出境限制的；⑨其他滥用职权、玩忽职守、徇私舞弊的行为。监察机关及其工作人员能否恪尽职守，依法办事，对于监察工作的有序开展具有基础性和全局性作用。本条规定是关于监察机关及其工作人员违法行使职权的责任追究的规定，其主要目的便是强化对监察机关及其工作人员依法行使职权的监督管理，维护监察机关的形象和威信。

一、责任主体

承担该项法律责任的责任主体是监察机关及其工作人员。监察机关是对各类公职人员和有关人员行使公权力进行监督、检查和纠错的国家机关。根据《监察法》的规定，国家监察委员会是我国的最高监察机关。省、自治区、直辖市、自治州、县、自治县、市、市辖区设立监察委员会。监察机关实行垂直领导，国家监察委员会领导地方各级监察委员会的工作，上级监察委员会领导下级监察委员会的工作。监察委员会履行监督、调查、处置等职责，包括：①对公职人员开展廉政教育，对其依法履职、秉公用权、廉洁从政从业以及道德操守情况进行监督检查；②对涉嫌贪污贿赂、滥用职权、玩忽职守、权力寻租、利益输送、徇私舞弊以及浪费国家资财等职务违法和职务犯罪进行调查；③对违法的公职人员依法作出政务处分决定；对履行职责不力、失职失责的领导人员进行问责；对涉嫌职务犯罪的，将调查结果移送人民检察院依法审查、提起公诉；向监察对象所在单位提出监察建议。

二、责任事由

监察机关及其工作人员承担该项法律责任的责任事由为违法行使监察职权，具体包括九类行为：

1. 未经批准、授权处置问题线索，发现重大案情隐瞒不报，或者私自留存、处理涉案材料。《监察法》规定，监察机关行使监督、调查职权，有权依法向有关单位和个人了解情况，收集、调取证据。《监察法》同时规定，监察机关的监督、调查职权必须依照法定的程序和方式予以行使。问题线索是监察机关开展监察活动的重要依据，涉及案件的诸多关键信息。根据《中国共产党纪律检查机关监督执纪工作规则（试行）》的规定，案件监督管理部门对问题线索实行集中管理、动态更新、定期汇总核对，提出分办意见，报纪检机关主要负责人批准，按程序移送承办部门。承办部门应当指定专人负责管理问题线索，逐件编号登记、建立管理台账。线索管理处置各环节均须由经手人员签名，全程登记备查。监察机关对问题线索应当附加同样的审慎态度，严格依据授权程序处置问题线索，对涉案材料进行严格管理，不得私自留存和处理，对于发现的重要案情应当及时上报，不得隐瞒不报。

2. 利用职权或者职务上的影响干预调查工作、以案谋私。《监察法》明确规定，监察委员会依照法律规定独立行使监察权，不受行政机关、社会团体和个人的干涉。同时，为保证调查工作的公正性，《监察法》对办理监察事项的监察人员规定了明确的回避制度。监察机关工作人员违反上述规定，影响干预调查工作、以案谋私，即应当承担相应的法律责任。《〈中华人民共和国监察法〉释义》对于此类情形概括为：监察机关及其工作人员，利用职权或者职务上的影响力，在线索处置、日常监督、调查、审理和处置等各环节打听案情、过问案件、说情干预，通过案件谋求私利等。

3. 违法窃取、泄露调查工作信息，或者泄露举报事项、举报受理情况以及举报人信息。监察机关及其工作人员的工作应当遵循保密规定，对于知悉的调查工作信息、举报事项、受理情况和举报人信息应当予以严格保密，违法窃取和泄露上述信息即应当承担相应的法律责任。其中需要注意的是，窃取调查工作信息一般应指监察机关及其工作人员通过违法获取其不应掌握的调查工作信息，只能出于主观故意；而调查工作信息，或者泄露举报事项、举报受理情况以及举报人信息，可能包括监察机关工作人员自身掌握的信息，而且既可以出于主观故意，也可以出于过失。

4. 对被调查人逼供、诱供，或者侮辱、打骂、虐待、体罚或者变相体罚。《监察法》第40条第2款明确规定，严禁以威胁、引诱、欺骗及其他非法方式收集证据，严禁侮辱、打骂、虐待、体罚或者变相体罚被调查人和涉案人员。实施上述行为严重侵犯了被调查人的合法权益，违背了基本的法治精神和调查权力原则。通过上述方法获得的证据应当被视为非法证据予以排除，在调查过程中因侮辱、打骂、虐待、体罚或者变相体罚而导致被调查人出现人身损害的，还应当承担相应的赔偿责任。

5. 违反规定处置查封、扣押、冻结的财物。监察机关及其工作人员有权查封、扣押、冻结用以证明被调查人违法犯罪情况的财物，但应当遵循严格的程序规定。《监察法》第23条规定，监察机关调查涉嫌贪污贿赂、失职渎职等严重职务违法或者职务犯罪，根据工作需要，可以依照规定查询、冻结涉案单位和个人的存款、汇款、债券、股票、基金份额等财产。有关单位和个人应当配合。冻结的财产经查明与案件无关的，应当在查明后3日内解除冻结，予以退还。同时，《监察法》第25条规定，监察机关在调查过程中，可以调取、查封、扣押用以证明被调查人涉嫌违法犯罪的财物、文件和电子数据等信息。采取调取、查封、扣押措施，应当收集原物原件，会同持有人或者保管人、见证人，当面逐一拍照、登记、编号，开列清单，由在场人员当场核对、签名，并将清单副本交财物、文件的持有人或者保管人。对调取、查封、扣押的财物、文件，监察机关应当设立专用账户、专门场所，确定专门人员妥善保管，严格履行交接、调取手续，定期对账核实，不得毁损或者用于其他目的。对价值不明物品应当及时鉴定，专门封存保管。查封、扣押的财物、文件经查明与案件无关的，应当在查明后3日内解除查封、扣押，予以退还。违反上述规定，即构成实质意义上的违反规定处置查封、扣押、冻结的财物，应当承担相应的法律责任。

6. 违反规定发生办案安全事故，或者发生安全事故后隐瞒不报、报告失实、处置不当。办案安全事故主要是指监察机关在办案期间发生被调查人死亡、伤残、逃跑等情况。发生办案安全事故后，监察机关应当及时、准确地予以上报，并采取有效措施予以处置。承担该项法律责任的责任事由包括四种具体情况：一是因渎职等违反规定的活动导致办案安全事故发生；二是隐瞒不报；三是报告失实；四是处置不当。出现以上一种或多种情况，即应当承担相应的法律责任。

7. 违反规定采取留置措施。监察机关采取留置措施需要依据严格的程序规定。《监察法》第43条规定，监察机关采取留置措施，应当由监察机关领导人员集体研究决定。设区的市级以下监察机关采取留置措施，应当报上一级监察机关批准。省级监察机关采取留置措施，应当报国家监察委员会备案。留置时间不得超过 3 个月。在特殊情况下，可以延长一次，延长时间不得超过 3 个月。省级以下监察机关采取留置措施的，延长留置时间应当报上一级监察机关批准。监察机关发现采取留置措施不当的，应当及时解除。《监察法》第 44 条规定，对被调查人采取留置措施后，应当在 24 小时以内通知被留置人员所在单位和家属，但有可能毁灭、伪造证据，干扰证人作证或者串供等有碍调查情形的除外。有碍调查的情形消失后，应当立即通知被留置人员所在单位和家属。监察机关应当保障被留置人员的饮食、休息和安全，提供医疗服务。讯问被留置人员应当合理安排讯问时间和时长，讯问笔录由被讯问人阅看后签名。违反上述对留置措施的批准程序、期限、安全保障等规定，即应当承担相应的法律责任。

8. 违反规定限制他人出境，或者不按规定解除出境限制。《监察法》第 30 条规定，监察机关为防止被调查人及相关人员逃匿境外，经省级以上监察机关批准，可以对被调查人及相关人员采取限制出境措施，由公安机关依法执行。对于不需要继续采取限制出境措施的，应当及时解除。违反上述规定，限制他人出境，或不按规定解除出境限制的，即应当承担相应的法律责任。

9. 其他滥用职权、玩忽职守、徇私舞弊的行为。这是对监察机关及其工作人员违法行使职权的兜底规定。根据《〈中华人民共和国监察法〉释义》的说明，滥用职权主要是指监察人员违反法律法规的规定或者超越法定职责范围行使职权。徇私舞弊主要是指监察人员为了私利，用欺骗或者其他不正当方式违法犯罪的行为，包括监察人员利用本人职责范围内的权限或者本人职务、地位所形成的便利条件，为自己或者他人牟取私利，祖护或者帮助违法犯罪的人员掩盖错误事实，以逃避制裁，或者利用职权陷害他人的行为。玩忽职守主要是指监察人员严重不负责任、不履行或者不正确履行法定职责，致使国家、集体和人民的利益遭受损失的行为，包括不履行监察职责，不实施岗位职务所要求实施的行为；对职责范围内管辖的事务不尽职责，敷衍塞责；在履行职责过程中擅离职守；对于监察对象可能对国家、集体和人民的利益造成损失的行为不采取有效措施予以制止等。

三、责任形式

《监察法》对于监察机关及其工作人员违法行使职权的，对负有责任的领导人员和直接责任人员依法给予处理，主要包括警告、记过、记大过、降级、撤职、开除等政务处分。

第五节 违反《监察法》的刑事责任

《监察法》第66条规定，"违反本法规定，构成犯罪的，依法追究刑事责任"。《监察法》属于行政法规，主要规定的是行政责任，例如政务处分或纪律处分。但如果相关单位和人员违反《监察法》相关规定情况严重的，则可能进一步因触犯《刑法》而承担刑事责任。规定本条的主要目的是打击犯罪，保障《监察法》各项制度顺利实施，维护《监察法》的权威性。违反《监察法》规定，可能构成犯罪应当依法追究刑事责任的情况主要包括以下几种：

违反《监察法》第63条规定，有关人员提供虚假情况，掩盖事实真相，可能构成《刑法》第305条规定的伪证罪，处3年以下有期徒刑或者拘役；情节严重的，处3年以上7年以下有期徒刑。有关人员串供或者伪造、隐匿、毁灭证据的，可能构成《刑法》第306条规定的毁灭证据、伪造证据罪，处3年以下有期徒刑或者拘役；情节严重的，处3年以上7年以下有期徒刑。有关人员阻止他人揭发检举、提供证据的，可能构成《刑法》第307条规定的妨害作证罪，处3年以下有期徒刑或者拘役；情节严重的，处3年以上7年以下有期徒刑。

违反《监察法》第64条规定，监察对象对控告人、检举人、证人或者监察人员进行报复陷害的，可能构成《刑法》第254条规定的报复陷害罪，处2年以下有期徒刑或者拘役；情节严重的，处2年以上7年以下有期徒刑。控告人、检举人、证人捏造事实诬告陷害监察对象的，可能构成《刑法》第243条规定的诬告陷害罪，处3年以下有期徒刑、拘役或者管制；造成严重后果的，处3年以上10年以下有期徒刑。国家机关工作人员犯前款罪的，从重处罚。

违反《监察法》第65条规定，监察机关及其工作人员违法行使职权，实施本法所禁止的九类违法行为的，可能构成《刑法》第397条规定的滥用职权罪，处3年以下有期徒刑或者拘役；情节特别严重的，处3年以上7年以下有期徒刑。国家机关工作人员徇私舞弊，犯前款罪的，处5年以下有期徒刑或者拘役；情节特别严重的，处5年以上10年以下有期徒刑。其中，监察机关工作人员违法窃取、泄露调查工作信息，或者泄露举报事项、举报受理情况以及举报人信息的，还可能构成《刑法》第398条规定的故意泄露国家秘密罪，处3年以下有期徒刑或者拘役；情节特别严重的，处3年以上7年以下有期徒刑。监察机关工作人员对被调查人或者涉案人员逼供、诱供，或者侮辱、打骂、虐待、体罚或者变相体罚，如果导致被调查人伤残的，可能构成《刑法》第234条规定的故意伤害罪，处3年以下有期徒刑、拘役或者管制。犯前款罪，致人重伤的，处3年以上10年以下有期徒刑；致人死亡或者以特别残忍手段致人重伤造成严重残疾的，处10年以上有期徒刑、无期徒刑或者死刑。监察机关工作人员违反规定采取留置措施的，例如超期限留置，可能构成《刑法》第238条规定的非法拘禁罪，处3年以下有期徒刑、拘役、管制或者剥夺政治权利。具有殴打、侮辱情节的，从重处罚。犯前款罪，致人重伤的，处3年以上10年以下有期徒刑；致人死亡的，处10年以上有期徒刑。

第六节　违反《监察法》的国家赔偿责任

《监察法》第67条规定，监察机关及其工作人员行使职权，侵犯公民、法人和其他组织的合法权益造成损害的，依法给予国家赔偿。规定本条的主要目的是救济和保护公民、法人或者其他组织的合法权益，促进监察机关依法开展工作。监察机关工作人员必须养成、树立"三严三实"的工作作风，以对人民群众高度负责的态度工作。

国家赔偿又被称为国家侵权损害赔偿，系指因国家机关工作人员因行使职权给公民、法人或其他组织造成人身和财产损害而承担的赔偿责任。《国家赔偿法》第2条明确规定了受害人主张国家赔偿的权利，赔偿义务机关应当及时履行赔偿义务。监察机关承担国家赔偿责任需要具备必要的前提条件，公民、法人或其他组织的人身和财产损失应当与监察机关及其工作人员行使职权之间存在因果联系，也就是说，其损害结果是由于监察机关及其工作人员行使职权而直接导致的，而且这种损害是已经发生或者必然发生，是直接的，不是间接的。如果是监察机关工作人员非行使职权的其他行为导致公民、法人或其他组织人身和财产损失，或者在监察机关及其工作人员行使职权过程中，是由于公民、法人或其他组织自身行为导致损害结果发生的，则监察机关不应当承担国家赔偿责任。

结合《监察法》和《国家赔偿法》的规定来看，监察机关及其工作人员在行使职权过程中，侵犯人身权的情形主要包括：①违法留置限制或剥夺公民人身自由的；②对被调查人或者涉案人员逼供、诱供，或者侮辱、打骂、虐待、体罚或者变相体罚，造成被调查人身体伤害或者死亡的；③违法使用器械造成被调查人身体伤害或者死亡的。侵犯财产权的情形主要包括：①违反规定处置查封、扣押、冻结的财物的；②违法征收、征用财产的。存在上述情况，则监察机关应当作为义务赔偿机关，根据《国家赔偿法》规定的赔偿程序和赔偿标准，承担国家赔偿责任。

思考题

    1. 承担监察法律责任的责任主体包括哪些？

    2. 承担监察法律责任的责任事由包括哪些？

    3. 违反监察法律规定可能承担刑事责任的情形包括哪些？

    4. 在监察法律关系中承担国家赔偿责任是否与现行《国家赔偿法》的规定存在适用冲突？

课后阅读文献

一、教材

1. 江国华:《中国监察法学》,中国政法大学出版社 2018 年版。

2. 李晓明、芮国强主编:《国家监察学原理》,法律出版社 2019 年版。

3. 马怀德主编:《监察法学》,人民出版社 2019 年版。

4. 秦前红主编:《监察法学教程》,法律出版社 2019 年版。

5. 谢尚果、申君贵主编:《监察法学教程》,法律出版社 2019 年版。

二、释义、工具书

1.《〈中华人民共和国监察法〉案例解读》编写组编写:《〈中华人民共和国监察法〉案例解读》,中国方正出版社 2018 年版。

2. 中国法制出版社编:《纪检监察法规政策全书》,中国法制出版社 2018 年版。

3.《纪检检监察机关办案常用法规手册》编写组编:《纪检监察机关办案常用法规手册》,法律出版社 2017 年版。

4. 李高明、戴奎:《职务犯罪办案手册》,法律出版社 2019 年版。

5. 马怀德主编:《〈中华人民共和国监察法〉理解与适用》,中国法制出版社 2018 年版。

6. 吴建雄主编:《读懂〈监察法〉》,人民出版社 2018 年版。

7. 张月明编著:《纪检监察工作手册》,清华大学出版社 2018 年版。

8. 赵俊:《贪污贿赂类罪认定标准与办案指南》,法律出版社 2019 年版。

9. 中共中央纪委检查委员会、中华人民共和国国家监察委员会法规室编写:《〈中华人民共和国监察法〉释义》,中国方正出版社 2018 年版。

10. 钟晋编著：《监察法应用一本通》，中国检察出版社 2018 年版。

三、专著

1. 陈瑞华：《刑事审判原理论》，北京大学出版社 2003 年版。
2. 姜明安：《监察工作理论与实务》，中国法制出版社 2018 年版。
3. 刘云虹：《国民政府监察院研究（1931～1949）》，上海三联书店 2012 年版。
4. 缪树权：《纪检监察 88 种职务犯罪追诉标准与疑难指导：贪污贿赂犯罪卷》，中国法制出版社 2019 年版。
5. 秦前红等：《国家监察制度改革研究》，法律出版社 2018 年版。
6. 童德华、陈梅：《职务犯罪构成新论》，中国法制出版社 2018 年版。
7. 王希鹏：《中国共产党纪律检查工作概论》，中国社会科学出版社 2016 年版。
8. 杨宇冠：《监察法与刑事诉讼法衔接问题研究》，中国政法大学出版社 2018 年版。
9. 张晋藩主编：《中国古代监察法制史》，江苏人民出版社 2017 年版。
10. 张晋藩主编：《中国近代监察制度与法制研究》，中国法制出版社 2017 年版。

四、论文

1. 卞建林："监察机关办案程序初探"，载《法律科学（西北政法大学学报）》2017 年第 6 期。
2. 陈邦达："推进监察体制改革应当坚持以审判为中心"，载《法律科学（西北政法大学学报）》2018 年第 6 期。
3. 陈光中、邵俊："我国监察体制改革若干问题思考"，载《中国法学》2017 年第 4 期。
4. 陈光中："关于我国监察体制改革的几点看法"，载《环球法律评论》2017 年第 2 期。
5. 陈卫东、聂友伦："职务犯罪监察证据若干问题研究——以《监察法》第 33 条为中心"，载《中国人民大学学报》2018 年第 4 期。
6. 陈卫东："职务犯罪监察调查程序若干问题研究"，载《政治与法律》2018 年第 1 期。

7. 陈越峰："监察措施的合法性研究"，载《环球法律评论》2017 年第 2 期。

8. 程雷："'侦查'定义的修改与监察调查权"，载《国家检察官学院学报》2018 年第 5 期。

9. 韩大元："论国家监察体制改革中的若干宪法问题"，载《法学评论》2017 年第 3 期。

10. 江国华、彭超："国家监察立法的六个基本问题"，载《江汉论坛》2017 年第 2 期。

11. 姜明安："国家监察法立法的若干问题探讨"，载《法学杂志》2017 年第 3 期。

12. 刘艳红："监察委员会调查权运作的双重困境及其法治路径"，载《法学论坛》2017 年第 6 期。

13. 龙宗智："监察与司法协调衔接的法规范分析"，载《政治与法律》2018 年第 1 期。

14. 马怀德："《国家监察法》的立法思路与立法重点"，载《环球法律评论》2017 年第 2 期。

15. 马怀德："国家监察体制改革的重要意义和主要任务"，载《国家行政学院学报》2016 年第 6 期。

16. 马怀德："再论国家监察立法的主要问题"，载《行政法学研究》2018 年第 1 期。

17. 秦前红："国家监察法实施中的一个重大难点：人大代表能否成为监察对象"，载《武汉大学学报（哲学社会科学版）》2018 年第 6 期。

18. 秦前红："国家监察体制改革宪法设计中的若干问题思考"，载《探索》2017 年第 6 期。

19. 秦前红："困境、改革与出路：从'三驾马车'到国家监察——我国监察体系的宪制思考"，载《中国法律评论》2017 年第 1 期。

20. 谭世贵："监察体制改革中的留置措施：由来、性质及完善"，载《甘肃社会科学》2018 年第 2 期。

21. 谭宗泽："论国家监察对象的识别标准"，载《政治与法律》2019 年第 2 期。

22. 童之伟："将监察体制改革全程纳入法治轨道之方略"，载《法学》2016 年第 12 期。

23. 汪海燕："监察制度与《刑事诉讼法》的衔接"，载《政法论坛》2017年第6期。

24. 魏昌东："《监察法》与中国特色腐败治理体制更新的理论逻辑"，载《华东政法大学学报》2018年第3期。

25. 魏昌东："国家监察委员会改革方案之辨正：属性、职能与职责定位"，载《法学》2017年第3期。

26. 吴建雄："对国家监察立法的认识与思考"，载《武汉科技大学学报（社会科学版）》2018年第2期。

27. 徐汉明："国家监察权的属性探究"，载《法学评论》2018年第1期。

28. 阳平："论我国香港地区廉政公署调查权的法律控制——兼评《中华人民共和国监察法（草案）》"，载《政治与法律》2018年第1期。

29. 杨宇冠、郑英龙："《刑事诉讼法》修改问题研究——以《监察法》的衔接为视角"，载《湖湘论坛》2018年第5期。

30. 姚莉："监察案件的立案转化与'法法衔接'"，载《法商研究》2019年第1期。

31. 张建伟："法律正当程序视野下的新监察制度"，载《环球法律评论》2017年第2期。

32. 张杰："《监察法》适用中的重要问题"，载《法学》2018年第6期。

33. 张晋藩："中国古代监察法的历史价值——中华法系的一个视角"，载《政法论坛》2005年第6期。

34. 张晋藩："中国古代监察机关的权力地位与监察法"，载《国家行政学院学报》2016年第6期。

35. 张晋藩："中国古代监察思想、制度与法律论纲——历史经验的总结"，载《环球法律评论》2017年第2期。

36. 赵晓光："监察留置的属性与制约体系研究"，载《中国社会科学院研究生院学报》2018年第2期。

五、期刊、报纸、网站

1. 《中国纪检监察》杂志。

2. 《中国纪检监察报》。

3. 中央纪委国家监委官方网站"法规制度库"：http://www.ccdi.gov.cn/fgk/index。

附录 监察工作主要规范

中华人民共和国宪法（摘录）

（1982 年 12 月 4 日第五届全国人民代表大会第五次会议通过，1982 年 12 月 4 日全国人民代表大会公告公布施行。2018 年 3 月 11 日第十三届全国人民代表大会第一次会议通过的《中华人民共和国宪法修正案》修正）

第三章　国家机构

第七节　监察委员会

第一百二十三条　中华人民共和国各级监察委员会是国家的监察机关。

第一百二十四条　中华人民共和国设立国家监察委员会和地方各级监察委员会。

监察委员会由下列人员组成：

主任，

副主任若干人，

委员若干人。

监察委员会主任每届任期同本级人民代表大会每届任期相同。国家监察委员会主任连续任职不得超过两届。

监察委员会的组织和职权由法律规定。

第一百二十五条　中华人民共和国国家监察委员会是最高监察机关。

国家监察委员会领导地方各级监察委员会的工作，上级监察委员会领导下级监察委员会的工作。

第一百二十六条　国家监察委员会对全国人民代表大会和全国人民代表大会常

务委员会负责。地方各级监察委员会对产生它的国家权力机关和上一级监察委员会负责。

第一百二十七条 监察委员会依照法律规定独立行使监察权，不受行政机关、社会团体和个人的干涉。

监察机关办理职务违法和职务犯罪案件，应当与审判机关、检察机关、执法部门互相配合，互相制约。

中华人民共和国监察法

（2018 年 3 月 20 日第十三届全国人民代表大会第一次会议通过）

第一章 总 则

第一条 为了深化国家监察体制改革，加强对所有行使公权力的公职人员的监督，实现国家监察全面覆盖，深入开展反腐败工作，推进国家治理体系和治理能力现代化，根据宪法，制定本法。

第二条 坚持中国共产党对国家监察工作的领导，以马克思列宁主义、毛泽东思想、邓小平理论、"三个代表"重要思想、科学发展观、习近平新时代中国特色社会主义思想为指导，构建集中统一、权威高效的中国特色国家监察体制。

第三条 各级监察委员会是行使国家监察职能的专责机关，依照本法对所有行使公权力的公职人员（以下称公职人员）进行监察，调查职务违法和职务犯罪，开展廉政建设和反腐败工作，维护宪法和法律的尊严。

第四条 监察委员会依照法律规定独立行使监察权，不受行政机关、社会团体和个人的干涉。

监察机关办理职务违法和职务犯罪案件，应当与审判机关、检察机关、执法部门互相配合，互相制约。

监察机关在工作中需要协助的，有关机关和单位应当根据监察机关的要求依法予以协助。

第五条 国家监察工作严格遵照宪法和法律，以事实为根据，以法律为准绳；在适用法律上一律平等，保障当事人的合法权益；权责对等，严格监督；惩戒与教育相结合，宽严相济。

第六条 国家监察工作坚持标本兼治、综合治理，强化监督问责，严厉惩治腐败；深化改革、健全法治，有效制约和监督权力；加强法治教育和道德教育，弘扬中华优秀传统文化，构建不敢腐、不能腐、不想腐的长效机制。

第二章　监察机关及其职责

第七条　中华人民共和国国家监察委员会是最高监察机关。

省、自治区、直辖市、自治州、县、自治县、市、市辖区设立监察委员会。

第八条　国家监察委员会由全国人民代表大会产生，负责全国监察工作。

国家监察委员会由主任、副主任若干人、委员若干人组成，主任由全国人民代表大会选举，副主任、委员由国家监察委员会主任提请全国人民代表大会常务委员会任免。

国家监察委员会主任每届任期同全国人民代表大会每届任期相同，连续任职不得超过两届。

国家监察委员会对全国人民代表大会及其常务委员会负责，并接受其监督。

第九条　地方各级监察委员会由本级人民代表大会产生，负责本行政区域内的监察工作。

地方各级监察委员会由主任、副主任若干人、委员若干人组成，主任由本级人民代表大会选举，副主任、委员由监察委员会主任提请本级人民代表大会常务委员会任免。

地方各级监察委员会主任每届任期同本级人民代表大会每届任期相同。

地方各级监察委员会对本级人民代表大会及其常务委员会和上一级监察委员会负责，并接受其监督。

第十条　国家监察委员会领导地方各级监察委员会的工作，上级监察委员会领导下级监察委员会的工作。

第十一条　监察委员会依照本法和有关法律规定履行监督、调查、处置职责：

（一）对公职人员开展廉政教育，对其依法履职、秉公用权、廉洁从政从业以及道德操守情况进行监督检查；

（二）对涉嫌贪污贿赂、滥用职权、玩忽职守、权力寻租、利益输送、徇私舞弊以及浪费国家资财等职务违法和职务犯罪进行调查；

（三）对违法的公职人员依法作出政务处分决定；对履行职责不力、失职失责的领导人员进行问责；对涉嫌职务犯罪的，将调查结果移送人民检察院依法审查、提起公诉；向监察对象所在单位提出监察建议。

第十二条　各级监察委员会可以向本级中国共产党机关、国家机关、法律法规授权或者委托管理公共事务的组织和单位以及所管辖的行政区域、国有企业等派驻或者派出监察机构、监察专员。

监察机构、监察专员对派驻或者派出它的监察委员会负责。

第十三条 派驻或者派出的监察机构、监察专员根据授权，按照管理权限依法对公职人员进行监督，提出监察建议，依法对公职人员进行调查、处置。

第十四条 国家实行监察官制度，依法确定监察官的等级设置、任免、考评和晋升等制度。

<h2 style="text-align:center">第三章　监察范围和管辖</h2>

第十五条 监察机关对下列公职人员和有关人员进行监察：

（一）中国共产党机关、人民代表大会及其常务委员会机关、人民政府、监察委员会、人民法院、人民检察院、中国人民政治协商会议各级委员会机关、民主党派机关和工商业联合会机关的公务员，以及参照《中华人民共和国公务员法》管理的人员；

（二）法律、法规授权或者受国家机关依法委托管理公共事务的组织中从事公务的人员；

（三）国有企业管理人员；

（四）公办的教育、科研、文化、医疗卫生、体育等单位中从事管理的人员；

（五）基层群众性自治组织中从事管理的人员；

（六）其他依法履行公职的人员。

第十六条 各级监察机关按照管理权限管辖本辖区内本法第十五条规定的人员所涉监察事项。

上级监察机关可以办理下一级监察机关管辖范围内的监察事项，必要时也可以办理所辖各级监察机关管辖范围内的监察事项。

监察机关之间对监察事项的管辖有争议的，由其共同的上级监察机关确定。

第十七条 上级监察机关可以将其所管辖的监察事项指定下级监察机关管辖，也可以将下级监察机关有管辖权的监察事项指定给其他监察机关管辖。

监察机关认为所管辖的监察事项重大、复杂，需要由上级监察机关管辖的，可以报请上级监察机关管辖。

<h2 style="text-align:center">第四章　监察权限</h2>

第十八条 监察机关行使监督、调查职权，有权依法向有关单位和个人了解情况，收集、调取证据。有关单位和个人应当如实提供。

监察机关及其工作人员对监督、调查过程中知悉的国家秘密、商业秘密、个人隐私，应当保密。

任何单位和个人不得伪造、隐匿或者毁灭证据。

第十九条　对可能发生职务违法的监察对象，监察机关按照管理权限，可以直接或者委托有关机关、人员进行谈话或者要求说明情况。

第二十条　在调查过程中，对涉嫌职务违法的被调查人，监察机关可以要求其就涉嫌违法行为作出陈述，必要时向被调查人出具书面通知。

对涉嫌贪污贿赂、失职渎职等职务犯罪的被调查人，监察机关可以进行讯问，要求其如实供述涉嫌犯罪的情况。

第二十一条　在调查过程中，监察机关可以询问证人等人员。

第二十二条　被调查人涉嫌贪污贿赂、失职渎职等严重职务违法或者职务犯罪，监察机关已经掌握其部分违法犯罪事实及证据，仍有重要问题需要进一步调查，并有下列情形之一的，经监察机关依法审批，可以将其留置在特定场所：

（一）涉及案情重大、复杂的；

（二）可能逃跑、自杀的；

（三）可能串供或者伪造、隐匿、毁灭证据的；

（四）可能有其他妨碍调查行为的。

对涉嫌行贿犯罪或者共同职务犯罪的涉案人员，监察机关可以依照前款规定采取留置措施。

留置场所的设置、管理和监督依照国家有关规定执行。

第二十三条　监察机关调查涉嫌贪污贿赂、失职渎职等严重职务违法或者职务犯罪，根据工作需要，可以依照规定查询、冻结涉案单位和个人的存款、汇款、债券、股票、基金份额等财产。有关单位和个人应当配合。

冻结的财产经查明与案件无关的，应当在查明后三日内解除冻结，予以退还。

第二十四条　监察机关可以对涉嫌职务犯罪的被调查人以及可能隐藏被调查人或者犯罪证据的人的身体、物品、住处和其他有关地方进行搜查。在搜查时，应当出示搜查证，并有被搜查人或者其家属等见证人在场。

搜查女性身体，应当由女性工作人员进行。

监察机关进行搜查时，可以根据工作需要提请公安机关配合。公安机关应当依法予以协助。

第二十五条　监察机关在调查过程中，可以调取、查封、扣押用以证明被调查人涉嫌违法犯罪的财物、文件和电子数据等信息。采取调取、查封、扣押措施，应当收集原物原件，会同持有人或者保管人、见证人，当面逐一拍照、登记、编号，开列清单，由在场人员当场核对、签名，并将清单副本交财物、文件的持有人或者保管人。

对调取、查封、扣押的财物、文件，监察机关应当设立专用账户、专门场所，确定专门人员妥善保管，严格履行交接、调取手续，定期对账核实，不得毁损或者用于其他目的。对价值不明物品应当及时鉴定，专门封存保管。

查封、扣押的财物、文件经查明与案件无关的，应当在查明后三日内解除查封、扣押，予以退还。

第二十六条 监察机关在调查过程中，可以直接或者指派、聘请具有专门知识、资格的人员在调查人员主持下进行勘验检查。勘验检查情况应当制作笔录，由参加勘验检查的人员和见证人签名或者盖章。

第二十七条 监察机关在调查过程中，对于案件中的专门性问题，可以指派、聘请有专门知识的人进行鉴定。鉴定人进行鉴定后，应当出具鉴定意见，并且签名。

第二十八条 监察机关调查涉嫌重大贪污贿赂等职务犯罪，根据需要，经过严格的批准手续，可以采取技术调查措施，按照规定交有关机关执行。

批准决定应当明确采取技术调查措施的种类和适用对象，自签发之日起三个月以内有效；对于复杂、疑难案件，期限届满仍有必要继续采取技术调查措施的，经过批准，有效期可以延长，每次不得超过三个月。对于不需要继续采取技术调查措施的，应当及时解除。

第二十九条 依法应当留置的被调查人如果在逃，监察机关可以决定在本行政区域内通缉，由公安机关发布通缉令，追捕归案。通缉范围超出本行政区域的，应当报请有权决定的上级监察机关决定。

第三十条 监察机关为防止被调查人及相关人员逃匿境外，经省级以上监察机关批准，可以对被调查人及相关人员采取限制出境措施，由公安机关依法执行。对于不需要继续采取限制出境措施的，应当及时解除。

第三十一条 涉嫌职务犯罪的被调查人主动认罪认罚，有下列情形之一的，监察机关经领导人员集体研究，并报上一级监察机关批准，可以在移送人民检察院时提出从宽处罚的建议：

（一）自动投案，真诚悔罪悔过的；

（二）积极配合调查工作，如实供述监察机关还未掌握的违法犯罪行为的；

（三）积极退赃，减少损失的；

（四）具有重大立功表现或者案件涉及国家重大利益等情形的。

第三十二条 职务违法犯罪的涉案人员揭发有关被调查人职务违法犯罪行为，查证属实的，或者提供重要线索，有助于调查其他案件的，监察机关经领导人员集体研究，并报上一级监察机关批准，可以在移送人民检察院时提出从宽处罚的建议。

第三十三条　监察机关依照本法规定收集的物证、书证、证人证言、被调查人供述和辩解、视听资料、电子数据等证据材料，在刑事诉讼中可以作为证据使用。

监察机关在收集、固定、审查、运用证据时，应当与刑事审判关于证据的要求和标准相一致。

以非法方法收集的证据应当依法予以排除，不得作为案件处置的依据。

第三十四条　人民法院、人民检察院、公安机关、审计机关等国家机关在工作中发现公职人员涉嫌贪污贿赂、失职渎职等职务违法或者职务犯罪的问题线索，应当移送监察机关，由监察机关依法调查处置。

被调查人既涉嫌严重职务违法或者职务犯罪，又涉嫌其他违法犯罪的，一般应当由监察机关为主调查，其他机关予以协助。

第五章　监察程序

第三十五条　监察机关对于报案或者举报，应当接受并按照有关规定处理。对于不属于本机关管辖的，应当移送主管机关处理。

第三十六条　监察机关应当严格按照程序开展工作，建立问题线索处置、调查、审理各部门相互协调、相互制约的工作机制。

监察机关应当加强对调查、处置工作全过程的监督管理，设立相应的工作部门履行线索管理、监督检查、督促办理、统计分析等管理协调职能。

第三十七条　监察机关对监察对象的问题线索，应当按照有关规定提出处置意见，履行审批手续，进行分类办理。线索处置情况应当定期汇总、通报，定期检查、抽查。

第三十八条　需要采取初步核实方式处置问题线索的，监察机关应当依法履行审批程序，成立核查组。初步核实工作结束后，核查组应当撰写初步核实情况报告，提出处理建议。承办部门应当提出分类处理意见。初步核实情况报告和分类处理意见报监察机关主要负责人审批。

第三十九条　经过初步核实，对监察对象涉嫌职务违法犯罪，需要追究法律责任的，监察机关应当按照规定的权限和程序办理立案手续。

监察机关主要负责人依法批准立案后，应当主持召开专题会议，研究确定调查方案，决定需要采取的调查措施。

立案调查决定应当向被调查人宣布，并通报相关组织。涉嫌严重职务违法或者职务犯罪的，应当通知被调查人家属，并向社会公开发布。

第四十条　监察机关对职务违法和职务犯罪案件，应当进行调查，收集被调查人有无违法犯罪以及情节轻重的证据，查明违法犯罪事实，形成相互印证、完整稳定的证据链。

严禁以威胁、引诱、欺骗及其他非法方式收集证据，严禁侮辱、打骂、虐待、体罚或者变相体罚被调查人和涉案人员。

第四十一条 调查人员采取讯问、询问、留置、搜查、调取、查封、扣押、勘验检查等调查措施，均应当依照规定出示证件，出具书面通知，由二人以上进行，形成笔录、报告等书面材料，并由相关人员签名、盖章。

调查人员进行讯问以及搜查、查封、扣押等重要取证工作，应当对全过程进行录音录像，留存备查。

第四十二条 调查人员应当严格执行调查方案，不得随意扩大调查范围、变更调查对象和事项。

对调查过程中的重要事项，应当集体研究后按程序请示报告。

第四十三条 监察机关采取留置措施，应当由监察机关领导人员集体研究决定。设区的市级以下监察机关采取留置措施，应当报上一级监察机关批准。省级监察机关采取留置措施，应当报国家监察委员会备案。

留置时间不得超过三个月。在特殊情况下，可以延长一次，延长时间不得超过三个月。省级以下监察机关采取留置措施的，延长留置时间应当报上一级监察机关批准。监察机关发现采取留置措施不当的，应当及时解除。

监察机关采取留置措施，可以根据工作需要提请公安机关配合。公安机关应当依法予以协助。

第四十四条 对被调查人采取留置措施后，应当在二十四小时以内，通知被留置人员所在单位和家属，但有可能毁灭、伪造证据，干扰证人作证或者串供等有碍调查情形的除外。有碍调查的情形消失后，应当立即通知被留置人员所在单位和家属。

监察机关应当保障被留置人员的饮食、休息和安全，提供医疗服务。讯问被留置人员应当合理安排讯问时间和时长，讯问笔录由被讯问人阅看后签名。

被留置人员涉嫌犯罪移送司法机关后，被依法判处管制、拘役和有期徒刑的，留置一日折抵管制二日，折抵拘役、有期徒刑一日。

第四十五条 监察机关根据监督、调查结果，依法作出如下处置：

（一）对有职务违法行为但情节较轻的公职人员，按照管理权限，直接或者委托有关机关、人员，进行谈话提醒、批评教育、责令检查，或者予以诫勉；

（二）对违法的公职人员依照法定程序作出警告、记过、记大过、降级、撤职、开除等政务处分决定；

（三）对不履行或者不正确履行职责负有责任的领导人员，按照管理权限对其直接作出问责决定，或者向有权作出问责决定的机关提出问责建议；

（四）对涉嫌职务犯罪的，监察机关经调查认为犯罪事实清楚，证据确实、充分的，制作起诉意见书，连同案卷材料、证据一并移送人民检察院依法审查、提起公诉；

（五）对监察对象所在单位廉政建设和履行职责存在的问题等提出监察建议。

监察机关经调查，对没有证据证明被调查人存在违法犯罪行为的，应当撤销案件，并通知被调查人所在单位。

第四十六条　监察机关经调查，对违法取得的财物，依法予以没收、追缴或者责令退赔；对涉嫌犯罪取得的财物，应当随案移送人民检察院。

第四十七条　对监察机关移送的案件，人民检察院依照《中华人民共和国刑事诉讼法》对被调查人采取强制措施。

人民检察院经审查，认为犯罪事实已经查清，证据确实、充分，依法应当追究刑事责任的，应当作出起诉决定。

人民检察院经审查，认为需要补充核实的，应当退回监察机关补充调查，必要时可以自行补充侦查。对于补充调查的案件，应当在一个月内补充调查完毕。补充调查以二次为限。

人民检察院对于有《中华人民共和国刑事诉讼法》规定的不起诉的情形的，经上一级人民检察院批准，依法作出不起诉的决定。监察机关认为不起诉的决定有错误的，可以向上一级人民检察院提请复议。

第四十八条　监察机关在调查贪污贿赂、失职渎职等职务犯罪案件过程中，被调查人逃匿或者死亡，有必要继续调查的，经省级以上监察机关批准，应当继续调查并作出结论。被调查人逃匿，在通缉一年后不能到案，或者死亡的，由监察机关提请人民检察院依照法定程序，向人民法院提出没收违法所得的申请。

第四十九条　监察对象对监察机关作出的涉及本人的处理决定不服的，可以在收到处理决定之日起一个月内，向作出决定的监察机关申请复审，复审机关应当在一个月内作出复审决定；监察对象对复审决定仍不服的，可以在收到复审决定之日起一个月内，向上一级监察机关申请复核，复核机关应当在二个月内作出复核决定。复审、复核期间，不停止原处理决定的执行。复核机关经审查，认定处理决定有错误的，原处理机关应当及时予以纠正。

第六章　反腐败国际合作

第五十条　国家监察委员会统筹协调与其他国家、地区、国际组织开展的反腐败国际交流、合作，组织反腐败国际条约实施工作。

第五十一条 国家监察委员会组织协调有关方面加强与有关国家、地区、国际组织在反腐败执法、引渡、司法协助、被判刑人的移管、资产追回和信息交流等领域的合作。

第五十二条 国家监察委员会加强对反腐败国际追逃追赃和防逃工作的组织协调，督促有关单位做好相关工作：

（一）对于重大贪污贿赂、失职渎职等职务犯罪案件，被调查人逃匿到国（境）外，掌握证据比较确凿的，通过开展境外追逃合作，追捕归案；

（二）向赃款赃物所在国请求查询、冻结、扣押、没收、追缴、返还涉案资产；

（三）查询、监控涉嫌职务犯罪的公职人员及其相关人员进出国（境）和跨境资金流动情况，在调查案件过程中设置防逃程序。

第七章　对监察机关和监察人员的监督

第五十三条 各级监察委员会应当接受本级人民代表大会及其常务委员会的监督。

各级人民代表大会常务委员会听取和审议本级监察委员会的专项工作报告，组织执法检查。

县级以上各级人民代表大会及其常务委员会举行会议时，人民代表大会代表或者常务委员会组成人员可以依照法律规定的程序，就监察工作中的有关问题提出询问或者质询。

第五十四条 监察机关应当依法公开监察工作信息，接受民主监督、社会监督、舆论监督。

第五十五条 监察机关通过设立内部专门的监督机构等方式，加强对监察人员执行职务和遵守法律情况的监督，建设忠诚、干净、担当的监察队伍。

第五十六条 监察人员必须模范遵守宪法和法律，忠于职守、秉公执法，清正廉洁、保守秘密；必须具有良好的政治素质，熟悉监察业务，具备运用法律、法规、政策和调查取证等能力，自觉接受监督。

第五十七条 对于监察人员打听案情、过问案件、说情干预的，办理监察事项的监察人员应当及时报告。有关情况应当登记备案。

发现办理监察事项的监察人员未经批准接触被调查人、涉案人员及其特定关系人，或者存在交往情形的，知情人应当及时报告。有关情况应当登记备案。

第五十八条 办理监察事项的监察人员有下列情形之一的，应当自行回避，监察对象、检举人及其他有关人员也有权要求其回避：

（一）是监察对象或者检举人的近亲属的；

（二）担任过本案的证人的；

（三）本人或者其近亲属与办理的监察事项有利害关系的；

（四）有可能影响监察事项公正处理的其他情形的。

第五十九条　监察机关涉密人员离岗离职后，应当遵守脱密期管理规定，严格履行保密义务，不得泄露相关秘密。

监察人员辞职、退休三年内，不得从事与监察和司法工作相关联且可能发生利益冲突的职业。

第六十条　监察机关及其工作人员有下列行为之一的，被调查人及其近亲属有权向该机关申诉：

（一）留置法定期限届满，不予以解除的；

（二）查封、扣押、冻结与案件无关的财物的；

（三）应当解除查封、扣押、冻结措施而不解除的；

（四）贪污、挪用、私分、调换以及违反规定使用查封、扣押、冻结的财物的；

（五）其他违反法律法规、侵害被调查人合法权益的行为。

受理申诉的监察机关应当在受理申诉之日起一个月内作出处理决定。申诉人对处理决定不服的，可以在收到处理决定之日起一个月内向上一级监察机关申请复查，上一级监察机关应当在收到复查申请之日起二个月内作出处理决定，情况属实的，及时予以纠正。

第六十一条　对调查工作结束后发现立案依据不充分或者失实，案件处置出现重大失误，监察人员严重违法的，应当追究负有责任的领导人员和直接责任人员的责任。

第八章　法律责任

第六十二条　有关单位拒不执行监察机关作出的处理决定，或者无正当理由拒不采纳监察建议的，由其主管部门、上级机关责令改正，对单位给予通报批评；对负有责任的领导人员和直接责任人员依法给予处理。

第六十三条　有关人员违反本法规定，有下列行为之一的，由其所在单位、主管部门、上级机关或者监察机关责令改正，依法给予处理：

（一）不按要求提供有关材料，拒绝、阻碍调查措施实施等拒不配合监察机关调查的；

（二）提供虚假情况，掩盖事实真相的；

（三）串供或者伪造、隐匿、毁灭证据的；

（四）阻止他人揭发检举、提供证据的；

（五）其他违反本法规定的行为，情节严重的。

第六十四条　监察对象对控告人、检举人、证人或者监察人员进行报复陷害的；控告人、检举人、证人捏造事实诬告陷害监察对象的，依法给予处理。

第六十五条　监察机关及其工作人员有下列行为之一的，对负有责任的领导人员和直接责任人员依法给予处理：

（一）未经批准、授权处置问题线索，发现重大案情隐瞒不报，或者私自留存、处理涉案材料的；

（二）利用职权或者职务上的影响干预调查工作、以案谋私的；

（三）违法窃取、泄露调查工作信息，或者泄露举报事项、举报受理情况以及举报人信息的；

（四）对被调查人或者涉案人员逼供、诱供，或者侮辱、打骂、虐待、体罚或者变相体罚的；

（五）违反规定处置查封、扣押、冻结的财物的；

（六）违反规定发生办案安全事故，或者发生安全事故后隐瞒不报、报告失实、处置不当的；

（七）违反规定采取留置措施的；

（八）违反规定限制他人出境，或者不按规定解除出境限制的；

（九）其他滥用职权、玩忽职守、徇私舞弊的行为。

第六十六条　违反本法规定，构成犯罪的，依法追究刑事责任。

第六十七条　监察机关及其工作人员行使职权，侵犯公民、法人和其他组织的合法权益造成损害的，依法给予国家赔偿。

第九章　附　　则

第六十八条　中国人民解放军和中国人民武装警察部队开展监察工作，由中央军事委员会根据本法制定具体规定。

第六十九条　本法自公布之日起施行。《中华人民共和国行政监察法》同时废止。

关于《中华人民共和国监察法（草案）》的说明
——2018年3月13日在第十三届全国人民
代表大会第一次会议上

第十二届全国人大常委会副委员长　李建国

各位代表：

我受第十二届全国人大常委会委托，作关于《中华人民共和国监察法（草案）》的说明。

一、制定监察法的重要意义

（一）制定监察法是贯彻落实党中央关于深化国家监察体制改革决策部署的重大举措

深化国家监察体制改革是以习近平同志为核心的党中央作出的事关全局的重大政治体制改革，是强化党和国家自我监督的重大决策部署。改革的目标是，整合反腐败资源力量，加强党对反腐败工作的集中统一领导，构建集中统一、权威高效的中国特色国家监察体制，实现对所有行使公权力的公职人员监察全覆盖。深化国家监察体制改革是组织创新、制度创新，必须打破体制机制障碍，建立崭新的国家监察机构。制定监察法是深化国家监察体制改革的内在要求和重要环节。党中央对国家监察立法工作高度重视，习近平总书记在党的十八届六中全会和十八届中央纪委五次、六次、七次全会上均对此提出明确要求。中央政治局、中央政治局常务委员会和中央全面深化改革领导小组多次专题研究深化国家监察体制改革、国家监察相关立法问题，确定了制定监察法的指导思想、基本原则和主要内容，明确了国家监察立法工作的方向和时间表、路线图。党的十九大明确提出："制定国家监察法，依法赋予监察委员会职责权限和调查手段，用留置取代'两规'措施。"监察法是反腐败国家立法，是一部对国家监察工作起统领性和基础性作用的法律。制定监察法，贯彻落实党中央关于深化国家监察体制改革决策部署，使党的主张通过法定程序成为国家意志，对于创新和完善国家监察制度，实现立法与改革相衔接，以法治思维和法治方式开展反腐败工作，意义重大、影响深远。

（二）制定监察法是坚持和加强党对反腐败工作的领导，构建集中统一、权威高效的国家监察体系的必然要求

中国共产党领导是中国特色社会主义最本质的特征，是中国特色社会主义制度的最大优势。我们推进各领域改革，都是为了完善和发展中国特色社会主义制度，

巩固党的执政基础、提高党的执政能力。以零容忍态度惩治腐败是中国共产党鲜明的政治立场，是党心民心所向，必须始终坚持在党中央统一领导下推进。当前反腐败斗争形势依然严峻复杂，与党风廉政建设和反腐败斗争的要求相比，我国的监察体制机制存在着明显不适应问题。一是监察范围过窄。国家监察体制改革之前，党内监督已经实现全覆盖，而依照行政监察法的规定，行政监察对象主要是行政机关及其工作人员，还没有做到对所有行使公权力的公职人员全覆盖。在我国，党管干部是坚持党的领导的重要原则。作为执政党，我们党不仅管干部的培养、提拔、使用，还必须对干部进行教育、管理、监督，必须对违纪违法的干部作出处理，对党员干部和其他公职人员的腐败行为进行查处。二是反腐败力量分散。国家监察体制改革之前，党的纪律检查机关依照党章党规对党员的违纪行为进行审查，行政监察机关依照行政监察法对行政机关工作人员的违法违纪行为进行监察，检察机关依照刑事诉讼法对国家工作人员职务犯罪行为进行查处，反腐败职能既分别行使，又交叉重叠，没有形成合力。同时，检察机关对职务犯罪案件既行使侦查权，又行使批捕、起诉等权力，缺乏有效监督机制。深化国家监察体制改革，组建党统一领导的反腐败工作机构即监察委员会，就是将行政监察部门、预防腐败机构和检察机关查处贪污贿赂、失职渎职以及预防职务犯罪等部门的工作力量整合起来，把反腐败资源集中起来，把执纪和执法贯通起来，攥指成拳，形成合力。三是体现专责和集中统一不够。制定监察法，明确监察委员会的性质、地位，明确"各级监察委员会是行使国家监察职能的专责机关"，从而与党章关于"党的各级纪律检查委员会是党内监督专责机关"相呼应，通过国家立法把党对反腐败工作集中统一领导的体制机制固定下来，构建党统一指挥、全面覆盖、权威高效的监督体系，把制度优势转化为治理效能。

（三）制定监察法是总结党的十八大以来反腐败实践经验，为新形势下反腐败斗争提供坚强法治保障的现实需要

党的十八大以来，以习近平同志为核心的党中央坚持反腐败无禁区、全覆盖、零容忍，以雷霆万钧之势，坚定不移"打虎"、"拍蝇"、"猎狐"，不敢腐的目标初步实现，不能腐的笼子越扎越牢，不想腐的堤坝正在构筑。在深入开展反腐败斗争的同时，深化国家监察体制改革试点工作积极推进。根据党中央决策部署，2016年12月，十二届全国人大常委会第二十五次会议通过《全国人民代表大会常务委员会关于在北京市、山西省、浙江省开展国家监察体制改革试点工作的决定》，经过一年多的实践，国家监察体制改革在实践中迈出了坚实步伐，积累了可复制可推广的经验。根据党的十九大精神，在认真总结三省市试点工作经验的基础上，2017年11月，十二届全国人大常委会第三十次会议通过《全国人民代表大会常务委员会关于

在全国各地推开国家监察体制改革试点工作的决定》，国家监察体制改革试点工作在全国有序推开，目前，省、市、县三级监察委员会已经全部组建成立。通过国家立法赋予监察委员会必要的权限和措施，将行政监察法已有规定和实践中正在使用、行之有效的措施确定下来，明确监察机关可以采取谈话、讯问、询问、查询、冻结、调取、查封、扣押、搜查、勘验检查、鉴定、留置等措施开展调查。尤其是用留置取代"两规"措施，并规定严格的程序，有利于解决长期困扰我们的法治难题，彰显全面依法治国的决心和自信。改革的深化要求法治保障，法治的实现离不开改革推动。通过制定监察法，把党的十八大以来在推进党风廉政建设和反腐败斗争中形成的新理念新举措新经验以法律形式固定下来，巩固国家监察体制改革成果，保障反腐败工作在法治轨道上行稳致远。

（四）制定监察法是坚持党内监督与国家监察有机统一，坚持走中国特色监察道路的创制之举

权力必须受到制约和监督。在我国，党的机关、人大机关、行政机关、政协机关、监察机关、审判机关、检察机关等，都在党中央统一领导下行使公权力，为人民用权，对人民负责，受人民监督。在我国监督体系中，党内监督和国家监察发挥着十分重要的作用。党内监督是对全体党员尤其是对党员干部实行的监督，国家监察是对所有行使公权力的公职人员实行的监督。我国 80% 的公务员和超过 95% 的领导干部是共产党员，这就决定了党内监督和国家监察具有高度的内在一致性，也决定了实行党内监督和国家监察相统一的必然性。这种把二者有机统一起来的监督制度具有鲜明的中国特色。党的十八大以来，党中央坚持全面从严治党，在加大反腐败力度的同时，完善党章党规，实现依规治党，取得历史性成就。完善我国监督体系，既要加强党内监督，又要加强国家监察。深化国家监察体制改革，成立监察委员会，并与党的纪律检查机关合署办公，代表党和国家行使监督权和监察权，履行纪检、监察两项职责，加强对所有行使公权力的公职人员的监督，从而在我们党和国家形成巡视、派驻、监察三个全覆盖的统一的权力监督格局，形成发现问题、纠正偏差、惩治腐败的有效机制，为实现党和国家长治久安走出了一条中国特色监察道路。同时要看到，这次监察体制改革确立的监察制度，也体现了中华民族传统制度文化，是对中国历史上监察制度的一种借鉴，是对当今权力制约形式的一个新探索。制定监察法，就是通过立法方式保证依规治党与依法治国、党内监督与国家监察有机统一，将党内监督同国家机关监督、民主监督、司法监督、群众监督、舆论监督贯通起来，不断提高党和国家的监督效能。

（五）制定监察法是加强宪法实施，丰富和发展人民代表大会制度，推进国家治理体系和治理能力现代化的战略举措

宪法是国家的根本法，是治国安邦的总章程，是党和人民意志的集中体现。在总体保持我国宪法连续性、稳定性、权威性的基础上，十三届全国人大一次会议对宪法作出部分修改，把党和人民在实践中取得的重大理论创新、实践创新、制度创新成果上升为宪法规定，实现了宪法的与时俱进。这次宪法修改的重要内容之一，是增加有关监察委员会的各项规定，对国家机构作出了重要调整和完善。通过完备的法律保证宪法确立的制度得到落实，是宪法实施的重要途径。在本次人民代表大会上，先通过宪法修正案，然后再审议监察法草案，及时将宪法修改所确立的监察制度进一步具体化，是我们党依宪执政、依宪治国的生动实践和鲜明写照。人民代表大会制度是我国的根本政治制度，是坚持党的领导、人民当家作主、依法治国有机统一的根本政治制度安排。人民行使国家权力的机关是全国人民代表大会和地方各级人民代表大会。监察法草案根据宪法修正案将行使国家监察职能的专责机关纳入国家机构体系，明确监察委员会由同级人大产生，对它负责，受它监督，拓宽了人民监督权力的途径，提高了社会主义民主政治制度化、规范化、法治化水平，丰富和发展了人民代表大会制度的内涵，推动了人民代表大会制度与时俱进，对推进国家治理体系和治理能力现代化具有深远意义。

二、监察法草案起草过程、指导思想和基本思路

按照党中央部署要求，监察法立法工作由中共中央纪律检查委员会牵头抓总，在最初研究深化国家监察体制改革方案的时候即着手考虑将行政监察法修改为国家监察法问题。中央纪委与全国人大常委会、中央统战部、中央政法委员会、中央深化改革领导小组办公室、中央机构编制办公室等有关方面进行了多次沟通。全国人大常委会党组坚决贯彻落实党中央关于深化国家监察体制改革的决策部署，高度重视监察法立法工作。十二届全国人大常委会将监察法起草和审议工作作为最重要的立法工作之一。2016 年 10 月，党的十八届六中全会闭幕后，中央纪委机关会同全国人大常委会法制工作委员会即共同组成国家监察立法工作专班。在前期工作基础上，工作专班进一步开展调研和起草工作，吸收改革试点地区的实践经验，听取专家学者的意见建议，经反复修改完善，形成了监察法草案。

2017 年 6 月 15 日，习近平总书记主持中央政治局常委会会议，审议并原则同意全国人大常委会党组关于监察法草案几个主要问题的请示。2017 年 6 月下旬，十二届全国人大常委会第二十八次会议对监察法草案进行了初次审议。初次审议后，根据党中央同意的相关工作安排，全国人大常委会法制工作委员会将草案送 23 个中央国家机关以及 31 个省、自治区、直辖市人大常委会征求意见；召开专家会，听取了宪法、行政法和刑事诉讼法方面专家学者的意见。2017 年 11 月 7 日至 12 月 6 日，监察法草案在中国人大网全文公开，征求社会公众意见。党的十九大后，根据党的十九大精神和全国人大常委会组成人员的审议意见以及人大代表、政协委员等各方面意见，对草案作了修改完善。2017年12月，十二届全国人大常委会第三十一次会议对监察法草案进行再次审议，认为草案贯彻落实以习近平同志为核心的党中央关于深化国家监察体制改革的重大决策部署，充分吸收了常委会组成人员的审议意见和各方面意见，已经比较成熟，决定将监察法草案提请全国人民代表大会审议。

　　2018年1月18日至19日，党的十九届二中全会审议通过了《中共中央关于修改宪法部分内容的建议》。1月29日至30日，十二届全国人大常委会第三十二次会议决定将《中华人民共和国宪法修正案（草案）》提请十三届全国人大一次会议审议。监察法草案根据宪法修改精神作了进一步修改。2018年1月31日，全国人大常委会办公厅将监察法草案发送十三届全国人大代表。代表们对草案进行了认真研读讨论，总体赞成草案，同时提出了一些修改意见。全国人大法律委员会召开会议，对草案进行了审议，根据全国人大常委会组成人员和代表们提出的意见作了修改，并将修改情况向全国人大常委会委员长会议作了汇报。2018年2月8日，习近平总书记主持召开中央政治局常委会会议，听取了全国人大常委会党组的汇报，原则同意《关于〈中华人民共和国监察法（草案）〉有关问题的请示》并作出重要指示。根据党中央指示精神，对草案作了进一步完善。在上述工作基础上，形成了提请本次大会审议的《中华人民共和国监察法（草案）》。

　　制定监察法的指导思想是，高举中国特色社会主义伟大旗帜，全面贯彻党的十九大精神，坚持以马克思列宁主义、毛泽东思想、邓小平理论、"三个代表"重要思想、科学发展观、习近平新时代中国特色社会主义思想为指导，坚持党的领导、人民当家作主、依法治国有机统一，坚持统筹推进"五位一体"总体布局和协调推进"四个全面"战略布局，加强党对反腐败工作的集中统一领导，实现对所有行使公权力的公职人员监察全覆盖，使依规治党与依法治国、党内监督与国家监察有机统一，推进国家治理体系和治理能力现代化。

　　按照上述指导思想，监察法立法工作遵循以下思路和原则：一是坚持正确政治方向。严格遵循党中央确定的指导思想、基本原则和改革要求，把坚持和加强党对反腐败工作的集中统一领导作为根本政治原则贯穿立法全过程和各方面。二是坚持与宪法修改保持一致。宪法是国家各种制度和法律法规的总依据。监察法草案相关内容及表述均与本次宪法修改关于监察委员会的各项规定相衔接、相统一。三是坚持问题导向。着力解决我国监察体制机制中存在的突出问题。四是坚持科学立法、民主立法、依法立法。坚决贯彻落实党中央决策部署，充分吸收各方面意见，认真回应社会关切，严格依法按程序办事，使草案内容科学合理、协调衔接，制定一部高质量的监察法。

三、监察法草案的主要内容

监察法草案分为 9 章，包括总则、监察机关及其职责、监察范围和管辖、监察权限、监察程序、反腐败国际合作、对监察机关和监察人员的监督、法律责任和附则，共 69 条。主要内容是：

(一) 明确监察工作的指导思想和领导体制

为坚持和加强党对反腐败工作的集中统一领导，草案规定：坚持中国共产党对国家监察工作的领导，以马克思列宁主义、毛泽东思想、邓小平理论、"三个代表"重要思想、科学发展观、习近平新时代中国特色社会主义思想为指导，构建集中统一、权威高效的中国特色国家监察体制（草案第 2 条）。

(二) 明确监察工作的原则和方针

关于监察工作的原则。草案规定：监察委员会依照法律规定独立行使监察权，不受行政机关、社会团体和个人的干涉；监察机关办理职务违法和职务犯罪案件，应当与审判机关、检察机关、执法部门互相配合，互相制约；监察机关在工作中需要协助的，有关机关和单位应当根据监察机关的要求依法予以协助（草案第 4 条）。国家监察工作严格遵照宪法和法律，以事实为根据，以法律为准绳，在适用法律上一律平等；权责对等，从严监督；惩戒与教育相结合，宽严相济（草案第 5 条）。

关于监察工作的方针。草案规定：国家监察工作坚持标本兼治、综合治理，强化监督问责，严厉惩治腐败；深化改革、健全法治，有效制约和监督权力；加强法治道德教育，弘扬中华优秀传统文化，构建不敢腐、不能腐、不想腐的长效机制（草案第 6 条）。

(三) 明确监察委员会的产生和职责

关于监察委员会的产生。根据本次大会通过的宪法修正案，草案规定：国家监察委员会由全国人民代表大会产生，负责全国监察工作；国家监察委员会由主任、副主任若干人、委员若干人组成，主任由全国人民代表大会选举，副主任、委员由国家监察委员会主任提请全国人民代表大会常务委员会任免；国家监察委员会主任每届任期同全国人民代表大会每届任期相同，连续任职不得超过两届（草案第 8 条第 1 款至第 3 款）。地方各级监察委员会由本级人民代表大会产生，负责本行政区域内的监察工作；地方各级监察委员会由主任、副主任若干人、委员若干人组成，主任由本级人民代表大会选举，副主任、委员由监察委员会主任提请本级人民代表大会常务委员会任免；地方各级监察委员会主任每届任期同本级人民代表大会每届任期相同（草案第 9 条第 1 款至第 3 款）。

关于监察委员会的职责。草案规定，监察委员会依照法律规定履行监督、调查、处置职责：一是对公职人员开展廉政教育，对其依法履职、秉公用权、廉洁从政从业以及道德操守情况进行监督检查；二是对涉嫌贪污贿赂、滥用职权、玩忽职守、权力寻租、利益输送、徇私舞弊以及浪费国家资财等职务违法和职务犯罪进行调查；三是对违法的公职人员依法作出政务处分决定；对履行职责不力、失职失责的领导人员进行问责；对涉嫌职务犯罪的，将调查结果移送人民检察院依法审查、提起公诉；向监察对象所在单位提出监察建议（草案第 11 条）。

（四）实现对所有行使公权力的公职人员监察全覆盖

按照深化国家监察体制改革关于实现对所有行使公权力的公职人员监察全覆盖的要求，草案规定，监察机关对下列公职人员和有关人员进行监察：一是中国共产党机关、人民代表大会及其常务委员会机关、人民政府、监察委员会、人民法院、人民检察院、中国人民政治协商会议各级委员会机关、民主党派机关和工商业联合会机关的公务员，以及参照《中华人民共和国公务员法》管理的人员；二是法律、法规授权或者受国家机关依法委托管理公共事务的组织中从事公务的人员；三是国有企业管理人员；四是公办的教育、科研、文化、医疗卫生、体育等单位中从事管理的人员；五是基层群众性自治组织中从事管理的人员；六是其他依法履行公职的人员（草案第 15 条）。

（五）赋予监察机关必要的权限

为保证监察机关有效履行监察职能，草案赋予监察机关必要的权限。一是规定监察机关在调查职务违法和职务犯罪时，可以采取谈话、讯问、询问、查询、冻结、搜查、调取、查封、扣押、勘验检查、鉴定等措施（草案第 19 条至第 21 条、第 23 条至第 27 条）。二是被调查人涉嫌贪污贿赂、失职渎职等严重职务违法或者职务犯罪，监察机关已经掌握其部分违法犯罪事实及证据，仍有重要问题需要进一步调查，并有涉及案情重大、复杂，可能逃跑、自杀，可能串供或者伪造、隐匿、毁灭证据等情形之一的，经监察机关依法审批，可以将其留置在特定场所；留置场所的设置和管理依照国家有关规定执行（草案第 22 条第 1 款、第 3 款）。三是监察机关需要采取技术调查、通缉、限制出境措施的，经过严格的批准手续，按照规定交有关机关执行（草案第 28 条至第 30 条）。

（六）严格规范监察程序

为保证监察机关正确行使权力，草案在监察程序一章中，对监督、调查、处置工作程序作出严格规定，包括：报案或者举报的处理；问题线索的管理和处置；决定立案调查；搜查、查封、扣押等程序；要求对讯问和重要取证工作全程录音录像；严格涉案财物处理等（草案第 35 条至第 42 条、第 46 条）。

关于留置措施的程序。为了严格规范留置的程序，保护被调查人的合法权益，草案规定：设区的市级以下监察机关采取留置措施，应当报上一级监察机关批准；

省级监察机关采取留置措施，应当报国家监察委员会备案；留置时间不得超过三个月，特殊情况下经上一级监察机关批准可延长一次，延长时间不得超过三个月；监察机关发现采取留置措施不当的，应当及时解除。采取留置措施后，除有碍调查的，应当在二十四小时以内，通知被留置人员所在单位和家属。同时，应当保障被留置人员的饮食、休息和安全，提供医疗服务（草案第43条第1款、第2款，第44条第1款、第2款）。

（七）加强对监察机关和监察人员的监督

按照"打铁必须自身硬"的要求，草案从以下几个方面加强对监察机关和监察人员的监督：

一是接受人大监督。草案规定：监察机关应当接受本级人民代表大会及其常务委员会的监督；各级人民代表大会常务委员会听取和审议本级监察机关的专项工作报告，组织执法检查；人民代表大会代表或者常务委员会组成人员在本级人民代表大会及其常务委员会举行会议时，可以依照法律规定的程序，就监察工作中的有关问题提出询问或者质询（草案第53条）。

二是强化自我监督。草案与党的纪律检查机关监督执纪工作规则相衔接，将实践中行之有效的做法上升为法律规范。草案规定了对打听案情、过问案件、说情干预的报告和登记备案，监察人员的回避，脱密期管理和对监察人员辞职、退休后从业限制等制度。同时规定了对监察机关及其工作人员不当行为的申诉和责任追究制度（草案第57条至第61条）。草案还明确规定：监察机关应当依法公开监察工作信息，接受民主监督、社会监督、舆论监督（草案第54条）。

三是明确监察机关与审判机关、检察机关、执法部门互相配合、互相制约的机制。草案规定：对监察机关移送的案件，人民检察院经审查，认为需要补充核实的，应当退回监察机关补充调查，必要时可以自行补充侦查；对于有刑事诉讼法规定的不起诉的情形，经上一级人民检察院批准，依法作出不起诉的决定（草案第47条第2款、第3款）；监察机关在收集、固定、审查、运用证据时，应当与刑事审判关于证据的要求和标准相一致（草案第33条第3款）。

四是明确监察机关及其工作人员的法律责任。草案第八章法律责任中规定：监察机关及其工作人员有违反规定发生办案安全事故或者发生安全事故后隐瞒不报、报告失实、处置不当等9种行为之一的，对负有责任的领导人员和直接责任人员依法给予处理（草案第六十五条）。草案还规定：监察机关及其工作人员行使职权，侵犯公民、法人和其他组织的合法权益，造成损害的，依法给予国家赔偿（草案第67条）。

《中华人民共和国监察法（草案）》和以上说明，请审议。

全国人民代表大会常务委员会关于国家
监察委员会制定监察法规的决定

（2019 年 10 月 26 日第十三届全国人民代表大会常务委员会第十四次会议通过）

为了贯彻实施《中华人民共和国宪法》和《中华人民共和国监察法》，保障国家监察委员会依法履行最高监察机关职责，根据监察工作实际需要，第十三届全国人民代表大会常务委员会第十四次会议决定：

一、国家监察委员会根据宪法和法律，制定监察法规。

监察法规可以就下列事项作出规定：

（一）为执行法律的规定需要制定监察法规的事项；

（二）为履行领导地方各级监察委员会工作的职责需要制定监察法规的事项。

监察法规不得与宪法、法律相抵触。

二、监察法规应当经国家监察委员会全体会议决定，由国家监察委员会发布公告予以公布。

三、监察法规应当在公布后的三十日内报全国人民代表大会常务委员会备案。

全国人民代表大会常务委员会有权撤销同宪法和法律相抵触的监察法规。

四、本决定自 2019 年 10 月 27 日起施行。

中国共产党纪律处分条例

（2003 年 12 月 31 日中共中央印发施行，2018 年 10 月 1 日修订实施）

第一编　总　　则

第一章　指导思想、原则和适用范围

第一条　为维护党的章程和其他党内法规，严肃党的纪律，纯洁党的组织，保障党员民主权利，教育党员遵纪守法，维护党的团结统一，保证党的路线、方针、政策、决议和国家法律法规的贯彻执行，根据《中国共产党章程》，制定本条例。

第二条　本条例以马克思列宁主义、毛泽东思想、邓小平理论、"三个代表"重要思想、科学发展观为指导，深入贯彻习近平总书记系列重要讲话精神，落实全面从严治党战略部署。

第三条 党章是最根本的党内法规，是管党治党的总规矩。党的纪律是党的各级组织和全体党员必须遵守的行为规则。党组织和党员必须自觉遵守党章，严格执行和维护党的纪律，自觉接受党的纪律约束，模范遵守国家法律法规。

第四条 党的纪律处分工作应当坚持以下原则：

（一）党要管党、从严治党。加强对党的各级组织和全体党员的教育、管理和监督，把纪律挺在前面，注重抓早抓小。

（二）党纪面前一律平等。对违犯党纪的党组织和党员必须严肃、公正执行纪律，党内不允许有任何不受纪律约束的党组织和党员。

（三）实事求是。对党组织和党员违犯党纪的行为，应当以事实为依据，以党章、其他党内法规和国家法律法规为准绳，准确认定违纪性质，区别不同情况，恰当予以处理。

（四）民主集中制。实施党纪处分，应当按照规定程序经党组织集体讨论决定，不允许任何个人或者少数人擅自决定和批准。上级党组织对违犯党纪的党组织和党员作出的处理决定，下级党组织必须执行。

（五）惩前毖后、治病救人。处理违犯党纪的党组织和党员，应当实行惩戒与教育相结合，做到宽严相济。

第五条 本条例适用于违犯党纪应当受到党纪追究的党组织和党员。

第二章 违纪与纪律处分

第六条 党组织和党员违反党章和其他党内法规，违反国家法律法规，违反党和国家政策，违反社会主义道德，危害党、国家和人民利益的行为，依照规定应当给予纪律处理或者处分的，都必须受到追究。

第七条 对党员的纪律处分种类：

（一）警告；

（二）严重警告；

（三）撤销党内职务；

（四）留党察看；

（五）开除党籍。

第八条 对严重违犯党纪的党组织的纪律处理措施：

（一）改组；

（二）解散。

第九条 党员受到警告处分一年内、受到严重警告处分一年半内，不得在党内提升职务和向党外组织推荐担任高于其原任职务的党外职务。

第十条　撤销党内职务处分，是指撤销受处分党员由党内选举或者组织任命的党内职务。对于在党内担任两个以上职务的，党组织在作处分决定时，应当明确是撤销其一切职务还是某个职务。如果决定撤销其某个职务，必须撤销其担任的最高职务。如果决定撤销其两个以上职务，则必须从其担任的最高职务开始依次撤销。对于在党外组织担任职务的，应当建议党外组织依照规定作出相应处理。

对于应当受到撤销党内职务处分，但是本人没有担任党内职务的，应当给予其严重警告处分。其中，在党外组织担任职务的，应当建议党外组织撤销其党外职务。

党员受到撤销党内职务处分，或者依照前款规定受到严重警告处分的，二年内不得在党内担任和向党外组织推荐担任与其原任职务相当或者高于其原任职务的职务。

第十一条　留党察看处分，分为留党察看一年、留党察看二年。对于受到留党察看处分一年的党员，期满后仍不符合恢复党员权利条件的，应当延长一年留党察看期限。留党察看期限最长不得超过二年。

党员受留党察看处分期间，没有表决权、选举权和被选举权。留党察看期间，确有悔改表现的，期满后恢复其党员权利；坚持不改或者又发现其他应当受到党纪处分的违纪行为的，应当开除党籍。

党员受到留党察看处分，其党内职务自然撤销。对于担任党外职务的，应当建议党外组织撤销其党外职务。受到留党察看处分的党员，恢复党员权利后二年内，不得在党内担任和向党外组织推荐担任与其原任职务相当或者高于其原任职务的职务。

第十二条　党员受到开除党籍处分，五年内不得重新入党。另有规定不准重新入党的，依照规定。

第十三条　党的各级代表大会的代表受到留党察看以上（含留党察看）处分的，党组织应当终止其代表资格。

第十四条　对于严重违犯党纪、本身又不能纠正的党组织领导机构，应当予以改组。受到改组处理的党组织领导机构成员，除应当受到撤销党内职务以上（含撤销党内职务）处分的外，均自然免职。

第十五条　对于全体或者多数党员严重违犯党纪的党组织，应当予以解散。对于受到解散处理的党组织中的党员，应当逐个审查。其中，符合党员条件的，应当重新登记，并参加新的组织过党的生活；不符合党员条件的，应当对其进行教育、限期改正，经教育仍无转变的，予以劝退或者除名；有违纪行为的，依照规定予以追究。

第三章　纪律处分运用规则

第十六条　有下列情形之一的，可以从轻或者减轻处分：

（一）主动交代本人应当受到党纪处分的问题的；

（二）检举同案人或者其他人应当受到党纪处分或者法律追究的问题，经查证属实的；

（三）主动挽回损失、消除不良影响或者有效阻止危害结果发生的；

（四）主动上交违纪所得的；

（五）有其他立功表现的。

第十七条　根据案件的特殊情况，由中央纪委决定或者经省（部）级纪委（不含副省级市纪委）决定并呈报中央纪委批准，对违纪党员也可以在本条例规定的处分幅度以外减轻处分。

第十八条　对于党员违犯党纪应当给予警告或者严重警告处分，但是具有本条例第十六条规定的情形之一或者本条例分则中另有规定的，可以给予批评教育或者组织处理，免予党纪处分。对违纪党员免予处分，应当作出书面结论。

第十九条　有下列情形之一的，应当从重或者加重处分：

（一）在纪律集中整饬过程中，不收敛、不收手的；

（二）强迫、唆使他人违纪的；

（三）本条例另有规定的。

第二十条　故意违纪受处分后又因故意违纪应当受到党纪处分的，应当从重处分。

党员违纪受到党纪处分后，又被发现其受处分前的违纪行为应当受到党纪处分的，应当从重处分。

第二十一条　从轻处分，是指在本条例规定的违纪行为应当受到的处分幅度以内，给予较轻的处分。

从重处分，是指在本条例规定的违纪行为应当受到的处分幅度以内，给予较重的处分。

第二十二条　减轻处分，是指在本条例规定的违纪行为应当受到的处分幅度以外，减轻一档给予处分。

加重处分，是指在本条例规定的违纪行为应当受到的处分幅度以外，加重一档给予处分。

本条例规定的只有开除党籍处分一个档次的违纪行为，不适用第一款减轻处分的规定。

第二十三条　一人有本条例规定的两种以上（含两种）应当受到党纪处分的违纪行为，应当合并处理，按其数种违纪行为中应当受到的最高处分加重一档给予处分；其中一种违纪行为应当受到开除党籍处分的，应当给予开除党籍处分。

第二十四条　一个违纪行为同时触犯本条例两个以上（含两个）条款的，依照处分较重的条款定性处理。

一个条款规定的违纪构成要件全部包含在另一个条款规定的违纪构成要件中，特别规定与一般规定不一致的，适用特别规定。

第二十五条　二人以上（含二人）共同故意违纪的，对为首者，从重处分，本条例另有规定的除外；对其他成员，按照其在共同违纪中所起的作用和应负的责任，分别给予处分。

对于经济方面共同违纪的，按照个人所得数额及其所起作用，分别给予处分。对违纪集团的首要分子，按照集团违纪的总数额处分；对其他共同违纪的为首者，情节严重的，按照共同违纪的总数额处分。

教唆他人违纪的，应当按照其在共同违纪中所起的作用追究党纪责任。

第二十六条　党组织领导机构集体作出违犯党纪的决定或者实施其他违犯党纪的行为，对具有共同故意的成员，按共同违纪处理；对过失违纪的成员，按照各自在集体违纪中所起的作用和应负的责任分别给予处分。

第四章　对违法犯罪党员的纪律处分

第二十七条　党组织在纪律审查中发现党员有贪污贿赂、失职渎职等刑法规定的行为涉嫌犯罪的，应当给予撤销党内职务、留党察看或者开除党籍处分。

第二十八条　党组织在纪律审查中发现党员有刑法规定的行为，虽不涉及犯罪但须追究党纪责任的，应当视具体情节给予警告直至开除党籍处分。

第二十九条　党组织在纪律审查中发现党员有其他违法行为，影响党的形象，损害党、国家和人民利益的，应当视情节轻重给予党纪处分。

对有丧失党员条件，严重败坏党的形象行为的，应当给予开除党籍处分。

第三十条　党员受到党纪追究，涉嫌违法犯罪的，应当及时移送有关国家机关依法处理。需要给予行政处分或者其他纪律处分的，应当向有关机关或者组织提出建议。

第三十一条　党员被依法逮捕的，党组织应当按照管理权限中止其表决权、选举权和被选举权等党员权利。根据司法机关处理结果，可以恢复其党员权利的，应当及时予以恢复。

第三十二条　党员犯罪情节轻微，人民检察院依法作出不起诉决定的，或者人民法院依法作出有罪判决并免予刑事处罚的，应当给予撤销党内职务、留党察看或者开除党籍处分。

党员犯罪，被单处罚金的，依照前款规定处理。

第三十三条 党员犯罪，有下列情形之一的，应当给予开除党籍处分：

（一）因故意犯罪被依法判处刑法规定的主刑（含宣告缓刑）的；

（二）被单处或者附加剥夺政治权利的；

（三）因过失犯罪，被依法判处三年以上（不含三年）有期徒刑的。

因过失犯罪被判处三年以下（含三年）有期徒刑或者被判处管制、拘役的，一般应当开除党籍。对于个别可以不开除党籍的，应当对照处分党员批准权限的规定，报请再上一级党组织批准。

第三十四条 党员依法受到刑事责任追究的，党组织应当根据司法机关的生效判决、裁定、决定及其认定的事实、性质和情节，依照本条例规定给予党纪处分或者组织处理。

党员依法受到行政处罚、行政处分，应当追究党纪责任的，党组织可以根据生效的行政处罚、行政处分决定认定的事实、性质和情节，经核实后依照本条例规定给予党纪处分或者组织处理。

党员违反国家法律法规，违反企事业单位或者其他社会组织的规章制度受到其他纪律处分，应当追究党纪责任的，党组织在对有关方面认定的事实、性质和情节进行核实后，依照本条例规定给予党纪处分或者组织处理。

党组织作出党纪处分或者组织处理决定后，司法机关、行政机关等依法改变原生效判决、裁定、决定等，对原党纪处分或者组织处理决定产生影响的，党组织应当根据改变后的生效判决、裁定、决定等重新作出相应处理。

第五章　其他规定

第三十五条 预备党员违犯党纪，情节较轻，可以保留预备党员资格的，党组织应当对其批评教育或者延长预备期；情节较重的，应当取消其预备党员资格。

第三十六条 对违纪后下落不明的党员，应当区别情况作出处理：

（一）对有严重违纪行为，应当给予开除党籍处分的，党组织应当作出决定，开除其党籍；

（二）除前项规定的情况外，下落不明时间超过六个月的，党组织应当按照党章规定对其予以除名。

第三十七条 违纪党员在党组织作出处分决定前死亡，或者在死亡之后发现其曾有严重违纪行为，对于应当给予开除党籍处分的，开除其党籍；对于应当给予留党察看以下（含留党察看）处分的，作出书面结论，不再给予党纪处分。

第三十八条　违纪行为有关责任人员的区分：

（一）直接责任者，是指在其职责范围内，不履行或者不正确履行自己的职责，对造成的损失或者后果起决定性作用的党员或者党员领导干部。

（二）主要领导责任者，是指在其职责范围内，对直接主管的工作不履行或者不正确履行职责，对造成的损失或者后果负直接领导责任的党员领导干部。

（三）重要领导责任者，是指在其职责范围内，对应管的工作或者参与决定的工作不履行或者不正确履行职责，对造成的损失或者后果负次要领导责任的党员领导干部。

本条例所称领导责任者，包括主要领导责任者和重要领导责任者。

第三十九条　本条例所称主动交代，是指涉嫌违纪的党员在组织初核前向有关组织交代自己的问题，或者在初核和立案调查其问题期间交代组织未掌握的问题。

在初核、立案调查过程中，涉嫌违纪的党员能够配合调查工作，如实坦白组织已掌握的其本人主要违纪事实的，可以从轻处分。

第四十条　计算经济损失主要计算直接经济损失。直接经济损失，是指与违纪行为有直接因果关系而造成财产损毁的实际价值。

第四十一条　对于违纪行为所获得的经济利益，应当收缴或者责令退赔。

对于违纪行为所获得的职务、职称、学历、学位、奖励、资格等其他利益，应当由承办案件的纪检机关或者由其上级纪检机关建议有关组织、部门、单位按照规定予以纠正。

对于依照本条例第三十六条、第三十七条规定处理的党员，经调查确属其实施违纪行为获得的利益，依照本条规定处理。

第四十二条　党纪处分决定作出后，应当在一个月内向受处分党员所在党的基层组织中的全体党员及其本人宣布，并按照干部管理权限和组织关系将处分决定材料归入受处分者档案；对于受到撤销党内职务以上（含撤销党内职务）处分的，还应当在一个月内办理职务、工资等相应变更手续；涉及撤销或者调整其党外职务的，应当建议党外组织及时撤销或者调整其党外职务。特殊情况下，经作出或者批准作出处分决定的组织批准，可以适当延长办理期限。办理期限最长不得超过六个月。

第四十三条　执行党纪处分决定的机关或者受处分党员所在单位，应当在六个月内将处分决定的执行情况向作出或者批准处分决定的机关报告。

第四十四条　本条例总则适用于有党纪处分规定的其他党内法规，但是中共中央发布或者批准发布的其他党内法规有特别规定的除外。

第二编 分　则

第六章　对违反政治纪律行为的处分

第四十五条　通过信息网络、广播、电视、报刊、书籍、讲座、论坛、报告会、座谈会等方式，公开发表坚持资产阶级自由化立场、反对四项基本原则，反对党的改革开放决策的文章、演说、宣言、声明等的，给予开除党籍处分。

发布、播出、刊登、出版前款所列文章、演说、宣言、声明等或者为上述行为提供方便条件的，对直接责任者和领导责任者，给予严重警告或者撤销党内职务处分；情节严重的，给予留党察看或者开除党籍处分。

第四十六条　通过信息网络、广播、电视、报刊、书籍、讲座、论坛、报告会、座谈会等方式，有下列行为之一，情节较轻的，给予警告或者严重警告处分；情节较重的，给予撤销党内职务或者留党察看处分；情节严重的，给予开除党籍处分：

（一）公开发表违背四项基本原则，违背、歪曲党的改革开放决策，或者其他有严重政治问题的文章、演说、宣言、声明等的；

（二）妄议中央大政方针，破坏党的集中统一的；

（三）丑化党和国家形象，或者诋毁、诬蔑党和国家领导人，或者歪曲党史、军史的。

发布、播出、刊登、出版前款所列内容或者为上述行为提供方便条件的，对直接责任者和领导责任者，给予严重警告或者撤销党内职务处分；情节严重的，给予留党察看或者开除党籍处分。

第四十七条　制作、贩卖、传播第四十五条、第四十六条所列内容之一的书刊、音像制品、电子读物、网络音视频资料等，情节较轻的，给予警告或者严重警告处分；情节较重的，给予撤销党内职务或者留党察看处分；情节严重的，给予开除党籍处分。

私自携带、寄递第四十五条、第四十六条所列内容之一的书刊、音像制品、电子读物等入出境，情节较重的，给予警告或者严重警告处分；情节严重的，给予撤销党内职务、留党察看或者开除党籍处分。

第四十八条　组织、参加反对党的基本理论、基本路线、基本纲领、基本经验、基本要求或者重大方针政策的集会、游行、示威等活动的，或者以组织讲座、论坛、报告会、座谈会等方式，反对党的基本理论、基本路线、基本纲领、基本经验、基本要求或者重大方针政策，造成严重不良影响的，对策划者、组织者和骨干分子，给予开除党籍处分。

对其他参加人员或者以提供信息、资料、财物、场地等方式支持上述活动者，情节较轻的，给予警告或者严重警告处分；情节较重的，给予撤销党内职务或者留党察看处分；情节严重的，给予开除党籍处分。

对不明真相被裹挟参加，经批评教育后确有悔改表现的，可以免予处分或者不予处分。

未经组织批准参加其他集会、游行、示威等活动，情节较轻的，给予警告或者严重警告处分；情节较重的，给予撤销党内职务或者留党察看处分；情节严重的，给予开除党籍处分。

第四十九条 组织、参加旨在反对党的领导、反对社会主义制度或者敌视政府等组织的，对策划者、组织者和骨干分子，给予开除党籍处分。

对其他参加人员，情节较轻的，给予警告或者严重警告处分；情节较重的，给予撤销党内职务或者留党察看处分；情节严重的，给予开除党籍处分。

第五十条 组织、参加会道门或者邪教组织的，对策划者、组织者和骨干分子，给予开除党籍处分。

对其他参加人员，情节较轻的，给予警告或者严重警告处分；情节较重的，给予撤销党内职务或者留党察看处分；情节严重的，给予开除党籍处分。

对不明真相的参加人员，经批评教育后确有悔改表现的，可以免予处分或者不予处分。

第五十一条 在党内组织秘密集团或者组织其他分裂党的活动的，给予开除党籍处分。

参加秘密集团或者参加其他分裂党的活动的，给予留党察看或者开除党籍处分。

第五十二条 在党内搞团团伙伙、结党营私、拉帮结派、培植私人势力或者通过搞利益交换、为自己营造声势等活动捞取政治资本的，给予严重警告或者撤销党内职务处分；情节严重的，给予留党察看或者开除党籍处分。

第五十三条 有下列行为之一的，对直接责任者和领导责任者，给予严重警告或者撤销党内职务处分；情节严重的，给予留党察看或者开除党籍处分：

（一）拒不执行党和国家的方针政策以及决策部署的；

（二）故意作出与党和国家的方针政策以及决策部署相违背的决定的；

（三）擅自对应当由中央决定的重大政策问题作出决定和对外发表主张的。

第五十四条 挑拨民族关系制造事端或者参加民族分裂活动的，对策划者、组织者和骨干分子，给予开除党籍处分。

对其他参加人员，情节较轻的，给予警告或者严重警告处分；情节较重的，给予撤销党内职务或者留党察看处分；情节严重的，给予开除党籍处分。

对不明真相被裹挟参加，经批评教育后确有悔改表现的，可以免予处分或者不予处分。

有其他违反党和国家民族政策的行为，情节较轻的，给予警告或者严重警告处分；情节较重的，给予撤销党内职务或者留党察看处分；情节严重的，给予开除党籍处分。

第五十五条 组织、利用宗教活动反对党的路线、方针、政策和决议，破坏民族团结的，对策划者、组织者和骨干分子，给予留党察看或者开除党籍处分。

对其他参加人员，情节较轻的，给予警告或者严重警告处分；情节较重的，给予撤销党内职务或者留党察看处分；情节严重的，给予开除党籍处分。

对不明真相被裹挟参加，经批评教育后确有悔改表现的，可以免予处分或者不予处分。

有其他违反党和国家宗教政策的行为，情节较轻的，给予警告或者严重警告处分；情节较重的，给予撤销党内职务或者留党察看处分；情节严重的，给予开除党籍处分。

第五十六条 组织、利用宗族势力对抗党和政府，妨碍党和国家的方针政策以及决策部署的实施，或者破坏党的基层组织建设的，对策划者、组织者和骨干分子，给予留党察看或者开除党籍处分。

对其他参加人员，情节较轻的，给予警告或者严重警告处分；情节较重的，给予撤销党内职务或者留党察看处分；情节严重的，给予开除党籍处分。

对不明真相被裹挟参加，经批评教育后确有悔改表现的，可以免予处分或者不予处分。

第五十七条 对抗组织审查，有下列行为之一的，给予警告或者严重警告处分；情节较重的，给予撤销党内职务或者留党察看处分；情节严重的，给予开除党籍处分：

（一）串供或者伪造、销毁、转移、隐匿证据的；

（二）阻止他人揭发检举、提供证据材料的；

（三）包庇同案人员的；

（四）向组织提供虚假情况，掩盖事实的；

（五）有其他对抗组织审查行为的。

第五十八条 组织迷信活动的，给予撤销党内职务或者留党察看处分；情节严重的，给予开除党籍处分。

参加迷信活动，造成不良影响的，给予警告或者严重警告处分；情节较重的，给予撤销党内职务或者留党察看处分；情节严重的，给予开除党籍处分。

对不明真相的参加人员，经批评教育后确有悔改表现的，可以免予处分或者不予处分。

第五十九条 在国（境）外、外国驻华使（领）馆申请政治避难，或者违纪后逃往国（境）外、外国驻华使（领）馆的，给予开除党籍处分。

在国（境）外公开发表反对党和政府的文章、演说、宣言、声明等的，依照前款规定处理。

故意为上述行为提供方便条件的，给予留党察看或者开除党籍处分。

第六十条 在涉外活动中，其言行在政治上造成恶劣影响，损害党和国家尊严、利益的，给予撤销党内职务或者留党察看处分；情节严重的，给予开除党籍处分。

第六十一条 党员领导干部对违反政治纪律和政治规矩等错误思想和行为放任不管，搞无原则一团和气，造成不良影响的，给予警告或者严重警告处分；情节严重的，给予撤销党内职务或者留党察看处分。

第六十二条 违反党的优良传统和工作惯例等党的规矩，在政治上造成不良影响的，给予警告或者严重警告处分；情节较重的，给予撤销党内职务或者留党察看处分；情节严重的，给予开除党籍处分。

第七章 对违反组织纪律行为的处分

第六十三条 违反民主集中制原则，拒不执行或者擅自改变党组织作出的重大决定，或者违反议事规则，个人或者少数人决定重大问题的，给予警告或者严重警告处分；情节严重的，给予撤销党内职务或者留党察看处分。

第六十四条 下级党组织拒不执行或者擅自改变上级党组织决定的，对直接责任者和领导责任者，给予警告或者严重警告处分；情节严重的，给予撤销党内职务或者留党察看处分。

第六十五条 拒不执行党组织的分配、调动、交流等决定的，给予警告、严重警告或者撤销党内职务处分。

在特殊时期或者紧急状况下，拒不执行党组织决定的，给予留党察看或者开除党籍处分。

第六十六条 不按照有关规定或者工作要求，向组织请示报告重大问题、重要事项的，给予警告或者严重警告处分；情节严重的，给予撤销党内职务或者留党察看处分。

不按要求报告或者不如实报告个人去向，情节较重的，给予警告或者严重警告处分。

第六十七条 有下列行为之一，情节较重的，给予警告或者严重警告处分：

（一）违反个人有关事项报告规定，不报告、不如实报告的；

（二）在组织进行谈话、函询时，不如实向组织说明问题的；

（三）不如实填报个人档案资料的。

篡改、伪造个人档案资料的，给予严重警告处分；情节严重的，给予撤销党内职务或者留党察看处分。

隐瞒入党前严重错误的，一般应当予以除名；对入党后表现尚好的，给予严重警告、撤销党内职务或者留党察看处分。

第六十八条 党员领导干部违反有关规定组织、参加自发成立的老乡会、校友会、战友会等，情节严重的，给予警告、严重警告或者撤销党内职务处分。

第六十九条 诬告陷害他人意在使他人受纪律追究的，给予警告或者严重警告处分；情节较重的，给予撤销党内职务或者留党察看处分；情节严重的，给予开除党籍处分。

第七十条 侵犯党员的表决权、选举权和被选举权，情节较重的，给予警告或者严重警告处分；情节严重的，给予撤销党内职务处分。

以强迫、威胁、欺骗、拉拢等手段，妨害党员自主行使表决权、选举权和被选举权的，给予撤销党内职务、留党察看或者开除党籍处分。

第七十一条 有下列行为之一的，给予警告或者严重警告处分；情节较重的，给予撤销党内职务或者留党察看处分；情节严重的，给予开除党籍处分：

（一）对批评、检举、控告进行阻挠、压制，或者将批评、检举、控告材料私自扣压、销毁，或者故意将其泄露给他人的；

（二）对党员的申辩、辩护、作证等进行压制，造成不良后果的；

（三）压制党员申诉，造成不良后果的，或者不按照有关规定处理党员申诉的；

（四）有其他侵犯党员权利行为，造成不良后果的。

对批评人、检举人、控告人、证人及其他人员打击报复的，依照前款规定从重或者加重处分。

党组织有上述行为的，对直接责任者和领导责任者，依照第一款规定处理。

第七十二条 有下列行为之一的，给予警告或者严重警告处分；情节较重的，给予撤销党内职务或者留党察看处分；情节严重的，给予开除党籍处分：

（一）在民主推荐、民主测评、组织考察和党内选举中搞拉票、助选等非组织活动的；

（二）在法律规定的投票、选举活动中违背组织原则搞非组织活动，组织、怂恿、诱使他人投票、表决的；

（三）在选举中进行其他违反党章、其他党内法规和有关章程活动的。

第七十三条　在干部选拔任用工作中，违反干部选拔任用规定，对直接责任者和领导责任者，情节较轻的，给予警告或者严重警告处分；情节较重的，给予撤销党内职务或者留党察看处分；情节严重的，给予开除党籍处分。

用人失察失误造成严重后果的，对直接责任者和领导责任者，依照前款规定处理。

第七十四条　在干部、职工的录用、考核、职务晋升、职称评定和征兵、安置复转军人等工作中，隐瞒、歪曲事实真相，或者利用职权或者职务上的影响违反有关规定为本人或者其他人谋取利益的，给予警告或者严重警告处分；情节较重的，给予撤销党内职务或者留党察看处分；情节严重的，给予开除党籍处分。

弄虚作假，骗取职务、职级、职称、待遇、资格、学历、学位、荣誉或者其他利益的，依照前款规定处理。

第七十五条　违反党章和其他党内法规的规定，采取弄虚作假或者其他手段把不符合党员条件的人发展为党员，或者为非党员出具党员身份证明的，对直接责任者和领导责任者，给予警告或者严重警告处分；情节严重的，给予撤销党内职务处分。

违反有关规定程序发展党员的，对直接责任者和领导责任者，依照前款规定处理。

第七十六条　违反有关规定取得外国国籍或者获取国（境）外永久居留资格、长期居留许可的，给予撤销党内职务、留党察看或者开除党籍处分。

第七十七条　违反有关规定办理因私出国（境）证件、前往港澳通行证，或者未经批准出入国（边）境，情节较轻的，给予警告或者严重警告处分；情节较重的，给予撤销党内职务处分；情节严重的，给予留党察看处分。

第七十八条　驻外机构或者临时出国（境）团（组）中的党员擅自脱离组织，或者从事外事、机要、军事等工作的党员违反有关规定同国（境）外机构、人员联系和交往的，给予警告、严重警告或者撤销党内职务处分。

第七十九条　驻外机构或者临时出国（境）团（组）中的党员，脱离组织出走时间不满六个月又自动回归的，给予撤销党内职务或者留党察看处分；脱离组织出走时间超过六个月的，按照自行脱党处理，党内予以除名。

故意为他人脱离组织出走提供方便条件的，给予警告、严重警告或者撤销党内职务处分。

第八章　对违反廉洁纪律行为的处分

第八十条　利用职权或者职务上的影响为他人谋取利益，本人的配偶、子女及其配偶等亲属和其他特定关系人收受对方财物，情节较重的，给予警告或者严重警告处分；情节严重的，给予撤销党内职务、留党察看或者开除党籍处分。

第八十一条 相互利用职权或者职务上的影响为对方及其配偶、子女及其配偶等亲属、身边工作人员和其他特定关系人谋取利益搞权权交易的，给予警告或者严重警告处分；情节较重的，给予撤销党内职务或者留党察看处分；情节严重的，给予开除党籍处分。

第八十二条 纵容、默许配偶、子女及其配偶等亲属和身边工作人员利用党员干部本人职权或者职务上的影响谋取私利，情节较轻的，给予警告或者严重警告处分；情节较重的，给予撤销党内职务或者留党察看处分；情节严重的，给予开除党籍处分。

党员干部的配偶、子女及其配偶不实际工作而获取薪酬或者虽实际工作但领取明显超出同职级标准薪酬，党员干部知情未予纠正的，依照前款规定处理。

第八十三条 收受可能影响公正执行公务的礼品、礼金、消费卡等，情节较轻的，给予警告或者严重警告处分；情节较重的，给予撤销党内职务或者留党察看处分；情节严重的，给予开除党籍处分。

收受其他明显超出正常礼尚往来的礼品、礼金、消费卡等的，依照前款规定处理。

第八十四条 向从事公务的人员及其配偶、子女及其配偶等亲属和其他特定关系人赠送明显超出正常礼尚往来的礼品、礼金、消费卡等，情节较重的，给予警告或者严重警告处分；情节严重的，给予撤销党内职务或者留党察看处分。

第八十五条 利用职权或者职务上的影响操办婚丧喜庆事宜，在社会上造成不良影响的，给予警告或者严重警告处分；情节严重的，给予撤销党内职务处分。

在操办婚丧喜庆事宜中，借机敛财或者有其他侵犯国家、集体和人民利益行为的，依照前款规定从重或者加重处分，直至开除党籍。

第八十六条 接受可能影响公正执行公务的宴请或者旅游、健身、娱乐等活动安排，情节较重的，给予警告或者严重警告处分；情节严重的，给予撤销党内职务或者留党察看处分。

第八十七条 违反有关规定取得、持有、实际使用运动健身卡、会所和俱乐部会员卡、高尔夫球卡等各种消费卡，或者违反有关规定出入私人会所，情节较重的，给予警告或者严重警告处分；情节严重的，给予撤销党内职务或者留党察看处分。

第八十八条 违反有关规定从事营利活动，有下列行为之一，情节较轻的，给予警告或者严重警告处分；情节较重的，给予撤销党内职务或者留党察看处分；情节严重的，给予开除党籍处分：

（一）经商办企业的；

（二）拥有非上市公司（企业）的股份或者证券的；

（三）买卖股票或者进行其他证券投资的；

（四）从事有偿中介活动的；

（五）在国（境）外注册公司或者投资入股的；

（六）有其他违反有关规定从事营利活动的。

利用职权或者职务上的影响，为本人配偶、子女及其配偶等亲属和其他特定关系人的经营活动谋取利益的，依照前款规定处理。

违反有关规定在经济实体、社会团体等单位中兼职，或者经批准兼职但获取薪酬、奖金、津贴等额外利益的，依照第一款规定处理。

第八十九条　党员领导干部离职或者退（离）休后违反有关规定接受原任职务管辖的地区和业务范围内的企业和中介机构的聘任，或者个人从事与原任职务管辖业务相关的营利活动，情节较轻的，给予警告或者严重警告处分；情节较重的，给予撤销党内职务处分；情节严重的，给予留党察看处分。

党员领导干部离职或者退（离）休后违反有关规定担任上市公司、基金管理公司独立董事、独立监事等职务，情节较轻的，给予警告或者严重警告处分；情节较重的，给予撤销党内职务处分；情节严重的，给予留党察看处分。

第九十条　党员领导干部的配偶、子女及其配偶，违反有关规定在该党员领导干部管辖的区域或者业务范围内从事可能影响其公正执行公务的经营活动，或者在该党员领导干部管辖的区域或者业务范围内的外商独资企业、中外合资企业中担任由外方委派、聘任的高级职务的，该党员领导干部应当按照规定予以纠正；拒不纠正的，其本人应当辞去现任职务或者由组织予以调整职务；不辞去现任职务或者不服从组织调整职务的，给予撤销党内职务处分。

第九十一条　党和国家机关违反有关规定经商办企业的，对直接责任者和领导责任者，给予警告或者严重警告处分；情节严重的，给予撤销党内职务处分。

第九十二条　党员领导干部违反工作、生活保障制度，在交通、医疗、警卫等方面为本人、配偶、子女及其配偶等亲属和其他特定关系人谋求特殊待遇，情节较重的，给予警告或者严重警告处分；情节严重的，给予撤销党内职务或者留党察看处分。

第九十三条　在分配、购买住房中侵犯国家、集体利益，情节较轻的，给予警告或者严重警告处分；情节较重的，给予撤销党内职务或者留党察看处分；情节严重的，给予开除党籍处分。

第九十四条　利用职权或者职务上的影响，侵占非本人经管的公私财物，或者以象征性地支付钱款等方式侵占公私财物，或者无偿、象征性地支付报酬接受服务、使用劳务，情节较轻的，给予警告或者严重警告处分；情节较重的，给予撤销党内职务或者留党察看处分；情节严重的，给予开除党籍处分。

利用职权或者职务上的影响，将本人、配偶、子女及其配偶等亲属应当由个人支付的费用，由下属单位、其他单位或者他人支付、报销的，依照前款规定处理。

第九十五条　利用职权或者职务上的影响，违反有关规定占用公物归个人使用，时间超过六个月，情节较重的，给予警告或者严重警告处分；情节严重的，给予撤销党内职务处分。

占用公物进行营利活动的，给予警告或者严重警告处分；情节较重的，给予撤销党内职务或者留党察看处分；情节严重的，给予开除党籍处分。

将公物借给他人进行营利活动的，依照前款规定处理。

第九十六条　违反有关规定组织、参加用公款支付的宴请、高消费娱乐、健身活动，或者用公款购买赠送、发放礼品，对直接责任者和领导责任者，情节较轻的，给予警告或者严重警告处分；情节较重的，给予撤销党内职务或者留党察看处分；情节严重的，给予开除党籍处分。

第九十七条　违反有关规定自定薪酬或者滥发津贴、补贴、奖金等，对直接责任者和领导责任者，情节较轻的，给予警告或者严重警告处分；情节较重的，给予撤销党内职务或者留党察看处分；情节严重的，给予开除党籍处分。

第九十八条　有下列行为之一，对直接责任者和领导责任者，情节较轻的，给予警告或者严重警告处分；情节较重的，给予撤销党内职务或者留党察看处分；情节严重的，给予开除党籍处分：

（一）用公款旅游、借公务差旅之机旅游或者以公务差旅为名变相旅游的；

（二）以考察、学习、培训、研讨、招商、参展等名义变相用公款出国（境）旅游的。

第九十九条　违反公务接待管理规定，超标准、超范围接待或者借机大吃大喝，对直接责任者和领导责任者，情节较重的，给予警告或者严重警告处分；情节严重的，给予撤销党内职务处分。

第一百条　违反有关规定配备、购买、更换、装饰、使用公务用车或者有其他违反公务用车管理规定的行为，对直接责任者和领导责任者，情节较重的，给予警告或者严重警告处分；情节严重的，给予撤销党内职务或者留党察看处分。

第一百零一条　违反会议活动管理规定，有下列行为之一，对直接责任者和领导责任者，情节较重的，给予警告或者严重警告处分；情节严重的，给予撤销党内职务处分：

（一）到禁止召开会议的风景名胜区开会的；

（二）决定或者批准举办各类节会、庆典活动的。

擅自举办评比达标表彰活动或者借评比达标表彰活动收取费用的，依照前款规定处理。

第一百零二条 违反办公用房管理规定，有下列行为之一，对直接责任者和领导责任者，情节较重的，给予警告或者严重警告处分；情节严重的，给予撤销党内职务处分：

（一）决定或者批准兴建、装修办公楼、培训中心等楼堂馆所，超标准配备、使用办公用房的；

（二）用公款包租、占用客房或者其他场所供个人使用的。

第一百零三条 搞权色交易或者给予财物搞钱色交易的，给予警告或者严重警告处分；情节较重的，给予撤销党内职务或者留党察看处分；情节严重的，给予开除党籍处分。

第一百零四条 有其他违反廉洁纪律规定行为的，应当视具体情节给予警告直至开除党籍处分。

第九章 对违反群众纪律行为的处分

第一百零五条 有下列行为之一，对直接责任者和领导责任者，情节较轻的，给予警告或者严重警告处分；情节较重的，给予撤销党内职务或者留党察看处分；情节严重的，给予开除党籍处分：

（一）超标准、超范围向群众筹资筹劳、摊派费用，加重群众负担的；

（二）违反有关规定扣留、收缴群众款物或者处罚群众的；

（三）克扣群众财物，或者违反有关规定拖欠群众钱款的；

（四）在管理、服务活动中违反有关规定收取费用的；

（五）在办理涉及群众事务时刁难群众、吃拿卡要的；

（六）有其他侵害群众利益行为的。

第一百零六条 干涉群众生产经营自主权，致使群众财产遭受较大损失的，对直接责任者和领导责任者，给予警告或者严重警告处分；情节严重的，给予撤销党内职务或者留党察看处分。

第一百零七条 在社会保障、政策扶持、救灾救济款物分配等事项中优亲厚友、明显有失公平的，给予警告或者严重警告处分；情节严重的，给予撤销党内职务或者留党察看处分。

第一百零八条 有下列行为之一，对直接责任者和领导责任者，情节较重的，给予警告或者严重警告处分；情节严重的，给予撤销党内职务或者留党察看处分：

（一）对涉及群众生产、生活等切身利益的问题依照政策或者有关规定能解决而不及时解决，造成不良影响的；

（二）对符合政策的群众诉求消极应付、推诿扯皮，损害党群、干群关系的；

（三）对待群众态度恶劣、简单粗暴，造成不良影响的；

（四）弄虚作假，欺上瞒下，损害群众利益的。

第一百零九条 不顾群众意愿，盲目铺摊子、上项目，致使国家、集体或者群众财产和利益遭受较大损失的，对直接责任者和领导责任者，给予警告或者严重警告处分；情节严重的，给予撤销党内职务或者留党察看处分。

第一百一十条 遇到国家财产和群众生命财产受到严重威胁时，能救而不救，情节较重的，给予警告、严重警告或者撤销党内职务处分；情节严重的，给予留党察看或者开除党籍处分。

第一百一十一条 不按照规定公开党务、政务、厂务、村（居）务等，侵犯群众知情权，对直接责任者和领导责任者，情节较重的，给予警告或者严重警告处分；情节严重的，给予撤销党内职务或者留党察看处分。

第一百一十二条 有其他违反群众纪律规定行为的，应当视具体情节给予警告直至开除党籍处分。

第十章　对违反工作纪律行为的处分

第一百一十三条 党组织负责人在工作中不负责任或者疏于管理，有下列情形之一，给党、国家和人民利益以及公共财产造成较大损失的，对直接责任者和领导责任者，给予警告或者严重警告处分；造成重大损失的，给予撤销党内职务、留党察看或者开除党籍处分：

（一）不传达贯彻、不检查督促落实党和国家的方针政策以及决策部署，或者作出违背党和国家方针政策以及决策部署的错误决策的；

（二）本地区、本部门、本系统和本单位发生公开反对党的基本理论、基本路线、基本纲领、基本经验、基本要求或者党和国家方针政策以及决策部署行为的。

第一百一十四条 党组织不履行全面从严治党主体责任或者履行全面从严治党主体责任不力，造成严重损害或者严重不良影响的，对直接责任者和领导责任者，给予警告或者严重警告处分；情节严重的，给予撤销党内职务或者留党察看处分。

第一百一十五条 党组织有下列行为之一，对直接责任者和领导责任者，情节较重的，给予警告或者严重警告处分；情节严重的，给予撤销党内职务或者留党察看处分：

（一）党员被依法判处刑罚后，不按照规定给予党纪处分，或者对违反国家法律法规的行为，应当给予党纪处分而不处分的；

（二）党纪处分决定或者申诉复查决定作出后，不按照规定落实决定中关于被处分人党籍、职务、职级、待遇等事项的；

（三）党员受到党纪处分后，不按照干部管理权限和组织关系对受处分党员开展日常教育、管理和监督工作的。

第一百一十六条　因工作不负责任致使所管理的人员叛逃的，对直接责任者和领导责任者，给予警告或者严重警告处分；情节严重的，给予撤销党内职务处分。

因工作不负责任致使所管理的人员出走，对直接责任者和领导责任者，情节较重的，给予警告或者严重警告处分；情节严重的，给予撤销党内职务处分。

第一百一十七条　在上级单位检查、视察工作或者向上级单位汇报、报告工作时对应当报告的事项不报告或者不如实报告，造成严重损害或者严重不良影响的，对直接责任者和领导责任者，给予警告或者严重警告处分；情节严重的，给予撤销党内职务或者留党察看处分。

第一百一十八条　党员领导干部违反有关规定干预和插手市场经济活动，有下列行为之一，造成不良影响的，给予警告或者严重警告处分；情节较重的，给予撤销党内职务或者留党察看处分；情节严重的，给予开除党籍处分：

（一）干预和插手建设工程项目承发包、土地使用权出让、政府采购、房地产开发与经营、矿产资源开发利用、中介机构服务等活动的；

（二）干预和插手国有企业重组改制、兼并、破产、产权交易、清产核资、资产评估、资产转让、重大项目投资以及其他重大经营活动等事项的；

（三）干预和插手批办各类行政许可和资金借贷等事项的；

（四）干预和插手经济纠纷的；

（五）干预和插手集体资金、资产和资源的使用、分配、承包、租赁等事项的。

第一百一十九条　党员领导干部违反有关规定干预和插手司法活动、执纪执法活动，向有关地方或者部门打招呼、说情，或者以其他方式对司法活动、执纪执法活动施加影响，情节较轻的，给予严重警告处分；情节较重的，给予撤销党内职务或者留党察看处分；情节严重的，给予开除党籍处分。

党员领导干部违反有关规定干预和插手公共财政资金分配、项目立项评审、政府奖励表彰等活动，造成重大损失或者不良影响的，依照前款规定处理。

第一百二十条　泄露、扩散或者窃取党组织关于干部选拔任用、纪律审查等尚未公开事项或者其他应当保密的内容的，给予警告或者严重警告处分；情节较重的，给予撤销党内职务或者留党察看处分；情节严重的，给予开除党籍处分。

私自留存涉及党组织关于干部选拔任用、纪律审查等方面资料，情节较重的，给予警告或者严重警告处分；情节严重的，给予撤销党内职务处分。

第一百二十一条 在考试、录取工作中，有泄露试题、考场舞弊、涂改考卷、违规录取等违反有关规定行为的，给予警告或者严重警告处分；情节较重的，给予撤销党内职务或者留党察看处分；情节严重的，给予开除党籍处分。

第一百二十二条 以不正当方式谋求本人或者其他人用公款出国（境），情节较轻的，给予警告处分；情节较重的，给予严重警告处分；情节严重的，给予撤销党内职务处分。

第一百二十三条 临时出国（境）团（组）或者人员中的党员，擅自延长在国（境）外期限，或者擅自变更路线的，对直接责任者和领导责任者，给予警告或者严重警告处分；情节严重的，给予撤销党内职务处分。

第一百二十四条 驻外机构或者临时出国（境）团（组）中的党员，触犯驻在国家、地区的法律、法令或者不尊重驻在国家、地区的宗教习俗，情节较重的，给予警告或者严重警告处分；情节严重的，给予撤销党内职务、留党察看或者开除党籍处分。

第一百二十五条 在党的纪律检查、组织、宣传、统一战线工作以及机关工作等其他工作中，不履行或者不正确履行职责，造成损失或者不良影响的，应当视具体情节给予警告直至开除党籍处分。

第十一章　对违反生活纪律行为的处分

第一百二十六条 生活奢靡、贪图享乐、追求低级趣味，造成不良影响的，给予警告或者严重警告处分；情节严重的，给予撤销党内职务处分。

第一百二十七条 与他人发生不正当性关系，造成不良影响的，给予警告或者严重警告处分；情节较重的，给予撤销党内职务或者留党察看处分；情节严重的，给予开除党籍处分。

利用职权、教养关系、从属关系或者其他相类似关系与他人发生性关系的，依照前款规定从重处分。

第一百二十八条 违背社会公序良俗，在公共场所有不当行为，造成不良影响的，给予警告或者严重警告处分；情节较重的，给予撤销党内职务或者留党察看处分；情节严重的，给予开除党籍处分。

第一百二十九条 有其他严重违反社会公德、家庭美德行为的，应当视具体情节给予警告直至开除党籍处分。

第三编 附 则

第一百三十条 各省、自治区、直辖市党委可以根据本条例，结合各自工作的实际情况，制定单项实施规定。

第一百三十一条 中央军事委员会可以根据本条例，结合中国人民解放军和中国人民武装警察部队的实际情况，制定补充规定或者单项规定。

第一百三十二条 本条例由中央纪律检查委员会负责解释。

第一百三十三条 本条例自 2016 年 1 月 1 日起施行。

本条例施行前，已结案的案件如需进行复查复议，适用当时的规定或者政策。尚未结案的案件，如果行为发生时的规定或者政策不认为是违纪，而本条例认为是违纪的，依照当时的规定或者政策处理；如果行为发生时的规定或者政策认为是违纪的，依照当时的规定或者政策处理，但是如果本条例不认为是违纪或者处理较轻的，依照本条例规定处理。

中国共产党问责条例

（2016 年 7 月 8 日中共中央印发实施，2019 年 9 月 1 日修订实施）

第一条 为了坚持党的领导，加强党的建设，全面从严治党，保证党的路线方针政策和党中央重大决策部署贯彻落实，规范和强化党的问责工作，根据《中国共产党章程》，制定本条例。

第二条 党的问责工作坚持以马克思列宁主义、毛泽东思想、邓小平理论、"三个代表"重要思想、科学发展观、习近平新时代中国特色社会主义思想为指导，增强"四个意识"，坚定"四个自信"，坚决维护习近平总书记党中央的核心、全党的核心地位，坚决维护党中央权威和集中统一领导，围绕统筹推进"五位一体"总体布局和协调推进"四个全面"战略布局，落实管党治党政治责任，督促各级党组织、党的领导干部负责守责尽责，践行忠诚干净担当。

第三条 党的问责工作应当坚持以下原则：

（一）依规依纪、实事求是；

（二）失责必问、问责必严；

（三）权责一致、错责相当；

（四）严管和厚爱结合、激励和约束并重；

（五）惩前毖后、治病救人；

（六）集体决定、分清责任。

第四条 党委（党组）应当履行全面从严治党主体责任，加强对本地区本部门本单位问责工作的领导，追究在党的建设、党的事业中失职失责党组织和党的领导干部的主体责任、监督责任、领导责任。

纪委应当履行监督专责，协助同级党委开展问责工作。纪委派驻（派出）机构按照职责权限开展问责工作。

党的工作机关应当依据职能履行监督职责，实施本机关本系统本领域的问责工作。

第五条 问责对象是党组织、党的领导干部，重点是党委（党组）、党的工作机关及其领导成员，纪委、纪委派驻（派出）机构及其领导成员。

第六条 问责应当分清责任。党组织领导班子在职责范围内负有全面领导责任，领导班子主要负责人和直接主管的班子成员在职责范围内承担主要领导责任，参与决策和工作的班子成员在职责范围内承担重要领导责任。

对党组织问责的，应当同时对该党组织中负有责任的领导班子成员进行问责。

党组织和党的领导干部应当坚持把自己摆进去、把职责摆进去、把工作摆进去，注重从自身找问题、查原因，勇于担当、敢于负责，不得向下级党组织和干部推卸责任。

第七条 党组织、党的领导干部违反党章和其他党内法规，不履行或者不正确履行职责，有下列情形之一，应当予以问责：

（一）党的领导弱化，"四个意识"不强，"两个维护"不力，党的基本理论、基本路线、基本方略没有得到有效贯彻执行，在贯彻新发展理念，推进经济建设、政治建设、文化建设、社会建设、生态文明建设中，出现重大偏差和失误，给党的事业和人民利益造成严重损失，产生恶劣影响的；

（二）党的政治建设抓得不实，在重大原则问题上未能同党中央保持一致，贯彻落实党的路线方针政策和执行党中央重大决策部署不力，不遵守重大事项请示报告制度，有令不行、有禁不止，阳奉阴违、欺上瞒下，团团伙伙、拉帮结派问题突出，党内政治生活不严肃不健康，党的政治建设工作责任制落实不到位，造成严重后果或者恶劣影响的；

（三）党的思想建设缺失，党性教育特别是理想信念宗旨教育流于形式，意识形态工作责任制落实不到位，造成严重后果或者恶劣影响的；

（四）党的组织建设薄弱，党建工作责任制不落实，严重违反民主集中制原则，不执行领导班子议事决策规则，民主生活会、"三会一课"等党的组织生活制度不执行，领导干部报告个人有关事项制度执行不力，党组织软弱涣散，违规选拔任用干部等问题突出，造成恶劣影响的；

（五）党的作风建设松懈，落实中央八项规定及其实施细则精神不力，"四风"问题得不到有效整治，形式主义、官僚主义问题突出，执行党中央决策部署表态多调门高、行动少落实差，脱离实际、脱离群众，拖沓敷衍、推诿扯皮，造成严重后果的；

（六）党的纪律建设抓得不严，维护党的政治纪律、组织纪律、廉洁纪律、群众纪律、工作纪律、生活纪律不力，导致违规违纪行为多发，造成恶劣影响的；

（七）推进党风廉政建设和反腐败斗争不坚决、不扎实，削减存量、遏制增量不力，特别是对不收敛、不收手，问题线索反映集中、群众反映强烈，政治问题和经济问题交织的腐败案件放任不管，造成恶劣影响的；

（八）全面从严治党主体责任、监督责任落实不到位，对公权力的监督制约不力，好人主义盛行，不负责不担当，党内监督乏力，该发现的问题没有发现，发现问题不报告不处置，领导巡视巡察工作不力，落实巡视巡察整改要求走过场、不到位，该问责不问责，造成严重后果的；

（九）履行管理、监督职责不力，职责范围内发生重特大生产安全事故、群体性事件、公共安全事件，或者发生其他严重事故、事件，造成重大损失或者恶劣影响的；

（十）在教育医疗、生态环境保护、食品药品安全、扶贫脱贫、社会保障等涉及人民群众最关心最直接最现实的利益问题上不作为、乱作为、慢作为、假作为，损害和侵占群众利益问题得不到整治，以言代法、以权压法、徇私枉法问题突出，群众身边腐败和作风问题严重，造成恶劣影响的；

（十一）其他应当问责的失职失责情形。

第八条　对党组织的问责，根据危害程度以及具体情况，可以采取以下方式：

（一）检查。责令作出书面检查并切实整改。

（二）通报。责令整改，并在一定范围内通报。

（三）改组。对失职失责，严重违犯党的纪律、本身又不能纠正的，应当予以改组。

对党的领导干部的问责，根据危害程度以及具体情况，可以采取以下方式：

（一）通报。进行严肃批评，责令作出书面检查、切实整改，并在一定范围内通报。

（二）诫勉。以谈话或者书面方式进行诫勉。

（三）组织调整或者组织处理。对失职失责、危害较重，不适宜担任现职的，应当根据情况采取停职检查、调整职务、责令辞职、免职、降职等措施。

（四）纪律处分。对失职失责、危害严重，应当给予纪律处分的，依照《中国共产党纪律处分条例》追究纪律责任。

上述问责方式，可以单独使用，也可以依据规定合并使用。问责方式有影响期的，按照有关规定执行。

第九条 发现有本条例第七条所列问责情形，需要进行问责调查的，有管理权限的党委（党组）、纪委、党的工作机关应当经主要负责人审批，及时启动问责调查程序。其中，纪委、党的工作机关对同级党委直接领导的党组织及其主要负责人启动问责调查，应当报同级党委主要负责人批准。

应当启动问责调查未及时启动的，上级党组织应当责令有管理权限的党组织启动。根据问题性质或者工作需要，上级党组织可以直接启动问责调查，也可以指定其他党组织启动。

对被立案审查的党组织、党的领导干部问责的，不再另行启动问责调查程序。

第十条 启动问责调查后，应当组成调查组，依规依纪依法开展调查，查明党组织、党的领导干部失职失责问题，综合考虑主客观因素，正确区分贯彻执行党中央或者上级决策部署过程中出现的执行不当、执行不力、不执行等不同情况，精准提出处理意见，做到事实清楚、证据确凿、依据充分、责任分明、程序合规、处理恰当，防止问责不力或者问责泛化、简单化。

第十一条 查明调查对象失职失责问题后，调查组应当撰写事实材料，与调查对象见面，听取其陈述和申辩，并记录在案；对合理意见，应当予以采纳。调查对象应当在事实材料上签署意见，对签署不同意见或者拒不签署意见的，调查组应当作出说明或者注明情况。

调查工作结束后，调查组应当集体讨论，形成调查报告，列明调查对象基本情况、调查依据、调查过程，问责事实，调查对象的态度、认识及其申辩，处理意见以及依据，由调查组组长以及有关人员签名后，履行审批手续。

第十二条 问责决定应当由有管理权限的党组织作出。

对同级党委直接领导的党组织，纪委和党的工作机关报经同级党委或者其主要负责人批准，可以采取检查、通报方式进行问责。采取改组方式问责的，按照党章和有关党内法规规定的权限、程序执行。

对同级党委管理的领导干部，纪委和党的工作机关报经同级党委或者其主要负责人批准，可以采取通报、诫勉方式进行问责；提出组织调整或者组织处理的建议。采取纪律处分方式问责的，按照党章和有关党内法规规定的权限、程序执行。

第十三条　问责决定作出后，应当及时向被问责党组织、被问责领导干部及其所在党组织宣布并督促执行。有关问责情况应当向纪委和组织部门通报，纪委应当将问责决定材料归入被问责领导干部廉政档案，组织部门应当将问责决定材料归入被问责领导干部的人事档案，并报上一级组织部门备案；涉及组织调整或者组织处理的，相应手续应当在 1 个月内办理完毕。

被问责领导干部应当向作出问责决定的党组织写出书面检讨，并在民主生活会、组织生活会或者党的其他会议上作出深刻检查。建立健全问责典型问题通报曝光制度，采取组织调整或者组织处理、纪律处分方式问责的，应当以适当方式公开。

第十四条　被问责党组织、被问责领导干部及其所在党组织应当深刻汲取教训，明确整改措施。作出问责决定的党组织应当加强督促检查，推动以案促改。

第十五条　需要对问责对象作出政务处分或者其他处理的，作出问责决定的党组织应当通报相关单位，相关单位应当及时处理并将结果通报或者报告作出问责决定的党组织。

第十六条　实行终身问责，对失职失责性质恶劣、后果严重的，不论其责任人是否调离转岗、提拔或者退休等，都应当严肃问责。

第十七条　有下列情形之一的，可以不予问责或者免予问责：

（一）在推进改革中因缺乏经验、先行先试出现的失误，尚无明确限制的探索性试验中的失误，为推动发展的无意过失；

（二）在集体决策中对错误决策提出明确反对意见或者保留意见的；

（三）在决策实施中已经履职尽责，但因不可抗力、难以预见等因素造成损失的。

对上级错误决定提出改正或者撤销意见未被采纳，而出现本条例第七条所列问责情形的，依照前款规定处理。上级错误决定明显违法违规的，应当承担相应的责任。

第十八条　有下列情形之一，可以从轻或者减轻问责：

（一）及时采取补救措施，有效挽回损失或者消除不良影响的；

（二）积极配合问责调查工作，主动承担责任的；

（三）党内法规规定的其他从轻、减轻情形。

第十九条　有下列情形之一，应当从重或者加重问责：

（一）对党中央、上级党组织三令五申的指示要求，不执行或者执行不力的；

（二）在接受问责调查和处理中，不如实报告情况，敷衍塞责、推卸责任，或者唆使、默许有关部门和人员弄虚作假，阻扰问责工作的；

（三）党内法规规定的其他从重、加重情形。

第二十条　问责对象对问责决定不服的，可以自收到问责决定之日起 1 个月内，向作出问责决定的党组织提出书面申诉。作出问责决定的党组织接到书面申诉后，应当在 1 个月内作出申诉处理决定，并以书面形式告知提出申诉的党组织、领导干部及其所在党组织。

申诉期间，不停止问责决定的执行。

第二十一条　问责决定作出后，发现问责事实认定不清楚、证据不确凿、依据不充分、责任不清晰、程序不合规、处理不恰当，或者存在其他不应当问责、不精准问责情况的，应当及时予以纠正。必要时，上级党组织可以直接纠正或者责令作出问责决定的党组织予以纠正。

党组织、党的领导干部滥用问责，或者在问责工作中严重不负责任，造成不良影响的，应当严肃追究责任。

第二十二条　正确对待被问责干部，对影响期满、表现好的干部，符合条件的，按照干部选拔任用有关规定正常使用。

第二十三条　本条例所涉及的审批权限均指最低审批权限，工作中根据需要可以按照更高层级的审批权限报批。

第二十四条　纪委派驻（派出）机构除执行本条例外，还应当执行党中央以及中央纪委相关规定。

第二十五条　中央军事委员会可以根据本条例制定相关规定。

第二十六条　本条例由中央纪律检查委员会负责解释。

第二十七条　本条例自 2019 年 9 月 1 日起施行。2016 年 7 月 8 日中共中央印发的《中国共产党问责条例》同时废止。此前发布的有关问责的规定，凡与本条例不一致的，按照本条例执行。

中国共产党党内监督条例

（2016 年 10 月 27 日中国共产党第十八届中央委员会第六次全体会议通过）

第一章　总　则

第一条　为坚持党的领导，加强党的建设，全面从严治党，强化党内监督，保持党的先进性和纯洁性，根据《中国共产党章程》，制定本条例。

第二条　党内监督以马克思列宁主义、毛泽东思想、邓小平理论、"三个代表"重要思想、科学发展观为指导，深入贯彻习近平总书记系列重要讲话精神，围绕统筹推进"五位一体"总体布局和协调推进"四个全面"战略布局，尊崇党章，依规治党，坚持党内监督和人民群众监督相结合，增强党在长期执政条件下自我净化、自我完善、自我革新、自我提高能力，确保党始终成为中国特色社会主义事业的坚强领导核心。

第三条　党内监督没有禁区、没有例外。信任不能代替监督。各级党组织应当把信任激励同严格监督结合起来，促使党的领导干部做到有权必有责、有责要担当，用权受监督、失责必追究。

第四条　党内监督必须贯彻民主集中制，依规依纪进行，强化自上而下的组织监督，改进自下而上的民主监督，发挥同级相互监督作用。坚持惩前毖后、治病救人，抓早抓小、防微杜渐。

第五条　党内监督的任务是确保党章党规党纪在全党有效执行，维护党的团结统一，重点解决党的领导弱化、党的建设缺失、全面从严治党不力，党的观念淡漠、组织涣散、纪律松弛，管党治党宽松软问题，保证党的组织充分履行职能、发挥核心作用，保证全体党员发挥先锋模范作用，保证党的领导干部忠诚干净担当。

党内监督的主要内容是：

（一）遵守党章党规，坚定理想信念，践行党的宗旨，模范遵守宪法法律情况；

（二）维护党中央集中统一领导，牢固树立政治意识、大局意识、核心意识、看齐意识，贯彻落实党的理论和路线方针政策，确保全党令行禁止情况；

（三）坚持民主集中制，严肃党内政治生活，贯彻党员个人服从党的组织，少数服从多数，下级组织服从上级组织，全党各个组织和全体党员服从党的全国代表大会和中央委员会原则情况；

（四）落实全面从严治党责任，严明党的纪律特别是政治纪律和政治规矩，推进党风廉政建设和反腐败工作情况；

（五）落实中央八项规定精神，加强作风建设，密切联系群众，巩固党的执政基础情况；

（六）坚持党的干部标准，树立正确选人用人导向，执行干部选拔任用工作规定情况；

（七）廉洁自律、秉公用权情况；

（八）完成党中央和上级党组织部署的任务情况。

第六条 党内监督的重点对象是党的领导机关和领导干部特别是主要领导干部。

第七条 党内监督必须把纪律挺在前面，运用监督执纪"四种形态"，经常开展批评和自我批评、约谈函询，让"红红脸、出出汗"成为常态；党纪轻处分、组织调整成为违纪处理的大多数；党纪重处分、重大职务调整的成为少数；严重违纪涉嫌违法立案审查的成为极少数。

第八条 党的领导干部应当强化自我约束，经常对照党章检查自己的言行，自觉遵守党内政治生活准则、廉洁自律准则，加强党性修养，陶冶道德情操，永葆共产党人政治本色。

第九条 建立健全党中央统一领导，党委（党组）全面监督，纪律检查机关专责监督，党的工作部门职能监督，党的基层组织日常监督，党员民主监督的党内监督体系。

第二章　党的中央组织的监督

第十条 党的中央委员会、中央政治局、中央政治局常务委员会全面领导党内监督工作。中央委员会全体会议每年听取中央政治局工作报告，监督中央政治局工作，部署加强党内监督的重大任务。

第十一条 中央政治局、中央政治局常务委员会定期研究部署在全党开展学习教育，以整风精神查找问题、纠正偏差；听取和审议全党落实中央八项规定精神情况汇报，加强作风建设情况监督检查；听取中央纪律检查委员会常务委员会工作汇报；听取中央巡视情况汇报，在一届任期内实现中央巡视全覆盖。中央政治局每年召开民主生活会，进行对照检查和党性分析，研究加强自身建设措施。

第十二条　中央委员会成员必须严格遵守党的政治纪律和政治规矩，发现其他成员有违反党章、破坏党的纪律、危害党的团结统一的行为应当坚决抵制，并及时向党中央报告。对中央政治局委员的意见，署真实姓名以书面形式或者其他形式向中央政治局常务委员会或者中央纪律检查委员会常务委员会反映。

第十三条　中央政治局委员应当加强对直接分管部门、地方、领域党组织和领导班子成员的监督，定期同有关地方和部门主要负责人就其履行全面从严治党责任、廉洁自律等情况进行谈话。

第十四条　中央政治局委员应当严格执行中央八项规定，自觉参加双重组织生活，如实向党中央报告个人重要事项。带头树立良好家风，加强对亲属和身边工作人员的教育和约束，严格要求配偶、子女及其配偶不得违规经商办企业，不得违规任职、兼职取酬。

第三章　党委（党组）的监督

第十五条　党委（党组）在党内监督中负主体责任，书记是第一责任人，党委常委会委员（党组成员）和党委委员在职责范围内履行监督职责。党委（党组）履行以下监督职责：

（一）领导本地区本部门本单位党内监督工作，组织实施各项监督制度，抓好督促检查；

（二）加强对同级纪委和所辖范围内纪律检查工作的领导，检查其监督执纪问责工作情况；

（三）对党委常委会委员（党组成员）、党委委员，同级纪委、党的工作部门和直接领导的党组织领导班子及其成员进行监督；

（四）对上级党委、纪委工作提出意见和建议，开展监督。

第十六条　党的工作部门应当严格执行各项监督制度，加强职责范围内党内监督工作，既加强对本部门本单位的内部监督，又强化对本系统的日常监督。

第十七条　党内监督必须加强对党组织主要负责人和关键岗位领导干部的监督，重点监督其政治立场、加强党的建设、从严治党，执行党的决议，公道正派选人用人，责任担当、廉洁自律，落实意识形态工作责任制情况。

上级党组织特别是其主要负责人，对下级党组织主要负责人应当平时多过问、多提醒，发现问题及时纠正。领导班子成员发现班子主要负责人存在问题，应当及时向其提出，必要时可以直接向上级党组织报告。

党组织主要负责人个人有关事项应当在党内一定范围公开，主动接受监督。

第十八条 党委（党组）应当加强对领导干部的日常管理监督，掌握其思想、工作、作风、生活状况。党的领导干部应当经常开展批评和自我批评，敢于正视、深刻剖析、主动改正自己的缺点错误；对同志的缺点错误应当敢于指出，帮助改进。

第十九条 巡视是党内监督的重要方式。中央和省、自治区、直辖市党委一届任期内，对所管理的地方、部门、企事业单位党组织全面巡视。巡视党的组织和党的领导干部尊崇党章、党的领导、党的建设和党的路线方针政策落实情况，履行全面从严治党责任、执行党的纪律、落实中央八项规定精神、党风廉政建设和反腐败工作以及选人用人情况。发现问题、形成震慑，推动改革、促进发展，发挥从严治党利剑作用。

中央巡视工作领导小组应当加强对省、自治区、直辖市党委，中央有关部委，中央国家机关部门党组（党委）巡视工作的领导。省、自治区、直辖市党委应当推动党的市（地、州、盟）和县（市、区、旗）委员会建立巡察制度，使从严治党向基层延伸。

第二十条 严格党的组织生活制度，民主生活会应当经常化，遇到重要或者普遍性问题应当及时召开。民主生活会重在解决突出问题，领导干部应当在会上把群众反映、巡视反馈、组织约谈函询的问题说清楚、谈透彻，开展批评和自我批评，提出整改措施，接受组织监督。上级党组织应当加强对下级领导班子民主生活会的指导和监督，提高民主生活会质量。

第二十一条 坚持党内谈话制度，认真开展提醒谈话、诫勉谈话。发现领导干部有思想、作风、纪律等方面苗头性、倾向性问题的，有关党组织负责人应当及时对其提醒谈话；发现轻微违纪问题的，上级党组织负责人应当对其诫勉谈话，并由本人作出说明或者检讨，经所在党组织主要负责人签字后报上级纪委和组织部门。

第二十二条 严格执行干部考察考核制度，全面考察德、能、勤、绩、廉表现，既重政绩又重政德，重点考察贯彻执行党中央和上级党组织决策部署的表现，履行管党治党责任，在重大原则问题上的立场，对待人民群众的态度，完成急难险重任务的情况。考察考核中党组织主要负责人应当对班子成员实事求是作出评价。考核评语在同本人见面后载入干部档案。落实党组织主要负责人在干部选任、考察、决策等各个环节的责任，对失察失责的应当严肃追究责任。

第二十三条　党的领导干部应当每年在党委常委会（或党组）扩大会议上述责述廉，接受评议。述责述廉重点是执行政治纪律和政治规矩、履行管党治党责任、推进党风廉政建设和反腐败工作以及执行廉洁纪律情况。述责述廉报告应当载入廉洁档案，并在一定范围内公开。

第二十四条　坚持和完善领导干部个人有关事项报告制度，领导干部应当按规定如实报告个人有关事项，及时报告个人及家庭重大情况，事先请示报告离开岗位或者工作所在地等。有关部门应当加强抽查核实。对故意虚报瞒报个人重大事项、篡改伪造个人档案资料的，一律严肃查处。

第二十五条　建立健全党的领导干部插手干预重大事项记录制度，发现利用职务便利违规干预干部选拔任用、工程建设、执纪执法、司法活动等问题，应当及时向上级党组织报告。

第四章　党的纪律检查委员会的监督

第二十六条　党的各级纪律检查委员会是党内监督的专责机关，履行监督执纪问责职责，加强对所辖范围内党组织和领导干部遵守党章党规党纪、贯彻执行党的路线方针政策情况的监督检查，承担下列具体任务：

（一）加强对同级党委特别是常委会委员、党的工作部门和直接领导的党组织、党的领导干部履行职责、行使权力情况的监督；

（二）落实纪律检查工作双重领导体制，执纪审查工作以上级纪委领导为主，线索处置和执纪审查情况在向同级党委报告的同时向上级纪委报告，各级纪委书记、副书记的提名和考察以上级纪委会同组织部门为主；

（三）强化上级纪委对下级纪委的领导，纪委发现同级党委主要领导干部的问题，可以直接向上级纪委报告；下级纪委至少每半年向上级纪委报告 1 次工作，每年向上级纪委进行述职。

第二十七条　纪律检查机关必须把维护党的政治纪律和政治规矩放在首位，坚决纠正和查处上有政策、下有对策，有令不行、有禁不止，口是心非、阳奉阴违，搞团团伙伙、拉帮结派，欺骗组织、对抗组织等行为。

第二十八条　纪委派驻纪检组对派出机关负责，加强对被监督单位领导班子及其成员、其他领导干部的监督，发现问题应当及时向派出机关和被监督单位党组织报告，认真负责调查处置，对需要问责的提出建议。

派出机关应当加强对派驻纪检组工作的领导，定期约谈被监督单位党组织主要负责人、派驻纪检组组长，督促其落实管党治党责任。

派驻纪检组应当带着实际情况和具体问题，定期向派出机关汇报工作，至少每半年会同被监督单位党组织专题研究 1 次党风廉政建设和反腐败工作。对能发现的问题没有发现是失职，发现问题不报告、不处置是渎职，都必须严肃问责。

第二十九条 认真处理信访举报，做好问题线索分类处置，早发现早报告，对社会反映突出、群众评价较差的领导干部情况及时报告，对重要检举事项应当集体研究。定期分析研判信访举报情况，对信访反映的典型性、普遍性问题提出有针对性的处置意见，督促信访举报比较集中的地方和部门查找分析原因并认真整改。

第三十条 严把干部选拔任用"党风廉洁意见回复"关，综合日常工作中掌握的情况，加强分析研判，实事求是评价干部廉洁情况，防止"带病提拔"、"带病上岗"。

第三十一条 接到对干部一般性违纪问题的反映，应当及时找本人核实，谈话提醒、约谈函询，让干部把问题讲清楚。约谈被反映人，可以与其所在党组织主要负责人一同进行；被反映人对函询问题的说明，应当由其所在党组织主要负责人签字后报上级纪委。谈话记录和函询回复应当认真核实，存档备查。没有发现问题的应当了结澄清，对不如实说明情况的给予严肃处理。

第三十二条 依规依纪进行执纪审查，重点审查不收敛不收手，问题线索反映集中、群众反映强烈，现在重要岗位且可能还要提拔使用的领导干部，三类情况同时具备的是重中之重。执纪审查应当查清违纪事实，让审查对象从学习党章入手，从理想信念宗旨、党性原则、作风纪律等方面检查剖析自己，审理报告应当事实清楚、定性准确，反映审查对象思想认识情况。

第三十三条 对违反中央八项规定精神的，严重违纪被立案审查开除党籍的，严重失职失责被问责的，以及发生在群众身边、影响恶劣的不正之风和腐败问题，应当点名道姓通报曝光。

第三十四条 加强对纪律检查机关的监督。发现纪律检查机关及其工作人员有违反纪律问题的，必须严肃处理。各级纪律检查机关必须加强自身建设，健全内控机制，自觉接受党内监督、社会监督、群众监督，确保权力受到严格约束。

第五章 党的基层组织和党员的监督

第三十五条 党的基层组织应当发挥战斗堡垒作用，履行下列监督职责：

（一）严格党的组织生活，开展批评和自我批评，监督党员切实履行义务，保障党员权利不受侵犯；

（二）了解党员、群众对党的工作和党的领导干部的批评和意见，定期向上级党组织反映情况，提出意见和建议；

（三）维护和执行党的纪律，发现党员、干部违反纪律问题及时教育或者处理，问题严重的应当向上级党组织报告。

第三十六条 党员应当本着对党和人民事业高度负责的态度，积极行使党员权利，履行下列监督义务：

（一）加强对党的领导干部的民主监督，及时向党组织反映群众意见和诉求；

（二）在党的会议上有根据地批评党的任何组织和任何党员，揭露和纠正工作中存在的缺点和问题；

（三）参加党组织开展的评议领导干部活动，勇于触及矛盾问题、指出缺点错误，对错误言行敢于较真、敢于斗争；

（四）向党负责地揭发、检举党的任何组织和任何党员违纪违法的事实，坚决反对一切派别活动和小集团活动，同腐败现象作坚决斗争。

第六章　党内监督和外部监督相结合

第三十七条 各级党委应当支持和保证同级人大、政府、监察机关、司法机关等对国家机关及公职人员依法进行监督，人民政协依章程进行民主监督，审计机关依法进行审计监督。有关国家机关发现党的领导干部违反党规党纪、需要党组织处理的，应当及时向有关党组织报告。审计机关发现党的领导干部涉嫌违纪的问题线索，应当向同级党组织报告，必要时向上级党组织报告，并按照规定将问题线索移送相关纪律检查机关处理。

在纪律审查中发现党的领导干部严重违纪涉嫌违法犯罪的，应当先作出党纪处分决定，再移送行政机关、司法机关处理。执法机关和司法机关依法立案查处涉及党的领导干部案件，应当向同级党委、纪委通报；该干部所在党组织应当根据有关规定，中止其相关党员权利；依法受到刑事责任追究，或者虽不构成犯罪但涉嫌违纪的，应当移送纪委依纪处理。

第三十八条 中国共产党同各民主党派长期共存、互相监督、肝胆相照、荣辱与共。各级党组织应当支持民主党派履行监督职能，重视民主党派和无党派人士提出的意见、批评、建议，完善知情、沟通、反馈、落实等机制。

第三十九条 各级党组织和党的领导干部应当认真对待、自觉接受社会监督，利用互联网技术和信息化手段，推动党务公开、拓宽监督渠道，虚心接受群众批评。新闻媒体应当坚持党性和人民性相统一，坚持正确导向，加强舆论监督，对典型案例进行剖析，发挥警示作用。

第七章　整改和保障

第四十条 党组织应当如实记录、集中管理党内监督中发现的问题和线索，及时了解核实，作出相应处理；不属于本级办理范围的应当移送有权限的党组织处理。

第四十一条 党组织对监督中发现的问题应当做到条条要整改、件件有着落。整改结果应当及时报告上级党组织，必要时可以向下级党组织和党员通报，并向社会公开。

对于上级党组织交办以及巡视等移交的违纪问题线索，应当及时处理，并在 3 个月内反馈办理情况。

第四十二条 党委（党组）、纪委（纪检组）应当加强对履行党内监督责任和问题整改落实情况的监督检查，对不履行或者不正确履行党内监督职责，以及纠错、整改不力的，依照《中国共产党纪律处分条例》、《中国共产党问责条例》等规定处理。

第四十三条 党组织应当保障党员知情权和监督权，鼓励和支持党员在党内监督中发挥积极作用。提倡署真实姓名反映违纪事实，党组织应当为检举控告者严格保密，并以适当方式向其反馈办理情况。对干扰妨碍监督、打击报复监督者的，依纪严肃处理。

第四十四条 党组织应当保障监督对象的申辩权、申诉权等相关权利。经调查，监督对象没有不当行为的，应当予以澄清和正名。对以监督为名侮辱、诽谤、诬陷他人的，依纪严肃处理；涉嫌犯罪的移送司法机关处理。监督对象对处理决定不服的，可以依照党章规定提出申诉。有关党组织应当认真复议复查，并作出结论。

第八章　附　则

第四十五条 中央军事委员会可以根据本条例，制定相关规定。

第四十六条 本条例由中央纪律检查委员会负责解释。

第四十七条 本条例自发布之日起施行。

中国共产党巡视工作条例

（2017 年 7 月 1 日修改）

第一章　总则

第一条　为落实全面从严治党要求，严肃党内政治生活，净化党内政治生态，加强党内监督，规范巡视工作，根据《中国共产党章程》，制定本条例。

第二条　党的中央和省、自治区、直辖市委员会实行巡视制度，建立专职巡视机构，在一届任期内对所管理的地方、部门、企事业单位党组织全面巡视。

中央有关部委、中央国家机关部门党组（党委）可以实行巡视制度，设立巡视机构，对所管理的党组织进行巡视监督。

党的市（地、州、盟）和县（市、区、旗）委员会建立巡察制度，设立巡察机构，对所管理的党组织进行巡察监督。

开展巡视巡察工作的党组织承担巡视巡察工作的主体责任。

第三条　巡视工作以马克思列宁主义、毛泽东思想、邓小平理论、"三个代表"重要思想、科学发展观为指导，深入贯彻习近平总书记系列重要讲话精神和治国理政新理念新思想新战略，牢固树立政治意识、大局意识、核心意识、看齐意识，坚定不移维护以习近平同志为核心的党中央权威和集中统一领导，统筹推进"五位一体"总体布局和协调推进"四个全面"战略布局，贯彻新发展理念，坚定对中国特色社会主义的道路自信、理论自信、制度自信、文化自信，尊崇党章，依规治党，落实中央巡视工作方针，深化政治巡视，聚焦坚持党的领导、加强党的建设、全面从严治党，发现问题、形成震慑，推动改革、促进发展，确保党始终成为中国特色社会主义事业的坚强领导核心。

第四条　巡视工作坚持中央统一领导、分级负责；坚持实事求是、依法依规；坚持群众路线、发扬民主。

第二章　机构和人员

第五条　党的中央和省、自治区、直辖市委员会成立巡视工作领导小组，分别向党中央和省、自治区、直辖市党委负责并报告工作。

巡视工作领导小组组长由同级党的纪律检查委员会书记担任，副组长一般由同级党委组织部部长担任。巡视工作领导小组组长为组织实施巡视工作的主要责任人。

中央巡视工作领导小组应当加强对省、自治区、直辖市党委，中央有关部委，中央国家机关部门党组（党委）巡视工作的领导。

第六条 巡视工作领导小组的职责是：

（一）贯彻党的中央委员会和同级党的委员会有关决议、决定；

（二）研究提出巡视工作规划、年度计划和阶段任务安排；

（三）听取巡视工作汇报；

（四）研究巡视成果的运用，分类处置，提出相关意见和建议；

（五）向同级党组织报告巡视工作情况；

（六）对巡视组进行管理和监督；

（七）研究处理巡视工作中的其他重要事项。

第七条 巡视工作领导小组下设办公室，为其日常办事机构。

中央巡视工作领导小组办公室设在中央纪律检查委员会。

省、自治区、直辖市党委巡视工作领导小组办公室为党委工作部门，设在同级党的纪律检查委员会。

第八条 巡视工作领导小组办公室的职责是：

（一）向巡视工作领导小组报告工作情况，传达贯彻巡视工作领导小组的决策和部署；

（二）统筹、协调、指导巡视组开展工作；

（三）承担政策研究、制度建设等工作；

（四）对派出巡视组的党组织、巡视工作领导小组决定的事项进行督办；

（五）配合有关部门对巡视工作人员进行培训、考核、监督和管理；

（六）办理巡视工作领导小组交办的其他事项。

第九条 党的中央和省、自治区、直辖市委员会设立巡视组，承担巡视任务。巡视组向巡视工作领导小组负责并报告工作。

第十条 巡视组设组长、副组长、巡视专员和其他职位。巡视组实行组长负责制，副组长协助组长开展工作。

巡视组组长根据每次巡视任务确定并授权。

第十一条 巡视工作人员应当具备下列条件：

（一）理想信念坚定，对党忠诚，在思想上政治上行动上同党中央保持高度一致；

（二）坚持原则，敢于担当，依法办事，公道正派，清正廉洁；

（三）遵守党的纪律，严守党的秘密；

（四）熟悉党务工作和相关政策法规，具有较强的发现问题、沟通协调、文字综合等能力；

（五）身体健康，能胜任工作要求。

第十二条　选配巡视工作人员应当严格标准条件，对不适合从事巡视工作的人员，应当及时予以调整。

巡视工作人员应当按照规定进行轮岗交流。

巡视工作人员实行任职回避、地域回避、公务回避。

第三章　巡视范围和内容

第十三条　中央巡视组的巡视对象和范围是：

（一）省、自治区、直辖市党委和人大常委会、政府、政协党组领导班子及其成员，省、自治区、直辖市高级人民法院、人民检察院党组主要负责人，副省级城市党委和人大常委会、政府、政协党组主要负责人；

（二）中央部委领导班子及其成员，中央国家机关部委、人民团体党组（党委）领导班子及其成员；

（三）中央管理的国有重要骨干企业、金融企业、事业单位党委（党组）领导班子及其成员；

（四）中央要求巡视的其他单位的党组织领导班子及其成员。

第十四条　省、自治区、直辖市党委巡视组的巡视对象和范围是：

（一）市（地、州、盟）、县（市、区、旗）党委和人大常委会、政府、政协党组领导班子及其成员，市（地、州、盟）中级人民法院、人民检察院和县（市、区、旗）人民法院、人民检察院党组主要负责人；

（二）省、自治区、直辖市党委工作部门领导班子及其成员，政府部门、人民团体党组（党委、党工委）领导班子及其成员；

（三）省、自治区、直辖市管理的国有企业、事业单位党委（党组）领导班子及其成员；

（四）省、自治区、直辖市党委要求巡视的其他单位的党组织领导班子及其成员。

第十五条　巡视组对巡视对象执行《中国共产党章程》和其他党内法规，遵守党的纪律，落实全面从严治党主体责任和监督责任等情况进行监督，着力发现党的领导弱化、党的建设缺失、全面从严治党不力，党的观念淡漠、组织涣散、纪律松弛，管党治党宽松软问题：

（一）违反政治纪律和政治规矩，存在违背党的路线方针政策的言行，有令不行、有禁不止，阳奉阴违、结党营私、团团伙伙、拉帮结派，以及落实意识形态工作责任制不到位等问题；

（二）违反廉洁纪律，以权谋私、贪污贿赂、腐化堕落等问题；

（三）违反组织纪律，违规用人、任人唯亲、跑官要官、买官卖官、拉票贿选，以及独断专行、软弱涣散、严重不团结等问题；

（四）违反群众纪律、工作纪律、生活纪律，落实中央八项规定精神不力，搞形式主义、官僚主义、享乐主义和奢靡之风等问题；

（五）派出巡视组的党组织要求了解的其他问题。

第十六条　派出巡视组的党组织可以根据工作需要，针对所辖地方、部门、企事业单位的重点人、重点事、重点问题或者巡视整改情况，开展机动灵活的专项巡视。

第四章　工作方式和权限

第十七条　巡视组可以采取以下方式开展工作：

（一）听取被巡视党组织的工作汇报和有关部门的专题汇报；

（二）与被巡视党组织领导班子成员和其他干部群众进行个别谈话；

（三）受理反映被巡视党组织领导班子及其成员和下一级党组织领导班子主要负责人问题的来信、来电、来访等；

（四）抽查核实领导干部报告个人有关事项的情况；

（五）向有关知情人询问情况；

（六）调阅、复制有关文件、档案、会议记录等资料；

（七）召开座谈会；

（八）列席被巡视地区（单位）的有关会议；

（九）进行民主测评、问卷调查；

（十）以适当方式到被巡视地区（单位）的下属地方、单位或者部门了解情况；

（十一）开展专项检查；

（十二）提请有关单位予以协助；

（十三）派出巡视组的党组织批准的其他方式。

第十八条　巡视组依靠被巡视党组织开展工作，不干预被巡视地区（单位）的正常工作，不履行执纪审查的职责。

第十九条　巡视组应当严格执行请示报告制度，对巡视工作中的重要情况和重大问题及时向巡视工作领导小组请示报告。

特殊情况下，中央巡视组可以直接向中央巡视工作领导小组组长报告，省、自治区、直辖市党委巡视组可以直接向省、自治区、直辖市党委书记报告。

第二十条　巡视期间，经巡视工作领导小组批准，巡视组可以将被巡视党组织管理的干部涉嫌违纪违法的具体问题线索，移交有关纪律检查机关或者政法机关处理；对群众反映强烈、明显违反规定并且能够及时解决的问题，向被巡视党组织提出处理建议。

第五章　工作程序

第二十一条　巡视组开展巡视前，应当向同级纪检监察机关、政法机关和组织、审计、信访等部门和单位了解被巡视党组织领导班子及其成员的有关情况。

第二十二条　巡视组进驻被巡视地区（单位）后，应当向被巡视党组织通报巡视任务，按照规定的工作方式和权限，开展巡视了解工作。

巡视组对反映被巡视党组织领导班子及其成员的重要问题和线索，可以进行深入了解。

第二十三条　巡视了解工作结束后，巡视组应当形成巡视报告，如实报告了解的重要情况和问题，并提出处理建议。

对党风廉政建设等方面存在的普遍性、倾向性问题和其他重大问题，应当形成专题报告，分析原因，提出建议。

第二十四条　巡视工作领导小组应当及时听取巡视组的巡视情况汇报，研究提出处理意见，报派出巡视组的党组织决定。

第二十五条　派出巡视组的党组织应当及时听取巡视工作领导小组有关情况汇报，研究并决定巡视成果的运用。

第二十六条　经派出巡视组的党组织同意后，巡视组应当及时向被巡视党组织领导班子及其主要负责人分别反馈相关巡视情况，指出问题，有针对性地提出整改意见。

根据巡视工作领导小组要求，巡视组将巡视的有关情况通报同级党委和政府有关领导及其职能部门。

第二十七条 被巡视党组织收到巡视组反馈意见后，应当认真整改落实，并于 2 个月内将整改情况报告和主要负责人组织落实情况报告，报送巡视工作领导小组办公室。

被巡视党组织主要负责人为落实整改工作的第一责任人。

第二十八条 对巡视发现的问题和线索，派出巡视组的党组织作出分类处置的决定后，依据干部管理权限和职责分工，按照以下途径进行移交：

（一）对领导干部涉嫌违纪的线索和作风方面的突出问题，移交有关纪律检查机关；

（二）对执行民主集中制、干部选拔任用等方面存在的问题，移交有关组织部门；

（三）其他问题移交相关单位。

第二十九条 有关纪律检查机关、组织部门收到巡视移交的问题或者线索后，应当及时研究提出谈话函询、初核、立案或者组织处理等意见，并于 3 个月内将办理情况反馈巡视工作领导小组办公室。

第三十条 派出巡视组的党组织及其组织部门应当把巡视结果作为干部考核评价、选拔任用的重要依据。

第三十一条 巡视工作领导小组办公室应当会同巡视组采取适当方式，了解和督促被巡视地区（单位）整改落实工作并向巡视工作领导小组报告。

巡视工作领导小组可以直接听取被巡视党组织有关整改情况的汇报。

第三十二条 巡视进驻、反馈、整改等情况，应当以适当方式公开，接受党员、干部和人民群众监督。

第六章　纪律与责任

第三十三条 派出巡视组的党组织和巡视工作领导小组应当加强对巡视工作的领导。对领导巡视工作不力，发生严重问题的，依据有关规定追究相关责任人员的责任。

第三十四条 纪检监察机关、审计机关、政法机关和组织、信访等部门及其他有关单位，应当支持配合巡视工作。对违反规定不支持配合巡视工作，造成严重后果的，依据有关规定追究相关责任人员的责任。

第三十五条 巡视工作人员应当严格遵守巡视工作纪律。巡视工作人员有下列情形之一的，视情节轻重，给予批评教育、组织处理或者纪律处分；涉嫌犯罪的，移送司法机关依法处理：

（一）对应当发现的重要问题没有发现的；

（二）不如实报告巡视情况，隐瞒、歪曲、捏造事实的；

（三）泄露巡视工作秘密的；

（四）工作中超越权限，造成不良后果的；

（五）利用巡视工作的便利谋取私利或者为他人谋取不正当利益的；

（六）有违反巡视工作纪律的其他行为的。

第三十六条　被巡视党组织领导班子及其成员应当自觉接受巡视监督，积极配合巡视组开展工作。

党员有义务向巡视组如实反映情况。

第三十七条　被巡视地区（单位）及其工作人员有下列情形之一的，视情节轻重，对该地区（单位）领导班子主要负责人或者其他有关责任人员，给予批评教育、组织处理或者纪律处分；涉嫌犯罪的，移送司法机关依法处理：

（一）隐瞒不报或者故意向巡视组提供虚假情况的；

（二）拒绝或者不按照要求向巡视组提供相关文件材料的；

（三）指使、强令有关单位或者人员干扰、阻挠巡视工作，或者诬告、陷害他人的；

（四）无正当理由拒不纠正存在的问题或者不按照要求整改的；

（五）对反映问题的干部群众进行打击、报复、陷害的；

（六）其他干扰巡视工作的情形。

第三十八条　被巡视地区（单位）的干部群众发现巡视工作人员有本条例第三十五条所列行为的，可以向巡视工作领导小组或者巡视工作领导小组办公室反映，也可以依照规定直接向有关部门、组织反映。

第七章　附则

第三十九条　各省、自治区、直辖市党委可以根据本条例，结合各自实际，制定实施办法。

第四十条　中国人民解放军和中国人民武装警察部队的党组织实行巡视制度的规定，由中央军委参照本条例制定。

第四十一条　本条例由中央纪委会同中央组织部解释。

第四十二条　本条例自 2015 年 8 月 3 日起施行。2009 年 7 月 2 日中共中央印发的《中国共产党巡视工作条例（试行）》同时废止。

中国共产党纪律检查机关监督
执纪工作规则

（2019 年 1 月 1 日中共中央办公厅印发）

第一章　总则

第一条　为了加强党对纪律检查和国家监察工作的统一领导，加强党的纪律建设，推进全面从严治党，规范纪检监察机关监督执纪工作，根据《中国共产党章程》和有关法律，结合纪检监察体制改革和监督执纪工作实践，制定本规则。

第二条　坚持以马克思列宁主义、毛泽东思想、邓小平理论、"三个代表"重要思想、科学发展观、习近平新时代中国特色社会主义思想为指导，全面贯彻纪律检查委员会和监察委员会合署办公要求，依规依纪依法严格监督执纪，坚持打铁必须自身硬，把权力关进制度笼子，建设忠诚干净担当的纪检监察干部队伍。

第三条　监督执纪工作应当遵循以下原则：

（一）坚持和加强党的全面领导，牢固树立政治意识、大局意识、核心意识、看齐意识，坚定中国特色社会主义道路自信、理论自信、制度自信、文化自信，坚决维护习近平总书记党中央的核心、全党的核心地位，坚决维护党中央权威和集中统一领导，严守政治纪律和政治规矩，体现监督执纪工作的政治性，构建党统一指挥、全面覆盖、权威高效的监督体系；

（二）坚持纪律检查工作双重领导体制，监督执纪工作以上级纪委领导为主，线索处置、立案审查等在向同级党委报告的同时应当向上级纪委报告；

（三）坚持实事求是，以事实为依据，以党章党规党纪和国家法律法规为准绳，强化监督、严格执纪，把握政策、宽严相济，对主动投案、主动交代问题的宽大处理，对拒不交代、欺瞒组织的从严处理；

（四）坚持信任不能代替监督，执纪者必先守纪，以更高的标准、更严的要求约束自己，严格工作程序，有效管控风险，强化对监督执纪各环节的监督制约，确保监督执纪工作经得起历史和人民的检验。

第四条　坚持惩前毖后、治病救人，把纪律挺在前面，精准有效运用监督执纪"四种形态"，把思想政治工作贯穿监督执纪全过程，严管和厚爱结合，激励和约束并重，注重教育转化，促使党员自觉防止和纠正违纪行为，惩治极少数，教育大多数，实现政治效果、纪法效果和社会效果相统一。

第二章　领导体制

第五条　中央纪律检查委员会在党中央领导下进行工作。地方各级纪律检查委员会和基层纪律检查委员会在同级党的委员会和上级纪律检查委员会双重领导下进行工作。

党委应当定期听取、审议同级纪律检查委员会和监察委员会的工作报告，加强对纪委监委工作的领导、管理和监督。

第六条　党的纪律检查机关和国家监察机关是党和国家自我监督的专责机关，中央纪委和地方各级纪委贯彻党中央关于国家监察工作的决策部署，审议决定监委依法履职中的重要事项，把执纪和执法贯通起来，实现党内监督和国家监察的有机统一。

第七条　监督执纪工作实行分级负责制：

（一）中央纪委国家监委负责监督检查和审查调查中央委员、候补中央委员，中央纪委委员，中央管理的领导干部，党中央工作部门、党中央批准设立的党组（党委），各省、自治区、直辖市党委、纪委等党组织的涉嫌违纪或者职务违法、职务犯罪问题。

（二）地方各级纪委监委负责监督检查和审查调查同级党委委员、候补委员，同级纪委委员，同级党委管理的党员、干部以及监察对象，同级党委工作部门、党委批准设立的党组（党委），下一级党委、纪委等党组织的涉嫌违纪或者职务违法、职务犯罪问题。

（三）基层纪委负责监督检查和审查同级党委管理的党员，同级党委下属的各级党组织的涉嫌违纪问题；未设立纪律检查委员会的党的基层委员会，由该委员会负责监督执纪工作。

地方各级纪委监委依照规定加强对同级党委履行职责、行使权力情况的监督。

第八条　对党的组织关系在地方、干部管理权限在主管部门的党员、干部以及监察对象涉嫌违纪违法问题，应当按照谁主管谁负责的原则进行监督执纪，由设在主管部门、有管辖权的纪检监察机关进行审查调查，主管部门认为有必要的，可以与地方纪检监察机关联合审查调查。地方纪检监察机关接到问题线索反映的，经与主管部门协调，可以对其进行审查调查，也可以与主管部门组成联合审查调查组，审查调查情况及时向对方通报。

第九条 上级纪检监察机关有权指定下级纪检监察机关对其他下级纪检监察机关管辖的党组织和党员、干部以及监察对象涉嫌违纪或者职务违法、职务犯罪问题进行审查调查，必要时也可以直接进行审查调查。上级纪检监察机关可以将其直接管辖的事项指定下级纪检监察机关进行审查调查。

纪检监察机关之间对管辖事项有争议的，由其共同的上级纪检监察机关确定；认为所管辖的事项重大、复杂，需要由上级纪检监察机关管辖的，可以报请上级纪检监察机关管辖。

第十条 纪检监察机关应当严格执行请示报告制度。中央纪委定期向党中央报告工作，研究涉及全局的重大事项、遇有重要问题以及作出立案审查调查决定、给予党纪政务处分等事项应当及时向党中央请示报告，既要报告结果也要报告过程。执行党中央重要决定的情况应当专题报告。

地方各级纪检监察机关对作出立案审查调查决定、给予党纪政务处分等重要事项，应当向同级党委请示汇报并向上级纪委监委报告，形成明确意见后再正式行文请示。遇有重要事项应当及时报告。

纪检监察机关应当坚持民主集中制，对于线索处置、谈话函询、初步核实、立案审查调查、案件审理、处置执行中的重要问题，经集体研究后，报纪检监察机关相关负责人、主要负责人审批。

第十一条 纪检监察机关应当建立监督检查、审查调查、案件监督管理、案件审理相互协调、相互制约的工作机制。市地级以上纪委监委实行监督检查和审查调查部门分设，监督检查部门主要负责联系地区和部门、单位的日常监督检查和对涉嫌一般违纪问题线索处置，审查调查部门主要负责对涉嫌严重违纪或者职务违法、职务犯罪问题线索进行初步核实和立案审查调查；案件监督管理部门负责对监督检查、审查调查工作全过程进行监督管理，案件审理部门负责对需要给予党纪政务处分的案件审核把关。

纪检监察机关在工作中需要协助的，有关组织和机关、单位、个人应当依规依纪依法予以协助。

第十二条 纪检监察机关案件监督管理部门负责对监督执纪工作全过程进行监督管理，做好线索管理、组织协调、监督检查、督促办理、统计分析等工作。党风政风监督部门应当加强对党风政风建设的综合协调，做好督促检查、通报曝光和综合分析等工作。

第三章　监督检查

第十三条　党委（党组）在党内监督中履行主体责任，纪检监察机关履行监督责任，应当将纪律监督、监察监督、巡视监督、派驻监督结合起来，重点检查遵守、执行党章党规党纪和宪法法律法规，坚定理想信念，增强"四个意识"，坚定"四个自信"，维护习近平总书记核心地位，维护党中央权威和集中统一领导，贯彻执行党和国家的路线方针政策以及重大决策部署，坚持主动作为、真抓实干，落实全面从严治党责任、民主集中制原则、选人用人规定以及中央八项规定精神，巡视巡察整改，依法履职、秉公用权、廉洁从政从业以及恪守社会道德规范等情况，对发现的问题分类处置、督促整改。

第十四条　纪委监委（纪检监察组、纪检监察工委）报请或者会同党委（党组）定期召开专题会议，听取加强党内监督情况专题报告，综合分析所联系的地区、部门、单位政治生态状况，提出加强和改进的意见及工作措施，抓好组织实施和督促检查。

第十五条　纪检监察机关应当结合被监督对象的职责，加强对行使权力情况的日常监督，通过多种方式了解被监督对象的思想、工作、作风、生活情况，发现苗头性、倾向性问题或者轻微违纪问题，应当及时约谈提醒、批评教育、责令检查、诫勉谈话，提高监督的针对性和实效性。

第十六条　纪检监察机关应当畅通来信、来访、来电和网络等举报渠道，建设覆盖纪检监察系统的检举举报平台，及时受理检举控告，发挥党员和群众的监督作用。

第十七条　纪检监察机关应当建立健全党员领导干部廉政档案，主要内容包括：

（一）任免情况、人事档案情况、因不如实报告个人有关事项受到处理的情况等；

（二）巡视巡察、信访、案件监督管理以及其他方面移交的问题线索和处置情况；

（三）开展谈话函询、初步核实、审查调查以及其他工作形成的有关材料；

（四）党风廉政意见回复材料；

（五）其他反映廉政情况的材料。

廉政档案应当动态更新。

第十八条　纪检监察机关应当做好干部选拔任用党风廉政意见回复工作，

对反映问题线索认真核查，综合用好巡视巡察等其他监督成果，严把政治关、品行关、作风关、廉洁关。

第十九条 纪检监察机关对监督中发现的突出问题，应当向有关党组织或者单位提出纪律检查建议或者监察建议，通过督促召开专题民主生活会、组织开展专项检查等方式，督查督办，推动整改。

第四章 线索处置

第二十条 纪检监察机关应当加强对问题线索的集中管理、分类处置、定期清理。信访举报部门归口受理同级党委管理的党组织和党员、干部以及监察对象涉嫌违纪或者职务违法、职务犯罪问题的信访举报，统一接收有关纪检监察机关、派驻或者派出机构以及其他单位移交的相关信访举报，移送本机关有关部门，深入分析信访形势，及时反映损害群众最关心、最直接、最现实的利益问题。

巡视巡察工作机构和审计机关、行政执法机关、司法机关等单位发现涉嫌违纪或者职务违法、职务犯罪问题线索，应当及时移交纪检监察机关案件监督管理部门统一办理。

监督检查部门、审查调查部门、干部监督部门发现的相关问题线索，属于本部门受理范围的，应当送案件监督管理部门备案；不属于本部门受理范围的，经审批后移送案件监督管理部门，由其按程序转交相关监督执纪部门办理。

第二十一条 纪检监察机关应当结合问题线索所涉及地区、部门、单位总体情况，综合分析，按照谈话函询、初步核实、暂存待查、予以了结4类方式进行处置。

线索处置不得拖延和积压，处置意见应当在收到问题线索之日起1个月内提出，并制定处置方案，履行审批手续。

第二十二条 纪检监察机关对反映同级党委委员、候补委员，纪委常委、监委委员，以及所辖地区、部门、单位主要负责人的问题线索和线索处置情况，应当及时向上级纪检监察机关报告。

第二十三条 案件监督管理部门对问题线索实行集中管理、动态更新、定期汇总核对，提出分办意见，报纪检监察机关主要负责人批准，按程序移送承办部门。承办部门应当指定专人负责管理问题线索，逐件编号登记、建立管理台账。线索管理处置各环节应当由经手人员签名，全程登记备查。

第二十四条 纪检监察机关应当根据工作需要，定期召开专题会议，听取问题线索综合情况汇报，进行分析研判，对重要检举事项和反映问题集中的领域深入研究，提出处置要求，做到件件有着落。

第二十五条　承办部门应当做好线索处置归档工作，归档材料齐全完整，载明领导批示和处置过程。案件监督管理部门定期汇总、核对问题线索及处置情况，向纪检监察机关主要负责人报告，并向相关部门通报。

第五章 谈话函询

第二十六条　各级党委（党组）和纪检监察机关应当推动加强和规范党内政治生活，经常拿起批评和自我批评的武器，及时开展谈话提醒、约谈函询，促使党员、干部以及监察对象增强党的观念和纪律意识。

第二十七条　纪检监察机关采取谈话函询方式处置问题线索，应当起草谈话函询报批请示，拟订谈话方案和相关工作预案，按程序报批。需要谈话函询下一级党委（党组）主要负责人的，应当报纪检监察机关主要负责人批准，必要时向同级党委主要负责人报告。

第二十八条　谈话应当由纪检监察机关相关负责人或者承办部门负责人进行，可以由被谈话人所在党委（党组）、纪委监委（纪检监察组、纪检监察工委）有关负责人陪同；经批准也可以委托被谈话人所在党委（党组）主要负责人进行。

谈话应当在具备安全保障条件的场所进行。由纪检监察机关谈话的，应当制作谈话笔录，谈话后可以视情况由被谈话人写出书面说明。

第二十九条　纪检监察机关进行函询应当以办公厅（室）名义发函给被反映人，并抄送其所在党委（党组）和派驻纪检监察组主要负责人。被函询人应当在收到函件后 15 个工作日内写出说明材料，由其所在党委（党组）主要负责人签署意见后发函回复。

被函询人为党委（党组）主要负责人的，或者被函询人所作说明涉及党委（党组）主要负责人的，应当直接发函回复纪检监察机关。

第三十条　承办部门应当在谈话结束或者收到函询回复后 1 个月内写出情况报告和处置意见，按程序报批。根据不同情形作出相应处理：

（一）反映不实，或者没有证据证明存在问题的，予以采信了结，并向被函询人发函反馈。

（二）问题轻微，不需要追究纪律责任的，采取谈话提醒、批评教育、责令检查、诫勉谈话等方式处理。

（三）反映问题比较具体，但被反映人予以否认且否认理由不充分具体的，或者说明存在明显问题的，一般应当再次谈话或者函询；发现被反映人涉嫌违纪或者职务违法、职务犯罪问题需要追究纪律和法律责任的，应当提出初步核实的建议。

（四）对诬告陷害者，依规依纪依法予以查处。

必要时可以对被反映人谈话函询的说明情况进行抽查核实。

谈话函询材料应当存入廉政档案。

第三十一条 被谈话函询的党员干部应当在民主生活会、组织生活会上就本年度或者上年度谈话函询问题进行说明，讲清组织予以采信了结的情况；存在违纪问题的，应当进行自我批评，作出检讨。

第六章 初步核实

第三十二条 党委（党组）、纪委监委（纪检监察组）应当对具有可查性的涉嫌违纪或者职务违法、职务犯罪问题线索，扎实开展初步核实工作，收集客观性证据，确保真实性和准确性。

第三十三条 纪检监察机关采取初步核实方式处置问题线索，应当制定工作方案，成立核查组，履行审批程序。被核查人为下一级党委（党组）主要负责人的，纪检监察机关应当报同级党委主要负责人批准。

第三十四条 核查组经批准可以采取必要措施收集证据，与相关人员谈话了解情况，要求相关组织作出说明，调取个人有关事项报告，查阅复制文件、账目、档案等资料，查核资产情况和有关信息，进行鉴定勘验。对被核查人及相关人员主动上交的财物，核查组应当予以暂扣。

需要采取技术调查或者限制出境等措施的，纪检监察机关应当严格履行审批手续，交有关机关执行。

第三十五条 初步核实工作结束后，核查组应当撰写初步核实情况报告，列明被核查人基本情况、反映的主要问题、办理依据以及初步核实结果、存在疑点、处理建议，由核查组全体人员签名备查。

承办部门应当综合分析初步核实情况，按照拟立案审查调查、予以了结、谈话提醒、暂存待查，或者移送有关党组织处理等方式提出处置建议。

初步核实情况报告应当报纪检监察机关主要负责人审批，必要时向同级党委主要负责人报告。

第七章　审查调查

第三十六条 党委（党组）应当按照管理权限，加强对党员、干部以及监察对象涉嫌严重违纪或者职务违法、职务犯罪问题审查调查处置工作，定期听取重大案件情况报告，加强反腐败协调机构的机制建设，坚定不移、精准有序惩治腐败。

第三十七条 纪检监察机关经过初步核实，对党员、干部以及监察对象涉嫌违纪或者职务违法、职务犯罪，需要追究纪律或者法律责任的，应当立案审查调查。

凡报请批准立案的，应当已经掌握部分违纪或者职务违法、职务犯罪事实和证据，具备进行审查调查的条件。

第三十八条 对符合立案条件的，承办部门应当起草立案审查调查呈批报告，经纪检监察机关主要负责人审批，报同级党委主要负责人批准，予以立案审查调查。

立案审查调查决定应当向被审查调查人宣布，并向被审查调查人所在党委（党组）主要负责人通报。

第三十九条 对涉嫌严重违纪或者职务违法、职务犯罪人员立案审查调查，纪检监察机关主要负责人应当主持召开由纪检监察机关相关负责人参加的专题会议，研究批准审查调查方案。

纪检监察机关相关负责人批准成立审查调查组，确定审查调查谈话方案、外查方案，审批重要信息查询、涉案财物查扣等事项。

监督检查、审查调查部门主要负责人组织研究提出审查调查谈话方案、外查方案和处置意见建议，审批一般信息查询，对调查取证审核把关。

审查调查组组长应当严格执行审查调查方案，不得擅自更改；以书面形式报告审查调查进展情况，遇有重要事项及时请示。

第四十条 审查调查组可以依照党章党规和监察法，经审批进行谈话、讯问、询问、留置、查询、冻结、搜查、调取、查封、扣押（暂扣、封存）、勘验检查、鉴定，提请有关机关采取技术调查、通缉、限制出境等措施。

承办部门应当建立台账，记录使用措施情况，向案件监督管理部门定期备案。

案件监督管理部门应当核对检查，定期汇总重要措施使用情况并报告纪委监委领导和上一级纪检监察机关，发现违规违纪违法使用措施的，区分不同情况进行处理，防止擅自扩大范围、延长时限。

第四十一条 需要对被审查调查人采取留置措施的，应当依据监察法进行，在 24 小时内通知其所在单位和家属，并及时向社会公开发布。因可能毁灭、伪造证据，干扰证人作证或者串供等有碍调查情形而不宜通知或者公开的，应当按程序报批并记录在案。有碍调查的情形消失后，应当立即通知被留置人员所在单位和家属。

第四十二条 审查调查工作应当依照规定由两人以上进行，按照规定出示证件，出具书面通知。

第四十三条 立案审查调查方案批准后，应当由纪检监察机关相关负责人或者部门负责人与被审查调查人谈话，宣布立案决定，讲明党的政策和纪律，要求被审查调查人端正态度、配合审查调查。

审查调查应当充分听取被审查调查人陈述，保障其饮食、休息，提供医疗服务，确保安全。严格禁止使用违反党章党规党纪和国家法律的手段，严禁逼供、诱供、侮辱、打骂、虐待、体罚或者变相体罚。

第四十四条 审查调查期间，对被审查调查人以同志相称，安排学习党章党规党纪以及相关法律法规，开展理想信念宗旨教育，通过深入细致的思想政治工作，促使其深刻反省、认识错误、交代问题，写出忏悔反思材料。

第四十五条 外查工作必须严格按照外查方案执行，不得随意扩大审查调查范围、变更审查调查对象和事项，重要事项应当及时请示报告。

外查工作期间，未经批准，监督执纪人员不得单独接触任何涉案人员及其特定关系人，不得擅自采取审查调查措施，不得从事与外查事项无关的活动。

第四十六条 纪检监察机关应当严格依规依纪依法收集、鉴别证据，做到全面、客观，形成相互印证、完整稳定的证据链。

调查取证应当收集原物原件，逐件清点编号，现场登记，由在场人员签字盖章，原物不便搬运、保存或者取得原件确有困难的，可以将原物封存并拍照录像或者调取原件副本、复印件；谈话应当现场制作谈话笔录并由被谈话人阅看后签字。已调取证据必须及时交审查调查组统一保管。

严禁以威胁、引诱、欺骗以及其他违规违纪违法方式收集证据；严禁隐匿、损毁、篡改、伪造证据。

第四十七条 查封、扣押（暂扣、封存）、冻结、移交涉案财物，应当严格履行审批手续。

执行查封、扣押（暂扣、封存）措施，监督执纪人员应当会同原财物持有人或者保管人、见证人，当面逐一拍照、登记、编号，现场填写登记表，由在场人员签名。对价值不明物品应当及时鉴定，专门封存保管。

纪检监察机关应当设立专用账户、专门场所，指定专门人员保管涉案财物，严格履行交接、调取手续，定期对账核实。严禁私自占有、处置涉案财物及其孳息。

第四十八条　对涉嫌严重违纪或者职务违法、职务犯罪问题的审查调查谈话、搜查、查封、扣押（暂扣、封存）涉案财物等重要取证工作应当全过程进行录音录像，并妥善保管，及时归档，案件监督管理部门定期核查。

第四十九条　对涉嫌严重违纪或者职务违法、职务犯罪问题的审查调查，监督执纪人员未经批准并办理相关手续，不得将被审查调查人或者其他重要的谈话、询问对象带离规定的谈话场所，不得在未配置监控设备的场所进行审查调查谈话或者其他重要的谈话、询问，不得在谈话期间关闭录音录像设备。

第五十条　监督检查、审查调查部门主要负责人、分管领导应当定期检查审查调查期间的录音录像、谈话笔录、涉案财物登记资料，发现问题及时纠正并报告。

纪检监察机关相关负责人应当通过调取录音录像等方式，加强对审查调查全过程的监督。

第五十一条　查明涉嫌违纪或者职务违法、职务犯罪问题后，审查调查组应当撰写事实材料，与被审查调查人见面，听取意见。被审查调查人应当在事实材料上签署意见，对签署不同意见或者拒不签署意见的，审查调查组应当作出说明或者注明情况。

审查调查工作结束，审查调查组应当集体讨论，形成审查调查报告，列明被审查调查人基本情况、问题线索来源及审查调查依据、审查调查过程，主要违纪或者职务违法、职务犯罪事实，被审查调查人的态度和认识，处理建议及党纪法律依据，并由审查调查组组长以及有关人员签名。

对审查调查过程中发现的重要问题和意见建议，应当形成专题报告。

第五十二条　审查调查报告以及忏悔反思材料，违纪或者职务违法、职务犯罪事实材料，涉案财物报告等，应当按程序报纪检监察机关主要负责人批准，连同全部证据和程序材料，依照规定移送审理。

审查调查全过程形成的材料应当案结卷成、事毕归档。

第八章 审 理

第五十三条 纪检监察机关应当对涉嫌违纪或者违法、犯罪案件严格依规依纪依法审核把关，提出纪律处理或者处分的意见，做到事实清楚、证据确凿、定性准确、处理恰当、手续完备、程序合规。

纪律处理或者处分必须坚持民主集中制原则，集体讨论决定，不允许任何个人或者少数人决定和批准。

第五十四条 坚持审查调查与审理相分离的原则，审查调查人员不得参与审理。纪检监察机关案件审理部门对涉嫌违纪或者职务违法、职务犯罪问题，依照规定应当给予纪律处理或者处分的案件和复议复查案件进行审核处理。

第五十五条 审理工作按照以下程序进行：

（一）案件审理部门收到审查调查报告后，经审核符合移送条件的予以受理，不符合移送条件的可以暂缓受理或者不予受理。

（二）对于重大、复杂、疑难案件，监督检查、审查调查部门已查清主要违纪或者职务违法、职务犯罪事实并提出倾向性意见的；对涉嫌违纪或者职务违法、职务犯罪行为性质认定分歧较大的，经批准案件审理部门可以提前介入。

（三）案件审理部门受理案件后，应当成立由两人以上组成的审理组，全面审理案卷材料，提出审理意见。

（四）坚持集体审议原则，在民主讨论基础上形成处理意见；对争议较大的应当及时报告，形成一致意见后再作出决定。案件审理部门根据案件审理情况，应当与被审查调查人谈话，核对违纪或者职务违法、职务犯罪事实，听取辩解意见，了解有关情况。

（五）对主要事实不清、证据不足的，经纪检监察机关主要负责人批准，退回监督检查、审查调查部门重新审查调查；需要补充完善证据的，经纪检监察机关相关负责人批准，退回监督检查、审查调查部门补充审查调查。

（六）审理工作结束后应当形成审理报告，内容包括被审查调查人基本情况、审查调查简况、违纪违法或者职务犯罪事实、涉案财物处置、监督检查或者审查调查部门意见、审理意见等。审理报告应当体现党内审查特色，依据《中国共产党纪律处分条例》认定违纪事实性质，分析被审查调查人违反党章、背离党的性质宗旨的错误本质，反映其态度、认识以及思想转变过程。涉嫌职务犯罪需要追究刑事责任的，还应当形成《起诉意见书》，作为审理报告附件。

对给予同级党委委员、候补委员，同级纪委委员、监委委员处分的，在同级党委审议前，应当与上级纪委监委沟通并形成处理意见。

审理工作应当在受理之日起1个月内完成，重大复杂案件经批准可以适当延长。

第五十六条　审理报告报经纪检监察机关主要负责人批准后，提请纪委常委会会议审议。需报同级党委审批的，应当在报批前以纪检监察机关办公厅（室）名义征求同级党委组织部门和被审查调查人所在党委（党组）意见。

处分决定作出后，纪检监察机关应当通知受处分党员所在党委（党组），抄送同级党委组织部门，并依照规定在1个月内向其所在党的基层组织中的全体党员以及本人宣布。处分决定执行情况应当及时报告。

第五十七条　被审查调查人涉嫌职务犯罪的，应当由案件监督管理部门协调办理移送司法机关事宜。对于采取留置措施的案件，在人民检察院对犯罪嫌疑人先行拘留后，留置措施自动解除。

案件移送司法机关后，审查调查部门应当跟踪了解处理情况，发现问题及时报告，不得违规过问、干预处理工作。

审理工作完成后，对涉及的其他问题线索，经批准应当及时移送有关纪检监察机关处置。

第五十八条　对被审查调查人违规违纪违法所得财物，应当依规依纪依法予以收缴、责令退赔或者登记上交。

对涉嫌职务犯罪所得财物，应当随案移送司法机关。

对经认定不属于违规违纪违法所得的，应当在案件审结后依规依纪依法予以返还，并办理签收手续。

第五十九条　对不服处分决定的申诉，由批准或者决定处分的党委（党组）或者纪检监察机关受理；需要复议复查的，由纪检监察机关相关负责人批准后受理。

申诉办理部门成立复查组，调阅原案案卷，必要时可以进行取证，经集体研究后，提出办理意见，报纪检监察机关相关负责人批准或者纪委常委会会议研究决定，作出复议复查决定。决定应当告知申诉人，抄送相关单位，并在一定范围内宣布。

坚持复议复查与审查审理分离，原案审查、审理人员不得参与复议复查。

复议复查工作应当在3个月内办结。

第九章　监督管理

第六十条　纪检监察机关应当严格依照党内法规和国家法律，在行使权力上慎之又慎，在自我约束上严之又严，强化自我监督，健全内控机制，自觉接受党内监督、社会监督、群众监督，确保权力受到严格约束，坚决防止"灯下黑"。

纪检监察机关应当加强对监督执纪工作的领导，切实履行自身建设主体责任，严格教育、管理、监督，使纪检监察干部成为严守纪律、改进作风、拒腐防变的表率。

第六十一条　纪检监察机关应当严格干部准入制度，严把政治安全关，纪检监察干部必须忠诚坚定、担当尽责、遵纪守法、清正廉洁，具备履行职责的基本条件。

第六十二条　纪检监察机关应当加强党的政治建设、思想建设、组织建设，突出政治功能，强化政治引领。审查调查组有正式党员 3 人以上的，应当设立临时党支部，加强对审查调查组成员的教育、管理、监督，开展政策理论学习，做好思想政治工作，及时发现问题、进行批评纠正，发挥战斗堡垒作用。

第六十三条　纪检监察机关应当加强干部队伍作风建设，树立依规依法、纪律严明、作风深入、工作扎实、谦虚谨慎、秉公执纪的良好形象，力戒形式主义、官僚主义，力戒特权思想，力戒口大气粗、颐指气使，不断提高思想政治水平和把握政策能力，建设让党放心、人民信赖的纪检监察干部队伍。

第六十四条　对纪检监察干部打听案情、过问案件、说情干预的，受请托人应当向审查调查组组长和监督检查、审查调查部门主要负责人报告并登记备案。

发现审查调查组成员未经批准接触被审查调查人、涉案人员及其特定关系人，或者存在交往情形的，应当及时向审查调查组组长和监督检查、审查调查部门主要负责人直至纪检监察机关主要负责人报告并登记备案。

第六十五条　严格执行回避制度。审查调查审理人员是被审查调查人或者检举人近亲属、本案证人、利害关系人，或者存在其他可能影响公正审查调查审理情形的，不得参与相关审查调查审理工作，应当主动申请回避，被审查调查人、检举人以及其他有关人员也有权要求其回避。选用借调人员、看护人员、审查场所，应当严格执行回避制度。

第六十六条　审查调查组需要借调人员的，一般应当从审查调查人才库选用，由纪检监察机关组织部门办理手续，实行一案一借，不得连续多次借调。加强对借调人员的管理监督，借调结束后由审查调查组写出鉴定。借调单位和党员干部不得干预借调人员岗位调整、职务晋升等事项。

第六十七条　监督执纪人员应当严格执行保密制度，控制审查调查工作事项知悉范围和时间，不准私自留存、隐匿、查阅、摘抄、复制、携带问题线索和涉案资料，严禁泄露审查调查工作情况。

审查调查组成员工作期间，应当使用专用手机、电脑、电子设备和存储介质，实行编号管理，审查调查工作结束后收回检查。

汇报案情、传递审查调查材料应当使用加密设施，携带案卷材料应当专人专车、卷不离身。

第六十八条　纪检监察机关相关涉密人员离岗离职后，应当遵守脱密期管理规定，严格履行保密义务，不得泄露相关秘密。

监督执纪人员辞职、退休 3 年内，不得从事与纪检监察和司法工作相关联、可能发生利益冲突的职业。

第六十九条　纪检监察机关开展谈话应当做到全程可控。谈话前做好风险评估、医疗保障、安全防范工作以及应对突发事件的预案；谈话中及时研判谈话内容以及案情变化，发现严重职务违法、职务犯罪，依照监察法需要采取留置措施的，应当及时采取留置措施；谈话结束前做好被谈话人思想工作，谈话后按程序与相关单位或者人员交接，并做好跟踪回访等工作。

第七十条　建立健全安全责任制，监督检查、审查调查部门主要负责人和审查调查组组长是审查调查安全第一责任人，审查调查组应当指定专人担任安全员。被审查调查人发生安全事故的，应当在 24 小时内逐级上报至中央纪委，及时做好舆论引导。

发生严重安全事故的，或者存在严重违规违纪违法行为的，省级纪检监察机关主要负责人应当向中央纪委作出检讨，并予以通报、严肃问责追责。

案件监督管理部门应当组织开展经常性检查和不定期抽查，发现问题及时报告并督促整改。

第七十一条　对纪检监察干部越权接触相关地区、部门、单位党委（党组）负责人，私存线索、跑风漏气、违反安全保密规定，接受请托、干预审查调查、以案谋私、办人情案，侮辱、打骂、虐待、体罚或者变相体罚被审查调查人，以违规违纪违法方式收集证据，截留挪用、侵占私分涉案财物，接受宴请和财物等行为，依规依纪严肃处理；涉嫌职务违法、职务犯罪的，依法追究法律责任。

第七十二条 纪检监察机关在维护监督执纪工作纪律方面失职失责的，予以严肃问责。

第七十三条 对案件处置出现重大失误，纪检监察干部涉嫌严重违纪或者职务违法、职务犯罪的，开展"一案双查"，既追究直接责任，还应当严肃追究有关领导人员责任。

建立办案质量责任制，对滥用职权、失职失责造成严重后果的，实行终身问责。

第十章 附 则

第七十四条 各省（自治区、直辖市）党委、中央和国家机关工委可以根据本规则，结合工作实际，制定实施细则。

中央军事委员会可以根据本规则，制定相关规定。

第七十五条 纪委监委派驻纪检监察组、纪检监察工委除执行本规则外，还应当执行党中央以及中央纪委相关规定。

国有企事业单位纪检监察机构结合实际执行本规则。

第七十六条 本规则由中央纪律检查委员会负责解释。

第七十七条 本规则自 2019 年 1 月 1 日起施行。2017 年 1 月 15 日中央纪委印发的《中国共产党纪律检查机关监督执纪工作规则（试行）》同时废止。此前发布的其他有关纪检监察机关监督执纪工作的规定，凡与本规则不一致的，按照本规则执行。

纪检监察机关处理检举控告工作规则

（2020 年 1 月 2 日中共中央政治局常委会会议审议批准，2020 年 1 月 21 日中共中央办公厅发布）

第一章 总 则

第一条 为了规范纪检监察机关处理检举控告工作，保障党员、群众行使监督权利，维护党员、干部合法权益，根据《中国共产党章程》、《中国共产党党内监督条例》等党内法规和《中华人民共和国宪法》、《中华人民共和国监察法》等法律，制定本规则。

第二条　坚持以马克思列宁主义、毛泽东思想、邓小平理论、"三个代表"重要思想、科学发展观、习近平新时代中国特色社会主义思想为指导，增强"四个意识"、坚定"四个自信"、做到"两个维护"，深入推进全面从严治党，贯彻纪律检查委员会和监察委员会合署办公要求，依规依纪依法处理检举控告，完善党和国家监督体系，强化对权力运行的制约和监督。

第三条　纪检监察机关应当认真处理检举控告，回应群众关切，发挥党和国家监督专责机关作用，保障党的理论和路线方针政策以及重大决策部署贯彻落实，为党风廉政建设、社会和谐稳定服务。

第四条　任何组织和个人对以下行为，有权向纪检监察机关提出检举控告：

（一）党组织、党员违反政治纪律、组织纪律、廉洁纪律、群众纪律、工作纪律、生活纪律等党的纪律行为；

（二）监察对象不依法履职，违反秉公用权、廉洁从政从业以及道德操守等规定，涉嫌贪污贿赂、滥用职权、玩忽职守、权力寻租、利益输送、徇私舞弊以及浪费国家资财等职务违法、职务犯罪行为；

（三）其他依照规定应当由纪检监察机关处理的违纪违法行为。

第五条　纪检监察机关处理检举控告工作应当遵循以下原则：

（一）实事求是。以事实为依据处理检举控告，鼓励支持检举控告人客观真实地反映情况。

（二）依规依纪依法。按照党章党规党纪和宪法法律以及信访工作有关规定处理检举控告，引导检举控告人依规依法、理性有序地反映问题。

（三）保障合法权利。贯彻"三个区分开来"要求，既保障检举控告人的监督权利，又查处诬告陷害行为，保护党员、干部干事创业积极性。

（四）分级负责、分工处理。按照管理权限受理检举控告，建立信访举报、监督检查、审查调查、案件监督管理等部门相互配合、相互制约的工作机制。

第六条　建设覆盖纪检监察系统的检举举报平台，运用互联网技术和信息化手段，畅通检举控告渠道，规范处理检举控告工作，及时发现问题线索，科学研判政治生态，更好服务群众。

第二章　检举控告的接收和受理

第七条　纪检监察机关应当接收检举控告人通过以下方式提出的检举控告：

（一）向纪检监察机关邮寄信件反映的；

（二）到纪检监察机关指定的接待场所当面反映的；

（三）拨打纪检监察机关检举控告电话反映的；

（四）向纪检监察机关的检举控告网站、微信公众平台、手机客户端等网络举报受理平台发送电子材料反映的；

（五）通过纪检监察机关设立的其他渠道反映的。

对其他机关、部门、单位转送的属于纪检监察机关受理范围的检举控告，应当按规定予以接收。

第八条　县级以上纪检监察机关应当明确承担信访举报工作职责的部门和人员，设置接待群众的场所，公开检举控告地址、电话、网站等信息，公布有关规章制度，归口接收检举控告。

巡视巡察工作机构对收到的检举控告，按有关规定处理。

第九条　纪检监察机关应当负责任地接待来访人员，耐心听取其反映的问题，做好解疑释惑和情绪疏导工作，妥善处理问题。

建立纪检监察干部定期接访制度，有关负责人应当接待重要来访、处理重要信访问题。

第十条　纪检监察机关信访举报部门对属于受理范围的检举控告，应当进行编号登记，按规定录入检举举报平台。

对涉及同级党委管理的党员、干部以及监察对象的检举控告，应当定期梳理汇总，并向本机关主要负责人报告。

第十一条　检举控告工作按照管理权限实行分级受理：

（一）中央纪委国家监委受理反映中央委员、候补中央委员，中央纪委委员，中央管理的领导干部，党中央工作机关、党中央批准设立的党组（党委），各省、自治区、直辖市党委、纪委等涉嫌违纪或者职务违法、职务犯罪问题的检举控告。

（二）地方各级纪委监委受理反映同级党委委员、候补委员，同级纪委委员，同级党委管理的党员、干部以及监察对象，同级党委工作机关、党委批准设立的党组（党委），下一级党委、纪委等涉嫌违纪或者职务违法、职务犯罪问题的检举控告。

（三）基层纪委受理反映同级党委管理的党员，同级党委下属的各级党组织涉嫌违纪问题的检举控告；未设立纪律检查委员会的党的基层委员会，由该委员会受理检举控告。

各级纪委监委按照管理权限受理反映本机关干部涉嫌违纪或者职务违法、

职务犯罪问题的检举控告。

第十二条　对反映党的组织关系在地方、干部管理权限在主管部门的党员、干部以及监察对象涉嫌违纪或者职务违法、职务犯罪问题的检举控告，由设在主管部门、有管辖权的纪检监察机关受理。地方纪检监察机关接到检举控告的，经与设在主管部门、有管辖权的纪检监察机关协调，可以按规定受理。

第十三条　纪检监察机关对反映的以下事项，不予受理：

（一）已经或者依法应当通过诉讼、仲裁、行政裁决、行政复议等途径解决的；

（二）依照有关规定，属于其他机关或者单位职责范围的；

（三）仅列举出违纪或者职务违法、职务犯罪行为名称但无实质内容的。

对前款第一项、第二项所列事项，通过来信反映的，应当及时转有关机关或者单位处理；通过来访、来电、网络举报受理平台等方式反映的，应当告知检举控告人依规依法向有权处理的机关或者单位反映。

第三章　检举控告的办理

第十四条　纪检监察机关信访举报部门经筛选，对属于本级受理的初次检举控告，应当移送本机关监督检查部门或者相关部门，并按规定将移送情况通报案件监督管理部门；对于重复检举控告，按规定登记后留存备查，并定期向有关部门通报情况。

承办部门应当指定专人负责管理，逐件登记、建立台账。

第十五条　纪检监察机关信访举报部门收到属于上级纪检监察机关受理的检举控告，应当径送本机关主要负责人，并在收到之日起5个工作日内报送上一级纪检监察机关信访举报部门；收到反映本机关主要负责人问题的检举控告，应当径送上一级纪检监察机关信访举报部门。

对属于上级纪检监察机关受理的检举控告，不得瞒报、漏报、迟报，不得扩大知情范围，不得复制、摘抄检举控告内容，不得将有关信息录入检举举报平台。

第十六条　纪检监察机关信访举报部门收到属于下级纪检监察机关受理的检举控告，应当及时予以转送。

下一级纪检监察机关对转送的检举控告，应当进行登记，在收到之日起5个工作日内完成受理或者转办工作。

第十七条　纪检监察机关监督检查部门应当对收到的检举控告进行认真甄

别，对没有实质内容的检举控告或者属于其他纪检监察机关受理的检举控告，在沟通研究、经本机关分管领导批准后，按程序退回信访举报部门处理。

监督检查部门对属于本级受理的检举控告，应当结合日常监督掌握的情况，进行综合分析、适当了解，经集体研究并履行报批程序后，以谈话函询、初步核实、暂存待查、予以了结等方式处置，或者按规定移送审查调查部门处置。

第十八条 纪检监察机关监督检查、审查调查部门应当每季度向信访举报部门反馈已办结的检举控告处理结果。

反馈内容应当包括处置方式、属实情况、向检举控告人反馈情况等。

第十九条 纪检监察机关案件监督管理部门应当加强对检举控告办理情况的监督。信访举报、监督检查、审查调查部门应当定期向案件监督管理部门通报有关情况。

第四章　检查督办

第二十条 纪检监察机关信访举报部门对属于下级纪检监察机关受理的检举控告，有以下情形之一，经本机关分管领导批准，可以发函交办：

（一）在落实党中央决策部署中，存在明显违纪违法问题的；

（二）问题典型、群众反映强烈的；

（三）对检举控告问题久拖不办，造成不良影响的；

（四）其他需要交办的情形。

第二十一条 下级纪检监察机关接到交办的检举控告后，一般应当在 3 个月内办结，并报送核查处理情况；经本机关主要负责人批准，可以延长 3 个月，并向上级纪检监察机关报告。特殊情况需要再次延长办理期限的，应当报上级纪检监察机关批准。

第二十二条 对交办的检举控告，有以下情形之一，经交办机关分管领导批准，可以采取发函、听取汇报、审阅案卷、检查督促等方式督办：

（一）超过期限仍未办结的；

（二）组织不力、核查处理不认真，或者推诿敷衍的；

（三）需要补充核查、重新研究处理意见或者补报有关材料的；

（四）其他需要督办的情形。

第二十三条 检举控告承办机关对拟上报的核查处理情况，应当集体审核研究，经本机关主要负责人批准后，报上一级纪检监察机关。

第五章　实名检举控告的处理

第二十四条　检举控告人使用本人真实姓名或者本单位名称，有电话等具体联系方式的，属于实名检举控告。

纪检监察机关信访举报部门可以通过电话、面谈等方式核实是否属于实名检举控告。

第二十五条　纪检监察机关提倡、鼓励实名检举控告，对实名检举控告优先办理、优先处置、给予答复。

第二十六条　纪检监察机关信访举报部门对属于本机关受理的实名检举控告，应当在收到检举控告之日起 15 个工作日内告知实名检举控告人受理情况。重复检举控告的，不再告知。

第二十七条　承办的监督检查、审查调查部门应当将实名检举控告的处理结果在办结之日起 15 个工作日内向检举控告人反馈，并记录反馈情况。检举控告人提出异议的，承办部门应当如实记录，并予以说明；提供新的证据材料的，承办部门应当核查处理。

第二十八条　实名检举控告经查证属实，对突破重大案件起到重要作用，或者为国家、集体挽回重大经济损失的，纪检监察机关可以按规定对检举控告人予以奖励。

第二十九条　匿名检举控告，属于受理范围的，纪检监察机关应当按程序受理。

对匿名检举控告材料，不得擅自核查检举控告人的笔迹、网际协议地址（IP 地址）等信息。对检举控告人涉嫌诬告陷害等违纪违法行为，确有需要采取上述方式追查其身份的，应当经设区的市级以上纪委监委批准。

第三十条　虽有署名但不是检举控告人真实姓名（单位名称）或者无法验证的检举控告，按照匿名检举控告处理。

第六章　检举控告情况的综合运用

第三十一条　纪检监察机关应当定期研判所辖地区、部门、单位检举控告情况，对反映的典型性、普遍性、苗头性问题提出有针对性的工作建议，形成综合分析报告，报上一级纪检监察机关，必要时向同级党委报告。

纪检监察机关应当根据全面从严治党、党风廉政建设和反腐败工作重点以及检举控告反映的热点问题，开展专题分析。

对问题集中、反映强烈的地区、部门、单位，可以将相关分析情况向有关党组织通报。

第三十二条 纪检监察机关应当根据巡视巡察工作机构要求，及时提供涉及被巡视巡察地区、部门、单位的检举控告情况。

第三十三条 纪检监察机关在开展日常监督工作中应当对检举控告情况进行收集、研判，综合各方面信息，全面掌握被监督单位政治生态情况和被监督对象的思想、工作、作风、生活情况，提高监督的针对性和实效性。

第三十四条 对检举控告较多的地区、部门、单位，纪检监察机关经了解核实后，发现有关党组织或者单位党风廉政建设和履行职责存在问题的，应当向其提出纪律检查建议或者监察建议，并督促整改落实。

第七章　当事人的权利和义务

第三十五条 检举控告人享有以下权利：

（一）对党组织和党员、干部以及监察对象涉嫌违纪违法的行为提出检举控告；

（二）申请与检举控告事项相关的工作人员回避；

（三）对受理机关以及处理检举控告工作人员的失职渎职等违纪违法行为提出检举控告；

（四）因检举控告致其合法权利受到威胁或者侵害的，可以提出保护申请；

（五）检举控告严重违纪违法问题，经查证属实的，按规定获得表扬或者奖励；

（六）党内法规和法律法规规定的其他权利。

第三十六条 检举控告人应当履行以下义务：

（一）如实提供所掌握的全部情况和证据，对检举控告内容的真实性负责，不得夸大、歪曲事实，不得诬告陷害他人；

（二）自觉维护社会公共秩序和信访秩序，不得损害党、国家和人民的利益以及公民个人的合法权利；

（三）接受党组织、单位的正确处理意见，不得提出党内法规和法律法规规定以外的要求；

（四）对反馈的处理结果等情况予以保密；

（五）党内法规和法律法规规定的其他义务。

第三十七条 被检举控告人应当履行以下义务：

（一）正确对待检举控告，有则改之、无则加勉，习惯在受监督和约束的环境中工作生活；

（二）相信组织、依靠组织，配合做好了解核实工作，实事求是说明问题，不得对抗审查调查；

（三）尊重检举控告人和处理检举控告工作人员，不得进行打击报复；

（四）党内法规和法律法规规定的其他义务。

第三十八条　被检举控告人享有以下权利：

（一）对被检举控告的问题作出说明、辩解；

（二）基层党组织讨论决定对自身处理、处分时，可以参加和进行申辩；

（三）申请反馈核查处理结论；

（四）对所受处理、处分不服的，可以申诉或者申请复审；

（五）对受理机关以及处理检举控告工作人员的失职渎职等违纪违法行为提出检举控告；

（六）党内法规和法律法规规定的其他权利。

第八章　诬告陷害行为的查处

第三十九条　采取捏造事实、伪造材料等方式反映问题，意图使他人受到不良政治影响、名誉损失或者责任追究的，属于诬告陷害。

认定诬告陷害，应当经设区的市级以上党委或者纪检监察机关批准。

第四十条　纪检监察机关应当加强对检举控告的分析甄别，注意发现异常检举控告行为，有重点地进行查证。属于诬告陷害的，依规依纪依法严肃处理，或者移交有关机关依法处理。

第四十一条　诬告陷害具有以下情形之一，应当从重处理：

（一）手段恶劣，造成不良影响的；

（二）严重干扰换届选举或者干部选拔任用工作的；

（三）经调查已有明确结论，仍诬告陷害他人的；

（四）强迫、唆使他人诬告陷害的；

（五）其他造成严重后果的。

第四十二条　纪检监察机关应当将查处的诬告陷害典型案件通报曝光。

第四十三条　纪检监察机关对通过诬告陷害获得的职务、职级、职称、学历、学位、奖励、资格等利益，应当建议有关组织、部门、单位按规定予以纠正。

第四十四条 对被诬告陷害的党员、干部以及监察对象，纪检监察机关、所在单位党组织应当开展思想政治工作，谈心谈话、消除顾虑，保护干事创业积极性，推动履职尽责、担当作为。

第四十五条 纪检监察机关应当区分诬告陷害和错告。属于错告的，可以对检举控告人进行教育。

第九章　工作要求和责任

第四十六条 纪检监察机关及其工作人员在处理检举控告工作中，应当强化宗旨意识，改进工作作风，注意工作方法，对于不予受理事项或者不合理诉求做好解释说明，不得自以为是、盛气凌人，不得漠视群众疾苦、对群众利益麻木不仁。

第四十七条 纪检监察机关应当建立健全检举控告保密制度，严格落实保密要求：

（一）对检举控告人的姓名（单位名称）、工作单位、住址等有关情况以及检举控告内容必须严格保密；

（二）严禁将检举控告材料、检举控告人信息转给或者告知被检举控告的组织、人员；

（三）受理检举控告或者开展核查工作，应当在不暴露检举控告人身份的情况下进行；

（四）宣传报道检举控告有功人员，涉及公开其姓名、单位等个人信息的，应当征得本人同意。

第四十八条 处理检举控告工作人员有以下情形之一，应当主动提出回避，当事人有权要求其回避，回避决定由纪检监察机关作出：

（一）本人是被检举控告人或者其近亲属的；

（二）本人或者近亲属与被检举控告问题有利害关系的；

（三）其他可能影响检举控告问题公正处理的情形。

第四十九条 检举控告人及其近亲属的人身、财产安全因检举控告而受到威胁或者侵害，并提出保护申请的，纪检监察机关应当依法、及时提供保护。必要时，纪检监察机关可以商请有关机关予以协助。

被检举控告人有危害人身安全和损害财产、名誉等打击报复行为的，依规依纪依法严肃处理。

第五十条 纪检监察机关核查认定检举控告失实、有必要予以澄清的，经本机关主要负责人批准后，可以采取以下方式予以澄清：

（一）向被检举控告人所在地区、部门、单位党委（党组）主要负责人以及本人发函说明或者当面说明；

（二）向被检举控告人所在地区、部门、单位党委（党组）通报情况；

（三）在一定范围内通报。

第五十一条　对因检举控告失实而受到错误处理、处分的，纪检监察机关应当在职权范围内予以纠正，或者向有权机关提出纠正建议。

第五十二条　纪检监察机关及其工作人员有以下情形之一，依规依纪严肃处理；涉嫌职务违法、职务犯罪的，依法追究法律责任：

（一）私存、扣压、篡改、伪造、撤换、隐匿、遗失或者私自销毁检举控告材料的；

（二）超越权限，擅自处理检举控告材料的；

（三）泄露检举控告人信息或者检举控告内容等，或者将检举控告材料转给被检举控告的组织、人员的；

（四）隐瞒、谎报、未按规定期限上报重大检举控告信息，造成严重后果的；

（五）其他违规违纪违法的情形。

利用检举控告材料谋取个人利益或者为打击报复检举控告人提供便利的，应当从重处理。

第七章　附　则

第五十三条　本规则所称监督检查部门、审查调查部门，指的是纪检监察机关中履行监督检查、审查调查职能的部门和跨部门组建的审查调查组。

第五十四条　对纪检监察机关在监督检查、审查调查中发现的问题线索，审计机关、执法部门、司法机关等单位移交的信访举报以外的问题线索的处理，其他党内法规和法律法规另有规定的，从其规定。

第五十五条　纪委监委派驻（派出）机构和国有企业、高校等企事业单位纪检监察机构除执行本规则外，还应当执行党中央以及中央纪委国家监委相关规定。

第五十六条　中央军事委员会可以根据本规则，制定相关规定。

第五十七条　本规则由中央纪委国家监委负责解释。

第五十八条　本规则自发布之日起施行。此前发布的其他有关纪检监察机关处理检举控告工作的规定，凡与本规则不一致的，按照本规则执行。

中华人民共和国公职人员政务处分法

（2020 年 6 月 20 日第十三届全国人民代表大会常务委员会第十九次会议通过）

第一章 总 则

第一条 为了规范政务处分，加强对所有行使公权力的公职人员的监督，促进公职人员依法履职、秉公用权、廉洁从政从业、坚持道德操守，根据《中华人民共和国监察法》，制定本法。

第二条 本法适用于监察机关对违法的公职人员给予政务处分的活动。

本法第二章、第三章适用于公职人员任免机关、单位对违法的公职人员给予处分。处分的程序、申诉等适用其他法律、行政法规、国务院部门规章和国家有关规定。

本法所称公职人员，是指《中华人民共和国监察法》第十五条规定的人员。

第三条 监察机关应当按照管理权限，加强对公职人员的监督，依法给予违法的公职人员政务处分。

公职人员任免机关、单位应当按照管理权限，加强对公职人员的教育、管理、监督，依法给予违法的公职人员处分。

监察机关发现公职人员任免机关、单位应当给予处分而未给予，或者给予的处分违法、不当的，应当及时提出监察建议。

第四条 给予公职人员政务处分，坚持党管干部原则，集体讨论决定；坚持法律面前一律平等，以事实为根据，以法律为准绳，给予的政务处分与违法行为的性质、情节、危害程度相当；坚持惩戒与教育相结合，宽严相济。

第五条 给予公职人员政务处分，应当事实清楚、证据确凿、定性准确、处理恰当、程序合法、手续完备。

第六条 公职人员依法履行职责受法律保护，非因法定事由、非经法定程序，不受政务处分。

第二章 政务处分的种类和适用

第七条 政务处分的种类为：

（一）警告；

（二）记过；

（三）记大过；

（四）降级；

（五）撤职；

（六）开除。

第八条　政务处分的期间为：

（一）警告，六个月；

（二）记过，十二个月；

（三）记大过，十八个月；

（四）降级、撤职，二十四个月。

政务处分决定自作出之日起生效，政务处分期自政务处分决定生效之日起计算。

第九条　公职人员二人以上共同违法，根据各自在违法行为中所起的作用和应当承担的法律责任，分别给予政务处分。

第十条　有关机关、单位、组织集体作出的决定违法或者实施违法行为的，对负有责任的领导人员和直接责任人员中的公职人员依法给予政务处分。

第十一条　公职人员有下列情形之一的，可以从轻或者减轻给予政务处分：

（一）主动交代本人应当受到政务处分的违法行为的；

（二）配合调查，如实说明本人违法事实的；

（三）检举他人违纪违法行为，经查证属实的；

（四）主动采取措施，有效避免、挽回损失或者消除不良影响的；

（五）在共同违法行为中起次要或者辅助作用的；

（六）主动上交或者退赔违法所得的；

（七）法律、法规规定的其他从轻或者减轻情节。

第十二条　公职人员违法行为情节轻微，且具有本法第十一条规定的情形之一的，可以对其进行谈话提醒、批评教育、责令检查或者予以诫勉，免予或者不予政务处分。

公职人员因不明真相被裹挟或者被胁迫参与违法活动，经批评教育后确有悔改表现的，可以减轻、免予或者不予政务处分。

第十三条　公职人员有下列情形之一的，应当从重给予政务处分：

（一）在政务处分期内再次故意违法，应当受到政务处分的；

（二）阻止他人检举、提供证据的；

（三）串供或者伪造、隐匿、毁灭证据的；

（四）包庇同案人员的；

（五）胁迫、唆使他人实施违法行为的；

（六）拒不上交或者退赔违法所得的；

（七）法律、法规规定的其他从重情节。

第十四条 公职人员犯罪，有下列情形之一的，予以开除：

（一）因故意犯罪被判处管制、拘役或者有期徒刑以上刑罚（含宣告缓刑）的；

（二）因过失犯罪被判处有期徒刑，刑期超过三年的；

（三）因犯罪被单处或者并处剥夺政治权利的。

因过失犯罪被判处管制、拘役或者三年以下有期徒刑的，一般应当予以开除；案件情况特殊，予以撤职更为适当的，可以不予开除，但是应当报请上一级机关批准。

公职人员因犯罪被单处罚金，或者犯罪情节轻微，人民检察院依法作出不起诉决定或者人民法院依法免予刑事处罚的，予以撤职；造成不良影响的，予以开除。

第十五条 公职人员有两个以上违法行为的，应当分别确定政务处分。应当给予两种以上政务处分的，执行其中最重的政务处分；应当给予撤职以下多个相同政务处分的，可以在一个政务处分期以上、多个政务处分期之和以下确定政务处分期，但是最长不得超过四十八个月。

第十六条 对公职人员的同一违法行为，监察机关和公职人员任免机关、单位不得重复给予政务处分和处分。

第十七条 公职人员有违法行为，有关机关依照规定给予组织处理的，监察机关可以同时给予政务处分。

第十八条 担任领导职务的公职人员有违法行为，被罢免、撤销、免去或者辞去领导职务的，监察机关可以同时给予政务处分。

第十九条 公务员以及参照《中华人民共和国公务员法》管理的人员在政务处分期内，不得晋升职务、职级、衔级和级别；其中，被记过、记大过、降级、撤职的，不得晋升工资档次。被撤职的，按照规定降低职务、职级、衔级和级别，同时降低工资和待遇。

第二十条 法律、法规授权或者受国家机关依法委托管理公共事务的组织中从事公务的人员，以及公办的教育、科研、文化、医疗卫生、体育等单位中从事管理的人员，在政务处分期内，不得晋升职务、岗位和职员等级、职称；其中，被记过、记大过、降级、撤职的，不得晋升薪酬待遇等级。被撤职的，降低职务、岗位或者职员等级，同时降低薪酬待遇。

第二十一条 国有企业管理人员在政务处分期内，不得晋升职务、岗位等级和职称；其中，被记过、记大过、降级、撤职的，不得晋升薪酬待遇等级。被撤职的，降低职务或者岗位等级，同时降低薪酬待遇。

第二十二条 基层群众性自治组织中从事管理的人员有违法行为的，监察机关可以予以警告、记过、记大过。

基层群众性自治组织中从事管理的人员受到政务处分的，应当由县级或者乡镇人民政府根据具体情况减发或者扣发补贴、奖金。

第二十三条 《中华人民共和国监察法》第十五条第六项规定的人员有违法行为的，监察机关可以予以警告、记过、记大过。情节严重的，由所在单位直接给予或者监察机关建议有关机关、单位给予降低薪酬待遇、调离岗位、解除人事关系或者劳动关系等处理。

《中华人民共和国监察法》第十五条第二项规定的人员，未担任公务员、参照《中华人民共和国公务员法》管理的人员、事业单位工作人员或者国有企业人员职务的，对其违法行为依照前款规定处理。

第二十四条 公职人员被开除，或者依照本法第二十三条规定，受到解除人事关系或者劳动关系处理的，不得录用为公务员以及参照《中华人民共和国公务员法》管理的人员。

第二十五条 公职人员违法取得的财物和用于违法行为的本人财物，除依法应当由其他机关没收、追缴或者责令退赔的，由监察机关没收、追缴或者责令退赔；应当退还原所有人或者原持有人的，依法予以退还；属于国家财产或者不应当退还以及无法退还的，上缴国库。

公职人员因违法行为获得的职务、职级、衔级、级别、岗位和职员等级、职称、待遇、资格、学历、学位、荣誉、奖励等其他利益，监察机关应当建议有关机关、单位、组织按规定予以纠正。

第二十六条 公职人员被开除的，自政务处分决定生效之日起，应当解除其与所在机关、单位的人事关系或者劳动关系。

公职人员受到开除以外的政务处分，在政务处分期内有悔改表现，并且没有再发生应当给予政务处分的违法行为的，政务处分期满后自动解除，晋升职务、职级、衔级、级别、岗位和职员等级、职称、薪酬待遇不再受原政务处分影响。但是，解除降级、撤职的，不恢复原职务、职级、衔级、级别、岗位和职员等级、职称、薪酬待遇。

第二十七条 已经退休的公职人员退休前或者退休后有违法行为的，不再给予政务处分，但是可以对其立案调查；依法应当予以降级、撤职、开除的，应当按照规定相应调整其享受的待遇，对其违法取得的财物和用于违法行为的本人财物依照本法第二十五条的规定处理。

已经离职或者死亡的公职人员在履职期间有违法行为的，依照前款规定处理。

第三章　违法行为及其适用的政务处分

第二十八条 有下列行为之一的，予以记过或者记大过；情节较重的，予以降级或者撤职；情节严重的，予以开除：

（一）散布有损宪法权威、中国共产党领导和国家声誉的言论的；

（二）参加旨在反对宪法、中国共产党领导和国家的集会、游行、示威等活动的；

（三）拒不执行或者变相不执行中国共产党和国家的路线方针政策、重大决策部署的；

（四）参加非法组织、非法活动的；

（五）挑拨、破坏民族关系，或者参加民族分裂活动的；

（六）利用宗教活动破坏民族团结和社会稳定的；

（七）在对外交往中损害国家荣誉和利益的。

有前款第二项、第四项、第五项和第六项行为之一的，对策划者、组织者和骨干分子，予以开除。

公开发表反对宪法确立的国家指导思想，反对中国共产党领导，反对社会主义制度，反对改革开放的文章、演说、宣言、声明等的，予以开除。

第二十九条 不按照规定请示、报告重大事项，情节较重的，予以警告、记过或者记大过；情节严重的，予以降级或者撤职。

违反个人有关事项报告规定，隐瞒不报，情节较重的，予以警告、记过或者记大过。

篡改、伪造本人档案资料的，予以记过或者记大过；情节严重的，予以降级或者撤职。

　　第三十条　有下列行为之一的，予以警告、记过或者记大过；情节严重的，予以降级或者撤职：

　　（一）违反民主集中制原则，个人或者少数人决定重大事项，或者拒不执行、擅自改变集体作出的重大决定的；

　　（二）拒不执行或者变相不执行、拖延执行上级依法作出的决定、命令的。

　　第三十一条　违反规定出境或者办理因私出境证件的，予以记过或者记大过；情节严重的，予以降级或者撤职。

　　违反规定取得外国国籍或者获取境外永久居留资格、长期居留许可的，予以撤职或者开除。

　　第三十二条　有下列行为之一的，予以警告、记过或者记大过；情节较重的，予以降级或者撤职；情节严重的，予以开除：

　　（一）在选拔任用、录用、聘用、考核、晋升、评选等干部人事工作中违反有关规定的；

　　（二）弄虚作假，骗取职务、职级、衔级、级别、岗位和职员等级、职称、待遇、资格、学历、学位、荣誉、奖励或者其他利益的；

　　（三）对依法行使批评、申诉、控告、检举等权利的行为进行压制或者打击报复的；

　　（四）诬告陷害，意图使他人受到名誉损害或者责任追究等不良影响的；

　　（五）以暴力、威胁、贿赂、欺骗等手段破坏选举的。

　　第三十三条　有下列行为之一的，予以警告、记过或者记大过；情节较重的，予以降级或者撤职；情节严重的，予以开除：

　　（一）贪污贿赂的；

　　（二）利用职权或者职务上的影响为本人或者他人谋取私利的；

　　（三）纵容、默许特定关系人利用本人职权或者职务上的影响谋取私利的。

　　拒不按照规定纠正特定关系人违规任职、兼职或者从事经营活动，且不服从职务调整的，予以撤职。

　　第三十四条　收受可能影响公正行使公权力的礼品、礼金、有价证券等财物的，予以警告、记过或者记大过；情节较重的，予以降级或者撤职；情节严重的，予以开除。

　　向公职人员及其特定关系人赠送可能影响公正行使公权力的礼品、礼金、有价证券等财物，或者接受、提供可能影响公正行使公权力的宴请、旅游、健身、娱乐等活动安排，情节较重的，予以警告、记过或者记大过；情节严重的，予以降级或者撤职。

第三十五条　有下列行为之一，情节较重的，予以警告、记过或者记大过；情节严重的，予以降级或者撤职：

（一）违反规定设定、发放薪酬或者津贴、补贴、奖金的；

（二）违反规定，在公务接待、公务交通、会议活动、办公用房以及其他工作生活保障等方面超标准、超范围的；

（三）违反规定公款消费的。

第三十六条　违反规定从事或者参与营利性活动，或者违反规定兼任职务、领取报酬的，予以警告、记过或者记大过；情节较重的，予以降级或者撤职；情节严重的，予以开除。

第三十七条　利用宗族或者黑恶势力等欺压群众，或者纵容、包庇黑恶势力活动的，予以撤职；情节严重的，予以开除。

第三十八条　有下列行为之一，情节较重的，予以警告、记过或者记大过；情节严重的，予以降级或者撤职：

（一）违反规定向管理服务对象收取、摊派财物的；

（二）在管理服务活动中故意刁难、吃拿卡要的；

（三）在管理服务活动中态度恶劣粗暴，造成不良后果或者影响的；

（四）不按照规定公开工作信息，侵犯管理服务对象知情权，造成不良后果或者影响的；

（五）其他侵犯管理服务对象利益的行为，造成不良后果或者影响的。

有前款第一项、第二项和第五项行为，情节特别严重的，予以开除。

第三十九条　有下列行为之一，造成不良后果或者影响的，予以警告、记过或者记大过；情节较重的，予以降级或者撤职；情节严重的，予以开除：

（一）滥用职权，危害国家利益、社会公共利益或者侵害公民、法人、其他组织合法权益的；

（二）不履行或者不正确履行职责，玩忽职守，贻误工作的；

（三）工作中有形式主义、官僚主义行为的；

（四）工作中有弄虚作假，误导、欺骗行为的；

（五）泄露国家秘密、工作秘密，或者泄露因履行职责掌握的商业秘密、个人隐私的。

第四十条　有下列行为之一的，予以警告、记过或者记大过；情节较重的，予以降级或者撤职；情节严重的，予以开除：

（一）违背社会公序良俗，在公共场所有不当行为，造成不良影响的；

（二）参与或者支持迷信活动，造成不良影响的；

（三）参与赌博的；

（四）拒不承担赡养、抚养、扶养义务的；

（五）实施家庭暴力，虐待、遗弃家庭成员的；

（六）其他严重违反家庭美德、社会公德的行为。

吸食、注射毒品，组织赌博，组织、支持、参与卖淫、嫖娼、色情淫乱活动的，予以撤职或者开除。

第四十一条　公职人员有其他违法行为，影响公职人员形象，损害国家和人民利益的，可以根据情节轻重给予相应政务处分。

第四章　政务处分的程序

第四十二条　监察机关对涉嫌违法的公职人员进行调查，应当由二名以上工作人员进行。监察机关进行调查时，有权依法向有关单位和个人了解情况，收集、调取证据。有关单位和个人应当如实提供情况。

严禁以威胁、引诱、欺骗及其他非法方式收集证据。以非法方式收集的证据不得作为给予政务处分的依据。

第四十三条　作出政务处分决定前，监察机关应当将调查认定的违法事实及拟给予政务处分的依据告知被调查人，听取被调查人的陈述和申辩，并对其陈述的事实、理由和证据进行核实，记录在案。被调查人提出的事实、理由和证据成立的，应予采纳。不得因被调查人的申辩而加重政务处分。

第四十四条　调查终结后，监察机关应当根据下列不同情况，分别作出处理：

（一）确有应受政务处分的违法行为的，根据情节轻重，按照政务处分决定权限，履行规定的审批手续后，作出政务处分决定；

（二）违法事实不能成立的，撤销案件；

（三）符合免予、不予政务处分条件的，作出免予、不予政务处分决定；

（四）被调查人涉嫌其他违法或者犯罪行为的，依法移送主管机关处理。

第四十五条　决定给予政务处分的，应当制作政务处分决定书。

政务处分决定书应当载明下列事项：

（一）被处分人的姓名、工作单位和职务；

（二）违法事实和证据；

（三）政务处分的种类和依据；

（四）不服政务处分决定，申请复审、复核的途径和期限；

（五）作出政务处分决定的机关名称和日期。

政务处分决定书应当盖有作出决定的监察机关的印章。

第四十六条 政务处分决定书应当及时送达被处分人和被处分人所在机关、单位，并在一定范围内宣布。

作出政务处分决定后，监察机关应当根据被处分人的具体身份书面告知相关的机关、单位。

第四十七条 参与公职人员违法案件调查、处理的人员有下列情形之一的，应当自行回避，被调查人、检举人及其他有关人员也有权要求其回避：

（一）是被调查人或者检举人的近亲属的；

（二）担任过本案的证人的；

（三）本人或者其近亲属与调查的案件有利害关系的；

（四）可能影响案件公正调查、处理的其他情形。

第四十八条 监察机关负责人的回避，由上级监察机关决定；其他参与违法案件调查、处理人员的回避，由监察机关负责人决定。

监察机关或者上级监察机关发现参与违法案件调查、处理人员有应当回避情形的，可以直接决定该人员回避。

第四十九条 公职人员依法受到刑事责任追究的，监察机关应当根据司法机关的生效判决、裁定、决定及其认定的事实和情节，依照本法规定给予政务处分。

公职人员依法受到行政处罚，应当给予政务处分的，监察机关可以根据行政处罚决定认定的事实和情节，经立案调查核实后，依照本法给予政务处分。

监察机关根据本条第一款、第二款的规定作出政务处分后，司法机关、行政机关依法改变原生效判决、裁定、决定等，对原政务处分决定产生影响的，监察机关应当根据改变后的判决、裁定、决定等重新作出相应处理。

第五十条 监察机关对经各级人民代表大会、县级以上各级人民代表大会常务委员会选举或者决定任命的公职人员予以撤职、开除的，应当先依法罢免、撤销或者免去其职务，再依法作出政务处分决定。

监察机关对经中国人民政治协商会议各级委员会全体会议或者其常务委员会选举或者决定任命的公职人员予以撤职、开除的，应当先依章程免去其职务，再依法作出政务处分决定。

　　监察机关对各级人民代表大会代表、中国人民政治协商会议各级委员会委员给予政务处分的，应当向有关的人民代表大会常务委员会，乡、民族乡、镇的人民代表大会主席团或者中国人民政治协商会议委员会常务委员会通报。

　　第五十一条　下级监察机关根据上级监察机关的指定管辖决定进行调查的案件，调查终结后，对不属于本监察机关管辖范围内的监察对象，应当交有管理权限的监察机关依法作出政务处分决定。

　　第五十二条　公职人员涉嫌违法，已经被立案调查，不宜继续履行职责的，公职人员任免机关、单位可以决定暂停其履行职务。

　　公职人员在被立案调查期间，未经监察机关同意，不得出境、辞去公职；被调查公职人员所在机关、单位及上级机关、单位不得对其交流、晋升、奖励、处分或者办理退休手续。

　　第五十三条　监察机关在调查中发现公职人员受到不实检举、控告或者诬告陷害，造成不良影响的，应当按照规定及时澄清事实，恢复名誉，消除不良影响。

　　第五十四条　公职人员受到政务处分的，应当将政务处分决定书存入其本人档案。对于受到降级以上政务处分的，应当由人事部门按照管理权限在作出政务处分决定后一个月内办理职务、工资及其他有关待遇等的变更手续；特殊情况下，经批准可以适当延长办理期限，但是最长不得超过六个月。

第五章　复审、复核

　　第五十五条　公职人员对监察机关作出的涉及本人的政务处分决定不服的，可以依法向作出决定的监察机关申请复审；公职人员对复审决定仍不服的，可以向上一级监察机关申请复核。

　　监察机关发现本机关或者下级监察机关作出的政务处分决定确有错误的，应当及时予以纠正或者责令下级监察机关及时予以纠正。

　　第五十六条　复审、复核期间，不停止原政务处分决定的执行。

　　公职人员不因提出复审、复核而被加重政务处分。

　　第五十七条　有下列情形之一的，复审、复核机关应当撤销原政务处分决定，重新作出决定或者责令原作出决定的监察机关重新作出决定：

　　（一）政务处分所依据的违法事实不清或者证据不足的；

　　（二）违反法定程序，影响案件公正处理的；

　　（三）超越职权或者滥用职权作出政务处分决定的。

第五十八条 有下列情形之一的，复审、复核机关应当变更原政务处分决定，或者责令原作出决定的监察机关予以变更：

（一）适用法律、法规确有错误的；

（二）对违法行为的情节认定确有错误的；

（三）政务处分不当的。

第五十九条 复审、复核机关认为政务处分决定认定事实清楚，适用法律正确的，应当予以维持。

第六十条 公职人员的政务处分决定被变更，需要调整该公职人员的职务、职级、衔级、级别、岗位和职员等级或者薪酬待遇等的，应当按照规定予以调整。政务处分决定被撤销的，应当恢复该公职人员的级别、薪酬待遇，按照原职务、职级、衔级、岗位和职员等级安排相应的职务、职级、衔级、岗位和职员等级，并在原政务处分决定公布范围内为其恢复名誉。没收、追缴财物错误的，应当依法予以返还、赔偿。

公职人员因有本法第五十七条、第五十八条规定的情形被撤销政务处分或者减轻政务处分的，应当对其薪酬待遇受到的损失予以补偿。

第六章　法律责任

第六十一条 有关机关、单位无正当理由拒不采纳监察建议的，由其上级机关、主管部门责令改正，对该机关、单位给予通报批评，对负有责任的领导人员和直接责任人员依法给予处理。

第六十二条 有关机关、单位、组织或者人员有下列情形之一的，由其上级机关，主管部门，任免机关、单位或者监察机关责令改正，依法给予处理：

（一）拒不执行政务处分决定的；

（二）拒不配合或者阻碍调查的；

（三）对检举人、证人或者调查人员进行打击报复的；

（四）诬告陷害公职人员的；

（五）其他违反本法规定的情形。

第六十三条 监察机关及其工作人员有下列情形之一的，对负有责任的领导人员和直接责任人员依法给予处理：

（一）违反规定处置问题线索的；

（二）窃取、泄露调查工作信息，或者泄露检举事项、检举受理情况以及检举人信息的；

（三）对被调查人或者涉案人员逼供、诱供，或者侮辱、打骂、虐待、体罚或者变相体罚的；

（四）收受被调查人或者涉案人员的财物以及其他利益的；

（五）违反规定处置涉案财物的；

（六）违反规定采取调查措施的；

（七）利用职权或者职务上的影响干预调查工作、以案谋私的；

（八）违反规定发生办案安全事故，或者发生安全事故后隐瞒不报、报告失实、处置不当的；

（九）违反回避等程序规定，造成不良影响的；

（十）不依法受理和处理公职人员复审、复核的；

（十一）其他滥用职权、玩忽职守、徇私舞弊的行为。

第六十四条　违反本法规定，构成犯罪的，依法追究刑事责任。

第七章　附　则

第六十五条　国务院及其相关主管部门根据本法的原则和精神，结合事业单位、国有企业等的实际情况，对事业单位、国有企业等的违法的公职人员处分事宜作出具体规定。

第六十六条　中央军事委员会可以根据本法制定相关具体规定。

第六十七条　本法施行前，已结案的案件如果需要复审、复核，适用当时的规定。尚未结案的案件，如果行为发生时的规定不认为是违法的，适用当时的规定；如果行为发生时的规定认为是违法的，依照当时的规定处理，但是如果本法不认为是违法或者根据本法处理较轻的，适用本法。

第六十八条　本法自 2020 年 7 月 1 日起施行。

国家监察委员会管辖规定（试行）

（2018 年 4 月 16 日中央纪委国家监委印发）

第一章　总　则

第一条　为明确国家监察委员会管辖范围，根据《中华人民共和国监察法》，结合工作实际，制定本规定。

第二条 本规定所称管辖，是指国家监察委员会对监察对象职务违法和职务犯罪进行监督调查处置的权限和分工。

第三条 国家监察委员会同中央纪律检查委员会合署办公，在党中央集中统一领导下，按照管辖职责开展监督调查处置，按照干部管理权限和属地管辖相结合的原则，实行分级分工负责。

第二章　监察对象

第四条 监察委员会监察的对象是《中华人民共和国监察法》第十五条规定的行使公权力的公职人员和有关人员，主要是指：

（一）公务员和参照公务员法管理的人员，包括中国共产党各级机关的公务员；各级人民代表大会及其常务委员会机关、人民政府、监察委员会、人民法院、人民检察院的公务员；中国人民政治协商会议各级委员会机关的公务员；民主党派机关和工商业联合会机关的公务员；参照《中华人民共和国公务员法》管理的人员。

（二）法律、法规授权或者受国家机关依法委托管理公共事务的组织中从事公务的人员，包括银行保险、证券等监督管理机构的工作人员，注册会计师协会、医师协会等具有公共事务管理职能的行业协会的工作人员，以及法定检验检测检疫鉴定机构的工作人员等。

（三）国有企业管理人员，包括国有独资、控股、参股企业及其分支机构等国家出资企业中，由党组织或者国家机关、国有公司、企业、事业单位提名、推荐、任命、批准等，从事领导、组织、管理、监督等活动的人员。

（四）公办的教育、科研、文化、医疗卫生、体育等单位中从事管理的人员，包括这类单位及其分支机构中从事领导、组织、管理、监督等活动的人员。

（五）基层群众性自治组织中从事管理的人员，包括农村村民委员会、城市居民委员会等基层群众性自治组织中从事集体事务管理的人员，以及协助人民政府从事行政管理工作的人员。

（六）其他依法履行公职的人员，包括人大代表、政协委员、党代会代表、人民陪审员、人民监督员、仲裁员等；其他在国家机关、国有公司、企业、事业单位、群团组织中依法从事领导、组织、管理、监督等公务活动的人员。

第三章　监督检查和调查职务违法

第五条 国家监察委员会履行监督职责应当与党内监督有机统一，加强日常监督，运用党章党规党纪和宪法法律法规，了解掌握公职人员思想、工作、作风、生活情况，加强教育和检查，贯彻惩前毖后、治病救人的方针，深化运用监督执纪"四种形态"，抓早抓小、防微杜渐。

第六条　中央纪律检查委员会、国家监察委员会应当把握监督重点，坚定维护习近平总书记党中央的核心、全党的核心地位，维护党中央权威和集中统一领导；检查贯彻执行党和国家的路线方针政策，落实全面从严治党责任、民主集中制原则以及中央八项规定精神的情况；监督检查依法履职、秉公用权、廉洁从政以及恪守社会道德规范的情况。

第七条　中央纪律检查委员会、国家监察委员会要把日常管理监督、巡视监督和派驻监督有机结合，对监督中发现的问题，要及时分类处置，了解和督促被巡视地区和单位整改落实工作。加强对派驻纪检监察组的领导和建设，督促其落实监督责任，定期约谈主要负责人，将监督工作做实做细。

第八条　派驻纪检监察组依法对被监督单位的领导班子和公职人员进行日常监督，善于运用谈话提醒和诫勉谈话等监督方式。发现领导班子和中央管理的公职人员存在问题的，应当及时向中央纪律检查委员会、国家监察委员会报告；发现其他公职人员的问题，应当会同被监督单位党组织开展调查处置，强化监督职责，发挥"探头"作用。

第九条　国家监察委员会调查公职人员在行使公权力过程中，利用职务便利实施的或者与其职务相关联的违法行为，重点调查公职人员涉嫌贪污贿赂、滥用职权、玩忽职守、权力寻租、利益输送、徇私舞弊以及浪费国家资财等职务违法行为。

第十条　国家监察委员会根据监督和调查的结果，依法对公职人员进行处置，政务处分一般应当与党纪处理有效衔接和匹配，防止畸轻畸重。

第四章　职务犯罪案件管辖范围

第十一条　国家监察委员会负责调查行使公权力的公职人员涉嫌贪污贿赂、滥用职权、玩忽职守、权力寻租、利益输送、徇私舞弊以及浪费国家资财等职务犯罪案件。

第十二条　贪污贿赂犯罪案件，包括贪污罪；挪用公款罪；受贿罪；单位受贿罪；利用影响力受贿罪；行贿罪；对有影响力的人行贿罪；对单位行贿罪；介绍贿赂罪；单位行贿罪；巨额财产来源不明罪；隐瞒境外存款罪；私分国有资产罪；私分罚没财物罪；非国家工作人员受贿罪；对非国家工作人员行贿罪；

对外国公职人员、国际公共组织官员行贿罪。

第十三条 滥用职权犯罪案件，包括滥用职权罪；国有公司、企业、事业单位人员用职权非；滥用管理公司、证券职权罪；食品监管渎职罪；故意泄露国家秘密罪；报复陷害罪；阻碍解救被拐卖、绑架妇女、儿童罪；帮助犯罪分子逃避处罚罪；违法发放林木采代许可证罪；办理偷越国（边）境人员出入境证件罪；放行偷越国（边）境人员罪；挪用特定款物罪；非法剥夺公民宗教信仰自由罪；侵犯少数民族风俗习惯罪；打击报复会计、统计人员罪。

第十四条 玩忽职守犯罪案件，包括玩忽职守罪；国有公司、企业、事业单位人员失职罪；签订、履行合同失职被骗罪；国家机关工作人员签订、履行合同失职被骗罪；环境监管失职罪；传染病防治失职罪；商检失职罪；动植物检疫失职罪；不解救被拐卖、绑架妇女、儿童罪；失职造成珍贵文物损毁、流失罪；过失泄露国家秘密罪。

第十五条 徇私舞弊犯罪案件，包括徇私舞弊低价折股、出售国有资产罪；非法批准征收、征用、占用土地罪；非法低价出让国有土地使用权罪；非法经营同类营业罪；为亲友非法牟利罪；枉法仲裁罪；徇私舞弊发售发票、抵扣税款、出口退税罪；商检徇私舞弊罪；动植物检疫徇私舞弊罪；放纵走私；放纵制售伪劣商昂犯罪行为罪；招收公务员、学生徇私舞弊罪；徇私舞弊不移交刑事案件罪，违法提供出口退税凭证罪；徇私舞弊不征、少征税款罪。

第十六条 公职人员在行使公权力过程中发生的重大责任事故犯罪案件，包括重大责任事故罪；教育设施重大安全事故罪；消防责任事故罪；重大劳动安全事故罪；强令违章冒险作业罪；不报、谎报安全事故罪；铁路运营安全事故罪；重大飞行事故罪；大型群众性活动重大安全事故罪；危险物品肇事罪；工程重大安全事故罪。

第十七条 公职人员在行使公权力过程中发生的其他犯罪案件，包括破坏选举罪；背信损害上市公司利益罪；金融工作人员购买假币、以假币换取货币罪；利用未公开信息交易罪；诱骗投资者买卖证券、期货合约罪；背信运用受托财产罪；违法运用资金罪；违法发放贷款罪；吸收客户资金不入账罪；违规出具金融票证罪；对违法票据承兑、付款、保证罪；非法转让、倒卖土地使用权罪；私自开拆、隐匿、毁弃邮件、电报罪；职务侵占罪；挪用资金罪；故意延误投递邮件罪；泄露不应公开的案件信息罪；披露、报道不应公开的案件信息罪；接送不合格兵员罪。

第十八条 公职人员在行使公权力的过程中，违反职务廉洁等规定进行权力寻租，或者为谋取政治、经济等方面的特定利益进行利益输送，构成犯罪的，适用受贿罪、行贿罪、为亲友非法牟利罪等规定。

公职人员遍反科学决策、民主决策、依法决策程序，违反财经制度，浪费国家资财构成犯罪的，适用贪污罪、徇私舞弊低价折股出售国有资产罪等规定。

第十九条 公职人员既涉嫌严重职务违法或者职务犯罪，又涉嫌其他违法犯罪的案件，由国家监察委员会与最高人民检察院、公安部等机关协商解决管辖问题，一般应当由国家监察委员会为主调查，其他机关予以配合。

第二十条 几个省级监察机关都有管辖权的案件，由最初受理的监察机关管。必要时，可以由主要犯罪地的监察机关管辖。省级监察机关之间对案件管辖有争议的，应当报请国家监察委员会解决。

具有下列特形之一的，国家监察委员会可以在职资范国

内并案调查：

（一）一人犯数罪的；

（二）共同犯罪的；

（三）共同犯罪的公职人员还实施其他犯罪的；

（四）多人实施的犯罪存在关联，并案处理有利于查明

事实的。

第二十一条 在诉讼监督活动中发现的司法工作人员利用职权实施的侵犯公民权利、损害司法公正的犯罪，由人民检察院管辖更为适宜的可以由人民检察院管辖。

公职人员以外的其他人员涉嫌第十六条、第十七条所列

犯罪和非国家工作人员受贿罪，对非国家工作人员行贿罪，对外国公职人员、国际公共组织官员行贿罪的，由公安机关管辖。

第五章 管辖分工和协调

第二十二条 国家监察委员会调查中央管理的公职人员职务违法和职务犯罪案件；有全国性影响的其他重大职务违法和职务犯罪案件。

第二十三条 国家监察委员会可以直接调查或者领导、指挥调查省级监察机关管辖的案件，必要时也可以直接办理

地方各级监察机关管辖的案件。

第二十四条 国家监察委员会可以将其管辖案件指定省级监察机关管辖，也可以将省级监察机关管辖的案件指定给其他省级监察机关管辖。

地方监察机关办理国家监察委员会指定管辖的案件过程中，发现新的涉嫌职务违法或者职务犯罪线索，应当及时报送国家监察委员会。对案件涉及的重要情况、重大问题，应当及时请示报告。

第二十五条 省级监察机关认为所管辖的案件重大、复杂，需要由国家监察委员会管辖的，可以报请移送国家监察

委员会管辖。国家监察委员会受理后，认为需要调查的，可以自行调查，也可以指定其他省级监察机关办理。

第二十六条 国家监察委员会在调查中指定异地管辖，需要在异地起诉、审判的，应当在移送审查起诉前与人民检察院、人民法院协商指定管辖等相关事宜。

第二十七条 中央纪律检查委员会、国家监察委员会派驻纪检监察组负责调查被监督单位非中央管理的局级及以下公职人员的职务违法和职务犯罪案件，派驻纪检监察组可以与北京市监察委员会联合开展调查。

第二十八条 派驻纪检监察组调查其所管辖的职务犯罪案件，认为由北京市监察委员会调查更为适宜的，应当经驻在单位党组（党委）同意，并向国家监察委员会报备后，移交北京市监察委员会调查。北京市监察委员会根据具体情况决定自行调查或者指定下级监察机关调查。

北京市监察委员会认为有依法需要回避等情形的，应当报请国家监察委员会指定其他监察机关管辖。

北京市监察委员会作出立案调查决定的，对调查过程中的重要情况，应当及时通报派驻纪检监察组；作出不予立案调查或者撤销案件等决定的，应当征求派驻纪检监察组的意见。派驻纪检监察组应当将上述情况及时向国家监察委员会对口联系纪检监察室报备，纪检监察室接报后，应当及时向

分管领导同志报告。

第二十九条 工作地点在地方、干部管理权限在主管部门的公职人员涉嫌职务违法或者职务犯罪的，由派驻该单位的纪检监察组管辖。派驻纪检监察组认为由其工作所在地监察机关调查更为适宜的，应当及时同其工作所在地有关监察机关协商决定，并履行相应的审批程序。

第三十条 本规定由国家监察委员会负责解释。

第三十一条 本规定自发布之日起施行。

《国家监察委员会管辖规定（试行）》列举的
国家监委管辖的六大类 88 个职务犯罪
案件罪名立案标准

一、贪污贿赂犯罪

贪污贿赂类犯罪共涉及刑法条文 24 条，包括 17 个罪名

（一）贪污罪

刑法第 382 条、第 394 条、第 271 条 2 款、第 183 条 2 款

贪污罪是指国家工作人员利用职务上的便利，侵吞、窃取、骗取或者以其他手段非法占有公共财物的行为。

1. 贪污数额在 3 万元以上不满 20 万元的，属于刑法的"数额较大"，依法判处 3 年以下有期徒刑或者拘役，并处罚金。

2. 贪污数额在 1 万元以上不满 3 万元，具有下列情形之一的，属于刑法规定的"其他较重情节"，依法判处 3 年以下有期徒刑或者拘役，并处罚金：

（1）贪污救灾、抢险、防汛、优抚、扶贫、移民、救济、防疫、社会捐助等特定款物的；

（2）曾因贪污、受贿、挪用公款受过党纪、行政处分的；

（3）曾因故意犯罪受过刑事追究的；

（4）赃款赃物用于非法活动的；

（5）拒不交待赃款赃物去向或者拒不配合追缴工作，致使无法追缴的；

（6）造成恶劣影响或者其他严重后果的。

3. 贪污数额在 20 万元以上不满 300 万元的，属于刑法规定的"数额巨大"，依法判处 3 年以上 10 年以下有期徒刑，并处罚金或者没收财产。

4. 贪污数额在 10 万元以上不满 20 万元，具有前述 2 中六种情形之一的，属于刑法规定的"其他严重情节"，依法判处 3 年以上 10 年以下有期徒刑，并处罚金或者没收财产。

5. 贪污数额在 300 万元以上的，属于刑法规定的"数额特别巨大"，依法判处 10 年以上有期徒刑、无期徒刑或者死刑，并处罚金或者没收财产。

6. 贪污数额在 150 万元以上不满 300 万元，具有前述 2 中六种情形之一的，属于刑法规定的"其他特别严重情节"，依法判处 10 年以上有期徒刑、无期徒

刑或者死刑，并处罚金或者没收财产。

7. 贪污数额特别巨大，犯罪情节特别严重、社会影响特别恶劣、给国家和人民利益造成特别重大损失的，可以判处死刑。

符合前述规定的情形，但具有自首、立功，如实供述自己罪行、真诚悔罪、积极退赃，或者避免、减少损害结果的发生等情节，不是必须立即执行的，可以判处死刑缓期 2 年执行。

符合第一款规定情形的，根据犯罪情节等情况可以判处死刑缓期二年执行，同时裁判决定在其死刑缓期执行 2 年期满依法减为无期徒刑后，终身监禁，不得减刑、假释。

（二）挪用公款罪

刑法第 384 条、第 185 条 2 款。

国家工作人员利用职务上的便利，挪用公款归个人使用，进行非法活动的，或者挪用公款数额较大、进行营利活动的，或者挪用公款数额较大、超过 3 个月未还的，是挪用公款罪。

1. 挪用公款归个人使用，进行非法活动，数额在 3 万元以上的，应当以挪用公款罪追究刑事责任。

2. 挪用公款数额在 300 万元以上的，属于刑法规定的"数额巨大"。

3. 具有下列情形之一的，属于刑法规定的"情节严重"

（1）挪用公款数额在 100 万元以上的；

（2）挪用救灾、抢险、防汛、优抚、扶贫、移民、救济特定款物，数额在 50 万元以上不满 100 万元的；

（3）挪用公款不退还，数额在 50 万元以上不满 100 万元的；

（4）其他严重的情节。

4. 挪用公款归个人使用，进行营利活动或者超过 3 个月未还，数额在 5 万元以上的，属于刑法第 384 条第 1 款规定的"数额较大"。

5. 数额在 500 万元以上的，属于刑法第 384 条第 1 款规定的"数额巨大"。

6. 具有下列情形之一的，属于刑法第 384 条第 1 款规定的"情节严重"：

（1）挪用公款数额在 200 万元以上的；

（2）挪用救灾、抢险、防汛、优抚、扶贫、移民、救济特定款物，数额在 100 万元以上不满 200 万元的；

（3）挪用公款不退还，数额在 100 万元以上不满 200 万元的；

（4）其他严重的情节。

（三）受贿罪

刑法第 385 条、第 388 条、第 184 条 2 款、第 163 条 3 款。

受贿罪是指国家工作人员利用职务上的便利，索取他人财物的，或者非法权受他人财物，为他人谋取利益的行为。

1. 受贿数额在 3 万元以上不满 20 万元的，属于刑法规定的"数额较大"，依法判处 3 年以下有期徒刑或者拘役，并处罚金。

2. 受贿数额在 1 万元以上不满 3 万元，具有下列情形之一的，属于刑法规定的"其他较重情节"，依法判处 3 年以下有期徒刑或者拘役，并处罚金：

（1）曾因贪污、受贿、挪用公款受过党纪、行政处分的；

（2）曾因故意犯罪受过刑事追究的；

（3）赃款赃物用于非法活动的；

（4）拒不交待赃款赃物去向或者拒不配合追缴工作，致使无法追缴的；

（5）造成恶劣影响或者其他严重后果的。

（6）多次索贿的；

（7）为他人谋取不正当利益，致使公共财产、国家和人民利益遭受损失的；

（8）为他人谋取职务提拔、调整的。

3. 受贿数额在 20 万元以上不满 300 万元的，属于刑法规定的"数额巨大"，依法判处 3 年以上 10 年以下有期徒刑，并处罚金或者没收财产。

4. 受贿数额在 10 万元以上不满 20 万元，具有前述 2 中八种情形之一的，属于刑法规定的"其他严重情节"，依法判处 3 年以上 10 年以下有期徒刑，并处罚金或者没收财产。

5. 受贿数额在 300 万元以上的，属于刑法规定的"数额特别巨大"，依法判处十年以上有期徒刑、无期徒刑或者死刑，并处罚金或者没收财产。

6. 受贿数额在 150 万元以上不满 300 万元，具有前述 2 中八种情形之一的，属于刑法规定的"其他特别严重情节"，依法判处十年以上有期徒刑、无期徒刑或者死刑，并处罚金或者没收财产。

7. 受贿数额特别巨大，犯罪情节特别严重、社会影响特别恶劣、给国家和人民利益造成特别重大损失的，可以判处死刑。

符合前述规定的情形，但具有自首，立功，如实供述自己罪行、真诚悔罪、积极退赃，或者避免、减少损害结果的发生等情节，不是必须立即执行的，可以判处死刑缓期 2 年执行。

符合第 1 款规定情形的，根据犯罪情节等情况可以判处死刑缓期 2 年执行，

同时裁判决定在其死刑缓期执行 2 年期满依法减为无期徒刑后，终身监禁，不得减刑、假释

（四）单位受贿罪

刑法第 387 条。

单位受贿罪是指国家机关、国有公司、企业、事业单位、人民团体，索取、非法收受他人财物，为他人谋取利益，情节严重的行为，或者在经济往来中，在帐外暗中收受各种名义的回扣、手续费的行为。

涉嫌下列情形之一的，应予立案：

1. 单位受贿数额在 10 万元以上的；

2. 单位受贿数额不满 10 万元，但具有下列情形之一的；

（1）故意刁难、要挟有关单位、个人，造成恶劣影响的；（2）强行索取财物的；

（3）致使国家或者社会利益遭受重大损失的；

（五）利用影响力受贿罪

刑法第 388 条之一。

利用影响力受贿罪的定罪量刑适用标准，参照受贿罪的规定执行。

（六）行贿罪

刑法第 389 条。

1. 为谋取不正当利益，向国家工作人员行贿，数额在 3 万元以上的，应当以行贿罪追究刑事责任。

2. 行贿数额在 1 万元以上不满 3 万元，具有下列情形之一的，应当以行贿罪追究刑事责任：

（1）向三人以上行贿的；

（2）将违法所得用于行贿的；

（3）通过行贿谋取职务提拔、调整的；

（4）向负有食品、药品、安全生产、环境保护等监督管理职责的国家工作人员行贿，实施非法活动的；

（5）向司法工作人员行贿，影响司法公正的；

（6）造成经济损失数额在 50 万元以上不满 100 万元的。

3. 犯行贿罪，具有下列情形之一的，属于刑法规定的"情节严重"：

（1）行贿数额在 100 万元以上不满 500 万元的；

（2）行贿数额在 50 万元以上不满 100 万元，并具有本解释第 7 条第 2 款第

1 项至第 5 项规定的情形之一

（3）其他严重的情节。

4. 为谋取不正当利益，向国家工作人员行贿，造成经济损失数额在 100 万元以上不满 500 万元的，属于刑法规定的"使国家利益遭受重大损失"。

5. 犯行贿罪，具有下列情形之一的，属于刑法规定的"情节特别严重"：

（1）行贿数额在 500 万元以上的；

（2）行贿数额在 250 万元以上不满 500 万元，并具有本解释第 7 条第 2 款第 1 项至第 5 项规定的情形之一的；

（3）其他特别严重的情节。

6. 为谋取不正当利益，向国家工作人员行贿，造成经济损失数额在 500 万元以上的，属于刑法规定的"使国家利益遭受特别重大损失"

（七）为利用影响力行贿罪

刑法第 390 条之一。

为利用影响力行贿罪的定罪量刑适用标准，参照本解释关于行贿罪的规定执行。

（八）对单位行贿罪

刑法第 391 条。

对单位行贿罪是指为谋取不正当利益，给予国家机关、国有公司、企业、事业单位、人民团体以财物，或者在经济往来中，违反国家规定，给予上述单位各种名义的回扣、手续费的行为。

涉嫌下列情形之一的，应予立案；

1. 个人行贿数额在 10 万元以上、单位行贿数额在 20 万元以上 5 的；

2. 个人行贿数额不满 10 万元、单位行贿数额在 10 万元以上不满 20 万元，但具有下列情形之一的：

（1）为谋取非法利益而行贿的；

（2）向 3 个以上单位行贿的；

（3）向党政机关、司法机关、行政执法机关行贿的；

（4）致使国家或者社会利益遭受重大损失的。

（九）介绍贿赂罪

刑法第 392 条。

介绍贿赂罪是指在行贿人与受贿人之间沟通关系、撮合条件，使贿赂行为得以实现情节严重的行为。

涉嫌下列情形之一的，应予立案：

1. 介绍个人向国家工作人员行贿，数额在 2 万元以上的；介绍单位向国空工作人员行贿，数额在 20 万元以上的；

2. 介绍贿赂数额不满上述标准，但具有下列情形之一的：

（1）为使行贿人获取非法利益而介绍贿赂的；

（2）3 次以上或者为 3 人以上介绍贿赂的；

（3）向党政领导、司法工作人员、行政执法人员介绍贿赂的；

（4）致使国家或者社会利益遭受大损失的。

（十）单位行贿罪

刑法第 393 条。

单位行贿罪是指公司、企业、事业单位、机关、团体为谋取不正当利益而行贿，或者违反国家规定，给予国家工作人员以回扣、手续费，情节严重的行为。

涉嫌下列情形之一的，应予以立案：

1. 单位行贿数额在 20 万元以上的；

2. 单位为谋取不正当利益而行贿，数额在 10 万元以上不满 20 万元，但具有下列情形之一的：

（1）为谋取非法利益而行贿的；

（2）向 3 人以上行贿的；

（3）向党政领导、司法工作人员、行政执法人员行贿的；

（4）致使国家或者社会利益遭受重大损失的。

（十一）巨额财产来源不明罪

刑法第 395 条 1 款。

巨额财产来源不明罪是指国家工作人员的财产或者支出明显超出合法收入，差额巨大，而本人又不能说明其来源是合法的行为。

涉嫌巨额财产来源不明，数额在 30 万元以上的，应予立案。

（十二）隐瞒境外存款罪

刑法第 395 条 2 款。

隐瞒境外存款罪是指国家工作人员违反国家规定，故意隐瞒不报在境外的存款，数额较大的行为。

涉嫌隐瞒境外存款，折合人民币数额在 30 万元以上的，应子立案。

（十三）私分国有资产罪

刑法第 396 条 1 款。

私分国有资产罪是指国家机关、国有公司、企业、事业单位、人民团体，违反国家规定，以单位名义将国有资产集体私分给个人，数额较大的行为。

涉嫌私分国有资产，累计数额在 10 万元以上的，应予立案。

（十四）私分罚没财物罪

刑法第 396 条 2 款。

私分罚没财物罪是指司法机关、行政执法机关违反国家规定，将应当上缴国家的罚没财物，以单位名义集体私分给个人的行为。

涉嫌私分罚没财物，累计数额在 10 万元以上，应予立案。

（十五）非国家工作人员受贿罪

刑法第 163 条。

非国家工作人员受贿罪中的"数额较大""数额巨大"的数额起点，按照《最高人民法院、最高人民检察院关于办理贪污贿赂刑事案件适用法律若干问题的解释》关于受贿罪相对应的数额标准规定的 2 倍、5 倍执行。

（十六）对非国家工作人员行贿罪

刑法第 164 条。

对非国家工作人员行贿罪中的"数额较大""数额巨大"的数额起点，按照《最高人民法院、最高人民检察院关于办理贪污贿赂刑事案件适用法律若干问题的解释》第 7 条、第 8 条第 1 款关于行贿罪的数额标准规定的二倍执行。

（十七）对外国公职人员、国际公共组织官员行贿罪内容描述

刑法第 164 条。

追诉立案标准参照行贿罪立案标准。

二、滥用职权犯罪

滥用职权类犯罪共涉及刑法条文 15 条，包括 15 个罪名。

（一）滥用职权罪

刑法第 397 条、关于惩治骗购外汇、逃汇和非法买卖外汇犯罪的决定第六条。

滥用职权罪是指国家机关工作人员超越职权，违法决定、处理其无权决定、处理的事项，或者违反规定处理公务，致使公共财产、国家和人民利益遭受重大损失的行为。

涉嫌下列情形之一的，应予立案：

1. 国家机关工作人员滥用职权，涉嫌下列情形之一的，属于"致使公共财

产、国家和人民利益遭受重大损失"，处 3 年以下有期徒刑或者拘役：

（1）造成死亡 1 人以上，或者重伤 3 人以上，或者轻伤 9 人以上，或者重伤 2 人、轻伤 3 人以上，或者重伤 1 人、轻伤 6 人以上的；

（2）造成经济损失 30 万元以上的；

（3）造成恶劣社会影响的；

（4）其他致使公共财产、国家和人民利益遭受重大损失的情形。

2. 涉嫌下列情形之一的，属于"情节特别严重"，处 3 年以上 7 年以下有期徒刑：

（1）造成伤亡达到前款第 1 项规定人数 3 倍以上的；

（2）造成经济损失 150 万元以上的；

（3）造成前款规定的损失后果，不报、迟报、谎报或者授意、指使、强令他人不报、迟报、谎报事故情况，致使损失后果持续、扩大或者抢救工作延误的；

（4）造成特别恶劣社会影响的；

（5）其他特别严重的情节。

3. 国家机关工作人员滥用职权，有下列情形之一，致使盗窃、抢劫、诈骗、抢夺的机动车被办理登记手续，数量达到 3 辆以上或者价值总额达到 30 万元以上的，以滥用职权罪定罪，处 3 年以下有期徒刑或者拘役：

（1）明知是登记手续不全或者不符合规定的机动车而办理登记手续的；

（2）指使他人为明知是登记手续不全或者不符合规定的机动车办理登记手续的；

（3）违规或者指使他人违规更改、调换车辆档案的；

（4）其他滥用职权的行为。

国家机关工作人员实施前款行为，致使盗窃、抢劫、诈骗、抢夺的机动车被办理登记手续，达到前款规定数量、数额标准 5 倍以上的，或者明知是盗窃、抢劫、诈骗、抢夺的机动车而办理登记手续的，属于"情节特别严重"，处 3 年以上 7 年以下有期徒刑。

国家机关工作人员徇私舞弊，实施上述行为，构成犯罪的，依照刑法第 397 条第 2 款的规定定罪处罚。

4. 林业主管部门工作人员之外的国家机关工作人员，违反森林法的规定，滥用职权，致使林木被滥伐 40 立方米以上或者幼树被滥伐 2000 株以上，或者致使防护林、特种用途林被滥伐 10 立方米以上或者幼树被滥伐 400 株以上，或者致使珍贵树木被采伐、毁坏 4 立方米或者 4 株以上，或者致使国家重点保护的其他植物被采伐、毁坏后果严重的，或者致使国家严禁采伐的林木被采伐、毁坏情节恶劣的，按照刑法第 397 条的规定以滥用职权罪追究刑事责任。

（二）国有公司、企业、事业单位人员滥用职权罪

刑法第 168 条。

国有公司、企业、事业单位人员滥用职权罪，是指国有公司、企业、事业单位的工作人员，由于滥用职权，造成国有公司、企业破产或者严重亏损，致使国家利益遭受重大损失，以及国有事业单位的工作人员由于滥用职权，致使国家利益遭受重大损失的行为。

国有公司、企业、事业单位的工作人员，滥用职权，涉嫌下列情形之一的，应予追诉，处 3 年以下有期徒刑或者拘役：

1. 造成国家直接经济损失数额在 30 万元以上的；

2. 造成有关单位破产，停业、停产 6 个月以上，或者被吊销许可证和营业执照、责令关闭、撤销、解散的；

3. 其他致使国家利益遭受重大损失的情形。

（三）滥用管理公司、证券职权罪

刑法第 403 条。

滥用管理公司、证券职权罪是指工商行政管理、证券管理等国家有关主管部门的工作人员徇私舞弊，滥用职权，对不符合法律规定条件的公司设立、登记申请或者股票、债券发行、上市申请予以批准或者登记，致使公共财产、国家和人民利益遭受重大损失的行为，以及上级部门、当地政府强令登记机关及其工作人员实施上述行为的行为。

涉嫌下列情形之一的，应予立案：

1. 造成直接经济损失 50 万元以上的；

2. 工商管理部门的工作人员对不符合法律规定条件的公司设立、登记申请，违法予以批准、登记，严重扰乱市场秩序的；

3. 金融证券管理机构工作人员对不符合法律规定条件的股票、债券发行、上市申请，违法予以批准，严重损害公众利益，或者严重扰乱金融秩序的；

4. 工商管理部门、金融证券管理机构的工作人员对不符合法律规定条件的公司设立、登记申请或者股票、债券发行、上市申请违法予以批准或者登记，致使犯罪行为得逞的；

5. 上级部门、当地政府直接负责的主管人员强令登记机关及其工作人员，

对不符合法律规定条件的公司设立、登记申请或者股票、债券发行、上市申请予以批准或者登记，致使公共财产、国家或者人民利益遭受重大损失的；

6. 其他致使公共财产、国家和人民利益遭受重大损失的情形。

（四）食品监管渎职罪

刑法第 408 条之一。

目前还没有具体的关于立案标准的司法解释，可参照玩忽职守等相关罪名。

负有食品安全监督管理职责的国家机关工作人员，滥用职权或者玩忽职守，导致发生重大食品安全事故或者造成其他严重后果，同时构成食品监管渎职罪和徇私舞弊不移交刑事案件罪、商检徇私舞弊罪、动植物检疫徇私舞弊罪、放纵制售伪劣商品犯罪行为罪等其他渎职犯罪的，依照处罚较重的规定定罪处罚。

负有食品安全监督管理职责的国家机关工作人员滥用职权或者玩忽职守，不构成食品监管渎职罪，但构成前款规定的其他渎职犯罪的，依照该其他犯罪定罪处罚。

负有食品安全监督管理职责的国家机关工作人员与他人共谋，利用其职务行为帮助他人实施危害食品安全犯罪行为，同时构成渎职犯罪和危害食品安全犯罪共犯的，依照处罚较重的规定定罪处罚。

（五）故意泄露国家秘密罪

刑法第 398 条。

故意泄露国家秘密罪是指国家机关工作人员违反保守国家秘密法，故意使国家秘密被不应知悉者知悉，或者故意使国家秘密超出了限定的接触范围，情节严重的行为。

国家机关工作人员涉嫌故意泄露国家秘密行为，具有下列情形之一的，应予立案：

1. 泄露绝密级国家秘密 1 项（件）以上的；

2. 泄露机密级国家秘密 2 项（件）以上的；

3. 泄露秘密级国家秘密 3 项（件）以上的；

4. 向非境外机构、组织、人员泄露国家秘密，造成或者可能造成危害社会稳定、经济发展、国防安全或者其他严重危害后果的；

5. 通过口头、书面或者网络等方式向公众散布、传播国家秘密的；

6. 利用职权指使或者强迫他人违反国家保守秘密法的规定泄露国家秘密的；

7. 以牟取私利为目的泄露国家秘密的；

8. 其他情节严重的情形。

（六）报复陷害罪

刑法第 254 条。

报复陷害罪是指国家机关工作人员滥用职权、假公济私，对控告人、申诉人、批评人、举报人实行打击报复、陷害的行为。

涉嫌下列情形之一的，应予立案：

1. 报复陷害，情节严重，导致控告人、申诉人、批评人、举报人或者其近亲属自杀、自残造成重伤、死亡，或者精神失常的；

2. 致使控告人、申诉人、批评人、举报人或者其近亲属的其他合法权利受到严重损害的；

3. 其他报复陷害应予追究刑事责任的情形。

（七）阻碍解救被拐卖、绑架妇女、儿童罪

刑法第 416 条 2 款。

阻碍解救被拐卖、绑架妇女、儿童罪是指对被拐卖、绑架的妇女、儿童负有解救职责的公安、司法等国家机关工作人员利用职务阻碍解救被拐卖、绑架的妇女、儿童的行为。

涉嫌下列情形之一的，应予立案：

1. 利用职权，禁止、阻止或者妨碍有关部门、人员解救被拐卖、绑架的妇女、儿童的；

2. 利用职务上的便利，向拐卖、绑架者或者收买者通风报信，妨碍解救工作正常进行的；

3. 其他利用职务阻碍解救被拐卖、绑架的妇女、儿童应予追究刑事责任的情形。

（八）帮助犯罪分子逃避处罚罪

刑法第 417 条。

帮助犯罪分子逃避处罚罪是指有查禁犯罪活动职责的司法及公安、国家安全、海关、税务等国家机关工作人员，向犯罪分子通风报信、提供便利，帮助犯罪分子逃避处罚的行为。

涉嫌下列情形之一的，应予立案：

1. 向犯罪分子泄漏有关部门查禁犯罪活动的部署、人员、措施、时间、地点等情况的；

2. 向犯罪分子提供钱物、交通工具、通讯设备、隐藏处所等便利条件的；

3. 向犯罪分子泄漏案情的；

4. 帮助、示意犯罪分子隐匿、毁灭、伪造证据，或者串供、翻供的；

5. 其他帮助犯罪分子逃避处罚应予追究刑事责任的情形。

（九）违法发放林木采伐许可证罪

刑法第 407 条。

违法发放林木采伐许可证罪是指林业主管部门的工作人员违反森林法的规定，超过批准的年采伐限额发放林木采伐许可证或者违反规定滥发林木采伐许可证，情节严重，致使森林遭受严重破坏的行为。

涉嫌下列情形之一的，应予立案：

1. 发放林木采伐许可证允许采伐数量累计超过批准的年采伐限额，导致林木被超限额采伐 10 立方米以上的；

2. 滥发林木采伐许可证，导致林木被滥伐 20 立方米以上，或者导致幼树被滥伐 1000 株以上的；

3. 滥发林木采伐许可证，导致防护林、特种用途林被滥伐 5 立方米以上，或者幼树被滥伐 200 株以上的；

4. 滥发林木采伐许可证，导致珍贵树木或者国家重点保护的其他树木被滥伐的；

5. 滥发林木采伐许可证，导致国家禁止采伐的林木被采伐的；

6. 其他情节严重，致使森林遭受严重破坏的情形。

林业主管部门工作人员之外的国家机关工作人员，违反森林法的规定，滥用职权或者玩忽职守，致使林木被滥伐 40 立方米以上或者幼树被滥伐 2000 株以上，或者致使防护林、特种用途林被滥伐 10 立方米以上或者幼树被滥伐 400 株以上，或者致使珍贵树木被采伐、毁坏 4 立方米或者 4 株以上，或者致使国家重点保护的其他植物被采伐、毁坏后果严重的，或者致使国家严禁采伐的林木被采伐、毁坏情节恶劣的，按照刑法第 397 条的规定以滥用职权罪或者玩忽职守罪追究刑事责任。

（十）办理偷越国（边）境人员出入境证件罪

刑法第 415 条。

办理偷越国（边）境人员出入境证件罪是指负责办理护照、签证以及其他出入境证件的国家机关工作人员，对明知是企图偷越国（边）境的人员，予以办理出入境证件的行为。

负责办理护照、签证以及其他出入境证件的国家机关工作人员涉嫌在办理护照、签证以及其他出入境证件的过程中，对明知是企图偷越国（边）境的人员而予以办理出入境证件的，应予立案。

（十一）放行偷越国（边）境人员罪

刑法第 415 条。

放行偷越国（边）境人员罪是指边防、海关等国家机关工作人员，对明知是偷越国（边）境的人员予以放行的行为。

边防、海关等国家机关工作人员涉嫌在履行职务过程中，对明知是偷越国（边）境的人员而予以放行的，应予立案。

（十二）挪用特定款物罪

刑法第 273 条。

立案标准与挪用公款罪、挪用资金罪立案标准相同。

挪用用于救灾、抢险、防汛、优抚、扶贫、移民、救济款物归个人使用的，从重处罚。

（十三）非法剥夺公民宗教信仰自由罪

刑法第 251 条。

非法剥夺公民宗教信仰自由罪，是指国家机关工作人员非法剥夺公民的宗教信仰自由，情节严重的行为。情节严重，是指非法剥夺宗教信仰自由的手段恶劣，造成被害人精神失常或自杀等严重后果的情况，应当立案追究。

（十四）侵犯少数民族风俗习惯罪

刑法第 251 条。

是指国家机关工作人员侵犯少数民族风俗习惯，情节严重的行为。情节严重，即多次或多人侵犯、手段恶劣、引起民族纠纷、民族矛盾的，造成骚乱、示威游行或社会秩序严重混乱，产生恶劣的政治影响的，应立案追究。

（十五）打击报复会计、统计人员罪

刑法第 255 条。

打击报复会计、统计人员罪是指公司、企业、事业单位、机关、团体的领导人员，对依法履行职责，抵制违反会计法、统计法行为的会计、统计人员实行打击报复，情节恶劣的行为。

可参照报复陷害罪立案标准。

三、玩忽职守犯罪

玩忽职守类犯罪共涉及刑法条文 11 条，包括 11 个罪名。

（一）玩忽职守罪

刑法第 397 条、关于惩治骗购外汇、逃汇和非法买卖外汇犯罪的决定第

6 条。

玩忽职守罪是指国家机关工作人员严重不负责任，不履行或者不认真履行职责，致使公共财产、国家和人民利益遭受重大损失的行为。

涉嫌下列情形之一的，应予立案：

1. 国家机关工作人员滥用职权，涉嫌下列情形之一的，属于"致使公共财产、国家和人民利益遭受重大损失"，处 3 年以下有期徒刑或者拘役：

（1）造成死亡 1 人以上，或者重伤 3 人以上，或者轻伤 9 人以上，或者重伤 2 人、轻伤 3 人以上，或者重伤 1 人、轻伤 6 人以上的；

（2）造成经济损失 30 万元以上的；

（3）造成恶劣社会影响的；

（4）其他致使公共财产、国家和人民利益遭受重大损失的情形。

2. 涉嫌下列情形之一的，属于"情节特别严重"，处 3 年以上 7 年以下有期徒刑：

（1）造成伤亡达到前款第 1 项规定人数 3 倍以上的

（2）造成经济损失 150 万元以上的；

（3）造成前款规定的损失后果，不报、迟报、谎报或者授意、指使、强令他人不报、迟报、谎报事故情况，致使损失后果持续、扩大或者抢救工作延误的；

（4）造成特别恶劣社会影响的；

（5）其他特别严重的情节。

3. 国家机关工作人员疏于审查或者审查不严，致使盗窃、抢劫、诈骗、抢夺的机动车被办理登记手续，数量达到 5 辆以上或者价值总额达到 50 万元以上的，以玩忽职守罪定罪，处 3 年以下有期徒刑或者拘役。

国家机关工作人员实施前款行为，致使盗窃、抢劫、诈骗、抢夺的机动车被办理登记手续，达到前款规定数量、数额标准 5 倍以上的，或者明知是盗窃、抢劫、诈骗、抢夺的机动车而办理登记手续的，属于"情节特别严重"，处 3 年以上 7 年以下有期徒刑。

国家机关工作人员徇私舞弊，实施上述行为，构成犯罪的，依照刑法第 397 条第 2 款的规定定罪处罚。

4. 林业主管部门工作人员之外的国家机关工作人员，违反森林法的规定，滥用职权，致使林木被滥伐 40 立方米以上或者幼树被滥伐 2000 株以上，或者致使防护林、特种用途林被滥伐 10 立方米以上或者幼树被滥伐 400 株以上，或者致使珍贵树木被采伐、毁坏 4 立方米或者 4 株以上，或者致使国家重点保护的其他植物被采伐、毁坏后果严重的，或者致使国家严禁采伐的林木被采伐、毁坏情节恶劣的，按照刑法第 397 条的规定以滥用职权罪追究刑事责任。

（二）国有公司、企业、事业单位人员失职罪

刑法第 168 条。

国有公司、企业、事业单位人员失职罪，是指国有公司、企业、事业单位的工作人员，由于严重不负责任，造成国有公司、企业破产或者严重亏损，致使国家利益遭受重大损失，以及国有事业单位的工作人员由于严重不负责任，致使国家利益遭受重大损失的行为。

国有公司、企业、事业单位的工作人员，严重不负责任，涉嫌下列情形之一的，应予追诉，处 3 年以下有期徒刑或者拘役：

1. 造成国家直接经济损失数额在 50 万元以上的；

2. 造成有关单位破产，停业、停产 1 年以上，或者被吊销许可证和营业执照、责令关闭、撤销、解散的；

3. 其他致使国家利益遭受重大损失的情形。

（三）签订、履行合同失职被骗罪

刑法第 167 条。

签订、履行合同失职被骗罪，是指国有公司、企业、事业单位直接负责的主管人员，在签订、履行合同过程中，因严重不负责任而被诈骗，致使国家利益遭受重大损失的行为。

国有公司、企业、事业单位直接负责的主管人员，在签订、履行合同过程中，因严重不负责任被诈骗，涉嫌下列情形之一的，应予立案追诉，处三年以下有期徒刑或者拘役：

1. 造成国家直接经济损失数额在 50 万元以上的；

2. 造成有关单位破产，停业、停产 6 个月以上，或者被吊销许可证和营业执照、责令关闭、撤销、解散的；

3. 其他致使国家利益遭受重大损失的情形。

金融机构、从事对外贸易经营活动的公司、企业的工作人员严重不负责任，造成 100 万美元以上外汇被骗购或者逃汇 1000 万美元以上的，应予立案追诉。

本条规定的"诈骗"，是指对方当事人的行为已经涉嫌诈骗犯罪，不以对方当事人已经被人民法院判决构成诈骗犯罪作为立案追诉的前提。

（四）国家机关工作人员签订、履行合同失职被骗罪

刑法第 406 条。

国家机关工作人员签订、履行合同失职被骗罪是指国家机关工作人员在签订、履行合同过程中，因严重不负责任，不履行或者不认真履行职责被诈骗，致使国家利益遭受重大损失的行为。

涉嫌下列情形之一的，应予立案：

1. 造成直接经济损失 30 万元以上，或者直接经济损失不满 30 万元，但间接经济损失 150 万元以上的；

2. 其他致使国家利益遭受重大损失的情形。

（五）环境监管失职罪

刑法第 408 条。

负有环境保护监督管理职责的国家机关工作人员严重不负责任，不履行或者不认真履行环境保护监管职责导致发生重大环境污染事故，致使公私财产损失 30 万元以上，或者涉嫌下列情形之一的，属于"致使公私财产遭受重大损失或者造成人身伤亡的严重后果"，应予立案，处 3 年以下有期徒刑或者拘役：

1. 造成生态环境严重损害的；

2. 致使乡镇以上集中式饮用水水源取水中断 12 小时以上的；

3. 致使基本农田、防护林地、特种用途林地 5 亩以上，其他农用地 10 亩以上，其他土地 20 亩以上基本功能丧失或者遭受永久性破坏的；

4. 致使森林或者其他林木死亡 50 立方米以上，或者幼树死亡 2500 株以上的；

5. 致使疏散、转移群众 5000 人以上的；

6. 致使 30 人以上中毒的；

7. 致使 3 人以上轻伤、轻度残疾或者器官组织损伤导致一般功能障碍的；

8. 致使 1 人以上重伤、中度残疾或者器官组织损伤导致严重功能障碍的；

9. 其他严重污染环境的情形。

（六）传染病防治失职罪

刑法第 409 条。

传染病防治失职罪是指从事传染病防治的政府卫生行政部门的工作人员严重不负责任，不履行或者不认真履行传染病防治监管职责，导致传染病传播或者流行，情节严重的行为。

1. 涉嫌下列情形之一的，应予立案：

（1）导致甲类传染病传播的；

（2）导致乙类、丙类传染病流行的；

（3）因传染病传播或者流行，造成人员重伤或者死亡的；

（4）因传染病传播或者流行，严重影响正常的生产、生活秩序的；

（5）在国家对突发传染病疫情等灾害采取预防、控制措施后，对发生突发传染病疫情等灾害的地区或者突发传染病病人、病原携带者、疑似突发传染病病人，未按照预防、控制突发传染病疫情等灾害工作规范的要求做好防疫、检疫、隔离、防护、救治等工作，或者采取的预防、控制措施不当，造成传染范围扩大或者疫情、灾情加重的；

（6）在国家对突发传染病疫情等灾害采取预防、控制措施后，隐瞒、缓报、谎报或者授意、指使、强令他人隐瞒、缓报、谎报疫情、灾情，造成传染范围扩大或者疫情、灾情加重的；

（7）在国家对突发传染病疫情等灾害采取预防、控制措施后，拒不执行突发传染病疫情等灾害应急处理指挥机构的决定、命令，造成传染范围扩大或者疫情、灾情加重的；

（8）其他情节严重的情形。

2. 在预防、控制突发传染病疫情等灾害期间，从事传染病防治的政府卫生行政部门的工作人员，或者在受政府卫生行政部门委托代表政府卫生行政部门行使职权的组织中从事公务的人员，或者虽未列入政府卫生行政部门人员编制但在政府卫生行政部门从事公务的人员，在代表政府卫生行政部门行使职权时，严重不负责任，导致传染病传播或者流行，情节严重的，依照刑法第 409 条的规定，以传染病防治失职罪定罪处罚。

在国家对突发传染病疫情等灾害采取预防、控制措施后，具有下列情形之一的，属于刑法第四百零九条规定的"情节严重"，应予立案，处 3 年以下有期徒刑或者拘役：

（1）对发生突发传染病疫情等灾害的地区或者突发传染病病人、病原携带者、疑似突发传染病病人，未按照预防、控制突发传染病疫情等灾害工作规范的要求做好防疫、检疫、隔离、防护、救治等工作，或者采取的预防、控制措施不当，造成传染范围扩大或者疫情、灾情加重的；

（2）隐瞒、缓报、谎报或者授意、指使、强令他人隐瞒、缓报、谎报疫情、灾情，造成传染范围扩大或者疫情、灾情加重的；

（3）拒不执行突发传染病疫情等灾害应急处理指挥机构的决定、命令，造成传染范围扩大或者疫情、灾情加重的；

（4）具有其他严重情节的。

（七）商检失职罪

刑法第 412 条 2 款。

商检失职罪是指出入境检验检疫机关、检验检疫机构工作人员严重不负责任，对应当检验的物品不检验，或者延误检验出证、错误出证，致使国家利益遭受重大损失的行为。

涉嫌下列情形之一的，应予立案：

1. 致使不合格的食品、药品、医疗器械等商品出入境，严重危害生命健康的；

2. 造成个人财产直接经济损失 15 万元以上，或者直接经济损失不满 15 万元，但间接经济损失 75 万元以上的；

3. 造成公共财产、法人或者其他组织财产直接经济损失 30 万元以上，或者直接经济损失不满 30 万元，但间接经济损失 150 万元以上的；

4. 未经检验，出具合格检验结果，致使国家禁止进口的固体废物、液态废物和气态废物等进入境内的；

5. 不检验或者延误检验出证、错误出证，引起国际经济贸易纠纷，严重影响国家对外经贸关系，或者严重损害国家声誉的；

6. 其他致使国家利益遭受重大损失的情形。

（八）动植物检疫失职罪

刑法第 413 条 2 款。

动植物检疫失职罪是指出入境检验检疫机关、检验检疫机构工作人员严重不负责任，对应当检疫的检疫物不检疫，或者延误检疫出证、错误出证，致使国家利益遭受重大损失的行为。

涉嫌下列情形之一的，应予立案：

1. 导致疫情发生，造成人员重伤或者死亡的；

2. 导致重大疫情发生、传播或者流行的；

3. 造成个人财产直接经济损失 15 万元以上，或者直接经济损失不满 15 万元，但间接经济损失 75 万元以上的；

4. 造成公共财产或者法人、其他组织财产直接经济损失 30 万元以上，或者直接经济损失不满 30 万元，但间接经济损失 150 万元以上的；

5. 不检疫或者延误检疫出证、错误出证，引起国际经济贸易纠纷，严重影响国家对外经贸关系，或者严重损害国家声誉的；

6. 其他致使国家利益遭受重大损失的情形。

（九）不解救被拐卖、绑架妇女、儿童罪

刑法第 416 条 1 款。

不解救被拐卖、绑架妇女、儿童罪是指对被拐卖、绑架的妇女、儿童负有解救职责的公安、司法等国家机关工作人员接到被拐卖、绑架的妇女、儿童及其家属的解救要求或者接到其他人的举报，而对被拐卖、绑架的妇女、儿童不进行解救，造成严重后果的行为。

涉嫌下列情形之一的，应予立案：

1. 导致被拐卖、绑架的妇女、儿童或者其家属重伤、死亡或者精神失常的；

2. 导致被拐卖、绑架的妇女、儿童被转移、隐匿、转卖，不能及时进行解救的；

3. 对被拐卖、绑架的妇女、儿童不进行解救 3 人次以上的；

4. 对被拐卖、绑架的妇女、儿童不进行解救，造成恶劣社会影响的；

5. 其他造成严重后果的情形。

（十）失职造成珍贵文物损毁、流失罪

刑法第 419 条。

失职造成珍贵文物损毁、流失罪是指文物行政部门、公安机关、工商行政管理部门、海关、城乡建设规划部门等国家机关工作人员严重不负责任，造成珍贵文物损毁或者流失，后果严重的行为。

涉嫌下列情形之一的，应予立案：

1. 导致国家一、二、三级珍贵文物损毁或者流失的；

2. 导致全国重点文物保护单位或者省、自治区、直辖市级文物保护单位损毁的；

3. 其他后果严重的情形。

（十一）过失泄露国家秘密罪

刑法第 398 条。

过失泄露国家秘密罪是指国家机关工作人员违反保守国家秘密法，过失泄露国家秘密，或者遗失秘密文件，致使国家秘密被不应知悉者知悉或者超出了限定的接触范围，情节严重的行为。

国家机关工作人员涉嫌过失泄露国家秘密行为，具有下列情形之一的，应予立案：

1. 泄露绝密级国家秘密 1 项（件）以上的；

2. 泄露机密级国家秘密 3 项（件）以上的；

3. 泄露秘密级国家秘密 4 项（件）以上的；

4. 违反保密规定，将涉及国家秘密的计算机或者计算机信息系统与互联网相连接，泄露国家秘密的；

5. 泄露国家秘密或者遗失国家秘密载体，隐瞒不报、不如实提供有关情况或者不采取补救措施的；

6. 其他情节严重的情形。

四、徇私舞弊犯罪

徇私舞弊类犯罪共涉及刑法条文 15 条，包括 15 个罪名。

（一）徇私舞弊低价折股、出售国有资产罪

刑法第 169 条。

徇私舞弊低价折股、出售国有资产罪，是指国有公司、企业或者其上级主管部门直接负责的主管人员，徇私舞弊，将国有资产低价折股或者低价出售，致使国家利益遭受重大损失的行为。

国有公司、企业或者其上级主管部门直接负责的主管人员，徇私舞弊，将国有资产低价折股或者低价出售，涉嫌下列情形之一的，应予立案追诉，处 3 年以下有期徒刑或者拘役：

1. 造成国家直接经济损失数额在 30 万元以上的；

2. 造成有关单位破产，停业、停产 6 个月以上，或者被吊销许可证和营业执照、责令关闭、撤销、解散的；

3. 其他致使国家利益遭受重大损失的情形。

（二）非法批准征收、征用、占用土地罪

刑法第 410 条。

非法批准征用、占用土地罪是指国家机关工作人员徇私舞弊，违反土地管理法、森林法、草原法等法律以及有关行政法规中关于土地管理的规定，滥用职权，非法批准征用、占用耕地、林地等农用地以及其他土地，情节严重的行为。

1. 涉嫌下列情形之一的，属于"情节严重"，应予立案，处 3 年以下有期徒刑或者拘役：

（1）非法批准征用、占用基本农田 10 亩以上的；

（2）非法批准征用、占用基本农田以外的耕地 30 亩以上的；

（3）非法批准征用、占用其他土地 50 亩以上的；

（4）虽未达到上述数量标准，但造成有关单位、个人直接经济损失 30 万元以上，或者造成耕地大量毁坏或者植被遭到严重破坏的；

（5）非法批准征用、占用土地，影响群众生产、生活，引起纠纷，造成恶劣影响或者其他严重后果的；

（6）非法批准征用、占用防护林地、特种用途林地分别或者合计 10 亩以上的；

（7）非法批准征用、占用其他林地 20 亩以上的；

（8）非法批准征用、占用林地造成直接经济损失 30 万元以上，或者造成防护林地、特种用途林地分别或者合计 5 亩以上或者其他林地 10 亩以上毁坏的；

（9）非法批准征收、征用、占用草原 40 亩以上的；

（10）非法批准征收、征用、占用草原，造成 20 亩以上草原被毁坏的；

（11）其他情节严重的情形。

2. 涉嫌下列情形之一的，属于"致使国家或者集体利益遭受特别重大损失"，处三年以上七年以下有期徒刑：

（1）非法批准征用、占用基本农田 20 亩以上的；

（2）非法批准征用、占用基本农田以外的耕地 60 亩以上的；

（3）非法批准征用、占用其他土地 100 亩以上的；

（4）非法批准征用、占用土地，造成基本农田 5 亩以上，其他耕地 10 亩以上严重毁坏的；

（5）非法批准征用、占用土地造成直接经济损失 50 万元以上等恶劣情节的。

（6）非法批准征用、占用防护林地、特种用途林地数量分别或者合计达到 20 亩以上；

（7）非法批准征用、占用其他林地数量达到 40 亩以上；

（8）非法批准征用、占用林地造成直接经济损失数额达到 60 万元以上，或者造成前述 1 项规定的林地数量分别或者合计达到 10 亩以上或者本条第（2）项规定的林地数量达到 20 亩以上毁坏。

（9）非法批准征收、征用、占用草原 80 亩以上的；

（10）非法批准征收、征用、占用草原，造成 40 亩以上草原被毁坏的；

（11）非法批准征收、征用、占用草原，造成直接经济损失 60 万元以上，或者具有其他特别恶劣情节的。

（三）非法低价出让国有土地使用权罪

刑法第 410 条。

非法低价出让国有土地使用权罪是指国家机关工作人员徇私舞弊，违反土地管理法规，滥用职权，非法低价出让国有土地使用权，情节严重的行为。

涉嫌下列情形之一的，应予立案：

1. 非法低价（包括无偿）出让国有土地使用权 2 公顷（30 亩）以上，并且价格低于规定的最低价格的 60% 的；

2. 非法低价出让国有土地使用权的数量虽未达到上述标准，但造成国有土地资产流失价值 20 万元以上或者植被遭到严重破坏的；

3. 非法低价出让国有土地使用权，影响群众生产、生活，引起纠纷，造成恶劣影响或者其他严重后果的。

（四）非法经营同类营业罪

刑法第 165 条。

非法经营同类营业罪，是指国有公司、企业的董事、经理利用职务便利，自己经营或者为他人经营与其所任职公司、企业同类的营业，谋取非法利益、数额巨大的行为。

国有公司、企业的董事、经理利用职务便利，自己经营或者为他人经营与其所任职公司、企业同类的营业，获取非法利益，数额在 10 万元以上的，应予立案追诉，处 3 年以下有期徒刑或者拘役，并处或者单处罚金。

（五）为亲友非法牟利罪

刑法第 166 条。

为亲友非法牟利罪，是指国有公司、企业、事业单位的工作人员，利用职务便利，将本单位的盈利业务交由自己的亲友进行经营，或者以明显高于市场的价格向自己的亲友经营管理的单位采购商品或者以明显低于市场的价格向自己的亲友经营管理的单位销售商品，或者向自己的亲友经营管理的单位采购不合格商品，使国家利益遭受重大损失的行为。

国有公司、企业、事业单位的工作人员，利用职务便利，为亲友非法牟利，涉嫌下列情形之一的，应予追诉，处 3 年以下有期徒刑或者拘役，并处或者单处罚金：

1. 造成国家直接经济损失数额在 10 万元以上的；

2. 使其亲友非法获利数额在 20 万元以上的；

3. 致使有关单位破产、停产、停业 6 个月以上或者被吊销许可证和营业执照、责令关闭、撤销、解散的；

4. 其他致使国家利益遭受重大损失的情形。

（六）枉法仲裁罪

刑法第 399 条之一。

枉法仲裁罪是指依法承担仲裁职责的人员，在仲裁活动中故意违背事实和法律做出枉法裁决，情节严重的行为。

目前还没有具体的关于立案标准的司法解释，可以参照滥用职权等相关罪名把握立案条件。

（七）徇私舞弊发售发票、抵扣税款、出口退税罪

刑法第 405 条 1 款。

徇私舞弊发售发票、抵扣税款、出口退税罪是指税务机关工作人员违反法律、行政法规的规定，在办理发售发票、抵扣税款、出口退税工作中徇私舞弊，致使国家利益遭受重大损失的行为。

涉嫌下列情形之一的，应予立案：

1. 徇私舞弊，致使国家税收损失累计达 10 万元以上的；

2. 徇私舞弊，致使国家税收损失累计不满 10 万元，但发售增值税专用发票 25 份以上或者其他发票 50 份以上或者增值税专用发票与其他发票合计 50 份以上，或者具有索取、收受贿赂或者其他恶劣情节的；

3. 其他致使国家利益遭受重大损失的情形。

（八）商检徇私舞弊罪

刑法第 412 条 1 款。

商检徇私舞弊罪是指出入境检验检疫机关、检验检疫机构工作人员徇私舞弊，伪造检验结果的行为。

涉嫌下列情形之一的，应予立案：

1. 采取伪造、变造的手段对报检的商品的单证、印章、标志、封识、质量认证标志等作虚假的证明或者出具不真实的证明结论的；

2. 将送检的合格商品检验为不合格，或者将不合格商品检验为合格的；

3. 对明知是不合格的商品，不检验而出具合格检验结果的；

4. 其他伪造检验结果应予追究刑事责任的情形。

（九）动植物检疫徇私舞弊罪

刑法第 413 条 1 款。

动植物检疫徇私舞弊罪是指出入境检验检疫机关、检验检疫机构工作人员

徇私舞弊，伪造检疫结果的行为。

涉嫌下列情形之一的，应予立案：

1. 采取伪造、变造的手段对检疫的单证、印章、标志、封识等作虚假的证明或者出具不真实的结论的；

2. 将送检的合格动植物检疫为不合格，或者将不合格动植物检疫为合格的；

3. 对明知是不合格的动植物，不检疫而出具合格检疫结果的；

4. 其他伪造检疫结果应予追究刑事责任的情形。

（十）放纵走私罪

刑法第411条。

放纵走私罪是指海关工作人员徇私舞弊，放纵走私，情节严重的行为。

涉嫌下列情形之一的，应予立案：

1. 放纵走私犯罪的；

2. 因放纵走私致使国家应收税额损失累计达10万元以上的；

3. 放纵走私行为3起次以上的；

4. 放纵走私行为，具有索取或者收受贿赂情节的；

5. 其他情节严重的情形。

（十一）放纵制售伪劣商品犯罪行为罪

刑法第414条。

放纵制售伪劣商品犯罪行为罪是指对生产、销售伪劣商品犯罪行为负有追究责任的国家机关工作人员徇私舞弊，不履行法律规定的追究职责，情节严重的行为。

涉嫌下列情形之一的，应予立案：

1. 放纵生产、销售假药或者有毒、有害食品犯罪行为的；

2. 放纵生产、销售伪劣农药、兽药、化肥、种子犯罪行为的；

3. 放纵依法可能判处3年有期徒刑以上刑罚的生产、销售伪劣商品犯罪行为的；

4. 对生产、销售伪劣商品犯罪行为不履行追究职责，致使生产、销售伪劣商品犯罪行为得以继续的；

5. 3次以上不履行追究职责，或者对3个以上有生产、销售伪劣商品犯罪行为的单位或者个人不履行追究职责的；

6. 其他情节严重的情形。

（十二）招收公务员、学生徇私舞弊罪

刑法第418条。

招收公务员、学生徇私舞弊罪是指国家机关工作人员在招收公务员、省级以上教育行政部门组织招收的学生工作中徇私舞弊，情节严重的行为。

涉嫌下列情形之一的，应予立案：

1. 徇私舞弊，利用职务便利，伪造、变造人事、户口档案、考试成绩或者其他影响招收工作的有关资料，或者明知是伪造、变造的上述材料而予以认可的；

2. 徇私舞弊，利用职务便利，帮助5名以上考生作弊的；

3. 徇私舞弊招收不合格的公务员、学生3人次以上的；

4. 因徇私舞弊招收不合格的公务员、学生，导致被排挤的合格人员或者其近亲属自杀、自残造成重伤、死亡，或者精神失常的；

5. 因徇私舞弊招收公务员、学生，导致该项招收工作重新进行的；

6. 其他情节严重的情形。

（十三）徇私舞弊不移交刑事案件罪

刑法第402条。

徇私舞弊不移交刑事案件罪是指工商行政管理、税务、监察等行政执法人员，徇私舞弊，对依法应当移交司法机关追究刑事责任的案件不移交，情节严重的行为。

涉嫌下列情形之一的，应予立案：

1. 对依法可能判处3年以上有期徒刑、无期徒刑、死刑的犯罪案件不移交的；

2. 不移交刑事案件涉及3人次以上的；

3. 司法机关提出意见后，无正当理由仍然不予移交的；

4. 以罚代刑，放纵犯罪嫌疑人，致使犯罪嫌疑人继续进行违法犯罪活动的；

5. 行政执法部门主管领导阻止移交的；

6. 隐瞒、毁灭证据，伪造材料，改变刑事案件性质的；

7. 直接负责的主管人员和其他直接责任人员为牟取本单位私利而不移交刑事案件，情节严重的；

8. 其他情节严重的情形。

（十四）违法提供出口退税凭证罪

刑法第405条2款。

违法提供出口退税凭证罪是指海关、外汇管理等国家机关工作人员违反国家规定，在提供出口货物报关单、出口收汇核销单等出口退税凭证的工作中徇私舞弊，致使国家利益遭受重大损失的行为。

涉嫌下列情形之一的，应予立案：

1. 徇私舞弊，致使国家税收损失累计达 10 万元以上的；

2. 徇私舞弊，致使国家税收损失累计不满 10 万元，但具有索取、收受贿赂或者其他恶劣情节的；

3. 其他致使国家利益遭受重大损失的情形。

（十五）徇私舞弊不征、少征税款罪

刑法第 404 条。

徇私舞弊不征、少征税款罪是指税务机关工作人员徇私舞弊，不征、少征应征税款，致使国家税收遭受重大损失的行为。

涉嫌下列情形之一的，应予立案：

1. 徇私舞弊不征、少征应征税款，致使国家税收损失累计达 10 万元以上的；

2. 上级主管部门工作人员指使税务机关工作人员徇私舞弊不征、少征应征税款，致使国家税收损失累计达 10 万元以上的；

3. 徇私舞弊不征、少征应征税款不满 10 万元，但具有索取或者收受贿赂或者其他恶劣情节的；

4. 其他致使国家税收遭受重大损失的情形。

五、重大责任事故犯罪

重大责任类犯罪共涉及刑法条文 11 条，包括 11 个罪名。

（一）重大责任事故罪

刑法第 134 条第 1 款

在生产、作业中违反有关安全管理的规定，涉嫌下列情形之一的，应予立案追诉：

1. 造成死亡 1 人以上，或者重伤 3 人以上；

2. 造成直接经济损失 50 万元以上的；

3. 发生矿山生产安全事故，造成直接经济损失 100 万元以上的；

4. 其他造成严重后果的情形。

（二）教育设施重大安全事故罪

刑法第 138 条

明知校舍或者教育教学设施有危险，而不采取措施或者不及时报告，涉嫌下列情形之一的，应予立案追诉：

造成死亡 1 人以上、重伤 3 人以上或者轻伤 10 人以上的；其他致使发生重大伤亡事故的情形。

（三）消防责任事故罪

刑法第 139 条

违反消防管理法规，经消防监督机构通知采取改正措施而拒绝执行，涉嫌下列情形之一的，应予立案追诉：

1. 造成死亡 1 人以上，或者重伤 3 人以上；

2. 造成直接经济损失 50 万元以上的；

3. 造成森林火灾，过火有林地面积 2 公顷以上，或者过火疏林地、灌木林地、未成林地、苗圃地面积四公顷以上的；

4. 其他造成严重后果的情形。

（四）重大劳动安全事故罪

刑法第 135 条

安全生产设施或者安全生产条件不符合国家规定，涉嫌下列情形之一的，应予立案追诉：

1. 造成死亡 1 人以上，或者重伤 3 人以上；

2. 造成直接经济损失 50 万元以上的；

3. 发生矿山生产安全事故，造成直接经济损失 100 万元以上的；

4. 其他造成严重后果的情形。

（五）强令违章冒险作业罪

刑法第 134 条第 2 款

强令他人违章冒险作业，涉嫌下列情形之一的，应予立案追诉：

1. 造成死亡 1 人以上，或者重伤 3 人以上；

2. 造成直接经济损失 50 万元以上的；

3. 发生矿山生产安全事故，造成直接经济损失 100 万元以上的；

4. 其他造成严重后果的情形。

（六）不报、谎报安全事故罪

刑法第 139 条之一。

《最高人民法院、最高人民检察院关于办理危害矿山生产安全刑事案件具体应用法律若干问题的解释》第六条在矿山生产安全事故发生后，负有报告职责人员不报或谎报事故情况，贻误事故抢救，具有下列情形之一的，应当认定为刑法第 139 条之一规定的"情节严重"：

1. 导致事故后果扩大，增加了死亡 1 人以上，或者加重伤 3 人以上，或增加直接经济损失 100 万元以上；

2. 实施下列行为之一，致使不能及时有效开展事故抢救的：

（1）决定不报与谎报事故情况或者指使、串通有关人员不报及谎报事故情况的；

（2）在事故抢救期间擅离职守或者逃匿的；

（3）伪造及破坏事故现场，或者转移以及藏匿、毁灭遇难人员尸体，或者转移与藏匿受伤人员的；

（4）毁灭和伪造、隐匿与事故有关的图纸与记录及计算机数据等资料以及其他证据的；

3. 其他严重的情节。

具有下列情形之一的，应当认定为刑法第 139 条之一规定的"情节特别严重"：

（1）导致事故后果扩大，增加死亡 3 人以上，或者增加重伤 10 人以上，或者增加直接经济损失 300 万元以上的；

（2）采用暴力、胁迫、命令等方式阻止他人报告事故情况导致事故后果扩大的；

（3）其他特别严重的情节。

（七）铁路运营安全事故罪

刑法第 132 条。

铁路职工违反规章制度，致使发生铁路运营安全事故，造成严重后果的，处 3 年以下有期徒刑或者拘役；造成特别严重后果的，处 3 年以上 7 年以下有期徒刑。

未有具体追诉立案标准，可参照重大责任事故罪立案标准。

（八）重大飞行事故罪

重大飞行事故，根据民航飞行事故划分标准，是指造成死亡 39 人以下，或者飞机失踪，该机机上人员在 39 人以下；或者飞机迫降到无法运出的地方。所谓严重后果，一般是指飞机等航空器或者其他航空设施受到严重损坏，航空器上人员遭受重伤，公私财产受到严重损失等。

（九）大型群众性活动重大安全事故罪

刑法第 135 条之一

举办大型群众性活动违反安全管理规定，涉嫌下列情形之一的，应予立案追诉：

1. 造成死亡 1 人以上，或者重伤 3 人以上；

2. 造成直接经济损失 50 万元以上的；

3. 其他造成严重后果的情形。

（十）危险物品肇事罪

刑法第 136 条

违反爆炸性、易燃性、放射性、毒害性、腐蚀性物品的管理规定，在生产、储存、运输、使用中发生重大事故，涉嫌下列情形之一的，应予立案追诉：

1. 造成死亡 1 人以上，或者重伤 3 人以上；

2. 造成直接经济损失五十万元以上的；

3. 其他造成严重后果的情形。

（十一）工程重大安全事故罪

刑法第 137 条

建设单位、设计单位、施工单位、工程监理单位违反国家规定，降低工程质量标准，涉嫌下列情形之一的，应予立案追诉：

1. 造成死亡 1 人以上，或者重伤 3 人以上；

2. 造成直接经济损失五十万元以上的；

3. 其他造成严重后果的情形。

六、公职人员其他犯罪

公职人员其他犯罪共涉及刑法条文 19 条，包括 19 个罪名。

（一）破坏选举罪

刑法第 256 条。

国家机关工作人员利用职权，在选举各级人民代表大会代表和国家机关领导人员时，以暴力、威胁、欺骗、贿赂、伪造选举文件、虚报选举票数或者编造选举结果等手段破坏选举或者妨害选民和代表自由行使选举权和被选举权，涉嫌下列情形之一的，属于"情节严重"，应予立案：

1. 以暴力、威胁、欺骗、贿赂等手段，妨害选民、各级人民代表大会代表自由行使选举权和被选举权，致使选举无法正常进行，或者选举无效，或者选举结果不真实的；

2. 以暴力破坏选举场所或者选举设备，致使选举无法正常进行的；

3. 伪造选民证、选票等选举文件，虚报选举票数，产生不真实的选举结果或者强行宣布合法选举无效、非法选举有效的；

4. 聚众冲击选举场所或者故意扰乱选举场所秩序，使选举工作无法进行的；

5. 其他情节严重的情形。

（二）背信损害上市公司利益罪

刑法第 169 条之一。

上市公司的董事、监事、高级管理人员违背对公司的忠实义务，利用职务便利，操纵上市公司从事损害上市公司利益的行为，以及上市公司的控股股东或者实际控制人，指使上市公司董事、监事、高级管理人员实施损害上市公司利益的行为，涉嫌下列情形之一的，应予立案追诉：

1. 无偿向其他单位或者个人提供资金、商品、服务或者其他资产，致使上市公司直接经济损失数额在 150 万元以上的；

2. 以明显不公平的条件，提供或者接受资金、商品、服务或者其他资产，致使上市公司直接经济损失数额在 150 万元以上的；

3. 向明显不具有清偿能力的单位或者个人提供资金、商品、服务或者其他资产，致使上市公司直接经济损失数额在 150 万元以上的；

4. 为明显不具有清偿能力的单位或者个人提供担保，或者无正当理由为其他单位或者个人提供担保，致使上市公司直接经济损失数额在 150 万元以上的；

5. 无正当理由放弃债权、承担债务，致使上市公司直接经济损失数额在 150 万元以上的；

6. 致使公司发行的股票、公司债券或者国务院依法认定的其他证券被终止上市交易或者多次被暂停上市交易的；

7. 其他致使上市公司利益遭受重大损失的情形。

（三）金融工作人员购买假币、以假币换取货币罪

刑法第 171 条第 2 款

银行或者其他金融机构的工作人员购买伪造的货币或者利用职务上的便利，以伪造的货币换取货币，总面额在 2000 元以上或者币量在 200 张（枚）以上的，应予立案追诉。

（四）利用未公开信息交易罪

刑法第 180 条第 4 款

证券交易所、期货交易所、证券公司、期货公司、基金管理公司、商业银

行、保险公司等金融机构的从业人员以及有关监管部门或者行业协会的工作人员，利用因职务便利获取的内幕信息以外的其他未公开的信息，违反规定，从事与该信息相关的证券、期货交易活动，或者明示、暗示他人从事相关交易活动，涉嫌下列情形之一的，应予立案追诉：

1. 证券交易成交额累计在 50 万元以上的；

2. 期货交易占用保证金数额累计在 30 万元以上的；

3. 获利或者避免损失数额累计在 15 万元以上的；

4. 多次利用内幕信息以外的其他未公开信息进行交易活动的；

5. 其他情节严重的情形。

（五）诱骗投资者买卖证券、期货合约罪

刑法第 181 条第 2 款

证券交易所、期货交易所、证券公司、期货公司的从业人员，证券业协会、期货业协会或者证券期货监督管理部门的工作人员，故意提供虚假信息或者伪造、变造、销毁交易记录，诱骗投资者买卖证券、期货合约，涉嫌下列情形之一的，应予立案追诉：

1. 获利或者避免损失数额累计在 5 万元以上的；

2. 造成投资者直接经济损失数额在 5 万元以上的；

3. 致使交易价格和交易量异常波动的；

4. 其他造成严重后果的情形。

（六）背信运用受托财产罪

刑法第 185 条之 1 第 1 款

商业银行、证券交易所、期货交易所、证券公司、期货公司、保险公司或者其他金融机构，违背受托义务，擅自运用客户资金或者其他委托、信托的财产，涉嫌下列情形之一的，应予立案追诉：

1. 擅自运用客户资金或者其他委托、信托的财产数额在 30 万元以上的；

2. 虽未达到上述数额标准，但多次擅自运用客户资金或者其他委托、信托的财产，或者擅自运用多个客户资金或者其他委托、信托的财产的；

3. 其他情节严重的情形。

（七）违法运用资金罪

刑法第 185 条之 1 第 2 款

社会保障基金管理机构、住房公积金管理机构等公众资金管理机构，以及保险公司、保险资产管理公司、证券投资基金管理公司，违反国家规定运用资金，涉嫌下列情形之一的，应予立案追诉：

1. 违反国家规定运用资金数额在 30 万元以上的；

2. 虽未达到上述数额标准，但多次违反国家规定运用资金的；

3. 其他情节严重的情形。

（八）违法发放贷款罪

刑法第 186 条

银行或者其他金融机构及其工作人员违反国家规定发放贷款，涉嫌下列情形之一的，应予立案追诉：

1. 违法发放贷款，数额在 100 万元以上的；

2. 违法发放贷款，造成直接经济损失数额在 20 万元以上的。

（九）吸收客户资金不入账罪

刑法第 187 条

银行或者其他金融机构及其工作人员吸收客户资金不入账，涉嫌下列情形之一的，应予立案追诉：

1. 吸收客户资金不入账，数额在 100 万元以上的；

2. 吸收客户资金不入账，造成直接经济损失数额在 20 万元以上的。

（十）违规出具金融票证罪

刑法第 188 条

银行或者其他金融机构及其工作人员违反规定，为他人出具信用证或者其他保函、票据、存单、资信证明，涉嫌下列情形之一的，应予立案追诉：

1. 违反规定为他人出具信用证或者其他保函、票据、存单、资信证明，数额在 100 万元以上的；

2. 违反规定为他人出具信用证或者其他保函、票据、存单、资信证明，造成直接经济损失数额在 20 万元以上的；

3. 多次违规出具信用证或者其他保函、票据、存单、资信证明的；

4. 接受贿赂违规出具信用证或者其他保函、票据、存单、资信证明的；

5. 其他情节严重的情形。

（十一）对违法票据承兑、付款、保证罪

刑法第 189 条

银行或者其他金融机构及其工作人员在票据业务中，对违反票据法规定的票据予以承兑、付款或者保证，造成直接经济损失数额在 20 万元以上的，应予立案追诉。

（十二）非法转让、倒卖土地使用权罪

刑法第 228 条

以牟利为目的，违反土地管理法规，非法转让、倒卖土地使用权，涉嫌下列情形之一的，应予立案追诉：

1. 非法转让、倒卖基本农田 5 亩以上的；

2. 非法转让、倒卖基本农田以外的耕地 10 亩以上的；

3. 非法转让、倒卖其他土地 20 亩以上的；

4. 违法所得数额在 50 万元以上的；

5. 虽未达到上述数额标准，但因非法转让、倒卖土地使用权受过行政处罚，又非法转让、倒卖土地的；

6. 其他情节严重的情形。

（十三）私自开拆、隐匿、毁弃邮件、电报罪

刑法第 253 条。

具有下列情形之一的，应予立案：

1. 私拆或者隐匿、毁弃邮件、电报、次数较多或数量较大的；

2. 私拆或者隐匿、毁弃邮件，并从中窃取财物的；

3. 私拆或者隐匿、毁弃邮件、电报，虽然次数不多，数量不大，但给国家、集体利益以及公民合法权益造成严重后果的；

4. 私拆或者隐匿、毁弃邮件、电报，造成其他危害后果的。

（十四）职务侵占罪

刑法第 271 条 1 款。

职务侵占罪中的"数额较大""数额巨大"的数额起点，按照《最高人民法院、最高人民检察院关于办理贪污贿赂刑事案件适用法律若干问题的解释》关于贪污罪相对应的数额标准规定的 2 倍、5 倍执行。

（十五）挪用资金罪

刑法第 272 条。

公司、企业或者其他单位的工作人员，利用职务上的便利，挪用本单位资金归个人使用或者借贷给他人，涉嫌下列情形之一的，应予立案追诉：

1. 挪用本单位资金数额在 1 万元至 3 万元以上，超过三个月未还的；

2. 挪用本单位资金数额在 1 万元至 3 万元以上，进行营利活动的；

3. 挪用本单位资金数额在 5 千元至 2 万元以上，进行非法活动的。

具有下列情形之一的，属于本条规定的"归个人使用"：

1. 将本单位资金供本人、亲友或者其他自然人使用的；

2. 以个人名义将本单位资金供其他单位使用的；

3. 个人决定以单位名义将本单位资金供其他单位使用，谋取个人利益的。

对于受国家机关、国有公司、企业、事业单位、人民团体委托，管理、经营国有财产的非国家工作人员，利用职务上的便利，挪用国有资金归个人使用构成犯罪的，应当依照刑法第 272 条第 1 款的规定定罪处罚。

（十六）故意延误投递邮件罪

刑法第 304 条

邮政工作人员严重不负责任，故意延误投递邮件，涉嫌下列情形之一的，应予立案追诉：

1. 造成直接经济损失 2 万元以上的；

2. 延误高校录取通知书或者其他重要邮件投递，致使他人失去高校录取资格或者造成其他无法挽回的重大损失的；

3. 严重损害国家声誉或者造成其他恶劣社会影响的；

4. 其他致使公共财产、国家和人民利益遭受重大损失的情形。

（十七）泄露不应公开的案件信息罪

刑法 308 条之 1 第 1 款

司法工作人员、辩护人、诉讼代理人或者其他诉讼参与人，泄露依法不公开审理的案件中不应当公开的信息，造成信息公开传播或者其他严重后果的，处 3 年以下有期徒刑、拘役或者管制，并处或者单处罚金。

（十八）披露、报道不应公开的案件信息罪

刑法第 308 条之 1 第 3 款

本罪的客观方面表现为行为人公开披露、报道依法不公开审理的案件中不应当公开的信息，情节严重的。所谓"披露"，是指发表、公布。所谓"报道"，是指通过报纸、杂志、广播、电视或其他形式把信息告诉公众。

披露、报道的案件信息为第 308 条之一第 1 款中所规定的不公开审理案件的不应公开的信息，包括国家秘密、商业秘密、个人隐私等信息。"情节严重"，应指造成信息公开传播或者因信息泄露而给利益相关者所带来的严重损失，如国家秘密为他人所知悉，将可能造成危害社会稳定、经济发展、国防安全或者其他严重危害后果的，如诉讼参与人的个人隐私为他人所知悉，导致其名誉、人格遭到贬损，甚至引发自伤、自杀等严重后果的，如商业秘密为他人所知悉。给商业秘密所有者带来严重的经济损失的等等。

（十九）接送不合格兵员罪

刑法第 374 条

在征兵工作中徇私舞弊，接送不合格兵员，情节严重的，处 3 年以下有期徒刑或者拘役；造成特别严重后果的，处 3 年以上 7 年以下有期徒刑。